발달장애인을 중심으로 한

# 장애인복지와 실천의 이해

오 혜 경

창지사

# 머리말

본서는 장애인복지를 공부하는 학생을 비롯하여 장애인복지 실무를 담당하는 현장 실무자에게 장애인의 이해와 실천을 위해 어떻게 접근해야 할 것인지에 도움을 제공하는 안내서 역할을 할 것이다.

장애인복지에 관해 논의하고자 할 때 '누구'를 대상으로 그리고 장애와 관련하여 '무엇'을 논의할 것인가 하는 질문을 던지게 된다. 그러나 이 두 가지 질문 모두 간단히 대답할 수 있는 문제는 아니다. '누구를' 혹은 '누구에 관해서'에 대해서는 장애인을 의미하는데, 장애의 개념은 시대와 사회적 환경의 변화에 따라 그 정의도 변화하고 있기 때문이다. 이러한 이유로 인해 우리는 장애에 대한 이해와 인식의 변화에 대해 심도 있는 검토가 필요하다.

장애인은 장애의 유형과 정도에 따라 그 욕구도 매우 다양하며, 생애주기별로 장애인이 필요로 하는 서비스의 내용도 다르다. 그뿐만 아니라, 장애인을 보호하고 지원하는 가족의 서비스 욕구도 동시에 고려해야 한다. 이러한 특징으로 인해, 모든 유형의 장애 특징과 장애인의 욕구를 파악하고 이들을 대상으로 하는 장애인복지 실천을 모두 다루기에는 지면상 어려움이 있는 것이 사실이다. 따라서 본서에는 발달장애인을 중심으로 이들의 생애주기별 욕구와 이에 대한 실천 방향과 실천 내용을 살펴볼 것이다.

본서는 2부로 구성하였다.

1부에서는 장애의 이해를 살펴볼 것이다. 구체적으로 제1장에서는 장애인복지에 대한 가치, 제2장에서는 장애의 개념, 제3장에서는 장애를 바라보는 다양한 시각, 제4장에서는 장애인의 인권과 차별에 관한 내용으로 다루었다.

2부에서는 발달장애인의 특성을 중심으로 생애주기별 개입과 실천의 방향과 내용을 다룰 것이다. 제5장에서는 발달장애인 이해와 서비스 지원, 제6장에서는 발달장애인 가족지원, 제7장에서는 영유아 및 아동기 발달장애인의 가족중심 지원, 제8장에서는 청소년기 발달장애인 교육과 인력개발, 제9장에서는 발달장애인의 자기결정, 성교육, 제10장에서는 성인기 이후 발달장애인의 사회적 지원 등을 제시하였다. 마지막 제11장에서는 발달장애인 전 생애주기 동안 요구되는 직업재활과 고용활동 등에 관해 살펴볼 것이다.

본서의 출판에 도움을 주신 장애인과 그들의 가족, 그리고 현장 실천가들께 진심으로 고마움을 전하고, 어려운 여건 속에서도 출판을 맡아 주신 창지사 관계자분들과 원고를 다듬어 주신 편집자에게 특별한 감사의 마음을 전한다.

2017년 12월

오혜경

# 차례

# PART 01

# 장애의 이해

# 01 장애인복지의 가치

## 1. 장애인의 이해

### 1) 장애인의 주체성

사회나 비장애인이 장애인을 보는 시각은 그 사회의 문화발달 수준에 의해서 규정된다. 그러나 비장애인과 장애인의 관계나 만남이 결코 일방적으로 결정되는 것은 아니다. 이들 간의 인간관계는 구체적 삶의 체험적 상황 속에서 상호적으로 영향을 주고받으며 형성된다. 따라서 장애인과 비장애인은 개방된 자세로 서로를 바라보아야 한다. 구체적으로 장애인과 비장애인 사이의 심리적 간격을 인식하고, 여기에 존재하는 인식의 차이를 초월하는 건설적 계기로 활성화시킬 수 있어야 한다. 특히, 장애인의 주체성을 긍정적으로 인정하는 접근의 당위성은 장애인복지의 목표인 자립이 가능하도록 만들며, 장애인의 '참여'와 '차별금지', 즉 '평등'을 이룰 수 있다. 장애인의 참여와 평등이란 장애인이 모든 사회적 기회에 참여하는 것뿐만 아니라 정치적 결정 과정에까지 완전한 참여를 포함하는 것으로, 장애인 자신의 주체적 관점이 실현되는 것이다.

### 2) 장애인과 비장애인 구별의 상대성

장애인 혹은 비장애인을 포함하여 모든 인간은 누구나 정도의 차이가 있을 뿐 모두 장애가 있다(혹은 일생 중 한 번 이상 장애를 가질 수도 있다)고 말할 수 있다. 예컨대, 중도장애인인 경우 그에게 적절한 재활 조건이 주어지면 그의 잔존 기능과 잠재

기능을 개발하고 발휘하게 되며, 결국 그의 인간적 자질을 획득하는 방향으로 발달하게 된다. 비장애인인 경우에도 어떤 장애에 연결되는 심신상의 기능 결함이나 그러한 종류의 병에 걸린 경험이 없는 사람은 거의 있을 수 없다. 다시 말해, 장애는 장애인과 비장애인 간에 연속적으로 존재하는 개념이며, 공유하고 있음을 뜻한다. 예를 들면, 다음과 같다.

첫째, 상호 분할성 측면에서 이해하려 할 때, 최중도 장애인과 최고로 건강한 사람 사이에는 무한히 분할되거나 분할 가능한 단계로 연결되어 있다. 따라서 장애인과 비장애인을 가르는 경계선은 조건적 · 가변적 치료 가능과 치료 불가능의 경계 역시 항상 이동되고 있음을 뜻한다.

둘째, 상호 전환성 측면에서 장애인도 건강한 비장애인이 될 가능성이 있고, 비장애인도 장애인이 될 가능성이 있다. 현대 산업사회에서 의학과 의료기술의 발달, 엄청나게 증가한 장애발생 위험원은 이러한 계기의 의미를 증대시킨다. 이러한 장애의 편재성에 대한 인식이야말로 장애인 차별, 장애인 문제의 경시, 도외시, 무시를 불식하고 장애인복지의 통합적 구조에 대한 올바른 시각을 정립하는 출발점이 될 것이다.

## 2. 장애에 대한 윤리적 기본 시각

장애인 문제에 대한 올바른 대처는 장애에 대한 과학적 인식, 즉 장애발생 원인에 대한 과학적 인식의 심화를 전제한 가운데 장애의 사회적 차원을 규명함으로써만 가능하다. 그런데 이것은 깊은 인간적 통찰 없이는 파악하기 어려운 인간존재에 대한 기본적인 문제에 속한다. 장애인복지의 윤리성을 정리하는 데 있어서 취해야 할 기본 시각은 인간의 존엄과 가치를 기조로 하는 장애인 인권사상을 긍정적으로 인식하는 것으로부터 시작된다.

### 1) 장애인의 인간으로서의 존엄성, 권리와 평등

국제사회에서 장애인 문제가 인권의 관점에서 조명되기 시작한 시기는 1950년대 이전부터이다. 국제연합에서 제정한 인권존중의 권리선언과 헌장(1948), 아동권리선언(1959), 사회보장헌장(1961), 재활10년선언(1970), 지적장애인 권리선언(The Declaration on the Rights of Mentally Retarded Persons, 1971), 장애인 권리선언(The Declaration on the Rights of the Disabled persons, 1975) 등에서 장애인의 인권과 존엄성을 규정하고 있다.

우리나라 현행 「장애인복지법」에서도 장애인의 인간으로서의 존엄성을 선언하고 "장애인은 개인으로서의 존엄과 가치를 가지며, 이에 상당하는 처우를 보장받는다." 라고 규정하고 있다. 이러한 장애인의 권리 추구의 움직임이 1990년대에는 장애인 인권에 대한 평가와 반성의 과정을 거쳐 2000년대에 새로운 지침과 규칙이 마련되었다.

장애인의 권리가 보장되었을 때 가시화되는 현실은 통합이다. 장애인의 사회 구성원으로서 완전한 통합은 사회로부터 장애인이 다른 시민과 모든 면에서 같아짐을 뜻한다. 권리는 장애인복지를 정당화하는 가장 기본적인 가치이며, 장애인의 통합된 삶은 결과이자 완성이라 할 수 있다. 그러나 권리의 천명이 즉시 가시적 통합을 가져오지는 않으며, 권리와 통합을 잇는 과정이 필요하다. 권리와 통합을 이어주는 과정이 평등과 정상화이다. 즉, 권리는 먼저 개인에게 평등을 보장해야 하며, 동시에 권리는 개인의 사회역할이라는 활동과 기능을 도모해야 하는 것이다.

장애인의 인권과 존엄성 그리고 평등성을 논의하기 위하여 인간의 존엄성에 관해 살펴보아야 할 것이다.

인간이란 무엇인가? 이에 대한 해답으로 장애인의 존재 방식을 생각해 볼 수 있다. 즉, 생물학적인 인간존재 방식은 인간에게 허용하는 다양하고, 세계를 향해 개방된 행위의 기회와 여지에 있다. 나아가 현실을 변화시키는 행동의 기회와 여지를 활용함으로써 문화적 생활세계를 구축하고 완성시켜 나가는 데 지장을 초래하는 기능장애(disability)에 의해 특징지어질 뿐이다. 장애인 운동의 흐름 속에서 정착된 정상화(normalization), 통합화(integration), 참여(participation) 등은 인간의 사회적 존재성에 대한 이해 없이는 불가능한 것이다. 원래 인간의 존엄이란 규정하기 어려운 개념이다. 존엄은 모든 개인의 천직의 불가치 속성으로서 자기결정과 자기형성능력인 인격에 그 근거가 있다는 점에서는 두루 일치한다.

### 2) 사회연대 책임과 실천의 당위성

인간은 사회적 동물이며, 인간의 공존재성은 세계 내 존재와 상황 내 존재로 규정할 수 있다. 인간이 스스로 자기존재를 느낄 수 있다는 것은, 개인적이고 사회적으로 조건 지어지는 생활세계의 상황 속에서 자신의 존재가 실현될 수 있고, 그렇지 못한 조건과 상황에서는 실현될 수 없다는 사실을 의미한다. 이러한 상황에서 사회 서비스의 실천은 사회적 차원에서 불가피한 것이다. 다시 말해, 인간은 자기실현의 주체일 뿐만 아니라 인간의 존재 가능성을 구체적으로 가능하게도 하고, 때론 존재 가능성을 저해하거나 소외시킬 수도 있다는 의미에서 인간의 자기실현에 대한 구조적이고 사실적인 모든 조건을 포함하고 있다.

사회연대의 실천이 윤리적인 당위성을 갖는 이유는 다음과 같다.

첫째, 비장애인과 장애인 간의 관계에서 비장애인이 장애인에 대하여 관심을 닫을 때 그의 삶은 그만큼 가난한 것이 된다. 장애에 대한 사회적 편견을 극복해야 하는 이유 중 하나는 궁극적으로 비장애인인 자신을 위한 것이기 때문이다.

둘째, 비장애인의 냉담은 장애인 측의 관계 형성의 욕구, 의지, 노력을 타율적으로 차단시키고 그렇게 함으로써 그들을 절망에 몰아넣을 수 있으므로 인도주의적 차원에서 비판받아야 한다. 즉, 장애인과 장애인, 장애인과 비장애인의 관계에 있어서도 나와 너의 관계 개방을 통한 삶의 실현은 포기할 수 없는 과제인 것이다.

셋째, 구체적인 사회적 연대의 실천은 장애인에 대한 근거 없는 차별 의식과 인간혐오를 불식하고 동료 인간으로서 연대감을 형성할 수 있도록 도와주는 교육이 선행되어야 한다. 장애인에 의한 그리고 장애인과의 사회연대를 지속적으로 보장하고 적극적으로 활성화시킬 수 있는 정책의 실행과 법적 · 제도적 보장책이 마련되어야 할 것이다.

### 3) 인간 · 환경보호를 통한 장애발생 예방과 주의

장애인복지의 출발점은 장애 원인을 제거하는 일이다. 특히, 산업화 사회, 즉 위험사회의 장애발생 위험요인으로 말미암아 더욱 강조되어야 할 것이다. 이러한 문제의 접근은 장애발생 요인에 대한 개별적 · 대중적 접근으로는 부족하며, 오히려 그 문제는 환경 · 자연 생태계를 포괄하는 인간환경의 관점에서 풀어 나가야 한다. 결국, 장애문제는 장애인만의 문제도 아니고 인간문명 그 자체의 문제이기 때문이다. 장애의 문제를 이렇게 파악할 때 사전예방원칙과 만인의 협동원칙이 강조되지 않으면 안 될 것이다.

### 4) 장애인의 복지권 확립이라는 권리로서의 공공복지

장애인복지 실현주의는 국가 과제로서의 장애인복지 문제를 인식하는 것에서부터 가능한 것이다. 장애인복지 문제는 일반 사회복지와 이념, 사상에 있어서 공통의 기반을 공유하며, 그것은 한마디로 복지의 실현이라는 목적 규정으로 요약할 수 있다. 공공의 선으로서의 복지실현은 특정 개인이나 집단 내지는 특정한 계층의 이익을 도모하는 것이 아니라 국가는 공공의 복리를 촉진하는 데 전념해야 한다.

예를 들어, 공공복지는 권리이므로 모든 사회는 요구되는 희생과 각 개인의 기여가 어느 수준인가와 관계없이 적절한 복지 프로그램을 제공할 윤리적 책임을 진다. 또한, 공공복지는 권리이므로 요보호자는 적절한 복지급부를 청구할 윤리적 권한을 갖는다. 더불어, 공공복지는 권리이므로 요보호자는 베푸는 사람들과 윤리적으로 평등하고 또 자기존중의 상실 없이 그들의 몫이 무엇인가를 올바르게 청구할 수 있다.

### 5) 장애인복지는 장애인에 대한 차별로 평등주의 실현

장애인복지의 실현은 장애인에 대한 특혜적 차별(예컨대, 고용에 있어서 의무고용, 할당고용 등)을 포함하는 경우가 있을 수 있으며, 그러한 특혜 조치는 정당화될 수 있는 것인지 하는 문제가 제기될 수 있다. 많은 논의 가운데 이러한 처우는 장애인과 비장애인과의 차이를 줄여 줌으로써 평등주의 사회를 이루기 위해 필요하다.

결론적으로 장애인은 사회적으로 가장 취약한 소수자, 주변인에 속한다. 따라서 이들에 대한 복지의 필요성은 그만큼 더 절실하다. 장애인복지의 문제는 사회복지 일반의 전체 구조 속에서 자리매김이 이루어져야 하며, 그 윤리적 이념의 기준 역시 사회복지 일반의 사상적 · 이념적 배경하에서 조명되어야 한다. 이를 위해서는 사회복지의 본질, 필요성, 기능, 방법은 물론 복지이론 및 복지제도 측면 등 여러 각도에서 검토되어야 한다.

## 3. 장애인에 대한 대응과 정책의 기본 방향

장애인에 대한 사회적 대응은 그 사회의 종교, 가치 기준, 풍습 등 광범위한 문화적 요소에 의해 형성된 장애인관에 따라 달라진다. 대부분의 사회에서 동정, 멸시, 천대, 거부, 격리 등으로 나타났던 장애인관은 휴머니즘과 인권사상을 바탕으로 한 많은 사람의 노력으로 점차 '존엄성'과 '권리'를 중시하는 방향으로 변화하였으며, 획기적인 전기를 마련하게 된 것은 세계인권선언(1948), 정신박약자의 권리선언(1971) 및 장애자 권리선언(1975) 등 국제연합(UN)의 여러 선언과 1979년에 채택된 세계장애인의 해의 행동계획 및 1981년 세계장애인의 해 주제가 표방하는 완전참여와 평등의 이념이었다. 우리나라는 장애인올림픽이 개최된 1988년에 한국장애인 권리선언을 선포한 바 있다. 1992년 12월 말, 국제연합 산하 아시아 · 태평양 경제사회위원회(ESCAP)에서는 아시아 · 태평양 지역 장애인 10년 행동계획을 채택하였다. 그리고 1993년 6월에 세계인권대회는 비엔나 선언 및 행동계획을 채택하였다. 이후 2012년에는 장애인의 권리실천을 위한 인천전략을 수립하였다.

이와 같은 여러 선언에서 나타나는 국제연합의 이념은 심신 기능의 일부에 손상을 지녔으나, 전 인격적인 존재로서의 장애인에 대한 사회적 대응 및 복지정책의 기본 방향을 제시하는바 장애인의 권리, 평등, 탈시설화 혹은 탈의료화, 정상화, 사회적 역할의 강화와 통합이다. 인간의 권리가 근본적인 정당성을 제공하는 원인이라면 평등과 정상화는 이의 실현과정에서 제도적 측면이나 기능적 측면을 나타내는 것이며, 이 과정을 통해 얻어지는 결과는 장애인의 자립과 통합화, 완전참여로 대별할 수 있다.

### 1) 인간의 권리

장애인복지가 별도 혹은 추가부담을 정당화하는 근거는 바로 장애인이 인간으로서 모든 시민과 같은 권리를 보장받아야 한다는 것이다. 장애인은 인간이며, 장애인은 인간으로서 지니는 모든 권리를 가지며, 그 권리의 양과 질은 다른 시민의 것과 같음을 의미한다.

국제사회에서 장애인문제가 인권 관점에서 조명되기 시작한 시기는 1970년대이다. 1971년 '지적장애장애인의 권리에 관한 선언(The Declaration on the Rights of Mentality Retarded Person)'과 1975년 '장애인의 권리에 관한 선언(The Declaration on the Rights of the Disabled Persons)'을 시작으로 국제적인 노력은 1980년에 이르러 구체적인 모습을 갖추게 된다. 이 시기의 장애인 문제는 권리의 개념에서 출발하여야 한다는 점을 강조하였는데, 이는 실천적 의미에서 권리가 구체적 삶으로 나타나는 대안이 제시되지 않는다면 의미가 없기 때문이다. 권리가 보장되었을 때 가시화되는 현실은 '통합'이다. 장애인의 '완전한 통합'은 장애인이 다른 시민과 모든 면에서 같아졌음을 의미한다. 권리는 장애인복지를 정당화하는 가장 기초의 가치이다.

### 2) 평등

일반적으로 평등은 사람이 타인과 대등한 위치에 있는 것을 의미한다. '평등한 기회'는 전통적인 이념에 근거하여 모든 사람에게 같은 기회가 주어진다는 가정을 바탕으로 하고 있으며, 개인 간의 차이는 고려되지 않는다. 이와 같은 전통적인 평등 개념은 장애인에게 불리하게 작용할 수도 있다. 예컨대, 아동이나 의사표현에서의 차이는 결코 평등한 지위를 보장해 주지 못하기 때문이다. 결국, 기회가 동일하다고 해서 건축물, 교통, 통신, 노동, 문화 등에 장애인이 참여할 수 없는 현실은 당연한 결과가 될 수 있다.

장애인복지 이념으로서의 평등은 기회의 평등을 의미하는 소극적 평등 개념이 아니라 사회변화를 통한 평등이며, 기존의 질서 속에서 기회의 평등이 장애인의 완전한 참여를 보장할 수 없으므로 좀 더 현실적이고 합리적인 개념이 모색되어야 한다. 미국장애인법(ADA, 1990)에서는 '합리적인 배려(reasonable accommodation)'의 개념을 사용하고 있다. 이는 사회제도가 장애인의 욕구충족을 위해 적절한 대책을 모색함을 의미하는 것으로서 사회는 장애인을 위해 적절한 변화와 성취에 대한 의지를 실천해야 한다는 점을 강조하고 있다.

### 3) 탈의료화

최근까지 장애인을 이해하는 데 지배적인 개념이었던 장애의 의료 모델(medical model)에 의하면, 장애인에게 필요한 것은 의료 서비스라는 생각이 지배적이었다. 그뿐만 아니라, 의료 서비스를 제공함에 있어 몇 가지 가정과 역할기대가 이루어지고 있는데, 그 내용은 다음과 같다.

첫째, 의료진은 기술적으로 유능한 전문가이다. 그리고 의료 서비스는 의료진이 의사결정에 중심적인 역할을 하며, 전문가에 의해 장애인은 관리되어야 하는 등 장애인의 전반적인 보호와 관리가 의료 전문가 중심으로 이루어지며, 그 책임도 담당 의료진에게 집중되어 있다.

둘째, 장애인은 담당 의료진과 반드시 협력이 필요한 병자 역할(sick role)을 할 것이 기대된다.

셋째, 의학의 주요 목적은 급성 혹은 회복 가능한 서비스(acute/restorative care)를 제공하는 것이며, 장애인에 대한 조치도 이와 같은 맥락에서 이루어지는 것이다.

넷째, 질병은 일차적으로 수술 혹은 약물치료나 재활치료와 같은 임상절차를 거쳐서 치유된다.

다섯째, 질병은 수련을 받은 의사에 의해서만 진단되고 증명되며, 치료될 수 있다.

이처럼 장애의 의료 모델에 의하면, 장애인은 의료 전문가에 의해 의학적 차원에서 치료와 재활 서비스를 제공받는 환자가 됨을 뜻한다. 그러나 1970년 이후 장애의 의료 모델에 대한 반론이 제기되면서 장애의 탈의료화에 대한 주장이 제기되었다. 탈의료화는 시설수용 중심의 장애인 치료와 보호의 개념에서 탈시설화와 함께 자립생활운동으로 탈바꿈하게 되었다. 장애인의 자립생활운동(IL 운동)이 장애의 탈의료화를 주장하는 중요한 이유는 의료 모델에서 제시하는 가설이 장애인의 욕구에 적합하지 않다는 것이다. 예를 들어, 의료 모델에서 환자에 대한 급성 혹은 회복성 중심의 서비스에 대한 강조는 급성질환의 단계를 넘어 만성적이며, 장기적으로 장애인으로 생활하는 사람의 욕구에 부합하지 못하기 때문이다. 일단 장애가 발생하고 급성 단계를 지나 자립적인 생활을 하게 되면, 많은 장애인의 경우 임상의학의 특징인 수술이나 약물, 그리고 전문가인 의사의 손이 더 이상 필요하지 않게 되거나 정기적인 관리 수준의 필요가 요구된다. 더구나 오랫동안 장애상태를 유지해 온 장애인의 경우에는 스스로 의료적인 면에서의 관리나 치료를 해낼 수 있을 만큼 자신의 조건이 지닌 특이성에 충분히 익숙해져 있으므로 의료 전문가들의 진단, 증명 혹은 치료적 서비스가 필요하지 않기 때문이다.

### (1) 병자 역할

탈의료화 이념은 장애인이 병자 역할(sick role)로부터 탈피하기 위한 것이며, 장애에 대한 의료 모델에서 기대하고 있는 장애행동에 대한 비판에서 비롯되었다. 병자 역할의 개념은 파슨(Parson, 1951)에 의해 형성된 의료사회학적 측면에서 중요한 개념으로 간주되어 왔다. 병자 역할은 상호 관련된 몇 가지 면제사항과 의무사항을 장애인에게 요구한다. 면제사항은 병자는 질병의 특성과 장애정도에 따라 정상적인 사회활동과 책임으로부터 면제되고, 또한 병자는 자신의 질병에 대한 모든 책임에서 면제된다. 즉, 병자는 정상적으로 자신의 상태에 대해 책임질 수 없으며, 단순한 의지로 병이 호전되리라고 기대할 수 없다는 주장이다.

이러한 면제조항은 조건부로 주어지는 것이며, 이에 대한 대가로 몇 가지 의무사항을 지키도록 되어 있다. 의무사항의 내용은 첫째, 병자는 병든 상태를 비정상적이고 바람직하지 못한 상태로 규정하여야 한다. 따라서 병자 자신의 회복을 용이하게 할 수 있는 가능한 모든 것을 해야 한다. 둘째, 병자는 필요한 원조를 구하여야 하며, 회복하기 위해 의사와 협력하여야 한다는 등의 환자로서의 의무사항을 제시하고 있다.

병자 역할은 일시적인 것을 의미한다. 그러나 장애인의 경우 일시적이지 않다. 즉, 완전한 비장애인의 상태로 복귀된다는 의미의 회복은 불가능할 수 있다. 장애란 변화시킬 수 없는 자기 존재의 한 부분인 경우가 많기 때문에 장애인이 오랫동안 병자 역할을 지속하게 되고 그 결과 자신의 장애상태뿐만 아니라 장애인 자신의 인격 자체도 비정상적이고 바람직하지 못한 것으로 받아들이게 된다. 더구나 장애상태가 지속되는 동안에는 병자 역할이라는 이름하에 제시된 의존성을 당연시하게 된다. 이러한 의존 상황의 지속은 장애인 스스로 자신의 문제에 자주적으로 대처하는 능력을 약화시키고 사회적으로 모든 면에서의 책임성을 경감시키는 결과를 낳는다.

#### (2) 손상된 역할

병자 역할보다 더 낮은 지위를 뜻하는 개념으로 손상된 역할(impaired role)을 들 수 있다. 손상된 역할을 가진 사람은 회복이라는 생각 자체를 완전히 포기하고 자신의 조건과 의존성을 영원한 것으로 받아들인다. 손상된 역할의 의미는 '완전한 인간적 지위의 상실을 내포한다.' 또는 '손상된 역할은 의료적 처치에 있어서 협력이나 자신의 건강을 되찾도록 노력하여야 함을 요구하지 않으며, 이러한 지속적인 손상된 역할은 나약함으로 취급되고 그 대가는 인간의 가치 하락을 가져와 일종의 하급시민의 자격으로 인식된다.'이다. 손상된 역할이란 시간이 지나면서 병자 역할을 지속하게 되고 회복능력이 약화되어 장애인이 빠져들기 쉬운 역할이다(Barnes, Oliver & Barton, 2002).

반면, 장애인의 자립생활운동은 병자 역할이나 이로 인해 파생되는 손상된 역할에 의해 제시된 행동적인 기대를 거부하고 장애인이 아동과 같은 의존의 대가로 그들의 가족, 직업 및 시민으로서의 책임을 박탈당하고 싶어 하지 않는다고 주장한다. 사실상 이러한 박탈은 장애인이 지역사회생활에 참여하고 완전한 인격체가 될 권리를 부정하는 것과 마찬가지이다.

### 4) 탈시설화

장애 의료 모델의 병자 역할이나 손상된 역할이 지니고 있는 의존적 특성은 장애인이 속한 시설 상황에서 가장 현저하게 나타난다. 대부분의 시설은 임상 실천가와 의료진이 외부의 간섭을 거의 받지 않고 사회적 통제력을 행사할 수 있는 봉쇄된 사회체계이다.

다음은 장애인이 장기간 시설에 수용된 경우, 부정적인 결과를 보여주는 예이다. 장애인은 병원의 지시와 규칙을 따르도록 되어 있다. 장애인에게 순응은 매우 높이 평가되지만, 개별행동은 허락되지 않는다. 시설에 수용된 훌륭한 장애인이란 시설의 지시사항을 잘 따르고 의료진에게 반대하지 않는 사람을 뜻한다. 장애인은 스스로 자신의 약속을 정할 수가 없고 자신의 의료 기록을 살펴볼 수도 없으며, 약도 마음대로 먹을 수 없다. 이러한 모든 일의 책임은 법적으로 시설에 부여되어 있다. 그러나 시설에서 퇴소하는 날, 즉 탈시설화가 이루어지는 날부터 환자 자신은 이러한 모든 일에 대한 통제와 책임을 스스로 감당해야 한다.

탈시설화의 경향은 장애의 종류와 정도에 상관없이 일어난다. 그중 지역사회정신보건운동(community mental movement)이 가장 대표적인 탈시설화 노력이다. 이는 만성장애인은 시설의 수용보호생활을 떠나 지역사회에 복귀할 수 있도록 허용해 준 것이다. 유사한 예는 장애인복지, 노인복지, 청소년 교정과 같은 영역에서도 찾을 수 있다.

개인의 의무와 책임과는 또 다른 차원에서 탈시설화의 요구가 제기되었다. 장애인에 대한 시설보호는 비용이 많이 드는 데 반해, 지역사회보호는 비용을 절감시켜 줄 것이라는 경제적 · 정치적 논제에 의해 탈시설화 운동이 고려되었다. 그러나 탈시설화의 폐해 또한 심각했다. 예컨대, 중증장애인이나 정신손상장애인의 경우 탈시설화를 위한 건축물이나 지역사회환경의 보완, 그리고 장애인과 비장애인이 더불어 살 수 있는 사회통합에 대한 시민의식의 성숙이 우선되어야 함에도 이러한 조건이 갖춰지지 않은 상태에서 이루어진 탈시설화 정책은 장애인의 삶의 질을 떨어뜨리는 결과를 낳게 되었다.

자립생활운동은 다른 집단들이 탈시설화의 경우와 동일 목적인 비용 절감 차원에서 채택되었다. 문제는 이러한 주장 대부분이 실제 사회복지 서비스 지출에 있어 실질적인 감소를 확인하지도 못해 일반 납세자 앞에서 설득력을 잃어가고, 탈시설화에 대한 대중의 냉소적인 반응 등 장애인 자립생활운동을 확산시켜 나가는 데 또 다른 장벽으로 작용하였다.

● 탈시설화의 역사

미국의 경우, 1848년 지적장애인 수용훈련시설에서 시작되었는데, 당시에는 15개 시설에 4,000명이 넘는 수용자가 있었다. 이러한 시설의 수가 점차 증가하게 된 것은 당시에 사회적 태도와도 관련이 있는데, 도덕성과 지적 결함이 있다고 보이는 지적장애인은 사회의 위협적 존재로 간주되어 지역사회에서 격리되어야 한다는 생각이 강조되었다.

새로운 시설의 증가는 1960년대 중반까지 계속되다가 당시 공립수용시설의 비참한 상황이 공개되면서부터 탈시설화 운동이 전개되기 시작하였다. 이 당시 사회적 무관심이 열악한 환경, 과도한 수용, 직원의 부족이라는 상황에 처해 비인간적인 처우나 생활이 당연시되고 있었다.

1960년대 후반의 탈시설화 운동은 정상화 이론을 기본 원리로 하여 전개되었다. 1971년의 탈시설화 운동은 정상화 원리에 따라 수용시설에서 지역사회로 뿌리내린 그룹 홈을 지향하게 되었으며, 시설의 개선, 시민으로서의 권리실현을 지향하는 법적 운동, 권리선언 등 각종 권리실현 운동으로 발전해 나갔다.

출처: Longmore & Umansky (2001).

탈시설화가 성공하기 위해서는 지역사회를 구성하는 시민의 탈시설화에 대한 인식이 선행되어야 한다. 그리고 탈시설화는 기존의 생활시설로부터 지역사회에 근거를 둔 거주시설(그룹 홈)로의 이동을 의미하는데, 지역사회로의 이동이 언제나 성공하는 것은 아니다. 따라서 탈시설화는 과정으로서 의의가 있는 것이지 목적은 아니며, 탈시설화와 정상화 원리의 목적은 장애인의 자립성과 생활의 질을 향상시키는 것이다. 시설의 개혁은 태도, 장애인복지, 철학, 정책 등 이용해야 할 최대한 유효한 자원의 이용이라는 측면에서의 개혁과 개인에게 동기를 부여하고 원조하는 프로그램 제공을 가능하게 하는 것이다. 더불어 가장 제약이 적은 환경(최소제한적 환경)에서 개인의 능력을 최대한 발휘시키는 것을 의미한다. 따라서 시설의 개혁은 장애인이 앞으로 지역사회에서 활동할 것에 대비해 최선의 준비를 하는 상황을 만드는 것과 현재 시설의 미비나 결함을 개혁한다는 두 가지 측면을 포함하고 있다.

결국, 정상화는 지역사회로의 이전이라는 면에서는 탈시설화와 동일하지만 차이가 크다. 탈시설화는 시설수용의 비인도주의적인 폐단에서 출발하였지만 시설 운영의 비용 측면을 더 강조한 흐름이다. 또한, 정상화는 시설수용에 반대하는 측면에서는 탈시설화와 동일하지만 재정의 증대를 통한 서비스 질의 향상을 주장하며, 근본적으로 정상화를 위해서는 시설수용의 경우보다 훨씬 많은 예산 투입을 강조한 면에서 탈시설화 가치와 차이가 있다.

### 5) 정상화

탈시설화 이념과 밀접하게 연관된 것이 정상화(normalization)와 주류화(mainstreaming) 개념이다. 정상화 이론은 1960년대 후반 스칸디나비아에서 발달장애인의 서비스 실천 원칙으로 제기된 이론으로 장애인의 시설보호에 대하여 반대하며, 장애인의 생활방식과 내용도 비장애인의 생활과 같은 정상적인 생활을 하도록 강조하는 개념이다. 이론적 지향은 비슷한 시기에 북미에 유행하여 1970년대와 1980년대 초반을 거치면서 장애인 재활, 교육, 복지 측면 등에서 중요성이 더욱 강조되었다. 정상화 이념은 기존의 전통적인 재활 서비스에 반대하며, 정상적인 일상생활의 존중을 강조하고 있다.

정상화 원리는 주로 발달장애인과 관련되어 논의된다. 한때는 장애아동을 기관에 억류하거나 특수학급으로 분리시켜 교육하는 것이 이들의 이익에 가장 부합하는 것으로 생각하였다. 그러나 지금은 장애아동이나 청소년이 비장애인과 함께 주류화될 때 더욱 정상적(normal)으로 될 수 있다고 생각한다. 그러나 정상화는 단순한 탈시설화 이념을 넘어서는 개념으로 끊임없는 새로운 도전의 개념이다. 정상적인 것 자체가 문제와 투쟁을 의미하며, 실험이자 시련이다. 인간이면 누구나 시련을 겪고 극복하면서 살아가고 있으며, 장애인도 이러한 것에 부딪힐 권리가 있음을 뜻한다. 다시 말해, 정상화는 위험을 무릅쓰는 도전이며, 인간 존엄성의 회복을 의미한다.

정상화는 탈시설화에서 한 걸음 더 나아가 실패의 가능성도 내포하는 것이기 때문에 탈시설화 운동이 확산되는 것만큼 쉽게 이루어지지 않고 있다. 위험의 감수와 위험의 존엄성을 함께 인식하는 것이 바로 정상화를 통한 자립생활운동이 추구하는 것이다. 실패의 가능성이 없다면 장애인은 사실상 진정한 독립성과 인간의 기본 권리인 자주적인 자기선택권을 박탈당하고 있는 것이다. 정상화는 또한 개인의 성장과 발달에서 정상적인 발달경험, 인생주기에서의 선택의 자유, 정상적인 이웃과 같이하는 정상적인 가정에서의 삶, 그리고 지역사회에 통합되어 있는 삶을 강조하면서 시설 집중화에 반대한다. 이처럼 정상화 이념은 지속적으로 발전되면서 확산되어 장애인복지 분야의 서비스 질을 개선시키는 데 영향을 미치는 가장 중요한 기준으로 자리 잡아가고 있다.

가치절하를 당한 개인이나 집단은 다양한 영역에서 다양한 경험을 실현할 수 있는 기회를 갖기를 원하며, 사회에서 가치를 인정받는 생활에 통합될 수 있는 기회를 가질 것을 요구한다. 다시 말해, 가치절하를 당한 사람은 가치 있는 지역사회의 정상적인 가정에서 살 수 있어야 한다. 이는, 가치를 인정받는 사람들과 단순히 근접해서 사는 것을 의미하는 것이 아니다. 즉, 정상화는 장애인도 사회의 다른 구성원들과 함께 똑같은 교육을 받고 비장애인과 동일한 작업환경 내에서 일할 수 있어야 하며, 사회 구성원들의 일반적인 활동에 속하는 종교, 여가, 체육활동에 적극적으로 참여할 수 있어야 한다는 것을 의미한다.

덴마크의 뱅크미켈슨(Bank-Mikkelsen)이 개발한 정상화 원리는 1952년 당시 시설개혁을 요구하는 발달장애인 부모모임의 요구에서 시작되었다. 그 노력은 1959년 법으로 결실을 맺었고, 이후 스웨덴의 니르제(Nirje)와 미국의 울펜스버거(Wolfensberger)에 의해 1972년까지 정상화 이론으로 체계화되었다. 장애인이 인간으로서 존중받고 비장애인과 같은 생활을 하는 것은 당연한 것이다. 정상화 이론은 1960년 후반 지적장애인의 복지 서비스의 구체적인 실천 전략으로 시설보호를 반대하며, 일상적이고 정상적인 생활형태와 리듬을 강조한다.

정상화는 발달장애 및 여타의 결함을 가진 이들의 일상생활 조건과 삶의 패턴을 가능한 한 그들이 속한 공동체와 문화 내에 존재하는 정상적인 환경과 비슷하거나 동일하게 만들어 주어 올바르게 행동할 수 있도록 하는 것으로 생애주기에서 정상적인 리듬과 패턴을 경험하도록 하고 정상적인 성 패턴과 경제, 가정, 이웃과의 정상적인 생활환경, 개인의 고유한 존경과 자기결정권을 인정받는 경험을 갖도록 하는 것을 의미한다. 이처럼 정상화는 장애인이 가능한 한 일반인에 가까운 정상적인 생활을 하게 하는 것이며, 사회의 주류에 합류, 일상생활에서의 정상적인 생활리듬과 패턴을 강조하였다(Campbell & Oliver, 1996).

정상화 원리가 지향하는 구체적인 목표는 다음과 같다.

- 사생활보호, 다양한 활동 및 상호 책임이 요구되는 매일의 일상적인 생활리듬, 가정에서 생활하면서 통학과 통근을 할 수 있어야 함
- 지역사회와 교류를 가질 여유가 있는 일주일의 일상적인 리듬, 가정생활양식의 변화와 주기적으로 지역사회에서 주최하는 다양한 행사를 경험할 수 있는 일년 동안의 일상적인 생활리듬을 지역주민들과 함께함
- 인생의 각 단계에 맞는 성장 경험의 기회 보장
- 발달장애인의 자기결정의 표현 존중
- 이성 간의 관계는 지역사회에서 분리되지 않고 협력하는 관계일 것
- 다른 모든 시민과 동등한 경제적 수준 보장
- 정상적이고 일반적인 환경 수준 보장
- 부모나 직원의 환경도 정상적이고 일반적 환경 유지

정상화의 원리에서는 자기결정과 통합을 강조하며, 그 의미는 다음과 같다.

- 물리적 통합으로서 지역사회의 주택가에 있는 그룹 홈에서의 생활, 다른 모든 시민과 같은 리듬을 경험하는 생활
- 기능적 통합으로서 물리적 통합의 확대, 예를 들면 식당, 수영장, 교통수단 등을 보통 시민과 같이 이용
- 사회적 통합으로서 지역사회 이웃, 학교, 직장 등에서 개인적 · 상호적 사회관계, 일반적인 사회관계, 존경, 평가 등
- 개인적 통합으로서 생활상의 다양한 욕구가 가장 영향력 있는 다른 사람과의 상호 관계 중에서 발전 · 변화
- 사회체계적 통합은 시민으로서의 법적 권리, 성장 · 성숙의 기회, 자기결정을 통한 자아실현 등의 성취
- 조직적 통합은 행정기구나 서비스의 형태에 참여 가능함

## ● 정상화(normalization)

'정상화'라는 용어는 1981년 세계장애인의 해를 전후해서 일본을 비롯한 동양권에서 일반화되었다. 정상화 외에도 상태화(常態化), 일상화(日常化), 통상화(通常化) 등으로 번역되어 사용되거나 노말라이제이션 그대로 사용된다. 이 개념은 모든 사람, 즉 젊은이나 고령자, 장애를 가진 사람 또는 그렇지 않은 사람 모두가 정상적인 생활을 할 권리가 있다는 것, 그리고 사회는 심신의 장애 등 불리한 조건을 가진 모든 사람이 그러한 조건에도 불구하고 그 지역사회를 기반으로 해서 일상생활상의 모든 욕구를 충족시키면서 다른 사람들과 더불어 끝까지 살아갈 수 있는 여건을 조성해야 한다는 것을 전제로 한다.

이 사상은 장애인시설에 분류 수용 내지 분단형 복지에 대한 반성에서 생겨난 것으로서 사회로부터 분리된 장애인의 생활이 자극이나 동료, 다양한 인적 교류의 체험을 상실하고 단순한 생존에 머물게 되어 비정상적인 상태가 됨과 동시에 사회의 다른 구성원들에 대해서도 장애를 가진 사람과의 다양한 상호작용을 경험할 기회를 박탈하게 되는 것 역시 정상적인 상태는 아니라고 본다.

정상화의 구현을 위해서는 인간생활의 조건을 주거조건, 일, 여가 등 세 가지로 나누고 그 각각의 국면이 어떠해야 하는가에 있다. 즉, 주거조건에서 장애아, 특히 발달장애아동의 생활조건을 정상화하기 위해서는 시설이 아닌 부모의 집에서 가족들과 함께 살도록 하는 것이며, 성인장애인의 경우에는 다른 성인들과 함께 생활하도록 하고 가능한 한 자립할 수 있는 여건을 조성하는 것이다. 일에 대해서는 장애아동의 경우에는 교육을 받을 권리가 다른 아동과 동등하게 존중되어야 하며, 성인의 경우에는 능력에 맞는 노동을 할 수 있는 여건이 허락되어야 한다. 또한, 여가에서는 다른 주민과 똑같이 여가시설을 이용할 수 있는 기회와 권리가 확보될 필요가 있다.

니르제(Nirje)의 정상화의 원리를 생활리듬의 측면에서 하루의 정상적인 리듬, 일 주간의 정상적인 리듬, 1년간의 정상적인 리듬, 생활주기상 각 발달단계에 따른 정상적인 경험, 정상적인 욕구의 존중, 이성과의 접촉생활, 정상적인 경제적 수준, 정상적인 주거환경 수준 등을 고려해야 함을 강조하고, 특히 생활과정상 리듬의 정상적인 상태에 초점을 두어서 그것이 가능한 경제조건, 주택, 지역사회의 조성을 강조하고 있다. 또한, 울펜스버거(Welfensberger, 1972)는 PASS(Program Analysis of Service Systems) 원리를 통해 모든 인간 서비스(human service)가 정상화의 원리에 입각하여 검토되어야 함을 주장하였다.

그러나 '정상화'가 지역사회 내에서의 보호 내지 생활이 불가능한 자를 지역사회 내에서 방치해야 함을 의미하는 것은 아니라는 것을 주의해야 한다. 잘 정비된 시설 내에서의 생활이 그 사람의 생활을 좀 더 용이하게 하며, 스스로가 자기결정의 원리에 의해 시설보호를 선택하게 될 때는 시설에서 보호를 하되, 그 시설의 물리적 장을 '정상화'의 원리에 입각하여 가능한 한 가정 및 지역사회의 환경과 동일하게 조성하고 니르제가 주장한 생활의 리듬을 보장하는 방향으로 나아가는 것이 중요하다.

정상화의 목표와 적응방식은 다음과 같다.

- 정상화 원리가 적용되는 방식은 각 나라의 문화가 정상적인 삶의 리듬, 일상생활 양식 등을 어떻게 장애인의 삶과 구체적으로 연관 지어 나가고 인간 중심의 복지 프로그램과 입법에 어떤 지표를 적용하는지에 따라 달라질 수 있으나 근본적으로 장애인의 사회통합을 목표로 하고 있다.
- 사회통합은 물리적 통합으로부터 시작하여 실제적인 인간관계와 교류, 가치 있는 사회참여 등을 포함한다.

첫째, 물리적 통합은 장애인이 생활하는 거주 장소, 교육 장소, 일터 등이 지역사회로부터 고립되지 않고 가족, 이웃, 동네에서 가까운 곳에 위치해야 한다. 장애인에게 제공하는 서비스도 장애인의 특성에 따라 적절한 장소를 선택하도록 하고, 접근성 측면에서 가능하면 거리가 가까운 곳에 생활권이 있어야 하며, 장애인이 생활하는 시설은 지역사회에 흡수될 수 있을 정도로 소규모이어야 한다.

둘째, 사회적 통합은 장애인에게 제공되는 프로그램은 실생활에서 유용하게 활용할 수 있는 내용이어야 하며, 장애인복지시설과 장애인이 참여하거나 관련되어 있는 프로그램의 명칭은 부정적이거나 낙인감을 줄 수 있는 이름을 사용하지 않아야 한다.

셋째, 정상화 이념은 장애인의 주거환경 및 삶의 질에 상당한 영향을 미치고 변화를 초래하였다. 정상화는 대형시설에 격리 · 수용 · 보호되었던 장애인을 다양한 지역사회 중심의 주거시설로 배치시킴으로써 이들을 사회의 주류 속에서 통합되도록 하여 지역사회 안에서 살아갈 고유한 권리를 회복시켜 주는 변화를 이끌어 냈다.

### 6) 스티그마, 명칭붙임 등의 가치절하 극복을 위한 사회적 역할강화

#### (1) 가치절하

장애인의 경우 확실한 정상화가 준비되어 있지 못한 상황에서 주류화와 탈시설화가 이루어질 경우, 그 폐해가 장애인의 스티그마, 명칭붙임, 가치절하로 나타난다. 개인이나 집단에 대한 평가는 그 사회에서 일반적으로 지향하는 가치와 규범에 의해 규정되며, 이러한 가치와 규범에서 벗어났을 때, 그 개인이나 집단은 가치절하의 평가를 받게 된다. 사회적 가치절하를 당하는 사람은 상징적 스티그마(낙인)가 부여되고, 일탈적 이미지화가 되어 사회로부터 분리된다. 결국, 사회적 · 관계적인 면에서의 단절을 가져오고 심지어는 스스로 가치회복 노력을 포기하는 상태에 빠져들게 된다. 그럼에도 불구하고 가치절하, 스티그마를 극복하기 위한 노력은 1950년대에는 주로 장애인 가족에 의해 주도적으로 이루어지면서 가시적인 성과를 거두었고, 1980년대에는 장애인 가족의 노력과 장애인 자신, 옹호자, 동료, 전문가에 의해 주도되면서 변화가 나타났다(Switzer, 2003).

인간에 대한 가치절하와 같은 현상은 문화적으로 규정된 개념이며, 상대적인 개념이다. 가치절하된 사람이 사회적으로 가치 있는 삶의 조건이나 사회적 역할을 획득하기 위해서는 크게 두 가지 조치가 필요하다. 첫째, 다른 사람의 인식이라는 차원에서 장애를 갖고 있는 사람에 대한 사회적 이미지 또는 지각되는 가치의 고양이다. 둘째, 장애를 갖고 있는 사람의 능력을 증진시키는 것이다. 일반적으로 사회에서는 이미지 고양과 능력의 증진은 상호적인 영향을 주고받는다. 즉, 능력의 손상이 있는 사람은 이미지에 손상을 입을 가능성이 크며, 다른 사람에 의해 이미지에 손상을 입은 사람 또한 이에 대한 반응으로 능력에도 손상을 가져오는 경우가 많다.

가치절하를 경험한 사람에 대한 가치 있는 사회통합이 성공적으로 수행되기 위해서는 이념적인 측면과 동시에 행정적인 측면에서도 몇 가지 지원이 반드시 필요하다. 이와 같은 지원은 개인이 능동적으로 사회통합을 유지할 수 있도록 작용하며, 동시에 개인에 대한 긍정적인 이미지가 사회에 통합되는 과정에 긍정적으로 작용할 수 있게 된다(Davis, 1995).

그리고 일정한 영역에서 통합이 성공적으로 이루어지지 못하는 경우에는 충분하고 다양한 지원 서비스가 이루어져야 한다. 이러한 지원을 통해서 개인은 태어나는 순간부터 지역사회에서 계속 살아갈 수 있게 된다. 지역사회 내에서 장애인의 계속적인 통합을 위해서 포괄적이고 계속적인 지원 서비스가 필요할 것이다.

#### (2) 사회적 역할강화

가치 있는 사회적 역할강화(SRV: Social Role Valorization)는 정상화 이론에 입각하여 1983년 미국의 울펜스버거(Wolfensberger)에 의해 체계화되었다. 이 이론은 인간이 사회적으로 평가절하되는 것은 그 사회가 지향하는 가치에 의해 규정되며, 지향하는 가치의 각 측면에서 가치절하를 받는 인간이 된다고 설명한다. 어떤 인간의 능력이나 존엄성이 실제보다 평가절하되는 것은 사회의 동등한 구성원으로 살아갈 수 있는 여지를 좁히는 결과를 가져온다. 따라서 가치절하된 사람이 사회에서 가치 있는 사회 구성원으로서 지위를 확보하기 위해서는 첫째, 가치절하를 유발하는 차이를 줄이거나 예방하는 방법, 둘째, 가치절하의 대상이 되지 않도록 사회적 인식이나 가치를 변화시켜야 한다. 다시 말해, 가치 있는 사회적 역할강화(SRV)란 사회적으로 가치가 절하될 위험성이 있는 사람에게 그 사회문화에서 가치 있는 수단을 사용하여 사회적으로 가치 있다고 인정되는 역할을 만들어서 제공해 주고 가능한 한 많이 수행하도록 지원하며, 가치절하되는 것을 예방해 주는 것이다.

이와 같이, 가치 있는 역할강화는 장애인정책과 제도에서 일부 장애인의 필요에 따라 일반인과 분리된 형태의 단편적이고 구호적인 대응책이 아니라 장애인의 삶과 생활주기(life cycle)를 고려한 총체적인 재활체계를 형성할 수 있는 틀을 제공하였고, 서비스 질의 개선과 평가를 위한 기준을 제시하였으며, 장애인복지의 실천이 동정적이고 시혜적인 시각이 아닌 장애와 장애인에 대한 긍정적인 시각에서 강조될 수 있다는 점에서 새롭고 혁신적인 패러다임이다. 1983년 무렵부터 가치가 절하된 사람으로 장애인의 위치를 부여하고 어떠한 방법으로 이들의 가치를 향상시켜 인간의 역할을 실현할 수 있을 것인가라는 관점을 강조하게 되었다. 이것을 사회적 역할강화라고 부르고 정상화 원리에 대한 대체 개념으로 사용하게 되었다. 정상화 원리에 관련된 새로운 개념인 가치 있는 사회적 역할강화는 장애를 가진 사람이 인간으로서 본질적으로 가지고 있는 가치를 일탈의 개념으로 대체하여 이론을 정립하였다. 일탈하고 있는 사람은 가치가 절하된 사람으로 규정되었다.

가치 있는 사회적 역할을 얻는 주요 수단으로서 가치절하된 사람이 사회적으로 가치 있는 삶의 조건이나 사회적 역할을 획득하기 위해서는 다른 사람의 인식이라는 차원에서 장애를 갖고 있는 사람에 대한 기대는 사회적 이미지를 개선하는 것과 장애를 갖고 있는 사람의 능력을 증진시키는 조치가 필요하다.

가치절하를 최소화하기 위한 방법은 다음과 같다.

첫째, 장애인의 낮은 지위를 회복하기 위해서는 우선 현행 복지 서비스가 실제 장애인의 욕구와 권익을 반영하고 있는지, 오히려 장애인을 낮은 지위로 보게 하거나 억압하는 부정적 영향을 미치고 있지 않은지에 대한 검토가 필요하다. 장애인을 대상으로 한 복지사업이 장애인에 대한 고정관념을 형성할 가능성도 있으므로 이러한 점을 지양해야 한다.

둘째, 사람들은 누군가에게 역할을 기대하게 되고, 기대한 만큼 행동이 나타나거나 결과가 이루어지면 그 기대는 더욱 강화된다. 지금까지 장애인에 대한 사회와 가정의 역할기대는 상대적으로 매우 낮았다. 따라서 장애인의 노력과 지원이 충분하게 이루어지지 않고 결국 능력과 잠재력이 키워지지 않는 부정적 결과를 낳았으며, 무능력한 존재로 인식되는 결과를 초래하였다. 따라서 가치가 절하될 가능성이 큰 사람에게 좀 더 많은 역할을 수행하도록 기대 수준을 높이고 그 역할을 성공적으로 수행하도록 지원을 계속해야 한다.

셋째, 집단에서 낙인찍힐 요소가 많거나 그런 요소를 가진 사람이 많으면 많을수록 서로 상승효과가 높아져서 가치가 절하될 위험성이 커진다. 그러므로 각 개인과 관련해서 그 사람에게 낙인찍힐 가능성이 있는 요소를 배제하고 역할수행을 할 수 있도록 훈련과 교육의 기회를 제공해야 한다.

이상 살펴본 바와 같이 장애인의 가치절하를 극복하고 역량을 강화하기 위한 노력이 함의하는 사회통합의 유형은 매우 구체적이다. 이는 개인의 사회통합과 가치를 인정받는 사회통합이다. 물리적 측면에서의 사회통합은 단순히 지역사회에 가치를 절하당한 사람이 살고 있는 상황을 의미하는 것이며, 이는 단지 개인의 가치 있는 사회참여를 하기 위한 전제조건일 뿐이다. 이러한 점에서 정상화는 주류화나 탈시설화와 혼돈되어서는 안 된다. 주류화와 탈시설화는 가치절하를 당한 사람에 대하여 통합적인 방식이 아닌 형태로 사회에 존재할 수 있는 것을 목적으로 하고 있다. 그러나 정상화 준비가 되어 있지 않은 주류화, 탈시설화는 가치절하를 당한 사람에게 더 큰 상처를 안기게 될 가능성이 크다(Franch, 1994).

### 7) 자립

자립(independent)이란 스스로 지원 가능한 것, 자조적인 것과 스스로 신뢰할 수 있는 것, 자신감 등의 개념으로 개인의 능력과 관련되어 중요하게 정의된다. 한편, 사람들이 신체적 손상을 입었을 경우, 자신의 일상적인 역할을 자기 스스로 수행할 수 없음을 의미하고, 이러한 사람을 의존적이라고 가정한다. 서구 문화에 의하면, 자립적이지 못함은 종속적인 것을 의미하고, 의존적이라 함은 다른 사람들에 의해 자기 삶의 조정 대상이 되는 것이라 하였다.

또한, 이와 같은 자립적인 삶은 신체의 이동과 일상의 생활과업을 수행하기 위한 신체활동의 가능성을 극대화함으로써 얻어질 수 있다. 경제적 측면에서도 장애인의 경제력은 신체의 손상 정도와 그들 자신의 자립생활 여부가 결정적인 요인이 된다. 개인 원조(personal assistance)에 대한 욕구는 보호의 욕구에 연관되어 전이된다. 즉, 개인의 원조가 필요하다는 것은 보호의 필요성을 요구하는 것이다. 전문가 혹은 친척이 보호를 담당하고 조정하는 사람이 되기도 하는데, 이때 장애인은 보호자에게 종속되고, 또한 장애인은 자신이 필요로 하는 개인 스스로의 원조활동에 대한 책임을 담당할 수 있는 능력도 잃게 된다(Stroman, 2003).

자립적인 사람이란 자신의 생활 전반을 조정하고 관리하는 것이지, 생활의 모든 과업을 모두 수행할 수 있는 능력을 의미하는 것은 아니다. 자립이란 장애인의 신체적인 면이나 지적 능력과 연관된 것이 아니다. 또한, 자립은 장애인 자신을 스스로 보호하고 관리하기 위하여 아무런 지원 없이 이룰 수 있는 것이 아니다. 장애인이 필요한 원조와 지원을 다양한 지원체계를 통해 제공받음으로써 장애인의 자립생활이 이루어지고 결국 이로 인해 자립이 가능하게 되는 것이다.

장애인이 시설수용을 통해 생활을 유지할 수 있도록 하는 지역사회 내의 보호관리자와 보호자에 의해 보호 · 관리되는 지역사회보호 그리고 장애인 자신의 자립적인 생활을 보장하는 장애인 자립생활에 대한 지원 등 각기 다른 접근의 차이가 있는데, 이는 누가 장애인 각 개인을 조정하는 것인가에 초점이 모아진다. 예컨대, 장애인 자신의 건강관리, 식사조절, 취침 시간을 정하는 일 등 모든 일상의 활동뿐만 아니라 보호자를 결정하는 일, 금전관리, 거주지를 정하는 일 등까지 모두 장애인 스스로의 선택과 판단에 의해 의사결정 과정에 참여하는 일을 자립생활이라고 한다. 다시 말해, 개인의 자립적인 자아와 권리를 가진 자립주체로서 의사결정 과정에 참여하는 활동을 자립생활이라 정의할 수 있다. 이러한 전적인 의사결정에의 참여는 궁극적으로 자신을 스스로 조정 가능하도록 만드는 것을 의미한다.

어떤 종류 혹은 어느 정도의 장애를 가졌든, 어느 연령의 장애든, 장애를 갖고 있는 사람 및 그의 가족이 간절히 바라는 것은 장애인의 자립적인 생활일 것이다. 자립은 인간의 기본적인 요구인 동시에 권리이며, 인간다운 생활의 중요한 요소로서 완전참여와 평등이라는 장애인복지의 궁극적 목표의 실천에 있어 전제인 동시에 조건인 것이다. 일반적으로 자립이란, 일상생활동작의 자립 그리고 그 연장선에 있는 직업적 자립, 나아가서는 경제적 자립으로 이해되고 있다. 따라서 장애인의 재활문제에 있어서는 잔존능력의 개발과 향상에 초점이 맞추어지고 있다.

그러나 자립의 의미를 신변처리나 기타 직업적 · 경제적 측면에서의 자립으로 한정시켜 버린다면 그러한 것이 가능한 장애가 가벼운 사람에게만 권리로서의 자립이 가능할 뿐 많은 중증장애인에게는 이 기본적인 욕구이자 권리가 인정될 수 없어 그들을 의존적이고 가치가 없는 존재로 전락시켜 버릴 위험이 있다. 또한, 자립의 개념을 더욱더 확장시켜서 장애인 자신에 내재하는 힘을 개발하고 발전시키기 위한 끝없는 노력과 그 방향을 원하는 범위까지를 취해야 한다.

### (1) 자립생활과 자립생활운동

자립생활의 원리나 실천은 몇 가지 가정에 기초하여 이루어지고 있으며, 그 내용은 다음과 같다.

첫째, 모든 인간의 삶은 가치 있는 것이다.

둘째, 어떤 손상을 입은 사람이든지 누구나 스스로 선택할 수 있는 능력이 있다.

셋째, 장애인은 신체적 · 사회적 · 물리적 반응, 지능적 반응, 감각의 손상 그리고 정서적 불안 등 다양한 형태의 기능적인 장애를 가지고 있더라도 자신의 생활 전반을 사정하고 관리하고 조정할 수 있는 권리가 있다.

넷째, 장애인은 사회생활 전반에 참여할 권리가 있다.

이처럼 자립생활은 인간의 존엄성과 시민권과 총체적인 내용을 포함하고 있기 때문에 단정적으로 정의할 수 없다. 자립생활을 유지할 수 있는 권리는 개인의 관계, 부모, 자녀로서 가족의 권리, 교육, 훈련, 고용과 휴가 활동, 지역사회생활에 평등하게 참여할 수 있는 권리 등을 포함하고 있다.

사회운동으로서의 장애인의 자립생활운동은 수용시설과 같은 환경인 장애인 생활시설에 대한 문제를 인식함으로써 장애인의 시설수용 탈피를 주장한 것에서 비롯되었다. 장애인을 시설에 수용하고 보호하는 일은 1950년대 자선적 목적과 사회복지의 가부장적 맥락으로서 민간 사회복지실천 활동을 위해 자발적으로 조직된 단체들에 의해 시작되었다. 그 후 장애인 재활과 관련하여 지역사회 내에서 자신의 가정에 머물며 생활할 수 있는 거택보호에 대한 욕구, 즉 탈시설화의 요구와 정상화의 이념에 기초하여 장애인 스스로 자신의 생활을 관리하고 조정할 수 있도록 돕고 스스로 자립적으로 생활해 나갈 수 있도록 하는 것에서 비롯되었다.

영국과 미국의 경우, 1950~1960년대에는 이미 특정한 손상에 의한 장애인단체가 조직되기 시작하였다. 자신의 권익과 자립생활을 위하여 노력하고 있는 많은 장애인이 있음에도 불구하고, 조직을 운영하는 대부분의 사람은 비장애인으로서 장애인의 이익과 상관없이 조직을 조정하고 운영하는 경우가 빈번히 있었다. 정치적 목적을 띠고 활동하는 장애인의 수가 늘어나기 시작하였고, 이들의 노력은 지방 차원 혹은 전국적 차원에서의 장애인단체와 조직에 영향을 미쳐 모든 형태의 손상을 입은 장애인의 권익을 대변하기 위한 활동을 시작하게 되었다.

1970년대에는 시설에 수용되어 있는 많은 장애인이 자신이 살기 위한 주거지를 요구하고, 일상생활을 영위하기 위해 필요로 하는 서비스를 요구하기 시작하였다. 이들 장애인 간에는 지지-연결망을 형성하고 상호 관련을 맺고 필요한 서비스 제공과 서비스 교환을 위한 움직임이 일기 시작하였다. 영국에서는 1974년에 최초로 장애인 자신에 의해 특정한 손상을 입은 장애인의 모임인 자조집단 형식의 장애인 조직이 설립되었다. 예를 들어, 척수장애인협회(the Spinal Injuries Association)가 다양한 활동을 시작하면서, 장애인의 자립생활운동을 전개하는 역할을 수행하여 왔다.

1970~1980년대에는 장애인에 의해 운영되는 장애인단체의 숫자가 급격하게 늘어나기 시작하였다. 이와 같은 조직활동을 통하여 장애인은 인간으로서의 권리와 시

민권 확보를 위하여 그동안 비장애인과의 분리된 주거생활, 차별적인 고용이나 불평등한 교육여건 등과 같은 영역에서의 법률과 제도의 개혁을 위한 활동을 시도하였다. 이와 동시에 주거문제에 있어서도 이전까지 운영되어 왔던 시설수용이나 일반주택과의 분리거주와 같은 구분을 철폐하고 일반 지역사회 내에서 접근 가능하고 이동과 생활이 자유로운 환경을 마련해 주도록 요구하였다. 특히, 비장애인과 장애인의 주거생활 분리를 반대하는 영국지체장애인연합회(UPIAS)와 영국장애인단체연합회(BCODP), 지역장애인단체, 척수장애인협회 등의 조직이 더 이상 시설보호를 원치 않고 시설보호로부터 탈피하려는 장애인을 대변하여 주고 장애인이 속한 지역사회와 가정으로 복귀하는 일을 위한 도움을 제공하였다. 몇몇 지역장애인단체는 중앙정부의 사회사업부나 보건부의 담당자들에 의해 계획되고 설립을 추진하여 온 새로운 형태의 거택보호에 관한 계획에 전면적인 반대운동을 벌이기도 하였다(Russell, 1998).

장애인의 자립생활운동에서 대부분의 활동은 신체 · 감각손상을 입은 30~40대 장애인, 지적 손상을 입은 경우나 노령자, 정신건강체계의 손상을 입은 사람, 즉 정신질환으로부터 회복된 사람 혹은 만성정신장애인 이외에도 사회생활에서 그동안의 낙인으로 인한 스테레오타입 대상자와 사회로부터 소외된 사람을 중심으로 자립생활운동이 전개되었다. 이들은 장애인의 자립생활운동에 가장 중요한 초석이 되는 것은 자립(통합)생활센터(center for independent (integrated) living)의 설립이라고 주장하였다. 영국의 자립생활의 기본 정신을 받아들이게 된 것이다. 미국 자립(통합)생활센터는 자립적으로 살기를 원하는 장애인에게 필요한 조언과 지원을 제공하는 것을 목적으로 한다. 1980년대 이후 현재까지 자립생활은 지역사회보호나 사례관리정책을 기초로 하여 전문가에 의한 사회 서비스와 의료보건 서비스를 동시에 제공하는 내용으로 자리 잡아 가고 있다.

### 8) 통합화

#### (1) 생애주기와 통합

정상화의 구체적인 전개는 통합화(integration)로 구현된다. 통합화란 장애를 가진 사람과 그렇지 않은, 이른바 정상인이 모든 기회에 공동으로 협력해 갈 가능성을 위한 조건추구를 지향하는 과정을 말한다. 통합화는 ① 인간의 생활주기상 각 발달단계마다의 통합화, ② 지역 내에서의 통합화, ③ 여러 행정 기능의 조정, 연락을 포함한 통합화 등의 세 가지 수준으로 전개되어야 한다.

우선, 인간의 생활주기를 고려해 볼 때 각 단계마다 각기 다른 교육, 노동, 의료 등에 관한 욕구가 존재하게 된다. 예컨대, 영아 또는 유아의 경우에는 장애의 조기발견 체제와 그것에 따른 상담, 치료, 훈련, 보육 등의 체제가 필요하며, 취학 시기 아동에게는 학교생활과 관련된 각종 상담 및 훈련, 기타 학교환경과 관련된 각종 배려 및 지역사회 내의 시설 이용을 위한 이동수단의 확보 등이 요구된다. 또한, 청년기에는 주로 진학의 장 확보와 동시에 여가 이용이나 문화활동을 둘러싼 수단의 확보가 요구되며, 그 이후의 시기에는 자립을 위한 취로 및 주택의 보장 그리고 부모 사후에 장애인이 지역사회생활을 영위할 수 있도록 하는 보호와 치료(care & cure)를 중심으로 한 원조체제를 구축해야 할 것이 요망된다.

구체적인 통합의 수준을 살펴보면 다음과 같다.

첫째, 통합의 제1수준은 그 사람의 생애에 있어 교육, 노동, 의료, 주거, 교통수단, 문화생활 등 일체가 상호 연계되고 통합되어야 하며, 법정 보호연령인 18세 이전과 그 이후 그리고 고령기의 문제와 장애로 인한 문제 사이에 괴리가 생기지 않도록 배려되어야 함을 말한다.

둘째, 통합의 제2수준은 지역 내에서의 통합화, 즉 일정한 생활범위, 생활권의 상호연계(network)되어 기능하는 이상적인 상태를 말한다. 이 수준에서 가장 우선되어야 할 것은 장애인의 이동과 관련한 문제를 최소화시키는 물리적 환경의 통합(예컨대, 공공건물의 단차 없애기, 각종 편의시설의 설치, 주택의 출입구, 부엌시설, 목욕시설, 화장실의 개선 등)과 장애인과 비장애인이 함께 어울려 교육받고 성장하며 더불어 활동하면서 살아갈 수 있도록 하는 기능적 · 사회적 측면에서의 통합일 것이다.

셋째, 통합의 제3수준은 각기 별개인 종적 행정 안에서 운영되고 있는 장애인과 관련된 행정의 각 기능이 상호 연락, 조정되어 합쳐지고 통일된 기관과 이념에 기초를 둔 새로운 행정으로 통합되어야 한다는 것이다.

이처럼 장애인 개인의 전 생애를 통한 각 발달단계마다의 통합과 지역사회라는 장에서의 물리적 · 정서적 통합 그리고 장애인의 생존과 재활을 위한 욕구충족과 직결되는 행정기능상의 통합 모두가 적절히 이루어질 때 모두가 더불어 사는 정상화의 이념이 구현될 수 있을 것이다.

(2) 사회통합

1990년대 중반까지 장애인이 사회로부터 배제된 채 의료적 조치를 필요로 하는 특정 형태로 장애에 대한 이해가 이루어져 왔다. 그 후 후기 자본주의 과도기에는 장애인의 사회통합에 대한 욕구가 생겨나기 시작하였다. 그 결과 개인 모델 혹은 의료 모델 관점에서 바라보던 장애에 대한 견해는 비판받게 되었고 장애를 이해하는 데 있어 적절한 사회적 통합의 형태가 논의 의제로 등장하게 되었다.

장애인의 사회통합에 관하여 몇 가지 차원에서 논의될 수 있다.

첫째, 사회통합의 이념은 사회 구성원인 장애인이 개인의 시민적 기본 권리를 추구하는 개인주의적 이념과 사회를 장애인이 공존할 수 있는 집합체로 규정하고 이를 추구하는 집합적 이념으로 분석할 수 있다. 개인주의 복지이념이나 집합주의적 복지이념은 장애인복지 과정에서 함께 추구하지 않으면 안 되는 이념으로서 이들 두 이념이 통합된 것이 통합주의적 복지이념이다. 통합주의적 복지이념은 장애인복지 과정에서 추구해야 하는 궁극적인 목표, 즉 장애인의 사회통합을 의미하는 것으로 기본적인 시민의 권리를 실현함과 장애인이 공존할 수 있는 사회실현을 동시에 추구하는 이상적 가치관념이다. 그러므로 사회통합은 장애인복지 이념의 결정체이며, 복지실현의 목표인 것이다.

둘째, 통합이란 한 개인이 가치 있는 방법에 의해 정상적인 지역사회 안에서 인격적인 개인으로서 성공적으로 참여하게 하는 것이다. 여기서 중요한 개념은 개인(personal)과 참여(participation)이다. 통합이 이루어지기 위해서 가치가 절하된 사람들의 집단이 아닌 개인 그 자체의 관점에서 보아야 한다. 그리고 참여는 단지 해당 장소에 몸이 간다는 의미가 아니라 사회적으로 인정받는 방식으로 개인적으로 참여하는 것을 의미한다.

통합이란 필요한 지원도 없이 어떤 지역사회로 사람을 밀어 넣는 것을 의미하는 것이 아니다. 필요한 지원과 준비 없는 장애인을 지역사회로 내모는 행위는 그 장애인의 가치를 더욱 떨어뜨리는 결과를 초래한다. 예컨대, 일반학교에 다니는 지적장애를 갖고 있는 아동이 필요한 사회적 기술을 배우지 못한 채, 필요한 학습지원을 받지 못한다면 장애아동은 가치절하를 경험하게 되는 동시에 다른 아동으로부터 소외되고 분리될 것이다. 또한, 특수학급에서 정상적인 지적 능력을 가진 아동이 함께 교육을 받는 경우, 다시 말해 가치절하된 사람들이 분리된 채로 집단화되어 있는 환경에 가치를 인정받은 사람이 초청되는 경우도 정상적인 통합이라 볼 수 없으며, 이 경우를 역통합이라 한다.

진정한 통합이란 가치 있는 활동과 접촉 그리고 관계 속에서 사람들의 개인적인 참여를 의미한다. 이러한 통합의 정의는 한 사람이 지역사회에 참여하는 일원이 되기 위해서 모든 필요한 기술을 가져야 한다는 것만을 의미하지는 않는다. 사회통합은 교육과 훈련의 과정이 참여의 과정과 동시에 일어날 것을 요구한다.

셋째, 장애인복지의 통합체계의 개념으로 살펴보면 장애인이 생물학적으로나 기능적으로 가지는 장애(impairment)와 능력장애(disability)가 있을지라도 사회적 불리(social handicap)를 제거해 줌으로써 사회통합을 촉진시킬 수 있다는 것이다. 더불어 개인적으로 느끼는 지체장애나 정신적 장애와 사회적으로 느끼는 물리적 · 문화적 장애 등 환경적인 장애의 두 가지 영역을 모두 극복하도록 의료, 교육, 직업, 심리사회 재활영역의 개발과 물리적 · 문화적 · 심리사회적 환경의 개선을 수단으로 사회통합을 촉진시킬 수 있다는 것이다. 한편, 장애에 대한 적응문제에 있어서 주관적(내면적 혹은 정신적) 측면과 객관적(사회적 혹은 환경적) 측면을 통합하려는 시도는 인간의 행동은 인간과 환경 간의 관계적 기능의 산물이라는 공식에서 발전되었다.

장애인의 사회통합은 장애인의 총체적 삶을 비장애인과 함께하는 '더불어 사는 사회'를 추구한다. 일반적인 삶의 형태는 각종의 일상생활과 사회생활 전반을 포함하고 있어 출생부터 교육, 직업, 주거를 포함하는 지역사회생활 등 한 개인이 필요로 하는 모든 삶의 관계를 의미한다. 그러나 장애인복지가 일반 복지체계에 통합되지 않은 특수화된 경향을 갖게 되는 경우 그 결과 사회통합이라는 기본 이념 구현에 저해가 될 수 있다. 장애인복지가 더불어 사는 사회건설을 지향하는 수단이 되지 못하고 사회와 분리된 서비스 체계를 형성하고 있는 한 통합적 기능을 수행할 수 없게 되는 것이다.

지금까지 일반 사회복지 서비스와 장애인복지가 통합되지 못한 주된 이유를 크게 두 가지로 구분할 수 있다. 첫째, 일반 기관(예: 학교나 병원 및 각종 시설)에서 장애인에게 특수한 서비스를 제공하는 것이 바람직하다는 이유이고, 둘째, 장애인과 같은 특정한 집단은 전문적 서비스가 아니라 하더라도 사회의 주류로부터 격리되어야 한다는 주장이다. 이는 장애인이 비장애인과 분리되어 살면 여러 가지 측면에서 편리하다는 시각에서 출발한다. 오늘날, 분리적인 서비스 체계는 전근대적인 형태로서 장애인의 자립과 통상적인 기능의 회복이 중대한 목적이라면, 장애인이 함께 살아야 하는 사회적 맥락에서 기능하도록 하는 것이 중요하다. 장애인을 이끌어 가야 할 기본 방향이 바로 이들이 활동해야 할 사회로 향해 있어야 함에도 불구하고, 장애인 재활과 특수교육은 분리주의라는 방향으로 인식되어 온 것이 사실이다.

대부분의 장애인 대상 교육이나 훈련은 인위적이고 분리적인 환경에서 이루어지다가 최종 단계에서 일반사회로의 통합을 강요하기에 사회통합이 어려운 과제가 되고 있는 것이다. 장애인 프로그램이 장애인의 사회통합을 달성하지 못하고 실패하는 이유는 재활이나 교육의 내용 자체보다 프로그램의 비통합적 본질에 기인한다는 점일 것이다.

장애인의 사회로의 통합은 물리적 통합과 사회적 통합의 두 가지 측면을 가지고 있으며, 이 둘은 상호 밀접히 연관된 불가분의 개념이다. 통합은 단순한 물리적 상황만이 아닌 사회적 상호작용과 수용을 포함하는 사회적 통합일 때만 의미를 갖는다. 다만, 물리적 통합이 사회적 통합을 보장해 주는 것은 아니지만, 사회적 통합은 물리적 통합과 같은 전제조건이 충족될 때만 성취될 수 있다.

### 1 물리적 통합

물리적 통합은 사회적 상호작용을 허용하거나 촉진시키는 물리적 환경을 의미한다. 장애인복지에서 각종 서비스가 전달되는 경로는 이들 물리적 환경 중의 하나가 된다. 물리적 통합은 다음과 같은 요소에 의해 규정된다.

첫째, 위치로서 물리적 환경은 장애인이 거주하는 지역사회에서 장애인이 현행 사회와 경제 및 교육 등의 제도에 유지 · 흡수되는 구조가 되어야 한다. 시설이나 건물이 떨어져 있는 경우 장애인은 소외된다.

둘째, 접근성으로서 교통수단의 유무와 건물이나 정보 등에의 접근성은 각 장애영역에 따라서 통합환경에 있어 핵심적인 요소이다.

셋째, 물리적 연계로서 장애인에 관한 정책이나 서비스는 지역의 특성과 일관성 있게 설정되어야 한다. 예컨대, 직업재활센터가 공단지역에 위치한다든지 그룹 홈이 주거지역에 위치하는 것 등이다.

넷째, 건물이나 시설의 물리적 외형이 비장애인과 장애인 모두에게 어떻게 인식되느냐는 점도 통합에 영향을 줄 수 있다. 아무리 시설의 내부가 완벽하다 하더라도 그 외형이 수용소와 같은 모습이라면 시민의 반응행동에 저해요인이 될 수 있다.

### 2 사회적 통합

장애인의 통합은 사회적인 조건에 의해서 촉진되거나 감소될 수 있는데, 물리적으로 최적의 통합 형태를 취하면서도 사회적 분리의 양상을 보일 수 있다. 예를 들어, 기관의 정책이나 사업구조의 요소는 장애인을 주류사회에서 격리시키거나 분리시킬 수 있다. 물리적 통합이 이루어진 상태에서 사회적 통합은 최소한 다음의 요소에 의해 결정된다.

첫째, 프로그램의 형태로서 장애아동의 교육은 가능한 한 일반 교실에서 이루어져야 하고, 직업훈련도 일반 프로그램이나 기업 내에서 행해지는 것이 바람직하다. 장애인의 문화와 여가도 분리된 형식이 아닌 일반 시민과의 교감이 가능한 형태이어야 한다.

둘째, 낙인감을 주는 호칭이나 명칭으로서의 사회통합은 장애인과 가족, 서비스, 관련 시설이나 건물이 지칭되는 방식에 의해 영향을 받는다. 장애인을 환자로 간주하는가, 혹은 장소에 대한 지칭과 시설에 대한 이름 등은 통합을 저해하지 않는 방향으로 명명될 필요가 있다.

셋째, 지원 대상 장애인의 수는 지역사회가 통합할 수 있는 정도를 넘지 않도록 조정되어야 한다. 예컨대, 그룹 홈의 경우처럼 소규모 인원으로서 장애인이 그 지역의 모든 자원활용에 유리하도록 배려되어야 한다. 프로그램에 참여하는 장애인도 대규모가 아니라 소규모로 세분되어야 통합에 효과적이다.

### (3) 심리 · 정서적 통합

장애인 재활과 관련한 통합이론이 1980년대 초 개발되었다. 행동적 반응이 한편으로는 환경적 압력에 대한 통합된 반응이고 다른 한편으로는 내면적 정신과정에 반응하는 것이라고 제시한 점에서 재활의 통합이론은 사회환경적인 동시에 개인적이라고 할 수 있다. 개인의 심리적 측면을 다룬 이론은 높은 수준의 자존심이나 긍정적 자기존중감 같은 내면 상태를 바람직한 개인적 적응과 관련시키고 있지만, 통합이론에 의하면, 장애인의 심리적 부적응이 장애 그 자체 때문은 아니며, 심리 · 정신분석 · 사회 · 생활환경 등의 종합적인 영향으로 인해 나타나는 결과라고 설명하고 있다. 심리적 부적응은 장애인이 타인이 부여한 자신에 대한 평가절하를 받아들일 때 발생한다고 생각된다. 이와 더불어 장애인에 대한 평가절하를 조장하는 사회적 태도 역시 환경이라는 요소에 의해 생산되는 것으로 인식한다. 타인의 부정적 평가를 받아들인다는 사실을 중시하면서 개인의 내면적 상태라는 심리적 요인도 이론 안에 통합시키고 있다. 다시 말해, 장애인의 심리적 부적응은 개인에 대한 사회적인 평가절하와 그 평가절하에 대한 것을 자기 자신의 상태로 받아들이는 상황, 이 두 가지 모두가 일어날 때 나타난다고 설명한다(Davis, 1995).

이밖에도 장애인의 사회통합을 저해하는 원인 가운데 한 가지 특징은 장애나 질병을 신체의 객관적 상태가 아니라 건강, 질병, 장애 등에 대한 사회의 규범적 기준에 근거한 사회적 판단이라고 보는 사회학적 관점을 받아들인 점이다. 또 다른 원인은 비장애인이 장애인에 대해서 비합리적이고 비현실적으로 반응을 나타내는데 그 이유는 이들이 장애 상황의 실제적 의미보다는 상징적인 의미에 더욱 민감히 반응하기 때문이다. 다시 말해, 적응의 어려움은 장애인의 심리적 무능력이나 혹은 환경적 요구에 순응하지 않으려는 태도에서 기인한다기보다는 장애인의 욕구에 대한 환경의 무관심 때문에 발생한다고 주장한다. 특히, 사회통합은 사회적 가치절하의 위험에 놓인 사람에게 개인의 사회통합과 의미 있는 사회참여의 중요성을 강조하는 개념으로 이해할 수 있다.

### 9) 참여

장애인을 특별한 욕구를 지닌 한 사람의 사회 구성원으로 규정한다면, 그가 지니고 있는 신체적 또는 정신적 장애에도 불구하고 지역사회 내에서 정상적인 사회생활을 영위할 수 있도록 하기 위해 그의 기능적 장애를 보완할 수 있는 물리적 · 제도적 조건이 요구되는 바 이러한 조건은 장애의 종류와 개인의 상태에 따라 달라지게 될 것이다.

그런데 이와 같은 조건은 시혜적 측면에서 무작정 혹은 무계획적으로 충족되어서는 안 되며, 장애인의 주체성 확보 및 생활권의 구축이라는 측면에서 그들의 요구에 맞추어 그리고 그들이 가장 편리하게 이용할 수 있도록 마련되어야 한다. 따라서 장애인은 수혜자로서 자신의 권익과 관련된 정책 및 사회적 움직임에 수동적인 자세로 임하기보다는 적극적인 참가를 통하여 자신 스스로가 필요로 하는 정책을 고안해 내어 그것을 발전시켜 갈 기회를 넓혀야 한다.

이처럼 장애인의 '참여(participation)'란 지역사회의 진정한 구성원으로서 그 지역의 행사는 물론 정상적인 삶을 영위하는 데 따르는 각종 관련된 것과의 참여 외에도 정책결정단계까지의 참여가 보장되어야만 세계장애인의 해 주제인 완전참여와 평등이 구현될 수 있을 것이다.

그러나 장애인의 '참여'는 현실적으로 일정한 조건의 정비가 전제되어야 한다. 예컨대, 수화통역이나 점자 서비스 등 의사소통의 수단이 완비된 환경이 필요하며, 이동의 권리도 참여의 한 수단으로 보장되어야 한다. 또한, 냉대, 차별, 멸시 등 보이지 않는 사회의 장벽이 최대한으로 제거되지 않는다면 사회적 · 정치적 측면에서 장애인의 참여는 요원할 수밖에 없을 것이다. 참여의 형식은 직접참여, 간접참여, 조직적인 참여 등 여러 가지가 있을 수 있고, 시설 수준, 지역사회 수준, 지방자치제 수준, 국가 수준, 나아가서는 국제 수준에 이르기까지 갖가지 수준에 대해 적절한 참여방식이 채택되어야 할 것이다.

02

# 장애 개념과 정의

## 1. 장애 개념의 변화

우리나라도 서구 선진국의 장애 개념을 수용하는 방향으로 장애인 정책이 전환되고 있으며, 장애인의 범주를 확대함과 동시에 장애에 대한 개념도 특정 장애를 직접 나열하는 형식에서 선진국과 유사한 보편적 정의로 바꾸었다.

즉, 1999년 개정 이전의 「장애인복지법」에서의 장애의 정의를 보면, "장애인이라 함은 지체장애, 시각장애, 청각장애, 언어장애 또는 정신지체 등 정신적 결함으로 인하여 장기간에 걸쳐 일상생활 또는 사회생활에 상당한 제약을 받는 자로서 대통령령이 정하는 장애의 종류 및 기준에 해당하는 자를 말한다."라고 개정되어 장애의 개념을 폭넓게 확대시켰다. 구체적인 장애의 종류를 정하였던 과거와 달리 「장애인복지법」에서는 일반적인 장애인의 정의를 기술하고, 동법 시행령에서 법정장애의 범위를 정하며, 동법 시행규칙에서 정해진 법정장애의 등급별 장애 판정기준을 정하도록 하여 과거보다 장애 범주의 확대를 용이하게 하였다.

그 결과, 우리나라는 1999년까지는 법정장애인의 범주를 지체장애, 시각장애, 청각장애, 언어장애 정신지체의 5가지 영역으로 한정하다가 2000년 1월 1일부터 시행된 개정 「장애인복지법」에 의해 기존의 5가지 영역의 장애에 뇌병변장애, 정신장애, 발달장애(자폐증), 신장장애, 심장장애를 장애 범주에 추가로 포함하였다.

2차로 2003년 7월 1일부터 호흡기장애, 간장애, 안면장애, 요루 · 장루장애, 뇌전증장애가 추가되었다. 이로써 현재 우리나라에는 모두 15종의 장애유형이 법정장애유형으로 규정되어 있으며, 앞으로도 계속 확대될 전망이다. 장애판정은 장애유형별 전문의에 의하여 해부학적 또는 생리학적 기준에 의하여 장애가 판정되고 있다. 2007년 10월에 시행된 「장애인복지법 시행령」에서는 정신지체인 및 발달장애인의 용어에 대한 사회적 오해를 없애고 정확한 기준을 마련하기 위하여 정신지체인을 지적장애인으로 하고 발달장애인을 자폐성장애인으로 용어를 변경하였다.

장애 개념에 대한 변화의 특징은 다음과 같다.

첫째, 가장 대표적인 변화는 상황적 맥락이라는 영역을 통하여 환경요소와 개별요소를 동시에 강조하고 있다. 이는 장애의 사회 모델과도 관련이 있다. 장애에 대한 사회 모델은 환경의 중요성을 강조하며, 동시에 장애인 당사자가 적합한 환경에서 자기 결정과 선택을 할 수 있어야 함을 강조한다.

둘째, 장애를 규정하는 개념이 단순 모델에서 복합 모델로 전환하고 있다. 과거의 장애를 규정하는 모델은 개별 손상이나 능력의 장애를 강조하는 개인 모델에 기반을 둔 것이었으나 사회 모델이 그 설득력을 확장하게 됨에 따라 사회 모델이 요소를 통합하여 개인 모델과 사회 모델을 동시에 설명하고 있다.

셋째, 장애의 개념 규정에서 긍정적인 용어 사용을 강조하는 추세에 있다. 세계보건기구(WHO)의 장애에 대한 정의를 보면 '손상', '기능제약', '사회적 불리' 등의 용어를 사용하지 않고 신체구조와 기능, 활동과 참여, 환경요인, 개별요인 등을 주로 구성요소로 변경하고 있다.

## 2. 장애의 정의

장애 혹은 장애인에 관한 개념은 복잡한 성격을 띠고 있기 때문에 한마디로 정의하기 어렵고, 그 시대나 문화의 차이에 따라 장애에 관한 정의가 다소 다르다. 우리 주위에는 걷거나 앉는 데 어려움을 겪는 사람, 듣기를 잘 못 하는 사람, 말로 표현하는 데 어려움을 겪는 사람, 보는 데 불편함을 겪는 사람, 지시하는 대로 따라 하는 데 어려움을 겪는 사람 등 가정이나 사회에서 살아가는 데 여러 가지 어려움을 겪는 사람이 많다. 이들을 흔히 장애인이라 부른다.

최근 들어 환경의 영향을 강조하는 추세이며, 장애는 신체 및 환경 측면과의 상호작용에 의하여 사회생활에의 참여를 제한하는 방식으로 표현된다. 「장애인복지법」에서는 "장애인은 신체적 · 정신적 장애로 오랫동안 일상생활이나 사회생활에서 상당한 제약을 받는 자"로 정의하고 있다. 따라서 장애의 정의는 신체적 또는 정신적 장애라는 의학적 원인이 존재하며, 이러한 원인에 의하여 일상생활이나 사회생활에 상당한 제약을 받고 있는 상태라는 두 가지의 조건에 의하여 규정된다고 할 수 있다. 장애를 정의하는 시도는 그 사회가 사회정책을 통해서 어느 정도 범위의 사람들에게 어떤 내용의 서비스를 제공할 것인가에 대한 사회적 합의에 기반을 둘 수밖에 없다. 사회적 약자에 대한 적극적인 옹호와 지원을 강조하는 사회에서는 광범위한 영역을 장애로 인정할 것이고, 사회적 약자에 대한 보호에 소극적인 사회에서는 최소한의 사람만을 장애로 규정하고 이들에 대한 최소한의 정책 수단만을 강구하게 될 것이다.

장애 개념에 대한 탐색과 장애에 대한 표준적인 정의를 시도하려는 노력은 장애인이라는 사회적 소수자에 대하여 국가나 사회가 어떤 관점으로 인식할 것인가, 사회적 소수자로서의 장애인에 대하여 국가와 사회는 어떤 정책 수단을 강구할 것인가, 장애인에게 제공되는 서비스의 맥락은 어떠해야 하는가 등에 대한 방향 모색과 맥락을 같이 한다.

이상의 내용을 고려한 개념으로 장애인이라 하면 다음과 같다.

첫째, 해부학적 신체 구조적, 지능적 및 심리적인 이상이 있거나 상실한 사람

둘째, 신체 구조적 또는 심리적 과정에서 야기되는 만성적인 질환, 즉 기관지염, 천식, 관절염, 결핵, 간질, 신경정신장애 등을 가진 사람

셋째, 기능적인 면에서 어떤 질병에 의하든 자기 혼자서 일상생활을 해 나가는 데 필요한 기능을 완전히 발휘하지 못하는 사람

넷째, 행동규범을 중심으로 일종의 장애를 소유하고 있는 당사자가 자기의 장애에 대해서 특수한 반응을 보이는 사람

다섯째, 사회적 태도나 편견, 차별 등의 사회적 장애를 가진 사람

### 1) 국제연합(UN)의 정의

국제연합(UN)의 결의에 의한 장애인의 권리선언 제1조에 의하면, "장애인은 선천적이든 아니든 신체적 또는 정신적 능력의 결함으로 인하여 일상의 개인 또는 사회생활에 필요한 것을 확보하는 데 스스로 완전 혹은 부분적으로 행할 수 없는 사람"을 의미한다. 이와 같은 규정은 장애를 신체적 · 정신적 손상에 의해 일상활동, 소득활동에 제한받는 사람으로 정의하고 있는데 이를 구체적으로 제시하기 위한 의미를 가지기에는 하위범주가 너무 협소하며, 또한 장애 개념을 환경과 상호적인 관계 속에 포괄적인 장애로 규정하지 못하고 있다고 하겠다.

또한, 국제노동기구(ILO)의 신체장애인의 직업복귀에 관한 권고 제99조에서는 장애인을 "신체적 또는 정신적 결함의 결과로 적당한 직업을 확보하고 유지할 전망이 없는 상당히 손상을 받은 사람"이라고 규정하고 있다. 세계보건기구(WHO)는 1980년 장애의 계층적 개념을 제창하면서 국제장애분류에 있어서 장애의 계층적 분화를 정의하고 있는데, 장애인에 대한 일반적인 개념을 신체손상(impairment), 기능장애(disability), 사회장애(social handicap, 핸디캡)라는 용어를 중심으로 전개되어 왔다. 장애인을 어떻게 정의하느냐에 따라 장애인복지의 관점이 달라지며, 결국 장애인의 정의는 그 나라의 사회 문화적 · 경제적 수준을 반영하는 지표가 될 수 있는 것이다. 그뿐만 아니라, 장애인의 개념을 설명함에 있어서는 어떤 집단 혹은 어떤 사람 혹은 공통으로 소유하고 있는 특성은 무엇인가를 살펴보아야 한다. 이상적이며 포괄적인 장애 정의는 사회적 정의라 할 수 있으나 복지나 재활의 측면에서 현실적인 중요성을 갖는 정의는 의료적 · 직업적 · 법적 정의라 할 수 있다. 특히, 우리나라와 같은 장애인등록제도를 시행하는 나라의 경우, 법적 정의는 장애인복지정책이나 실무에 중요한 의미를 갖는다. 예컨대, 신체적 장애는 의학적 기준에 의해 장애로서 매우 엄격한 기준에 의해 정해지는 반면, 사회적 장애는 사회적으로 인정되는 장애로서 사회 문화적 여건에 따라 상대적인 기준이 될 수 있다. 그밖에도 법적 장애는 해당 국가의 법에서 정하는 장애로서 복지시책과 가장 직접적으로 연관성을 갖는 실질적인 의미의 장애라 할 수 있다.

### (1) 신체손상(impairment)

장애를 이해하는 가장 기본적인 접근은 해부학적인 면에서 생각할 수 있는데, 사지 중의 하나를 절단, 상실 또는 기형인 상태를 말하며, 일반적으로 기능상실을 의미한다. 즉, 심리적 · 신체적 또는 해부학적인 구조나 기능의 손실을 가져다준 영구적 또는 일시적인 병리적 상태를 말한다. 이는 외적인 손상뿐만 아니라 간, 허파, 감각기관, 신장, 정신 등의 상실이나 기능장애를 포함하며, 주로 의학적 진단에 의해서 부상의 범위와 정도가 규정된다. 3가지 상실을 들 수 있는데, ① 뇌일혈이나 뇌병변장애와 같은 뇌기능장애, ② 시 · 청각 상실로 인한 언어장애, 시각장애, 청각장애, ③ 심장, 호흡기장애, 정신질환, 백치 치우, 노침(魯針)과 같은 내 · 외적 장애, 정신적 장애를 모두 포함하고 있다.

### (2) 기능장애(disability)

기능장애란 생산적인 일상생활을 하기 위한 기능적 능력의 감소를 말하는 것으로서 이는 정신적 혹은 신체적 손상의 결과일 뿐만 아니라 그 상태에 대한 개인의 적응 결과이기도 하다. 대체로 기능장애는 각종의 기능상실로 인해서 일상생활이나 취업 행위를 해 나가는 데 받는 제한성 내지는 장애를 일컫는다. 강조해야 할 점은 반드시 기능상실이 기능장애를 수반하지 않는다는 사실과 기능상실이 일반적으로 영구적인 성질을 가지고 있음에 비해 기능장애는 적절한 치유에 의해 제거 내지 완화될 수 있다는 것이다.

### (3) 사회적 불리(social handicap)

사회적 불리란 선천적 또는 고령화, 질병, 사고 등으로 인하여 신체적 · 정신적 상태가 일시적 또는 영구적으로 손상되고, 그 결과 독립성, 교육, 취직 등이 저해되는 것을 말한다. 뿐만 아니라, 사회적 장애로 인해 야기되는 사회적 결과를 총칭한다. 기능상실과 사회적 장애는 상대적인 의미를 가지고 있어서 한 개인의 사회적 · 경제적 · 교육적 배경 내지는 성격구조에 따라서 사회생활을 영위해 나가는 데 있어서 제한의 요소가 될 수도 있고, 되지 않을 수도 있다. 예컨대, 연구기관에서 일하는 연구자가 사고로 인해 다리절단을 하게 되었을 경우, 신체적인 손상에도 불구하고 그의 연구생활에 지장이 없다면, 그의 기능장애, 즉 능력장애(disability)에는 문제가 없으나, 그의 손상 때문에 생기는 사회적인 반응, 사회 · 물리적 혹은 환경적인 장벽으로 인해 활동에 어려움을 겪거나, 일반인의 선입견, 편견의식으로 인해 그의 사회생활이나 연구활동에 지장을 받게 되었을 때 그가 겪는 장애를 사회적 불리(social handicap)라고 할 수 있다.

기능상실과 기능장애의 치료나 재활은 대체로 의학에서 전담해야 할 분야로 인식될 수 있으며, 사회복지 서비스와 프로그램을 가지고 직접적으로 개입해야 할 부분은 제반 사회적 장애인 것이다.

일반적으로 장애의 범위와 관련해서 가장 중요한 것은 장애의 개념과 의미의 규정이다. 특히, 장애의 정의와 관련하여 혼동을 야기시키는 점은 '질병'과 '장애'의 구분이라 할 수 있다. 엄밀한 의미에서 질병(disease)이나 상해(injury)는 치유 가능성이 있는 것으로 간주되는 반면, 장애(disability)는 신체적 · 정신적 구조나 기능의 상실이 영구적으로 남는 경우를 의미한다. 하지만 양자 간을 명확히 구분하기는 쉽지 않은 바, 이는 일련의 과정 또는 연속적인 개념으로 이해되어야 보다 정확하다. 즉, 국제적으로도 장애의 개념이 넓어지고 있으며, 우리나라의 경우에도 법적 장애가 신장이나 심장장애와 같은 내부장애까지 확대되어 질병과 장애의 경계를 구분하기가 매우 어려워지고 있다. 이는 반대로 의학의 발전으로 현재는 치유되지 않더라도 장래에 치유할 수 있다면 장애로 간주되지 않는 경우도 가능해질 것이다.

이처럼 1997년 이전까지는 장애를 질병과는 차이가 있는 손상, 불능, 불리로 구분하였다. 한편, 세계보건기구(WHO)에서는 1997년 이후 장애의 개념, 범주 등에 대해 ICIDH-2(International Classification of Impairments, Disabilities and Handicaps-2)에서 새로운 개념과 분류기준을 제시하고 있다. 이 분류에 따르면 장애는 기본적으로 환경과 개인이라는 상황적 요인을 포함한 장애 개념을 채택하고 있으며, 크게 손상(impairment), 활동제한(activities-limitation), 참여(participation)의 장애로 구분하고 있다. 이 신 분류의 주요한 특징은 구 분류와 같이 질병이나 손상(1차)을 전제로 기능장애(2차)나 사회적 불리(3차)로 발전되는 것이 아니라 환경과의 상호적인 관계성 속에서 보다 포괄적인 장애를 규정하는 것이라 할 수 있다.

이는 곧 장애의 개념이 기본적으로 크게 확대되는 것을 의미하는 것으로, 개인 모델과 사회 모델로 장애에 관한 개념의 차이를 새롭게 설명한다. 개인 모델은 장애라는 현상을 개인(individual)의 문제로 간주, 문제의 원인을 장애를 발생시키는 근본적인 제한 혹은 심리적인 상실에 기인하는 것으로 설명한다. 반면, 사회 모델은 장애현상을 사회통합의 관점에서 사회 문제로 간주하며, 장애의 원인을 개인의 문제로 보기보다는 사회 · 환경에 의해 창조된 조건들의 복잡한 복합체로 설명한다.

### (4) ICIDH-2의 정의

ICIDH-2(1997)의 정의에 의하면 손상이란 신체구조나 물리적 · 심리적 기능상의 상실이나 비정상성을 의미한다. 예를 들어, 기능상의 제한, 신체 혹은 신체 부분의 기본적인 기능을 수행하는 데 따르는 불능을 의미한다. 활동 혹은 활동제한(activity limitation)은 개인적 수준에서 기능의 범위와 본질, 일상생활과 관련된 개인의 활동을 의미한다. 또한, 참여 혹은 참여제약(participation restriction)은 손상, 활동, 건강조건, 생활요인과 관련한 생활상황에서 개인의 연관성 정도와 본질로 정의하고 있다. 한편, 참여의 차원은 사회현상을 다루며, 개인의 참여 정도, 참여를 촉진하거나 방해하는 사회적 반응을 의미한다.

활동 및 활동제한의 경우 일상의 과업에서 기대되는 개인의 통합된 활동으로서 단순한 행위의 차원을 넘어 그 이상의 것과 관련 있다. 예컨대, 보기, 듣기, 인지하기, 학습, 지식적용, 과업완수, 의사소통, 운동, 이동, 일상생활, 대인 간의 활동, 특정 상황에 대한 반응과 처리, 보조도구, 기술적 원조 등을 포함한다. 참여 및 참여제약은 상황적 맥락에서 개인의 참여 정도, 참여를 촉진하거나 방해하는 사회적 반응을 의미한다. 참여는 환경과 장애를 가진 사람 간의 복잡한 상호작용으로 규정될 수 있다. 여기에는 개인적 유지와 보호에의 참여, 이동성의 참여, 정보교환의 참여, 사회적 관계의 참여, 교육, 노동, 레저와 정신적 영역의 참여, 경제생활의 참여, 도시 및 지역생활의 참여 등이 있다.

국제장애분류는 인간의 건강과 관련한 모든 면을 포함하고 있다. 예를 들어, 인종, 성별, 종교 혹은 다른 사회 경제적 특성으로 인해 인간의 현재의 환경 내에서 어떤 일을 할 때 제한을 받을 수 있다는 것을 나타내고 있는 것이다. 따라서 꼭 건강과 관련한 참여의 제한이 있다는 것을 말하지 않는다. 국제장애분류는 장애인에게 한정되어 있는 것이 아니고 모든 사람을 대상으로 하고 있기 때문이다. 즉, 국제장애분류는 아주 보편적이고 세계적인 분류체계이다.

〈표 2-1〉 국제장애분류의 범위

| 구분 | 손상 (impairment) | 활동, 활동제한 (activities) | 참여, 참여제약 (participation) | 상황적 요인, 환경적/개인적 요소 (contextual factors) |
|---|---|---|---|---|
| 기능 | 신체 수준 | 개인 수준 | 사회적 수준 | 환경요소와 개인적 요소 간의 상호작용 |
| 특징 | 신체기능<br>신체구조 | 개인의 일상활동 | 상황에 대한 참여 | 물리적 · 사회적 · 태도적 구조 |
| 긍정적 측면 | 기능과 구조적 복귀 | 활동 | 참여 | 편의시설 |
| 부정적 측면 | 손상 | 활동제한 | 참여제한 | 장애물 |

위의 〈표 2-1〉과 같이 국제장애분류에 나타난 네 가지 범위는 기능의 세 가지 수준(손상, 활동, 참여)과 환경적 요소로 되어 있다. 기능의 환경요소와의 상호작용 속에서 세 가지 수준(신체적 · 개인적 · 사회적 수준)은 기능 수준의 긍정적이거나 부정적인 것도 아닌 결과로 산출되고, 국제장애분류에서는 둘 다 분류할 수 있다. 기능의 부정적인 수준은 장애의 세 가지 종류(손상, 활동제한, 참여제한)를 말한다.

장애의 개념은 결국 장애를 개인적 차원에서 볼 것인가, 사회적 차원에서 볼 것인가에 따라 개인 모델과 사회 모델로 구분될 수 있는데, 개인 모델은 장애를 개인의 의학적 기능적 문제로 보는 시각으로 재활치료 모델이다. 반면에 사회 모델은 장애인이 살고 있는 사회환경의 문제를 중요하게 인식하는 시각이며, 사회행동 모델 또는 환경중심의 모델이다. 장애 개념은 의료 모델에서 사회 모델로 발전되어 왔는데, 장애는 신체적 손상만을 가리키는 것이 아니라 신체적 손상 여부와 관계없이 사회적 환경과의 관계에 따라 생기는 장벽(barrier)을 의미한다.

한편, 세계보건기구(WHO)에서는 2001년 ICF(International Classification of Functioning Disability and Health)로 장애를 분류하였다. ICF는 1997년에 제안된

ICIDH-2를 근간으로 다년간의 현장검증과 국제회의를 거쳐서 2001년 5월에 세계보건위원회(World Health Assembly)는 ICF에 의한 분류를 세계적으로 통용될 수 있도록 승인하였다. ICF는 ICIDH-2에서 제시하는 내용을 대부분 포함하면서 분류체계와 언어사용을 보다 긍정적이며, 환경적인 측면을 강조하여 수정한 분류이다. ICF에 의한 장애 분류는 과거의 분류와는 달리 개인적인 장애나 질병과 상황적 맥락(환경적 요소와 개별적 요소)과의 상호작용에 의하여 기능과 장애를 설명하고자 하는 틀이다.

ICF에 의한 장애의 설명은 1980년 제한된 ICIDH의 기능과 장애의 상호작용의 설명에서 근본적으로 차이가 난다. ICIDH는 손상, 능력장애, 사회적 장애의 일방적인 관계를 전제로 사회적 장애의 여부를 판단하는 체계였다고 할 수 있다. 즉, 특정 영역에서의 개인의 기능 수준은 건강 상태와 상황적 맥락의 상호작용을 결과라고 본다. ICF에 의하면, 개인의 기능은 신체의 기능과 구조, 활동과 참여 등으로 표현된다. 이러한 세 가지 차원의 기능은 건강조건과 상황적 맥락에 속하는 환경요소(사회의 인식, 건축물의 장애요소 정도 등)와 개인적 요소(성, 연령, 인종, 습관, 대처양식 등)의 양 측면에서 영향을 받는다.

예컨대, 장애인의 경우 그 개인의 신체적 손상의 정도와 기능의 제한으로 인한 활동 제약의 정도, 이로 인한 사회적 참여 제한의 정도는 상호작용하면서 기능을 표현하게 된다. 이러한 각 기능은 사회 구조적 측면, 즉 물리적인 장벽, 이동권, 접근권, 장애인에 대한 사회적인 차별의 정도와 내용과 같은 사회적 요소 및 환경적 요소 그리고 장애인 개인의 개인적 요소, 예를 들어, 성별, 교육 정도, 문제에 대한 대처방식 등과의 상호작용에 의해 규정된다는 것이다.

이처럼 장애 범주의 지속적인 확대에 따라 장애판정 방법 역시 새로운 대안이 나타나고 있다. 새롭게 제기되고 있는 장애판정 방법은 기존과 마찬가지로 의료인력에 의존하는 바가 크지만, 새로운 방법은 이러한 의료인력 이외에 직업재활사, 작업치료사, 노동시장에서 장애인 잡(job)코치, 직업재활사, 직무분석사, 사회복지사, 심리학자 등 학제 간 전문가의 참여를 요구하고 있다.

〈표 2-2〉 ICF에 의한 장애 개념

<table>
<tr><th>구분</th><th colspan="2">영역1: 기능과 장애</th><th colspan="2">영역2: 상황적 요소</th></tr>
<tr><th>구성요소</th><th>신체기능 및 구조</th><th>활동과 참여</th><th>환경적 요소</th><th>개별적 요소</th></tr>
<tr><td>영역</td><td>신체기능, 신체구조</td><td>생활영역(과업, 행동 등)</td><td>기능과 장애에 영향을 미치는 외적 요인</td><td>기능과 장애에 영향을 미치는 내적 요인</td></tr>
<tr><td>구성 개념</td><td>• 신체기능상 변화 (생리학적 변화)<br>• 신체구조의 변화 (해부학적 변화)</td><td>• 표준환경에서의 과제수행능력<br>• 현재 환경에서의 과제수행 정도</td><td>• 물리적 · 사회적 · 인식적 측면에서 촉진 또는 방해하는 요소</td><td>• 개별특성에 의한 영향</td></tr>
<tr><td rowspan="2">긍정적 측면</td><td>기능적 · 구조적 통합성</td><td>활동과 참여</td><td rowspan="2">촉진요인</td><td rowspan="2">적용불가</td></tr>
<tr><td colspan="2">기능</td></tr>
<tr><td rowspan="2">부정적 측면</td><td>손상</td><td>활동제한 및 참여제한</td><td rowspan="2">방해요인 / 저해요인</td><td rowspan="2">적용불가</td></tr>
<tr><td colspan="2">장애</td></tr>
</table>

출처: ICF 한국번역출판위원회 (2003).

### 2) 판정방식에 따른 장애 분류

앞에서 제시한 단순 신체의 손상에 의한 판정방법 외에 좀 더 다양한 방법이 적용되고 있으며, 다음과 같이 장애의 판정방법이 기존의 해부학적인 관점에서 보호욕구, 기능제한 그리고 경제적 손실 등으로 확대되고 있다.

#### (1) 보호욕구에 의한 판정방법

가정간호를 위한 일반적인 보호수당 평가방법으로 보호욕구에 의한 판정방법이 있다. 이는 개호욕구와 지원에 따라 보호수당의 양이 결정되기 때문이다. 이 방법은 질적이고 양적인 개호요구량(예컨대, 1일 8시간에서 24시간까지)에 의하여 장애의 정도를 구분할 수 있다.

#### (2) 기능능력 평가방법

기능능력 평가방법은 장애인의 개별능력평가를 통해 판정이 이루어진다. 이는 장애인의 고용기회를 확대하기 위하여 실제적으로 직무 분석에 의하여 요구되는 직무에 부합되는 능력을 찾아내어 비교하고, 그러한 능력에 맞도록 평가하는 방법이다. 이는 과거의 판정방법이 장애인의 잠재적인 능력을 보는 것이 아니라 결핍이나 장애에 초점을 둠으로써 장애인을 사회적으로 분리하는 경향이 있었기 때문이다.

#### (3) 경제적 손실 감안방법

경제적 손실 감안방법은 기존 또는 과거에 가지고 있던 직업을 감안하되, 손상이나 불능 같은 의료적인 검사방법과 장애의 성격이나 또는 보상을 결정하기 위하여 관련 취업기회의 직업적 탐색방법을 병행하는 것이다.

이상에서 살펴본 바와 같이 의료적 혹은 직업적 견지에서의 장애판정은 다양하다. 장애판정은 장애인의 서비스 지원, 즉 욕구를 사정하고 서비스 수급자격을 결정하며, 장애급여 등의 지불 접근성을 좌우하게 된다. 장애판정 문제와 장애판정 과정이나 수급자격에 있어서의 장애급여 수급률의 차이를 반영하기도 한다.

실제로 장애급여 수급자격이 있는 장애인과 수급자격이 없는 비장애인 간의 구별은 모호한 것이 사실이다. 장애인은 취업한 사실로 인하여 발생할 수 있는 장애급여 수급자격 박탈을 두려워하며, 이러한 사실은 장애급여에서 이탈하는 장애인의 비율이 매우 낮다는 현실을 반영한다. 장애급여 수급자격이 없다는 것은 필요한 서비스를 받을 수 없음을 의미하는 것이다.

특히, 완전장애와 부분장애, 영구적 장애와 일시적 장애, 진행성 장애의 구분은 매우 힘들다. 의료적이거나 직업적인 기준뿐만 아니라 장애판정 과정은 단기질병과 장기적인 장애를 판정하는 데 적용할 수 있으나, 그 결과는 혼란스럽고 불공평한 것일 수 있다. 또한, 각 국가의 장애판정기관에 따라 차이가 나타난다.

정리하면, 장애란 의학적인 조건, 노동시장에 있어서의 판정이나 장애급여 수준을 의미한다. 다만, 이 기준은 서로 독립적으로 적용되어야 한다. 즉, 장애라는 용어는 더 이상 일을 하지 못한다는 것을 의미하지는 않는다. 장애란 하나의 조건으로 인정해야 하며, 장애급여 수급자격이나 수급권과는 구분하여야 한다. 또한, 일을 하는 데 방해요인으로 간주하지 말아야 한다.

이러한 장애라는 용어에 대한 접근은 장애인으로 하여금 자신이 일을 할 수 있을지 불확실하더라도 일을 하려는 노력을 하게 한다. 장애상태는 의료비, 보호비용, 이동비용과 같은 장애로 인한 추가부담을 보상하도록 설계된 급여의 기초적인 조건으로 받아들여져야 한다. 이러한 목적의 급여는 장애인의 고용 상태와 연관 지어서는 안 되며, 자산조사를 거치지 않고 지급되어야 하며, 추가비용이 존재하는 한 계속 지급되어야 한다.

장애상태는 정기적인 간격을 두고 재판정을 해야 한다. 재판정 시 건강 상태가 상당히 호전되었거나 안정적인 건강 상태가 직업적인 능력과 차이가 날 경우에는 다시 서비스를 통한 개입이 이루어져야 한다. 이처럼 장애상태와 장애급여 사이의 분리를 통해 장애인의 개별적인 욕구에 기초한 서비스와 급여가 이루어져야 할 것이다.

### 3) 장애 정의의 문제점

손상, 기능제한, 장애 그리고 취업불능 등의 장애 관련 개념은 정의를 내리기가 매우 어려운 것이 현실이다. 특히, 장애는 본질적으로 주관적이고 모호하기 때문에 정의 내리고 측정하는 데 많은 문제가 나타난다. 장애는 정상적인 취업의 역할에 대한 제한이나 불능과 같은 결과에 기반하여 추정된다. 직업적 장애를 일으키는 의료적 손상은 의료적으로 검증을 받아야 하지만, 이러한 것이 직업적 장애나 장애급여를 위한 수급 자격을 의미하지는 않는다.

장애를 평가한다는 것은 장애의 중증도, 치료 가능성, 회복 가능성뿐만 아니라 직업적인 과업의 수행제한 여부에 대한 평가가 필요하다. 장애판정은 판정대상자에게는 어렵고 고통스러운 것이며, 아울러 평가자의 주관적인 판단에 기초하고 있다. 장애에 대한 적절한 반응과 비용지불능력 등 장애의 개념은 시간에 따라 변화해 왔으며, 장애급여 수급자격에 대한 임상적인 판정은 상당히 주관적이었다. 이러한 주관적인 장애판정에 있어서 상당한 문제를 제기하고 있다.

손상은 질병, 사고, 선천성 기형 또는 장기나 근육, 감각기관, 뇌의 기능 등의 노화로부터 야기될 수 있다. 또한, 장애는 신체기능상의 제한뿐만 아니라 작업환경에 의해 영향을 받을 수 있다. 그러나 복지제도의 변화, 재정 상태, 노동시장의 여건에 따라 실업자는 일할 능력이 부족하다는 이유로 장애로 판정받아 장애급여를 수급할 수 있으며, 조기퇴직자 역시 장애판정을 받을 수 있다. 유럽의 경우 조기퇴직자, 실업자, 장애인은 구분이 어려운 실정이다. 이는 장애인으로 판정받는 것이 실업자나 조기퇴직자로 판정받는 것보다 급여 면에서 유리하기 때문이다.

또한, 장애판정과 장애급여 수급에 있어서의 관대함은 다른 복지제도에서는 찾기 어렵다. 그리고 장애판정 시에는 점차 신체적 장애 이외에 정신장애가 포함되므로 판정이 더욱 어려워지는 경향이다. 특히, 정신장애는 통증, 고통, 직업적 능력의 관점에서 객관적으로 판정하는 데 어려움이 있다. 그 결과, 장애판정의 범주가 확대되고 있으며, 또한 한 번 판정을 받으면 장애급여에서 이탈하는 사례가 매우 적다. 특히, 우리나라의 경우, 평균수명의 지속적인 상승에도 불구하고 장애판정 신청자의 평균 연령이 낮아지고 있으며, 그 결과 장애상태로 장애급여를 받게 되는 기간이 늘어나고 있다.

또한, 장애판정 신청자가 수행하게 되는 작업장의 조건까지 고려하여 직업적 능력이 부족하다고 판단하는 등 장애의 범주가 더욱 확대되는 경향이 있다. 대량실업사태를 맞이하여 고용주와 고용위원회, 그리고 노동조합은 해고나 구조조정의 책임을 사회보장으로 이전시키기 위해 결탁하는 경우도 있다.

의학적 손상이나 장애는 직업적 장애와는 구분되는 개념이다. 다른 말로 하면, 직업적 장애에 의한 장애급여의 수급은 의학적 손상이나 장애와 무관하다. 만성질환은 시각이나 청각, 걷기, 물건 들기, 계단 오르기 등에서의 기능제한과는 관련이 없을 수도 있으며, 이러한 기능제한은 식사하기, 화장실 사용하기, 목욕하기 등의 일상생활동작(ADL)과 외출하기, 가사, 장보기 등의 수단적 일상생활동작(IADL)과 관련이 없을 수도 있다.

장애의 개념은 과학기술의 진보에 따라 많이 변하고 있다. 예를 들면, 심한 관절염, 심한 우울증, 심한 청각장애, 고관절 및 무릎관절 손상 등은 보청기, 전동 휠체어, 특별 교통수단 등의 재활보조기구와 가사지원 서비스 등 각종 사회적 지원 서비스의 출현으로 독립적인 생활이 가능해면서 지난 세대에 비하여 많이 변화되었다.

## 3. 사회적 장애

장애의 개념을 시도함에 있어서 세계적인 학계의 추세는 종래의 의학적인 접근방법을 지양하고 장애의 사회적인 차원에 관심이 집중되고 있다는 사실이다(Campbell & Oliver, 1996).

지난 수년간 장애학의 학문적 추세에 나타난 특징들을 살펴보면, 인간은 모두가 나름대로의 장애를 소유하고 있다는 상대적 사실을 보편화함으로써 장애인에게 집중되었던 편견적 태도를 제거하는 계기가 되었다. 즉, 특정한 장애가 모든 사람에게 장애로 작용되어 불리를 가져오는 것이 아니라는 것이다. 예를 들어, 시각장애인은 비행조정사가 되려는 목적을 달성하는 데 장애가 될 수 있다. 그러나 작가, 사업가 등이 되려는 경우에는 그의 손상이 하등의 장애가 되지 않을 것이다. 하지만 성격구조에 문제성을 띤 개인의 경우에는 신체상의 장애는 비록 없을지라도 그가 사회생활을 유지함에 있어서는 상당한 지장을 받고 있음을 알 수 있다. 이러한 성격적인 장애, 문화, 환경의 차이 때문에 비롯되는 장애의 비중이 얼마나 큰가 하는 것은 새삼스럽게 언급할 필요가 없는 것이다.

장애인을 이해하는 데 사회적 장애를 중시하는 이유는 사회복지나 사회정책의 개입대상을 단순 의학적 관점의 장애를 가진 사람들 외에도 심리 · 경제 · 사회 신분적 장애로 인해 사회적 불리와 차별을 경험하는 모든 사회 구성원을 대상으로 해야 한다는 가치에서 비롯된 것이다. 실로 장애인을 위한 서비스는 사회복지의 한 국면에 불과한 것이며, 질병, 고아, 미혼모, 양로, 영양, 실업, 빈곤 등의 사회적 위치나 상황에 의해 야기되는 각종 장애야말로 사회정책의 근본 과제가 된다. 이상 살펴본 바에 의하면, 포괄적 의미에서의 장애란 사회복지 대상자가 공통으로 소유하고 있는 특색이 있다.

이처럼 사회적 장애라는 개념을 채택함으로써 종래와 같이 일종의 장애를 소유하고 있거나 피해를 당한 당사자에게만 책임을 전가하던 가치관을 지양하고 장애인을 천대, 멸시, 편견시하는 사회적 태도와 동기 그 자체에 더 문제점이 있다고 하는 이론적 입장을 취함이나. 따라서 사회적 장애는 사회과정의 부산물이며, 개인보다는 사회 자체가 개입의 대상이 된다. 이러한 이론은 사회학의 낙인이론(stigma theory)에 근거한 것이다. 낙인이론이란 기능상실이나 그 장애 자체에 문제가 있는 것이 아니라 장애인에 대한 사회적 반응과 태도, 그 자체가 문제시되어야 한다는 관점을 취하는 것을 의미한다. 그뿐만 아니라, 각종의 장애요인에 대한 사회적 책임의식을 회피하기 위한 수단으로 장애인을 희생시키는 사회적 행위가 낙인이론의 초점이 된다.

〈표 2-3〉 개인 모델과 사회 모델의 장애를 이해하는 특징

| 개인 모델(individual model) | 사회 모델(social model) |
|---|---|
| • 개인비극이론(personal theory)<br>• 개인적 문제(personal problem)<br>• 개별적 치료(individual treatment)<br>• 의료화(medicalisation)<br>• 전문적 권위(professional dominance)<br>• 숙련가(expertise)<br>• 개별적인 정체성(individual identity)<br>• 편견(prejudice)<br>• 태도(attitudes)<br>• 보호(care)<br>• 통제(control)<br>• 정책(policy)<br>• 개별적인 적응(individual adaptation) | • 사회억압이론(social oppression theory)<br>• 사회적 문제(social problem)<br>• 사회적 행동(social actions)<br>• 자조(self-help)<br>• 개별적 · 집합적 책임(individual and collective responsibility)<br>• 경험(experience)<br>• 집합적 정체성(collective identity)<br>• 차별(discrimination)<br>• 행위(behavior)<br>• 권리(rights)<br>• 선택(choice)<br>• 정치(politics)<br>• 사회변화(social changes) |

출처: Oliver, M. (1996), 재구성.

장애와 장애인에 대한 관점과 인식을 바탕으로 장애 개념 모델을 비교해 보면 〈표 2-3〉과 같이 개인 모델과 사회 모델로 구분할 수 있다. 개인 모델은 의료 모델이라 할 수 있다. 개인 모델은 장애문제를 개인적 비극으로 간주하며, 사회 모델은 장애를 사회적 억압에서 비롯된 문제로 간주함으로써 근본적인 차이가 있다. 즉, 장애문제의 해결을 개인 모델에서는 개별적 치료, 전문가의 지원, 훈련과 통제 등을 통해 개별적인 사회적응을 목적으로 하고 있는 데 비해, 사회 모델에서의 장애는 사회적 문제이며, 차별적인 구조를 타파하기 위한 권리, 자기결정에 의한 선택, 개인이 아닌 집합적 노력, 사회행동을 통해 사회를 변화시키는 방식으로 되어 있다.

장애의 개념은 시대 혹은 관점에 따라 다르게 정의된다. 특정 시대나 사회에서 장애로 수용되는 부분도 다른 시대나 사회에서는 장애로 수용되지 않는 경우도 있고,

그 반대의 경우도 있다. 그뿐만 아니라, 특정 관점에서는 장애로 인정되나 다른 관점에서는 그렇지 않은 경우도 있다.

결국, 장애를 보는 관점은 개인의 신체적 조건이나 질병을 강조하는 의료 모델(medical model)에서 개인의 환경은 상호작용을 한다고 보는 생태 모델(ecological model) 또는 사회 모델(social model)로 구분되고 있다. 의료 모델은 관찰되는 문제, 손상 및 장애의 원인에 초점을 맞추는 것으로서 질병 모델 또는 병리 모델로 일컬어지고 있다. 이 모델에서는 개인이 정상 범위에서 벗어난 병리상태의 확인을 중요한 강조점으로 한다. 의료 모델의 관점에서 장애판정은 매우 보수적인 기준을 마련하는 측면이 있다. 반면, 사회·생태 모델은 개인이 경험하는 문제나 장애는 대부분 개인 내의 문제가 아니라, 개인과 개인이 활동하는 사회적 환경이나 제도 간의 상호작용에 있다고 본다. 이와 같은 입장에서 개인과 환경 간에 부적합이 있는 경우 개인은 이런 환경을 벗어나거나 환경에 기여하는 요인을 바꿔야 할 것을 요구하게 된다. 이처럼 장애를 보는 관점이 의료 모델에서 사회·생태 모델로 바뀌었다는 의미는 장애를 개인의 문제나 병리로 보기보다는 사회의 문제나 병리로 보는 관점으로 바뀌었다는 의미이다.

이 같은 관점에서 장애는 이상생리, 건강이상, 손상, 기능제한, 장애, 사회적 불리나 제한 등을 모두 포함하는 개념으로 보아야 한다. 다시 말해, 장애는 정상적인 신체의 생리과정이나 발달과정 또는 해부학적 구조물의 작용을 방해하는 것에서부터 사회정책이나 장벽에 의해 역할수행의 제한이나 서비스 또는 기회 접근의 제한도 모두 포함하는 개념이다. 따라서 현재 장애의 개념은 단순히 개인의 문제만이 아니라 개인에 영향을 미치는 사회적 문제도 포함하는 것으로 확대되고 있다.

## 4. 우리나라 법률에 의한 장애인

### 1) 「장애인복지법」 상의 장애인

장애의 개념은 앞에서 살펴본 바와 같이 폭넓게 정해져 있으나 엄격한 의미의 장애

범주는 주로 그 나라의 법적 의미의 정의를 따른다. 즉, 복지급여와 관련해서 법적으로 어느 범위까지 장애인에 포함되는가보다 현실적인 정의가 될 수 있을 것이다. 우리나라의 경우에도 1989년 「장애인복지법」에서 "장애인이라 함은 지체장애, 시각장애, 청각장애, 언어장애 또는 정신지체 등 정신적 결함으로 인하여 장기간에 걸쳐 일상생활 또는 사회생활에 상당한 제약을 받는 자로서 대통령령으로 정하는 기준에 해당하는 자를 말한다."로 정의되어 있다.

〈표 2-4〉「장애인복지법」에 따른 장애 분류 및 장애 범주

| 대분류 | 중분류 | 소분류 | 세분류 | 확대예상 범주 장애 |
|---|---|---|---|---|
| 신체적 장애 | 외부 신체 기능의 장애 | 지체장애 | 절단장애, 관절장애, 지체기능장애, 변형 등의 장애 | 외부기형 |
| | | 뇌병변장애 | 중추신경의 손상으로 인한 복합적인 장애 | |
| | | 시각장애 | 시력장애, 시야결손장애 | |
| | | 청각장애 | 청력장애, 평형기능장애 | |
| | | 언어장애 | 언어장애, 음성장애, 구어장애 | |
| | | 안면장애 | 안면부의 추상, 함몰, 비후 등 변형으로 인한 장애 | |
| | 내부 기관의 장애 | 신장장애 | 투석치료 중이거나 신장을 이식받은 경우 | 호흡기장애, 만성간질환, 소화기장애, 비뇨기장애, 간질 등 경련장애, 만성통증, 암, 기타 신체장애, 피부질환 |
| | | 심장장애 | 일상생활이 현저히 제한되는 심장기능 이상 | |
| | | 간장애 | 일상생활이 현저히 제한되는 만성·중증의 간기능 이상 | |
| | | 호흡기장애 | 일상생활이 현저히 제한되는 만성·중증의 호흡기 기능 이상 | |
| | | 장루·요루장애 | 일상생활이 현저히 제한되는 장루·요루 | |
| | | 뇌전증장애 | 일상생활이 현저히 제한되는 만성·중증의 간질 | |
| 정신적 장애 | 지적장애 | | 지능지수 70 이하인 경우 | 만성알코올, 약물중독, 기질성 뇌증후군, 치매, 기타 정신장애 |
| | 정신장애 | | 조현병, 분열형 정동장애, 양극성 정동장애, 반복성 우울장애 | |
| | 발달장애(자폐증) | | 소아자폐 등 자폐성 장애 | |

*2단계 확대된 5종의 장애는 2003년 7월부터 적용.

### 2) 다양한 법률상의 장애인 정의와 기준

우리나라의 경우 장애의 개념을 정의하고 있는 법으로는 크게 「장애인복지법」, 「장애인고용촉진 및 직업재활법」, 「특수교육법」 등이 있으며, 장애와 관련된 현행 법률에서 각 법의 목적에 따라 장애대상자의 범위 및 등급을 다르게 규정하고 있는바, 관련법의 규정을 살펴본다. 우리나라에서 적용되고 있는 장애 개념과 범주도 계속 변화해 왔다. 우리나라 법에서도 장애 범주를 확대하고 있다는 점에서 보면, 국제적 변화 추세와 동일한 방향으로 변화하고 있다고 할 수 있다.

우리나라 현행 법률에서 정한 장애의 종류와 기준을 구체적으로 살펴보면 다음과 같다.

#### (1) 「장애인복지법」

「장애인복지법」은 1981년에 「심신장애자 복지법」으로 제정되었으며, 현행 「장애인복지법」 제2조에서 "장애인이란 신체적 · 정신적 장애로 오랫동안 일상생활이나 사회생활에서 상당한 제약을 받는 자"로 규정하고 있으며, 신체적 장애와 정신적 장애로 구분하고 있다. 여기서 "신체적 장애란 주요 외부 신체기능의 장애, 내부기관의 장애 등"을 말하며, "정신적 장애란 발달장애 또는 정신질환으로 발생하는 장애"를 말한다고 규정하고 있다. 그리고 구체적인 장애인의 종류와 기준은 「장애인복지법 시행령」에서 제시하고 있다.

#### (2) 「장애인 차별금지 및 권리구제 등에 관한 법률」

2008년에 시행된 「장애인 차별금지 및 권리구제 등에 관한 법률」 제2조 제1항에서 "차별행위의 사유가 되는 장애라 함은 신체적 · 정신적 손상 또는 기능상실이 장기간에 걸쳐 개인의 일상 또는 사회생활에 상당한 제약을 초래하는 상태"를 말하며, "장애인이라 함은 제1항에 따른 장애가 있는 사람을 말한다."라고 규정하고 있다(2017년 7월 26일 시행기준).

### (3) 「장애인고용촉진 및 직업재활법」

1990년에 「장애인고용촉진 등에 관한 법률」로 제정되었던 것으로, 고용촉진의 대상이 되는 장애인을 「장애인복지법」상 장애인으로 정하고 있다. 단서조항으로 "장애인 직업재활 등 고용촉진 업무수행에 필요하다고 인정할 때에는 직업생활에 제약을 받는 정도에 따라 당해 업무에 대하여 적용하는 장애인의 유형 및 등급을 노동부령으로 따로 정할 수 있다."라고 규정함으로써 고용을 포함한 포괄적 장애인복지 수혜대상자로서 정한 「장애인복지법」상 장애인의 범주와는 달리 직업재활 시책의 대상자를 따로 규정할 수 있는 여지가 있음을 밝히고 있다. 그러나 아직 이에 관한 세부규정이 없으므로 세부규정이 마련될 때까지 「장애인복지법」상의 지체장애인 범주를 적용하고 있다. 이미 선진국은 세계보건기구(WHO)가 정한 '선천적 또는 후천적으로 발생한 신체적 · 정신적 능력의 불안전으로 인한 일상의 개인적 활동 또는 사회적 활동을 자력으로 완전 또는 부분적으로 할 수 없는 경우'라는 장애의 정의에 따라 사회적 장애까지 범위에 포함시키고 있다.

「장애인고용촉진 및 직업재활법」 제2조에서는 "장애인이란 신체 또는 정신상의 장애로 장기간에 걸쳐 직업생활에 상당한 제약을 받는 자로서 대통령령으로 정하는 기준에 해당하는 자"로 규정하고 있다. 그리고 동법 시행령에서는 「장애인복지법 시행령」 제2조에 따른 장애인 기준에 해당하는 자와 「국가유공자 등 예우 및 지원에 관한 법률 시행령」 제14조 제3항에 따른 상이등급 기준에 해당하는 자"로 규정하고 있다(2017년 10월 19일 시행기준).

### (4) 「장애인 등에 대한 특수교육법」

「장애인 등에 대한 특수교육법」 제15조에서 특수교육대상자의 기준으로 "시각장애, 청각장애, 지적장애, 지체장애, 정서 · 행동장애, 자폐성장애(이와 관련된 장애를 포함한다), 의사소통장애, 학습장애, 건강장애, 발달지체, 그밖에 대통령령으로 정하는 장애 등에 해당하는 사람 중 특수교육을 필요로 하는 사람으로 진단 · 평가된 사람"으로 규정하고 있다. 동법 시행령에서는 특수교육대상자 선정기준을 제시하고 있으며, 그 내용은 다음의 〈표 2-5〉와 같다.

〈표 2-5〉 특수교육대상자 선정기준

| | 기준 |
|---|---|
| 시각장애를 지닌 특수교육대상자 | 시각계의 손상이 심하여 시각기능을 전혀 이용하지 못하거나 보조공학기기의 지원을 받아야 시각적 과제를 수행할 수 있는 사람으로서 시각에 의한 학습이 곤란하여 특정의 광학기구·학습매체 등을 통하여 학습하거나 촉각 또는 청각을 학습의 주요 수단으로 사용하는 사람 |
| 청각장애를 지닌 특수교육대상자 | 청력 손실이 심하여 보청기를 착용해도 청각을 통한 의사소통이 불가능 또는 곤란한 상태이거나, 청력이 남아 있어도 보청기를 착용해야 청각을 통한 의사소통이 가능하여 청각에 의한 교육적 성취가 어려운 사람 |
| 지적장애를 지닌 특수교육대상자 | 지적 기능과 적응행동상의 어려움이 함께 존재하여 교육적 성취에 어려움이 있는 사람 |
| 지체장애를 지닌 특수교육대상자 | 기능·형태상 장애를 가지고 있거나 몸통을 지탱하거나 팔다리의 움직임 등에 어려움을 겪는 신체적 조건이나 상태로 인해 교육적 성취에 어려움이 있는 사람 |
| 정서·행동장애를 지닌 특수교육대상자 | 장기간에 걸쳐 다음 각 목의 어느 하나에 해당하여, 특별한 교육적 조치가 필요한 사람<br>가. 지적·감각적·건강상의 이유로 설명할 수 없는 학습상의 어려움을 지닌 사람<br>나. 또래나 교사와의 대인관계에 어려움이 있어 학습에 어려움을 겪는 사람<br>다. 일반적인 상황에서 부적절한 행동이나 감정을 나타내어 학습에 어려움이 있는 사람<br>라. 전반적인 불행감이나 우울증을 나타내어 학습에 어려움이 있는 사람<br>마. 학교나 개인 문제에 관련된 신체적인 통증이나 공포를 나타내어 학습에 어려움이 있는 사람 |
| 자폐성장애를 지닌 특수교육대상자 | 사회적 상호작용과 의사소통에 결함이 있고, 제한적이고 반복적인 관심과 활동을 보임으로써 교육적 성취 및 일상생활 적응에 도움이 필요한 사람 |
| 의사소통장애를 지닌 특수교육대상자 | 다음 각 목의 어느 하나에 해당하여 특별한 교육적 조치가 필요한 사람<br>가. 언어의 수용 및 표현능력이 인지능력에 비하여 현저하게 부족한 사람<br>나. 조음능력이 현저히 부족하여 의사소통이 어려운 사람<br>다. 말 유창성이 현저히 부족하여 의사소통이 어려운 사람<br>라. 기능적 음성장애가 있어 의사소통이 어려운 사람 |
| 학습장애를 지닌 특수교육대상자 | 개인의 내적 요인으로 인하여 듣기, 말하기, 주의집중, 지각(知覺), 기억, 문제해결 등의 학습기능이나 읽기, 쓰기, 수학 등 학습 성취영역에서 현저하게 어려움이 있는 사람 |
| 건강장애를 지닌 특수교육대상자 | 만성질환으로 인하여 3개월 이상의 장기입원 또는 통원치료 등 계속적인 의료적 지원이 필요하여 학교생활 및 학업 수행에 어려움이 있는 사람 |
| 발달지체를 보이는 특수교육대상자 | 신체, 인지, 의사소통, 사회·정서, 적응행동 중 하나 이상의 발달이 또래에 비하여 현저하게 지체되어 특별한 교육적 조치가 필요한 영아 및 9세 미만의 아동 |

출처: 「장애인 등에 대한 특수교육법 시행령」 제10조 관련 (별표) 2017년 7월 26일 시행기준.

### (5)「산업재해보상보험법」

「산업재해보상보험법」은 1963년에 제정되었으며, 장해등급은 두 종류로 나누어져 있다. 그중 하나는 신체장해등급으로 1~14등급으로 되어 있고 다른 하나는 폐질등급으로 1~3등급으로 되어 있다. 산재장애인 분류 및 직업적 중증장애인을 의미하는 것은 산업재해로 인해 장해를 입은 경우, 1~14급으로 나누어진다. 분류기준은 노동능력 상실 여부에 따르고 직업적 중증이라는 관점은 산재장애인의 분류법이「장애인복지법」(1~6급)의 분류에 비해 보다 세분화되어 있다. 직업적 중증장애인은「장애인고용촉진 및 직업재활법」 제2조에 의하면, "중증장애인이라 함은 장애인 중 근로능력이 현저하게 상실된 자로서 대통령령이 정하는 기준에 해당되는 자"로 되어 있다. 신체장애에는 시각장애, 언어장애, 저작기능장애, 신경장애, 정신장애, 흉복부장기기능장애, 지체장애, 청각장애, 외모추상, 생식기장애, 신장 또는 비장장애, 치과보철 등이 포함되며, 폐질등급에는 시각장애, 언어장애, 저작기능장애, 정신장애, 신경장애, 흉복부장기기능장애, 지체장애, 기타 폐질장애가 포함된다.

### (6)「국민연금법」

「국민연금법」은 1973년에 제정되었다가 1986년에 전면 개정되었으며, 장애등급은 1~4등급으로 되어 있다. 장애 종류에는 시각장애, 지체장애, 언어장애, 청각장애, 신경장애, 정신장애, 저작기능장애, 척추변형, 노동불능상태가 포함되어 있다.

### (7)「자동차손해배상 보장법」

「자동차손해배상 보장법」은 1963년에 제정되었으며, 1984년 전면 개정되었다. 후유장애등급은 1~14등급으로 되어 있다. 후유장애의 종류로는 시각장애, 저작기능장애, 언어장애, 정신장애, 흉복부장기장애, 신체장애, 생식기장애, 외모, 추상, 비장장애, 신장장애, 치과보철, 청각장애 등이 있다.

### (8) 「근로기준법」

「근로기준법」은 1997년에 제정되었고, 신체장해등급은 1~14등급으로 되어 있다. 신체장해에는 시각장애, 언어기능장애, 저작기능장애, 정신장애, 흉복부장기기능장애, 지체장애, 외모추상, 생식기능장애, 신경기능장애, 치과보철이 포함된다.

### (9) 「공무원연금법」

「공무원연금법」은 1960년에 제정되었으며, 폐질등급은 1~14등급으로 되어 있고, 폐질의 종류에는 시각장애, 언어장애, 정신장애, 신경장애, 저작기능장애, 코기능장애, 청각장애, 지체장애, 생식기장애, 신장장애, 비장장애, 외모추상, 치과보철, 흉복부장기기능장애가 포함된다.

### (10) 「국가유공자 등 예우 및 지원에 관한 법률」

1984년에 「국가유공자 예우 등에 관한 법률」로 제정되었으며, 이후 「국자유공자 등 예우 및 지원에 관한 법률」로 개정되어 현재에 이르고 있다. 상이등급은 1~7등급으로 되어 있고, 상이종류에는 신경장애, 정신장애, 흉복부장기기능장애, 지체장애, 시각장애, 저작기능장애, 언어장애, 청각장애, 취각 또는 호흡기장애, 신장장애, 발광기능장애, 비장장애, 외모추상 및 변형, 생식기장애 등이 포함된다.

### (11) 「사립학교교직원연금법」

1973년에 「사립학교교원연금법」으로 제정되었으며, 장애등급은 1~14등급으로 되어 있다. 폐질의 종류에는 언어장애, 시각장애, 저작기능장애, 흉복부장기기능장애, 지체장애, 청각장애, 정신장애, 신경장애, 생식기장애, 외모추상, 치과보철, 코기능장애, 신장장애, 비장장애, 척추기형 등이 포함되어 있다.

### (12) 「군인연금법」

「군인연금법」은 1963년도에 제정되었고 상이등급은 1~7등급으로 되어 있다. 폐실의 종류에는 지체장애, 시각장애, 언어장애, 저작기능장애, 청각장애, 정신병, 빈혈 및 영양부족 등으로 인한 무력상태, 생식기장애, 급성질환, 신경증, 심장병, 후두적출, 완전마비, 전신쇠약, 신장 또는 방광결핵 등이 포함되어 있다.

(13) 「발달장애인 권리보장 및 지원에 관한 법률」

「발달장애인 권리보장 및 지원에 관한 법률」에서는 장애의 정의에 있어 「장애인복지법」 제2조 제1항을 기준으로 하여 포괄적 개념을 명시하고 있다. 발달장애인 범주에 포함되는 각 장애인에 대하여 정의하고 있다.

- 지적장애인은 의학적 관점에서 정신발육, 지적 능력의 발달 정도와 기간, 일처리능력, 사회적응능력, 제약의 정도, 타인의 도움 정도를 정의의 구성요소로 하고 있다.
- 자폐성장애인의 정의는 의학적 진단, 소통, 심리적 상태, 사회성, 제약의 정도, 타인에게의 의존성을 요소로 채택하고 있다.
- 이외에도 발달장애인은 발달의 일반성, 발달지연의 정도, 생활에서의 제약 정도 유무에 따라 예외 인정을 하고 있다.

세계적으로 장애 개념은 질병, 불행, 개인책임 등을 강조하는 방향에서 사회적 차별, 사회적 책임, 적극적 지원 등을 강조하는 방향으로 변화하고 있다. 그리고 장애 범주도 과거의 사회로부터 동정받아야 하는 불행한 상태를 연상시키는 협소 범위에서 사회로부터 적절한 지원을 필요로 하는 광범위한 불편인구를 포괄하는 일반 범위로 확대되고 있는 추세이다. 이러한 변화는 우리나라의 장애 범주의 변화에서도 발견된다. 다만, 아직 서구 국가가 포괄하는 수준의 범위까지 확대되진 못했다. 이런 관점에서 보면 향후 장애인의 범주는 지속적으로 확대될 것으로 전망된다.

03

# 장애를 바라보는 다양한 시각

## 1. 장애 모델

장애를 정의하는 접근은 전통적으로 기능적 손상(functional impairment)에 초점을 둔 의학적 접근, 직업상의 제한을 강조한 경제학적 접근, 장애를 개인과 환경의 상호작용 결과로 보는 정치·사회학적 접근으로 발전해 오고 있다. 1980년대 들어 장애인의 사회적·정치적 운동의 증가는 장애를 정의하는 시각에 주요한 영향력을 행사해 왔으며, 그 결과 장애인은 자신의 문제가 기능적 손상에서 기인했다기보다는 주로 사회의 선입견과 차별에서 나왔다는 것을 인식하기 시작했다. 이러한 인식의 이론적 토대를 제공한 사람은 앞서 거론한 장애학자 마이클 올리버(M. Oliver)인데, 그는 장애를 바라보는 관점을 개인 모델과 사회 모델로 구분하고 체계화하였다. 그는 의학적·경제학적 접근, 즉 장애인의 문제를 기능 손상에서 기인한다고 보는 관점을 개인 모델로 정의하였고, 사회정치학적 접근, 즉 장애인의 문제는 개인의 기능 손상이라기보다는 장애환경에 따른 결과라고 보고 이를 사회 모델로 정의하여 장애 개념을 정립하였다. 그러나 최근 들어 장애를 바라보는 사회의 시각이 다양해지고, 장애인 당사자의 사회참여활동도 활발해지고 있을 뿐만 아니라 사회를 분석하는 틀도 다양해짐에 따라 장애 관련 모델을 더 세분화하고 보완하고 있는 추세이다.

일반적으로 사람들에게 장애가 되는 조건을 제공하는 것은 무엇인가? 사람들은 장애가 있는 사람들을 위해서 어떻게 책임을 다할 수 있는가? 그리고 장애가 있는 사람들과 함께 일을 해야 하는 사람들은 누구인가? 이와 같은 질문에 대한 응답뿐만 아니라 장애에 관한 다른 질문에 응답하기 위해서도 장애의 이론적인 틀을 이해하는 일이 필요하다. 장애 모델(disability model) 혹은 장애 구성(disability constructs)은 장애이론에 의한 이론적인 틀, 장애의 원인과 결과가 될 수 있는 가능한 관점 그리고 장애책임에 관한 한계점에 의해 결정된다.

장애이론은 개인 모델에서 사회 모델로 변화가 나타났다. 이러한 장애이론의 변화는 1990년대 초반 미국장애인법(ADA: American Disability Act)을 비롯한 각종 법률 및 정책의 제정에도 나타나 장애의 사회 모델을 적용하는 예가 늘어나고 있다. 그러나 사회나 개인에게 오랫동안 많은 영향을 준 개인 모델은 현재까지도 사회 곳곳에서 적용되고 그 개념은 장애를 이해하는 대표 개념으로 지속적으로 받아들여지고 있다. 우리 자신이 '장애인이다', 혹은 '장애인이 아니다'라고 여기는 것은 오랫동안 장애인의 개인 모델에 의해 지배되었던 사람들이 생각했던 장애에 대한 인식이 그대로 남아 있기 때문으로 이해할 수 있다.

오늘날 사회 모델은 장애를 이해하는 데 있어서 환경과 제도 등 사회 구조적인 측면에서 받아들이고 있고, 일반 사람들의 경우에는 장애를 이해하는 데 개인 모델의 개념에서 생각하는 경우가 많기 때문에 우리의 생각 속에 자리 잡고 있는 장애인 개인 모델을 장애의 사회 모델로 쉽게 바꿀 수는 없는 일이다.

장애를 개인 모델과 사회 모델로 구분하여 이해하는 일은 영적인(spiritual) 관점과 과학적인(scientific) 관점에서 이해하는 것으로 설명하고 있다. 장애에 대한 모델에서 이론적 틀(frameworks)을 설명하는 데 있어, 장애의 원인과 책임, 장애의 개인 모델과 사회 모델 각각이 가지고 있는 각 형태의 가치와 목적 등 두 가지 측면에서 생각할 수 있다.

### 1) 개인 모델

개인의 장애문제를 장애가 있는 개인에게 초점을 맞추고 있다. 즉, 개인의 장애는 개인의 중대한 실수 혹은 책임의 결과로 인해 생긴 것으로 인식한다. 초기에는 신의 노여움 혹은 신의 징벌에 대한 결과를 장애의 원인으로 여기는 예도 있다. 이후 종교적 측면과 무관하게 장애는 약점을 가진 사람으로서 장애를 바꾸기 위해 변화와 치료가 필요한 사람이라고 인식하고 있다. 그 이유는 장애인은 일반적으로 사회적 조건이나 일정한 측면에서는 완전하지 못한 사람이기 때문에 당연히 변화가 필요하다고 믿는다. 만약, 장애인 자신에게 변화가 일어나는 일이 가능할 수 없다면 자신 스스로 고립되거나 시민의 권리를 박탈당하게 되며, 결국 일반 시민으로서의 인식과는 다른 대안적 대상으로 분류될 것이라고 믿는다. 개인 모델의 특징은 인간의 완벽성을 강조하는 것이다. 인간의 완벽성에 관한 생각은 신은 인간을 창조하고, 인간은 신과 같은 완벽한 모습의 인간을 추구하는 생각에서 비롯되었다. 장애인은 이러한 완벽한 모습에서 벗어난 형상, 다시 말해 불완전성, 미완성, 부족과 결핍, 모순이라는 생각이 지배적이라는 특징을 보인다.

## 2) 사회 모델

장애라는 현상을 장애를 가진 사람의 사회통합이라는 관점에서 '사회적인(social)' 문제로 간주하는 것이 사회 모델(social model)이다. 이 모델은 개인 모델에서 중요시했던 '장애는 개인만의 문제'라는 개념을 완전히 무시한다. 즉, 장애는 개인에게 귀속된 것이 아니고 사회적 환경에 의해 창조된 조건들의 복잡한 집합체로 보는 것이다. 다시 말해, 장애란 장애인에 대한 제한을 함축하는 모든 것으로 편견에서 제도적인 차별까지, 접근 불가능한 공공건물에서 사용 불가능한 교통체계까지, 분리교육에서 노동에서의 배제까지를 의미하는 것이다.

장애는 사회 내에 존재하는 것이며, 장애인 개인에게 개별적인 제한이 아니고 장애인의 욕구를 사회조직 내에서 수용하고 이에 적합한 서비스를 제공하는 데 대한 사회의 실패를 의미하는 것이다. 이러한 사회의 실패 결과는 단순하고 무작위적으로 개인에게 주어지는 것이 아니고 이러한 실패를 경험한 집단으로서 장애인에게 사회 전체를 통하여 체계적으로 제도화된 차별을 통하여 전달되는 것이다.

고프만(Goffman, 1963)은 낙인(stigma)이라는 개념을 사용했는데, 이는 장애인을 열등한 존재로 인식함으로써 낮은 가치를 부여하게 만든다는 것이다. 이와 같은 사회현실에서 장애인은 천시, 멸시, 차별의 대상이 되었으며, 건전한 사회참여나 생활활동에 참여할 수 있는 능력이 없는 사람으로 간주되었다. 그러므로 장애인이 직면하는 문제 대부분은 사회적 낙인에서부터 비롯된 것이라고 보는 것이다.

올리버(Oliver, 1990)는 억압당하는 대상 중 장애인의 시각에서 논리를 전개시켜야 한다고 주장한다. 그는 각종 차별, 공공기관과 교통시설에의 접근 불가능한 분리교육 및 작업장으로부터의 축출 등 전 영역에 관한 강요된 제약을 문제 삼고 있다. 이러한 제약을 사회적 실패로 받아들이며, 이 결과는 장애인 개개인의 차원을 넘어 전체 장애인에게 구조적 · 제도적 차별 및 억압요인으로 작용하게 된다고 분석하였다. 즉, 장애인에 대한 사회의 구조적 차별은 장애인의 삶을 억압하게 되고 이에 대한 책임은 사회의 실패 때문이라고 주장하는 사회억압이론을 강력하게 주장했다.

장애의 문제를 해결하기 위해서는 사회행동을 필요로 한다. 그리고 장애인이 전 영역의 사회생활에 완전히 참여할 수 있도록 하기 위한 '환경적 개정'을 필수요건으로 삼으며, 이를 실천함은 사회의 집합적인 책임으로 본다. 이 모델은 사회적 변화를 요구하는 태도이고 이데올로기적인 것이며, 정치적으로는 인권과 관련된 것이다. 따라서 장애문제 해결을 위한 모든 의도와 목적은 매우 정치적이어야 하며, 장애인과 관련된 주요 과제는 장애인이 직면하고 있는 편견과 차별의 해결에 있다고 한다. 일명, 소수집단 모델이라고도 하며, 장애에 대한 사회적 · 정치학적 정의가 이에 해당된다.

이러한 사회 모델은 장애를 개인의 문제로 한정시키는 것을 사회적 문제로 확대시킨 것에 기여한 바가 크다. 그러나 사회 모델은 집단적인 방법으로 장애인의 소외감과 고통을 장기적으로 풀 수 있다고는 하나, 장애인 개개인이 당하는 신체적 · 심리적 손상에서 연유하는 고통의 경험과 죽음에 대한 공포를 무시하고 있다는 문제점이 있다. 또한, 장애인의 신체적 고통이 불행의 원인이라면 장애인 권익확보운동이 장애인의 행복에 기여할 수 있는 것은 아무것도 없지 않는냐는 비판을 받기도 한다. 또한, 사회 모델에서는 손상과 장애 간에 인과관계가 없고 다만 사회적인 편견과 차별이 장애의 주된 원인이라고 보고 있는데 손상이 없을 경우 장애인으로서의 편견대상이 되지 않는다는 점을 감안하면 손상의 의미를 지나치게 과소평가하였다. 더불어 사회 모델은 장애인에게 각종 서비스를 제공하는 사회정책이 장애인의 의존성을 심화시킬 뿐이라고 주장하면서 그 의미를 극단적인 수준까지 축소시키고 있다.

또한, 장애인이 사회정책의 서비스 대상으로 머물러서는 안 되고 집단적인 정치행위를 통하여 서비스 통제권을 확보해야 한다고 주장하기도 한다. 그러나 정치투쟁의 마무리는 결국 정책을 통해 제도화되어야 하기 때문에 사회 모델의 주장은 극단적인 측면이 있다고 할 수 있다.

즉, 개인 모델과 사회 모델은 서로 대립적인 개념이라고 볼 수 있으며, 그 내용은 〈표 3-1〉과 같다.

〈표 3-1〉 장애 모델의 비교

| | 개인 모델 | 사회 모델 |
|---|---|---|
| 장애의 이해 | 개인비극이론 (personal tragedy theory) | 사회적 억압 이론 (social oppression theory) |
| 장애의 문제 | 개인적 문제 | 사회적 문제 |
| 장애 극복을 위한 노력 | 개인에 대한 치료 | 사회적 행동 |
| 접근방법 | 의료화 | 자조(self-help) |
| 장애의 중심(주체) | 전문가의 지배 | 개인 및 집단적 책임 |
| 장애 극복의 책임자 | 재활전문가 | 장애 당사자의 경험 공유 |
| 필요한 노력 | 사회 적응 | 사회에 대한 긍정 의지 |
| 장애를 보는 관점 | 개인의 정체성 | 집단적 정체성 |
| 장애를 대하는 태도 및 필요한 접근 | 편견, 보호, 통제, 정책, 개인 적응 | 행동, 권리, 선택, 정치, 사회변화 |

출처: M. Oliver (1996).

## 2. 장애를 바라보는 다양한 시각

### 1) 신체와 정신의 분리: 초기 모델

신석기 시대(Neolithic) 부족들은 무속적 혹은 미신의 관점에서 장애를 가진 사람을 인식해 왔다. 그 증거로 골관절염, 결핵염, 치아 기형을 가진 미라를 통해 당시 기형의 사람이나 혹은 장애인에 대해 그들이 장애인을 어떻게 인식하였는가를 이해할 수 있다. 고대 시기의 장애인에 대한 생각은 인간의 행동 기준에 기초하여 사악한 것, 혹은 열등한 것이라고 여겼다. 이와 같은 생각이 최고에 달하는 시기는 스파르타 훈련을 하던 고대 그리스의 도시국가 시기였다. 당시의 사람들은 건강한 신체와 건강한 정신을 중시하며, 이를 기본으로 한 문화적 특성을 강조하였다. 스파르타식 전통은 대체로 장애인, 노인, 신생아 등에 대해 쓸모없는 존재로 취급하며, 종종 굶겨 죽이거나, 홀로 남겨 두어 자연히 죽도록 하는 방법을 택하였다. 아테네 사람들 역시 사회적인 약자에 대해 방임하거나 고립시키는 방법을 택하였고, 장애인에 대해서는 시민으로서의 권리를 인정하지 않음은 물론, 사회 구성원으로서도 받아들이지 않았다.

한 가지 흥미로운 사실은, 신체적으로 장애가 있는 사람이 다른 사람들의 질병을 치료했던 경우를 종종 발견할 수 있다. 신체장애가 있는 사람의 경우에는 신의 계시를 받아 보통 사람하고는 다른 특별한 능력을 가지고 있을 것이라고 믿었고, 정신적 장애가 있는 사람의 경우에는 미래에 대한 예언이나 상징물에 대한 해석, 귀신을 불러내거나 쫓아낼 수 있는 독특한 능력이 있다고 믿었다.

고대 로마시대의 경우, 장애인을 전적으로 배척하지는 않았으며, 장애인은 주로 또 다른 장애를 가진 사람들을 돕는 일을 행하였다. 장애인의 이와 같은 행위는 자신의 선행을 통해 자신이 원하는 복을 받고, 필요한 물질을 얻기 위함이었으며, 때론 자선을 통해 원하는 것을 얻은 후에 감사의 의미로 장애인을 돕는 일을 행하는 경우도 있었다. 상호 관계는 상호 교환의 두 가지 부분 사이에서 생겨나는 것이다. 예를 들어, 돈을 얻기 위한 보호, 자발적인 동의 없이 복종을 얻어내기 위한 보호, 그리고 자기만족을 위한 보호 등이 그것이다. 로마시대의 사람들은 장애인이나 만성적 질환을 가진 사람은 질병에서 벗어나기 위해 무엇인가 치료를 필요로 하는 사람 혹은 운동이나 수치요법이 필요하다고 생각하였다. 따라서 당시 유명한 목욕시설들이 만들어졌는데, 로마, 잉글랜드 등의 목욕시설은 사람들이 깨끗이 씻는 목적뿐만 아니라 더운 목욕이 사람들의 관절염이나 근육통을 완화시켜 주고, 목욕을 통해 정신적 안정과 신체적 편안함을 얻을 수 있다고 믿었기 때문이다. 이처럼 역사적 내용을 통해 로마시대 당시에는 장애인이나 환자를 어떻게 이해하고 있었는가를 알 수 있으며, 동시에 장애인과 환자의 질병 치유를 위해 어떤 방법을 활용하였는지를 짐작할 수 있다.

### 2) 도덕 모델

서구 유럽국가를 중심으로 도덕 모델(moral model)이 종교적인 측면에서부터 비롯되었다. 종교적인 믿음에 기초한 도덕 모델은 오랫동안 장애 모델을 설명하는 데 지배적인 모델로 인식되었다. 도덕 모델에는 두 가지 생각이 공존한다. 하나는 장애인이 행한 잘못된 일에 대해 신이 벌을 내린 것으로 생각하는 것과 다른 하나는 장애인은 다른 사람들이 장애인을 돌봐야 한다는 비장애인의 의무를 깨닫도록 하기 위함이며, 특히 종교인의 자선과 베풂 정신을 높이기 위함이 지배적인 생각이었다.

### (1) 신으로부터의 벌 혹은 전생의 죄로 인한 장애

고대 유대주의자들은 신은 인간의 건강을 중요하게 활용하는 자원으로 생각하였으며, 동시에 인간의 질병, 장애인도 신의 능력을 나타내기 위해 필요한 것이라고 믿었다. 따라서 질병이나 장애인의 경우에는 신의 벌의 상징으로 나타난 결과라고 믿었다. 모든 종류의 질병도 역시 신으로부터 만들어진 것이며, 이 또한 신의 노여움의 상징으로 믿었다. 그뿐만 아니라, 환자나 장애인을 치유하는 것을 통해 전지전능한 신의 능력을 사람들에게 보여 주고 신을 믿도록 교육하였다. 성서에 의하면, 인간의 모든 질병은 신이 만들었고, 이를 치유하는 능력도 오직 신으로부터 가능하다고 믿으며, 신은 창조자이면서 동시에 치유자라고 믿었다. 이러한 믿음이 그리스도인에게는 인간에게 일어나는 모든 일은 신의 뜻 혹은 운명으로 받아들이게 되었으며, 궁극적으로 자신의 몸과 마음을 보호하고 치유하는 이는 신이라는 믿음을 사람들에게 전파하는 역할을 하게 되었다. 중세에는 기형 혹은 비정상적으로 태어나는 신생아에 대해서 부모가 지은 죄의 결과이며, 동시에 신의 징벌이라고 믿었다. 이와 유사하게 정신적 장애가 있는 사람에 대해서는 악마가 사람에게 들어와 그 사람을 지배하고 있는 것으로 믿었다.

### (2) 장애인 보호에 대한 의무적인 역할

도덕 모델의 또 다른 측면은 종교적인 것에 기초한다. 종교에 기초하는 도덕 모델의 특징은 사회 안에서 장애인이나 환자를 돌보는 일은 신앙인의 의무로 받아들이는 믿음에서 비롯되었다. 성서에서는 빈곤한 사람이나 장애인을 불쌍히 여기고 이들을 돕는 일은 신에 대한 믿음을 나타내 보이는 일로 보고, 이들에게 각별한 도움을 제공하도록 격려하고 있다. 중세의 사람들은 환자나 장애인을 가치 있는 장애인과 가치 없는 장애인으로 분류하였고 이 분류에 따라 치료나 보호를 제공하였다. 치료와 보호에 대해 가치 없는 장애인의 경우에는 개인의 장애를 신의 징벌로 여겼다. 중세에는 의료적인 접근에서 일반 의사와 무속신앙에 의해 질병을 치료하는 무속인 간에 협조체계가 마련되지 않았다.

무속에 의해 질병을 치료하는 사람들의 견해는 그들의 치유능력은 신으로부터 왔고, 신의 능력을 빌어 질병을 치료하는 것으로 믿었다. 그러나 병원과 의과교육 과정이 생겨나면서, 무속에 의한 질병 치료와 의료진에 의한 치료 간에 의견 차이를 나타내게 되었다. 의료적인 접근에서는 장애인은 가치 있는 빈민으로 분류되어 치료의 필요성을 강조하고, 장애인을 보호하고 치료하여 이들을 회복케 하는 것을 매우 중요한 가치로 인식하면서 장애인에 대한 보호와 치료를 의무적으로 해야 할 일로 받아들이게 되었다. 현재까지도 도덕 모델로 무장된 사람들 사이에서는 장애인은 신이 내린 징벌의 결과로 인식하면서도 동시에 장애인은 도움을 주어야 할 대상으로 인식하는 장애에 대한 이분법적인 개념이 공존한다.

### 3) 결손 모델

결손 모델(deficit model)은 오늘날의 의료 모델의 초기 모습이라 할 수 있다. 장애의 결손 모델은 개화기와 산업발전 시기 동안 발전하였다. 과학과 예술에서 주요 발전이 이루어지고 인간의 잠재력과 천부적인 능력에 관한 개념이 생겨난 시기였다. 인간은 정지된 모습이라기보다는 다양한 역동적인 힘을 가지고 있는 존재로 인식하기 시작하였다. 따라서 인간은 스스로 변화하며, 외부 조건에 따라 변화하기도 하는 존재임을 알게 되었다. 이러한 발견은 과학을 통해 여러 측면에서 검증되고, 확인되었다. 완전하지 못한 사람, 즉 기능이나 행동능력이 결손된 사람은 보는 능력, 듣는 능력, 운동능력 혹은 이성적으로 판단하는 능력 등에 무엇인가 결핍이 있다고 믿었다.

과학적인 방법을 통해 개인의 결핍된 능력을 향상시키기 위한 새로운 방법을 개발하게 되었다. 기능적인 면이나 잠재적인 면에서 완벽함이란 모든 사람에게 성취할 수 있기 위해 믿어지는 것이다. 이러한 좋은 의미에도 불구하고, 과학의 발전은 장애를 가진 사람의 완벽을 위한 노력보다는, 과학의 발전으로 인해 장애인의 발생이 더욱 늘어나게 되는 결과를 가져왔다. 따라서 장애에 대한 결핍 모델도 실패한 모델이라 할 수 있다. 과학의 효과는 지금까지 지속적으로 장애를 의료 모델로서 받아들여지고 충분하게 발전할 수 있는 데 지속적인 태동과 산란의 역할을 하였다.

### 4) 사회다윈주의 모델

다윈주의자들은 고대 그리스 스파르타의 혹독한 훈련 방법에 영향을 받고 결핍 모델과 상호 연관되어 있다. 이 두 가지 사회다윈주의 모델(social darwinist model)과 앞에서 소개한 결핍 모델 사이에는 흡사한 특징이 있다.

다윈은 유명한 『종의 기원』이라는 저서에서 생물 개체의 진화에 대해 설명하고 있다. 특히 생물 개체 가운데, 진화를 거치면서 우성인자를 가진 생물만 자연환경에 적응하고 살아남아 진화를 계속하며, 성공적으로 살아남은 생물체들이 자연을 지배하게 되는 것이라고 주장한다. 다윈이 설명하는 생존의 조건은 환경에 잘 적응하기 위해 질적인 면에서 긍정적이어야 할 뿐만 아니라 성공적인 생산이 가능한 능력이 있어야 한다는 것이다. 동시에 생물체의 생존을 위해서는 현재 살아가고 있는 환경에 처한 조건을 받아들이고 환경을 적절히 변화시키는 등 조절과 적응능력을 가지고 있어야 함을 강조하고 있다.

식물이나 동물 가운데 변화나 적응능력이 없는 경우, 혹은 성공적으로 생산을 수행할 수 있는 능력이 없는 경우, 그리고 처한 환경 내에서 기능수행이 안 되는 경우 생물은 생존할 수 없다고 믿는다. 또한, 생물이 개별적으로 생존할 수 없음은 물론, 그 종도 살아남지 못하고 소멸한다고 주장한다. 이와 같은 주장으로 인해 변화와 적응의 가능성은 결손 모델의 기초가 되며, 장애를 가진 사람의 경우에는 우선적으로 이러한 변화의 욕구를 고려하게 된다.

개인적인 노력이나 혹은 다른 방법을 통하여 과학적 발견을 활용해서 얻어지는 변화는 인간의 생존 문제와는 관련이 없다. 오직 변화는 다른 사람들과의 경쟁에서 개인능력을 향상시키는 것이 생존을 지킬 수 있다고 믿는다. 다윈주의 모델에서의 생존은 필요한 자원을 확보하기 위한 경쟁력을 갖추는 일을 포함한다. 예를 들어, 개인이 의식주를 확보하고 의료 서비스를 받을 수 있어야만 생존을 지키는 것인데, 이를 위해서는 개인의 자원확보능력이 요구되기 때문이다. 대부분의 장애인은 사회적응능력과 변화능력 그리고 새로운 과학적인 기술을 발견하고 활용할 수 있는 능력이 부족하여 개인의 자원 확보가 어려운 경우가 많다.

장애인의 경우 종종 자신의 욕구를 충족시킬 수 있는 능력이 없다. 다윈주의의 주장에 따르면, 모든 사람이 자신의 생존에 관해 관심을 가지고 있는데, 스파르타에서는 자신의 생존을 스스로 해결할 능력이 없는 경우, 예를 들어 선천적인 장애가 있는 신생아, 장애인 그리고 노인에 대해서 이들은 죽을 수밖에 없는 운명으로 인정하고, 스스로 죽도록 방치하는 유기 행위가 일어났다.

### 5) 장애인에 대한 부정적 견해를 지배하는 이론 및 사상

#### (1) 사회진화론

사회진화론은 동일한 조상으로부터 번식된 개체들의 특성이 각기 다를 뿐만 아니라 그중에서 소수만 살아남는다는 사실에 착안하여 환경에 잘 적응하는 개체의 특성만 후손에게 유전된다는 주장이다. 따라서 사회의 적응과정으로서 문화적 진화를 이해하는 것이다. 또한, 생물이 진화함에 따라 점증적으로 이질적 기능이 전문화되고 분화하듯이, 인간사회도 차츰 이질성이 높아져서 제도와 개인의 기능적 분화가 나타나게 된다. 사회 내에서 이질성이나 분화의 정도가 높아지는 이유를 보편적 인과관계를 통해 설명하고 있다. 즉, 모든 현상은 여러 가지 원인에 의하여 야기되는데, 하나의 원인은 하나 이상의 결과를 낳고 각각의 결과는 기하급수적으로 늘어난다는 것이다. 즉, 사회진화를 위해서는 부적격자를 배제해야 살아남을 수 있다는 이론하에 장애인은 사회의 약자이며, 부적격자로서 제거의 대상으로 인정되었다. 이처럼 사회진화론에 의한 장애이론은 비도덕적임에도 불구하고 당시 사회사상에 커다란 영향을 미쳤다.

#### (2) 우생학 모델

19세기 후반이 되면서 장애인을 대상으로 하는 수용보호 위주의 시설 형태의 학교들이 생겨나게 되었다. 발달장애아의 교육에 있어서는 교육 실시와 함께 교육 불능

아동의 존재가 문제로 인식되었다. 이러한 아동은 가정으로 돌려보내기로 하였으나, 그 결과는 구빈원에 재입소하는 현상을 낳게 하여 구빈원을 학교와 병설 형태로 운영하여 수용보호시설이 설치되는 경향을 낳았다. 이러한 학교의 수용 시설화에 영향을 끼친 것은 20세기 초에 일어난 우생운동이었다.

영국에서는 열악한 인자를 가진 사람의 출산을 억제하는 우생학(eugenics) 사상이 활발하게 전개되면서 우생학적 견지에서 범죄자의 발생을 유전적으로 설명하려는 가계연구가 시행되었다. 이 연구보고는 지적장애의 유전설을 뒷받침하는 것으로 되어 있으며, 지적장애는 범죄, 빈곤, 타락의 근원이라는 인상을 사회적으로 만들어 내어 사회방어, 장애발생 예방을 목표로 하는 사회로부터 장애인이 격리 수용되는 일이 촉진되어, 20세기 초에 미국에는 2,500명을 넘는 대형 수용시설도 출현하게 되었다 (Longmore & Umansky, 2001).

모든 생물의 생존을 위해 필요한 것은 최고의 적응 상태를 유지하는 것이라는 믿음에 의한 논의가 지속되는 동안, 다윈의 우생학에 관한 이론은 그 위력을 더해갔다. 우생학을 강조한 학자들에 의하면, 인간이 생존하기 위해서는 오직 그 사회에 적응하는 일이 요구되는데, 만약 적응을 하지 못한 사람은 사회로부터 고립되고 유기되어야 한다고 주장한다. 특히, 장애로 인해 다음 세대를 생산해 내는 일이 지속적으로 이루어지지 못하는 경우, 이를 열성인자로 분류하고 이들을 사회에서 고립시키거나 유기시킴으로써 점차 도태시키거나 혹은 소멸시켜야 한다는 주장이다. 재생산이라고 하는 새로운 개념은 인간을 생산하는 일에 있어 반드시 우수하고 이상적인 요인을 갖춘 사람만 생산되어야 함을 강조한다. 이와 같은 주장에 의하면 장애인을 이상적이지 못한 존재, 열등한 존재로 여기고 재생산에서 제외시켰다. 19세기와 20세기에 걸쳐 활발하게 전개되어 온 우생학 운동은 유럽과 미국 사회에도 동시에 강하게 영향을 미쳤는데, 이는 유럽 등의 국가가 타 세계의 민족 등에 비해 우생학적으로 우성임을 밝히기 위함이며, 동시에 이들 국가가 세계를 지배하고, 사회질서를 잡아가는 것을 당연히 여기도록 옹호하기 위함이었다.

우생학자들은 완벽한 인간을 만들어 내기 위해서는 완벽하지 못한 인간을 지속적으로 제거해야 한다고 믿었다. 그 결과, 장애인에 대한 시설수용과 자녀 출산을 제한하는 정책들이 생겨났다. 1930년대와 1940년대 나치와 히틀러는 완벽하지 못한 모든 사람을 제거함으로써 완벽한 인간의 생산에 관한 문제를 간단히 해결하기 위한 방법으로 최소한 수십만 명에 달하는 장애인을 살해하였다.

미국에서는 우생학 이론과 관련하여, 장애자녀를 출산하는 부모의 경우에는 사회적으로 이들 부모가 매우 슬프고 수치스럽게 여기도록 함으로써, 출산함과 동시에 가능한 한 속히 장애자녀를 시설로 보내 수용·관리하도록 하였다. 또한, 성인 장애인의 경우에는 다음 세대에 태어날 장애아동 출산 가능성을 고려해서 장애인의 자녀 출산을 막았다. 이와 같은 생각은 현재까지 지속되고 있으며, 특히 발달장애아동, 중증의 중복장애아동, 그리고 정신장애인에 대해서는 그 비율이 다소 낮아지고 있는 추세이지만 지속적으로 시설에 수용하는 방법을 택하고 있다.

현재 법률로 금지하고 있지만, 간혹 발달장애아동 혹은 정신장애아동의 부모는 그들의 자녀가 임신 가능한 시기가 되면 불임수술을 받을 수 있기를 원한다. 이와 같은 조치는 장애자녀의 부모가 자신의 자녀가 충분히 스스로 생활할 수 있는 능력이 부족한 상황에서 신체적으로나 정서적으로 매우 높은 능력이 요구되는 자녀생산과 양육에 대하여 그 능력과 책임을 다할 수 없다고 생각하기 때문이다. 그뿐만 아니라, 미래에 자신의 자녀가 임신, 출산, 육아 그리고 모든 사회생활과 가정생활 등에서 닥칠 어려움을 사전에 예방하기 위한 강한 욕구에서 비롯되었다고 생각할 수 있다.

### (3) 낙인 모델

낙인(stigma)이란 사회가 어떤 사람을 범죄자 혹은 무능력자 등 부정적으로 규정하는 것을 말한다. 낙인이론에서는 사회에 의해 일단 범죄자라고 낙인찍힌 사람은 스스로 범죄자로 규정하고 점점 더 범죄에 빠질 수밖에 없는 상황으로 몰고 갈 것이라고 설명한다. 현실 사회에서 장애인은 천시, 멸시, 차별의 대상이 되어 왔으며, 건전한 사회참여나 생산활동에 참여할 수 있는 능력이 없는 사람으로 인식되었다. 그러므로 장애인이 직면하는 문제의 대부분은 이러한 사회적 낙인으로부터 기인된다. 특히, 사회계층 가운데 신체적·심리적·경제적 미성숙기에 속하는 아동과 청소년, 더구나 신체 및 정신적 장애를 가진 사람이라고 판별받음으로써 낙인찍히고 사회의 주류적인 관심과 국가의 교육과 사회복지정책의 혜택에서 소외당하는 장애인은 그들을 대하는 사회의 인식도에 따라서 인간적인 대우를 받을 수도 있고, 그렇지 못한 위치에 놓일 수도 있다.

### (4) 자본, 생산성 이론, 상품 모델

현대 산업사회에서의 각 개인이 가지고 있는 노동력, 지식 등을 상품화함으로써 각자의 부와 지위를 높일 수 있다고 믿는 이론(capital model)이 있다. 가치의 창출과 재창출을 통한 개인의 생산이 그 개인의 시장경제하에서의 경쟁력을 좌우하고 나아가 그의 사회적 신분에 영향을 미치게 되는 것이다. 장애인이 갖고 있는 생산력은 종종 잘못 판단되거나 낮게 평가되는 것이 일반적이다. 현대사회는 생산력의 향상을 위해 양질의 노동과 높은 수익성을 추구하므로 자연히 장애인에 대한 상품성은 인정받지 못하고 이로 인하여 장애인을 현대사회에 적응할 수 없는 집단으로 보는 이론이다.

이러한 현대 자본주의사회의 구조에서 장애인은 점차 제외될 것이고 장애인은 자신의 생존을 위해 타인에게 의존할 수밖에 없는 신분으로 전락하게 될 것이다. 특히, 고용시장에서는 경제 상태에 따라 '최후의 고용, 최초의 해고'라는 노동시장의 불문율이 적용될 것이다.

### (5) 편견이론과 차별 모델

장애인 문제를 설명함에 있어 가장 근본적인 문제는 무엇보다도 장애인의 능력이나 일상생활 전반에 대한 잘못된 인식과 장애의 원인에 대한 비과학적 혹은 미신적인 선입견 때문이라고 보는 견해(discrimination model)이다. 이는 장애인이 일반대중과의 사회적 노출이나 접촉이 부족한 상태에서 편견과 이해 부족으로 인해 비과학적이고 미신적 수준으로 장애인에 대한 인식이 형성된다고 보는 견해이다. 예컨대, 시각장애인은 신통력이 있을 것이라는 등 우리 문화권 속에서 육체적 결함은 흔히 악과 불의로 나타난다. 결국, 장애인에 대한 사회의 이해 부족으로 인해 장애인은 사회참여의 균등한 기회를 갖지 못하게 되고, 이로 인해 나타나는 불평등한 결과가 장애인에 대해 또 다른 이해 부족 현상을 낳는 악순환의 현상을 초래한다.

우리 사회의 소수인을 억압함으로써 다른 사람으로 인식하고 분리를 조장하는 결과 혹은 신체적 장애가 있는 사람이 경사로가 마련되어 있지 않은 높은 계단을 마주할 때 느끼는 막막한 감정, 장벽과 맞서 싸우기보다는 어디론가 숨어 버리고 싶은 도피감 등 장애인 스스로 주눅 들게 만드는 소외·억압적인 경험 역시 차별이론의 맥락에서 이해할 수 있다.

### (6) 분리 모델

장애인이 일반세계와 접촉이 적으면 적을수록 그들이 느끼는 실망이 적고 장애인이 참여할 수 없는 주변 일들을 모르면 모를수록 그들이 느껴야 하는 고통이 적을 것이라고 보기 때문에 장애인과 사회가 상호 간에 분리되는 것은 정상적이고 필연적이라고 하는 이론(exclusion model)이다. 이러한 분리의 결정은 장애인에 의해서 먼저 취해질 수도 있고 또한 사회에 의해서 먼저 시작될 수도 있다. 예를 들어, 장애인의 교육 분야에서 통합교육의 논의가 생겨나기 이전에는 장애아동은 특수교육이라는 이름하에 분리교육을 원칙으로 하던 시절이 오랫동안 지속되었는데 당시에는 분리 모델이 장애인과 비장애인 모두에게 유익한 모델이라고 인식하였다.

즉, 장애인은 자기의 장애에 대한 자아정체감이 구체적으로 인식되고 변화함으로써 타인과의 관계를 유지시킬 수 있는 동기가 약화되는 것을 경험하고서 먼저 사회로부터의 분리를 결정할 수 있다. 또한, 사회는 장애인이 갖고 있는 사회적응능력이나 문제해결 대처기술이 현대적인 조건에 적응하기에는 너무 취약하기 때문에 이를 극복하기 위해서는 감당할 수 없는 훈련이 필요하다고 느낄 때 먼저 사회가 장애인과 비장애인 간의 분리를 결정할 수도 있다는 것이다.

### (7) 정책부재 혹은 정책보류 모델

국가정책은 당면한 사회문제를 해결하려는 정부의 노력이다. 따라서 장애인복지 정책은 장애인 문제를 사회문제로 인식하고 행하는 국가 차원의 노력을 의미한다. 그러나 장애인복지에 관련된 어떤 문제는 의도적으로 정책적 수립을 보류하는 결정이 있을 수 있다. 장애인복지가 타 복지영역에 비해 정치적 비교 우위가 낮기 때문에 아무런 정책적 노력을 하지 않기로 결정하게 된다는 이론이다. 장애인 교육정책, 고용

정책, 이동권 보장, 주택정책 등 산적한 장애정책을 논의하는 일에 장애인 당사자를 제외하고는 정치권의 집권당이나 비집권당뿐만 아니라 행정관리들까지 모두 심도 깊은 논의를 피하는 상황은 좋은 예가 될 것이다. 극단적으로 말해서, '무정책이 정책이다.' 이는 정책 논의의 초기 단계부터 극복해야 할 과제가 너무 복잡하고, 어렵고, 많은 노력과 비용이 예상되고, 장애인 당사자들 사이에서도 조율되지 못하는 욕구로 인해 사회적 갈등이 예견될 시에 나타나는 현상이기도 하다.

### (8) 재활이론과 의료 모델

장애인을 치료하고 훈련하는 것만이 사회에 복귀할 수 있다고 보는 이론으로서 장애인의 의료 모델(medical model)에서 비롯된 이론이다. 이러한 견해는 장애인을 비정상의 상태로 보고 이 비정상을 가능한 한 교정해야 한다고 생각하기 때문에 장애인은 늘 치료의 대상이 되는 완전치 못한 사람으로 여겨져 왔다는 것이다.

가장 발전적인 과학 분야인 생물학과 의학이 생겨나면서, 장애의 의료 모델에 대한 개념이 생겨났다. 재활 모델(rehabilitation model)이라고 부르기도 하는 이 모델은 장애인을 치료하고 재활훈련을 통해 적응력을 갖춰야만 훈련이 가능하고 훈련함으로써 사회에 복귀할 수 있다고 보는 이론이다. 의료 모델 이후에는 결손 모델과 관련을 맺기도 하였고, 의료 모델에서 다양한 종류의 장애유형과 집단의 개념들이 더해지면서, 그리고 최근 현재까지도 여러 장애 모델 가운데 이미 자리를 잡은 중요한 모델로서 인식되고 있다.

의료 모델에서는 장애인을 생명과 관련된 요소 혹은 기능에 결핍이 있는 사람으로 인식한다. 따라서 장애인은 보는 일, 듣는 일, 걷는 일 그리고 바른 생각을 하고 세밀한 행동을 하는 일 혹은 간단한 계산을 하는 일 등을 완전히 할 수 없다고 생각한다.

장애는 기능을 잃고, 독립적인 활동이 불가능하고, 그리고 장애를 입지 않는 사람에 비해 어떠한 일을 하는 데 효과적이지 못하다고 믿는다. 이러한 일반적인 생각은 인간이 만들어 놓은 일정한 규범에 기초한 것이다. 규범에 기초한 이론은 인간은 행동하고 보는 일에 있어 일정한 규범 혹은 기준에 따라야 한다고 가정한다. 만약, 어떤 개인이 이 규범을 따르지 않거나 혹은 이러한 규범에 의한 방법을 따르는 데 능력이 부족한 경우 이들을 규범을 어긴 일탈로 보았다. 의료적 개입이 이루어지는 경우, 개인이 임시적인 결함이 아닌 영구적으로 결함이 있는 경우에는 이 규범에서 벗어난 개인에게 규범을 지키도록 하는 일을 비롯하여 개인의 문제를 해결하는 일이 불가능하다고 가정하게 된다. 예를 들어, 발달장애인을 분류하기 위해 인간이 만들어 놓은 지능지수라는 표준화된 척도에 따라 정상과 비정상으로 구분하여 정상에서 벗어난 수치를 획득한 사람에게 장애라는 명칭이 붙여지게 된다.

의료적 개입에서는 장애인에 대해서는 기능의 상실 혹은 기능의 부족을 강조하고 있으며, 장애를 유형별로 분류하고 의료적 진단을 내리는 행위를 통해 장애인에게 명칭을 붙이고 있다. 따라서 장애인에 대한 명칭은 장애인을 일반적으로 부정적인 맥락에서 인식하는 계기가 되었고 이러한 인식은 장애인에 대해 부정적으로 영향을 끼치는 데 크게 작용하였다. 이러한 의료 모델에서 만들어 낸 장애에 대한 명칭들은 장애인에 대해 스테레오타입화된 인식을 만들어 내고 이는 장애인에 대한 차별과 편견을 가져오는 역할을 하였다.

오늘날 사회는 초기 도덕 모델의 흔적을 강하게 따르고 있다. 사람들이 장애인이라고 하는 명칭, 특히 정신장애인이라고 부르는 명칭은 곧바로 실패한 인생으로 인식하고 동시에 이들에 대해서는 부정적인 인식이 지금까지 지속된다. 장애인이라는 명칭은 개인의 내면적인 면에도 편견이 가해진다. 다시 말해, 스스로 자아가 손상된 사람 혹은 자기존중감이 약한 사람 등 개인을 이해하는 데 있어서도 부정적으로 작용한다.

장애인은 치료, 약물치료, 검사 혹은 진단과 사정을 받기 위해 의료 전문가를 만난다. 장애인은 의료 전문가와 의존적인 관계를 유지하는 경우가 많은데, 의료 전문가는 장애를 의료 모델 차원에서 인식하고 장애를 일종의 질병으로 인식하고 치료와 재활훈련으로 회복을 돕는 역할을 중요하게 여기기 때문이다. 반면, 장애인이 의료 전문가에게 의존적인 것은 지속적으로 의료 모델을 활용하도록 돕게 된다. 장애인이 제공받게 되는 혜택, 지원 그리고 원조 서비스 등이 의료 전문가와 밀접히 연결되어 있다. 그 증거로서 장애인에 대한 진단명과 사정 내용은 장애인이 사회복지 서비스의 지원이나 복지혜택의 대상자가 되기 위해 반드시 요구되는 필수 사항이기 때문이다. 법률 체계에서 의료 모델의 개념, 예를 들어 장애유형, 장애등급을 매기는 일은 오늘날 장애인에 대한 의사전달을 위한 가장 일상적인 방법이며, 전달 수단이 되고 있다.

## 3. 장애의 부정적인 인식에 대응하는 장애 모델

### 1) 사회 모델

20세기에 들어오면서, 지금까지 장애와 장애인에 대한 부정적인 인식이 확대되어 온 것에 대해 대응하기 위한 논의와 장애인에 대한 지금까지의 장애 개념의 정의를 유지할 것인지 혹은 다른 개념으로 정립하여야 할 것인지 그리고 사회적인 역할은 무엇인지 등에 관한 논의가 이루어지면서 장애의 사회 모델이 생겨나게 되었다.

장애에 대한 사회적인 정의가 자연적인지 혹은 중립적인지에 대한 논쟁은 지속되고 있다. 모든 개인에게 인간의 가능성이 존재하고 있음을 우리는 알고 있다. 또한, 최소한 인간은 개인이 각자 가지고 있는 가능성을 발견하고, 찾고, 개발하여 개인의 능력을 발휘하게 만드는 일은 환경에 의해 이루어지는 것이라고 믿는다. 개인에게 있어 부정적인 자기 이미지는 우리 사회 안에서 개인의 질에 대한 공공의 이미지와 부정적인 스테레오타입에 의한 생각에 의해 만들어지는 것이다. 우리는 종종 다른 집단이나 사람들이 각기 다른 특징을 가지고 있는 종류로 분류되는 것을 경험하는데, 이때 다른 집단에 대해 스테레오타입화, 고립화 그리고 눈에 띄지 않도록 숨어 버리는 과정을 통해 분리되고, 구분되고 다른 사람들로 만들어지는 것이 시작되는 것이다. 규범에 있어 민감한 환경을 만들어 나가는 것은 넓은 범위의 인간의 질과 욕구에 제한을 가져오는 것에 의해 모든 사람이 비인간적으로 되어 가며, 인간을 표준에 맞춘 틀에 맞추도록 하고 있는데 이는 인간이 점차 고립되고 스스로 세력이 약화되는 결과를 가져오게 된다.

사회 모델은 이러한 문제에 대한 책임과 원인을 밝히기 위한 것이며, 또한 사회 모델은 장애인의 장애원인이 개인에게 있는 것이 아니라 사회의 구조적인 문제 혹은 사회에서 발생하는 사회문제가 장애의 원인으로 작용하고 있음을 주장한다. 따라서 사회 모델은 개인이 아닌 사회의 새로운 변화를 필수적으로 요구하는 장애 모델의 새로운 패러다임의 형태이다.

### 2) 탈억압 모델

능력 있는 신체를 가진 사람이 장애인에 대해 '다른 사람들'이라고 부르게 되는 순간부터 장애인은 심리적 · 사회적 · 경제적 억압을 받게 된다. 억압(oppression)은 개인의 성장 · 희망 · 야망을 저해하고 스스로 주눅 들게 하며, 자신감이 상실되면서 의존적인 생각을 하게 믿다. 결국, 억압을 경험한 사람은 스스로 가지고 있는 능력과 잠재력을 발휘할 기회를 박탈하게 되므로 스스로 더욱 무능과 무력감에 빠지게 되는 결과를 가져온다. 따라서 억압은 또 다른 형태의 차별이 된다.

예를 들면, 인종갈등과 관련하여, 억압에 관해 한 사회에서 '다른 사람'으로 여겨지는 것은 그 사회로부터 받아들여지지 않고 억압을 받는 것이다. 억압은 개인 혹은 집단에 영향을 준다. 억압 모델의 중요한 측면은 억압받고 있는 사람은 스테레오타입화되는 것뿐만 아니라 주류사회에 참여하는 권리를 박탈당하고 있는 것으로 개념화하고 있다. 억압을 받는 사람은 사실상 지배적인 사회에 대해 차츰 보이지 않는 존재가 될 것이기 때문이다. 개인은 다른 사람들에 의해 인식되는 존재로 여겨질 때 의식이 생겨난다. 개인은 자신이 속해 있는 그 사회에서 다른 사람들에 의해 보여지지 않을 때 혹은 한 사람으로서 인식되지 않을 때, 그 개인은 자신에 대한 인식을 상실하게 되면서 매우 파괴적인 상태로 빠져든다.

장애인은 이러한 상황을 종종 대하게 된다. 그 예로서 장애인이 자신을 감추기 위해 어디론가 숨어 버리고, 고립되고, 때론 시설로 들어가고, 스스로 학대하는 상황에 빠지게 되는 경우가 있다. 이밖에도 매우 경직되고 물리적 환경 중심의 사회에서 시민의 권리를 인정받지 못하는 경우, 접근할 수 없는 환경을 만나게 될 때, 장애인은 그 환경을 외면하고 사람들의 눈에 띄지 않는 곳으로 피해 버리고 마는 경우가 많다. 왜냐하면, 장애인에게 높은 장벽으로 작용하는 경직된 사회적 · 물리적 환경이 장애인을 사회 밖으로 스스로 도피하고 자신을 감출 수밖에 없도록 만드는 원인이 되기 때문이다.

역사를 통해 볼 때에도, 장애에 대한 인식과 기술방식도 변화하고 있다. 장애인은 종종 다른 사람들과 물리적 혹은 사회적인 거리감을 가지고 있는데, 비장애인이 장애인에 대한 처음 경험은 떨리고 두렵다는 내용이었다. 장애인에 대한 스테레오타입,

편견, 차별은 장애인과의 접촉이 거의 없거나 전혀 없는 것에서 비롯되기도 하고, 각기 장애에 대한 경험의 통합적인 부분에서 장애 종류에 따라 다른 특성과 조건을 가지고 있음을 인식하지 못함에 기인하는 것이다.

장애인은 우리 사회의 모든 분야에서 차별로 인한 영향을 받고 있다. 고용기회의 부족은 실업을 만들고, 실업과 빈곤은 일상생활에 필요한 욕구를 성취하는 일을 막는다. 장애인의 사회적 고립, 고독, 낙오의 감정은 이들에게 우울한 감정을 느끼게 한다. 부족한 교육의 접근은 낮은 교육적 성취를 생산해 낸다. 때론 억압을 경험하고 있는 사람 중 이중 혹은 다중으로 억압을 받고 있는 사람, 즉 인종적 억압, 성적 억압, 연령적 억압, 즉 장애인인 동시에 여성, 소수민족, 고령자 등의 경우 이들이 받는 억압은 더욱 심각한 수준의 억압으로 이해해야 한다. 누군가가 비장애인이 인식하고 있는 공공의 이미지로서 다르다는 것 혹은 일반적인 것보다 더 열악하다, 더 의존적이다, 더 심각하다는 인상을 느낄 수 있도록 만든다는 것은 다른 사람들로부터 부정적인 반응뿐만 아니라 과보호를 받아 온 사람이라는 생각을 하도록 하게 만든다. 이 두 가지 생각은 개인을 더욱 무능하고 무력화시키는 데 영향을 미친다.

사회의 구조적인 면과 사회 구성원 개개인의 관계에서 상호작용을 하는 것은 매우 민감하고 대단히 복잡하다. 억압 모델의 의견은 부정적인 이미지로서 개인적으로 통합되어 있는 개인, 억압적인 생각, 스테레오타입화된 생각이 우리 사회 전역에 만연되어 있어, 결국 우리 자신의 생각에 침투되어 들어오게 된다는 것이다. 모든 스테레오타입화된 믿음에 깊이 자리 잡고 있는 억압받고 있는 사람은 자기존중감이 부족하고, 자기를 매우 부정적으로 미워하고 있다고 믿는데, 이러한 감정이 변화를 위한 가능성 혹은 자신의 처한 위치를 향상시키기 위한 노력, 그리고 새로운 경험에 위험을 건 도전적인 동기의식 등을 무디게 만들고 있다고 가정하고 있다(Stroman, 2003).

사회에서 억압받는 사람이 있는 것은 억압을 가하는 사람이 있기 때문이다. 억압을 가하는 사람은 자신이 타인에 비해 아름답고 우월한 존재라는 정체성을 가지고 있지만 억압을 받는 사람에 대해서는 차별적이고 배제하는 태도로 비윤리적인 모습을 보일 뿐이다. 억압이론에서 제시하는 것은 이러한 모순이 진행되고 있는 순환을 깨기 위해서, 억압을 받고 있는 집단의 사람들이 반드시 더 함께 일어나서 사회에 존재하는 억압의 원인을 찾아내고 억압의 원인을 제거하기 위해 함께 노력해야 한다고 주장한다. 이러한 이론적인 틀은 1960년대 시민운동을 일으키는 데 강한 영향을 주었다. 억압이론의 틀은 억압을 받고 있는 모든 영역의 사람들을 일어나게 하는 동력이 되었다. 예를 들어, 인종, 성별, 연령, 장애 등으로 인해 경험한 억압을 제거하고 이로 인해 당한 차별을 극복하고 자신의 권리를 찾기 위한 시민권 운동에 영향을 미쳤다.

### 3) 다원화 모델

억압 모델에서 다원화 모델(diversity model)로 논의의 초점을 바꾸는 것은 각자 독특한 특성을 가지고 있는 각각의 집단과 이들 집단과 상호작용하는 또 다른 집단에 관한 관점으로 변화하는 것이다. 다원화 모델에서는 장애를 가지고 있는 사람은 사회의 특정한 사람들의 집단, 즉 특정한 생활의 질과 특징으로 나눌 수 있는 집단으로 보았다. 이들 집단은 인종적이고 종족적인 것에 기초하고 있으며, 이러한 집단은 언어, 인종을 중심으로 하고 있으며, 또한 종교, 계층, 성별, 연령 등에 의하고, 그리고 장애를 가지고 있는지, 즉 장애 여부를 기본으로 하고 있다. 모든 집단은 소수민들로서 각자 소수민이 경험한 것들, 예를 들어 편견, 스테레오타입화된 인식과 사고, 억압 등 부정적인 경험에 대해 의견을 나누는 특징이 있다.

이러한 집단적인 관점에서 생각해 볼 때, 장애 집단을 통합하는 것은 무엇이며, 각기 다른 장애 집단은 무엇을 공유하고 있는지에 대해 생각해 볼 수 있다. 일반적으로 장애 집단은 사회에서 모든 물질과 서비스에 접근할 수 있는 가능성이 부족하다는 공통의 의견을 가지고 있다. 이는 종종 학교에 가는 일이 어렵고, 직업을 얻는 일이 어렵고, 친구를 사귀는 일, 그리고 그들과 함께 어울리는 일에 어려움을 경험한다는 뜻이다. 또한, 장애인은 장애나 의존과 관련된 스테레오타입화된 부정적인 경험을 공유하기도 한다. 그들은 스티그마, 즉 낙인에 대한 경험을 나누고 있는데, 눈에 보이는 모습, 즉 외부로 나타난 완벽하지 못한 모습이나 결함이 있는 신체적인 모습과 관련된 것에 대해 공통된 경험을 공유하고 있다. 또한, 장애인은 통합을 원하고 있으나 종종 넓은 사회 안에서 통합되는 것이 어렵다는 것에 대한 경험을 나누고 있다. 이러한 다양한 유형의 집단과 함께할 때, 문화적인 주요 차이는 각각의 장애유형에 따라 문화적인 하위 집단을 만들어 내게 되고, 더욱 넓어져 가는 사회에서 관계를 맺고, 관심을 가질 수 있도록 하기 위해 자신의 독특한 의사소통방식을 개발할 수 있게 되었다. 이밖에도 다양한 유형의 집단과 함께함에 있어, 장애를 가지고 있는 개인은 자신의 정체성을 인정하고, 각각의 독특한 의사소통방식을 기꺼이 받아들이고 있는 경우가 있으며, 혹은 장애인으로서의 정체성과 독특한 장애문화로부터 분리되어 존재하려는 경우도 있다.

문화를 받아들이는 일은 선택이다. 따라서 모든 장애인이 동일한 문화적인 방법을 받아들이고 선택하는 것은 아니다. 어떤 측면에서 장애문화는 인종을 달리하는 집단에 대한 문화와 비교할 수 있다. 예를 들면, 아시아 국가에는 한국, 중국, 일본 이외에도 수많은 국가가 존재하며, 이들 모두 독특한 각국의 문화를 가지고 있다. 사람들은 자신의 민족적인 문화를 선택하고 그 문화적인 활동에 참여하기 위해 특정 집단에 가입하거나, 그대로 집단으로부터 벗어나 떨어져 있는 것을 유지하기도 한다.

특정 장애인의 경우 자신의 장애와 관련한 문화적인 특성을 확인하고 있다. 대표적으로 언어장애인을 들 수 있다. 이들은 다른 집단들과 언어적인 면은 물론 교육체계, 사회적인 환경 그리고 서비스 연결망까지 문화적으로 독특하게 분리되어 있다. 시각장애인의 문화는 서적, 교육기관, 주거생활의 구조와 가구를 배치하는 일 등을 포함한 사회적인 지원 서비스 체계에 독특한 특성이 있다. 발달장애인의 경우에는 발달장애인 교육현장이나 생활이 이루어지는 곳에서 특별한 방법에 의해 의사소통과 이해가 이루어지고 있다. 반면, 비장애인은 발달장애인의 문화를 공유하는 방법으로 발달장애인이 생각하는 방법, 느끼는 방법, 그들의 둘러싸고 있는 세계와 사건을 이해하는 방법을 공유함으로써 발달장애인에 대해 이해하고 있다.

장애인에 대한 다원화 모델이 가지고 있는 몇 가지 특별한 문제가 있다. 특히, 장애인은 다른 사람들에게 의존하는 경우가 있어, 종종 고립감이나 무능함을 경험하므로 비장애인이 장애문화에 참석하고 장애인과 의견을 나누는 일은 매우 어려운 일로 여겨진다. 또한, 많은 장애인은 개인에게뿐만 아니라 가족에게도 영향을 미친다. 장애를 가지고 있는 사람은 일상적인 경험을 할 수 있는 기회가 부족한 경우가 많으며, 동시에 가까운 사람들을 사귈 수 있는 기회가 적어 이로 인해 사회적 지원을 받을 수 있는 가까운 사람들, 즉 인적 자원이 부족한 경우가 많다. 아동의 경우에는 자신의 부모, 조부모 그리고 다른 가족 구성원들의 문화에 쉽게 사회화되곤 한다. 그러나 만약

아동이 세상에 태어나 첫 번째로 대면하게 되는 가족, 특히 아동의 부모가 시각장애인인 경우, 가족의 경험을 통해 얻게 되는 사회화 과정을 기대할 수 없게 될 것이다.

장애아동에 대한 연구에서 비슷한 장애를 가진 다른 장애아동과 초기에 관계를 맺는 것은 개인의 일생의 삶과 관련하여 매우 중요한 일이라고 지적하고 있다. 자신과 흡사한 사람들이 존재한다는 것을 인식하는 것은 자신의 정체성을 개발시키는 중요한 자원이 되고, 개인의 특성뿐만 아니라 집단을 이해하는 데도 기초가 될 수 있어 자신의 정체성 개발에 도움이 된다.

### 4) 사회구성 모델

장애이론의 근간이 되는 사회구성 모델(social construct model)의 방법은 장애인에게 상당히 독특한 방법으로 적용된다. 억압이론이나 다원화 이론이 이론적인 틀을 가지고 있는 것과 같이 사회구성 모델은 이론을 만들어 나가는 것이라기보다는 사회의 구성원으로서 모든 사람의 권리와 사회에 존재하는 모든 사람에 대해 고려하는 방법으로 지금까지 관심 가져온 생각들을 다시 생각해 보라고 요구한다. 사회구성 모델에서는 사회를 무정형의 집단으로 이해하기보다는 사람들의 집단으로 생각해야 하며, 사람들로 이루어진 집단들에 의해 물리적인 구조, 제도, 법률, 프로그램 등을 포함한 단어들을 만들어 내는 것이라고 믿는다. 누가, 그리고 누구를 위한 제도, 법률, 프로그램이라는 단어를 만들어 내고 있는지 하는 것이 차츰 우리가 고려하고자 하는 사항의 기본적인 핵심 용어가 된다.

올리버(Olive, 1996)는 사회구성 모델에 대하여 "장애의 문제를 부인하지 않는다. 그러나 장애는 사회 내에 지속적으로 자리 잡고 있다. 어떤 종류의 장애를 막론하고 장애는 문제의 원인이 되는 것일 뿐, 개인의 제약이 아니다. 그러나 장애인에게 적절한 서비스와 필요한 것을 정확하고 확실하게 제공받을 수 없는 등 사회의 실패이다. 따라서 사회 모델에 의한 장애는 장애를 가진 사람에게 제약을 가하는 모든 것이 장애이다. 예를 들어, 개인의 편견부터 제도적인 차별, 공공의 건축물에 접근할 수 없는 것부터 대중교통수단을 이용할 수 없는 것까지, 그리고 근로현장과 교육현장에서 장애인을 비장애인과 분리시켜 배치하는 것까지 모두가 장애이다."라고 설명한다.

사회적 조건이 장애를 가진 사람에게 집단으로서 충분히 적합하지 못한 것으로 인해 피해를 만들어 내게 된다. 사회조직과 체계를 기반으로 모든 사회 구조적 환경을 만들어 낸다. 이때 장애인을 고려하지 않은 채 만들어진 환경은 장애인에게 불리와 불편으로 느껴진다. 사회구성 모델에서는 건설되고 있는 환경과 장애를 가지고 있는 조건들이 영속적으로 만들어지고 있으며, 개인에게 문제가 있는 것이 아니다. 억압이론에서 몇몇의 요소를 뽑아내면, 사회구성 모델의 견해는 장애인에 대한 억압으로서 환경을 들 수 있다. 이러한 환경이 건설될 때 체계적으로 장애를 가지고 있는 사람들의 집단에 대한 서비스나 물질에 대한 접근을 무시하는 일이 체계적으로 이루어지고 있으며, 또한 이 모든 것이 무시된 채 건설되고 있다. 사회구성 모델은 장애를 경험한 특정한 장애인 개개인에게 초점이 맞춰지고 있지 않다. 이는 특정한 장애인의 타당성을 무시하는 것은 아니다. 올리버가 주장한 사회구성 모델이 강조하는 것은 장애, 고통, 만성적인 질병 등의 현실성을 무시하는 것이 아니다. 그러나 장애의 본질을 파악하기 위해서는 사람들에게 부정적인 영향을 미치는 환경의 장벽이나 사회적인 태도를 변화시키기 위해 무엇을 해야 하는지에 초점을 맞춰야 한다는 것이다.

앞에서 설명한 억압 모델이나 다원화 모델은 사회적인 장벽과 문제를 인식하고 있다. 사회구성 모델은 이러한 부정적인 사회적 힘의 작용 방향을 택하는 위치에 있으며, 이러한 방법은 환경을 건설하는 데 작용한다. 또한, 몇몇의 사람들을 외면한 채 이들을 분리하고 포함시키지 않는 방향으로 모든 사회 건축물이 체계적으로 건설되고 있는 것을 논하고 있다. 예를 들어, 거리의 도로 턱, 버스 등 대중교통수단의 높은 계단, 좁은 비행기 내의 복도, 휠체어 이동을 위한 램프시설이 마련되지 않은 건축물, 그리고 휠체어 공간이 없는 극장, 학교의 계단식 강의실 등의 건축물이 장애를 가지고 있는 사람의 활동을 제안하고 있다.

인간의 사용을 위해 건설되고 계획되는 대상들로 인해 이러한 문제가 강조되고 있는데, 건축물, 도시 계획자 그리고 설계자들을 변화시키는 것도 장애문제 해결방법이다. 그 결과 나타난 운동이 유니버설 디자인(universal design) 운동이다. 유니버설 디자인 운동은 모든 사람이 접근 가능한 구조를 만들어내고, 거리를 건설하고자 하는 것이다. 유니버설 디자인의 원리는 '이 디자인은 모든 사람에게 편안함을 제공하자.'는 원리에서 비롯되었다. 유니버설 디자인의 의미는 특정한 한 집단의 사람들의 접근이 이루어지지 않는 것이 아니라 모든 사람의 접근이 가능한 것을 계획하고 설계하는 것을 의미한다.

### 5) 정치 · 행정 모델

정치 · 행정 모델에서는 장애인의 참여를 통한 정치 · 행정 과정을 중시하기 위해서는 정치 · 행정적인 접근이 가장 실효성이 높다고 믿는다. 이때 가장 중심의 역할은 정치 · 행정적인 역할을 수행하는 자들이 될 것이다. 이 모델에서는 정치 · 행정의 갈등조정 역할을 중시하는데 장애문제를 개인만의 문제로 보지 않고 그렇다고 사회만의 문제로도 보지 않는다. 다시 말해, 장애문제를 정책과정을 통해 해결해야 하는 문제로 보고 있다.

정책과제는 정책과정을 통해 해결되어야 하는데 정책과정은 정책의 형성과정과 깊은 관련이 있는 정치과정 일부분과 집행과정의 실천적 측면인 행정과정을 포함한다. 이 모델에서는 어느 사회, 어느 집단에도 갈등은 존재한다고 본다. 이 갈등의 순기능적 역할을 극대화하기 위한 방법은 각 국가가 처한 역사적 배경과 문화적 특성에 따라 다를 수 있다. 장애문제 해법에서도 장애인 내부의 갈등과 장애인과 비장애인 간의 갈등관계를 풀어내기 위한 접근방법이 매우 다양할 수 있다.

정치 · 행정 모델은 기능적 갈등주의를 장애문제로 분석하는 이론적인 틀로 제시한다. 개인 모델에서는 귀속시키는 장애인 개인의 역할 범위 내에서 이러한 갈등을 효과적으로 풀어내기는 힘들며, 사회 모델에서 주장하듯 사회만이 변화의 대상이라고 단언하지 않는다. 또한, 장애인과 사회를 연결시키고 있는 정치 · 행정 역할 속에서 전체 사회가 기능적으로 작동하는 동작을 분석하고자 한다.

장애인에 대한 정치 · 행정 모델, 즉 참여 모델은 단순히 개인 모델과 사회 모델이 점하는 양극단을 채우는 논리적 중도 모델이 아니다. 정치 · 행정 모델은 단순히 장애인 문제의 분야를 분석하는 작은 범위의 이론이 아니라 사회의 취약계층을 평범하게 다룰 수 있다는 장점이 있다.

개인 모델이 재활전문가의 역할에 너무 의존한다는 비판처럼 정치 · 행정 모델 역시 정치행정 담당자의 역할에 의존하게 된다는 문제점이 있다. 또한, 정치 · 행정 담당자와의 교섭력을 강조하고 있는데 이를 위해서는 장애인의 조직화와 전문성이 강화되어야 한다. 즉, 정책결정 과정에 참여하는 장애인 계층은 어느 정도 대표성이 있는 장애인이 될 가능성이 크므로 장애인의 전문성과 교섭력을 키우기 위한 사회적 환경 조성이 필요하고, 이를 위해서는 당사자 단체의 체계적 견고함이 요구된다. 그렇지 못할 때는 정치 · 행정에 참여할 수 있는 장애인과 그렇지 못한 장애인 사이에 자칫 위화감이 조정될 수 있으므로 그에 대한 보완책도 마련되어야 한다.

### 6) 자립생활 모델

자립생활이란 지금까지 의존적인 존재로서의 장애인관을 탈피하여 주체로서의 나를 되찾아 가자는 데 있다. 장애인 스스로 삶의 양식을 결정하고 자유롭게 활동하는 권리이며, 자신의 삶을 타인의 간섭으로부터 최소화하자는 것이 이 모델의 기본 취지이다. 자립생활 모델은 전문가나 가족, 친척 등에 의존하는 것이 문제라고 인식하기 때문에 의존을 탈피하는 것을 최대의 핵심과제로 본다. 이 모델에서는 장애인 개인이 처한 환경이나 여건 그리고 재활해 나가는 과정상에 문제가 위치하고 있기 때문에 환경이나 구조의 개선으로 자립생활이 가능해진다고 생각한다. 따라서 이러한 문제는 장애인 스스로 해결해야 하며, 이는 자기권리 주장, 자조, 동료상담, 소비자로서 주권 확보와 함께 장애 장벽을 제거해 줌으로써 가능하다고 생각한다.

자립생활 모델에 의하면, 장애인은 재활이나 복지를 선택할 수 있는 소비자, 즉 컨슈머(consumer)의 역할을 하며, 따라서 소비자인 장애인이 주체로서 자립적인 생활을 하는 것이 이 모델의 목표라 할 수 있다. 이러한 자립생활 패러다임은 탈의료화, 탈시설화, 정상화, 주류화, 가치강화이론 등의 이념과 시민권(civil rights), 소비자주의(consumerism) 등의 사회운동과 관련을 맺으며 전개되었다. 이러한 운동들은 각기 서로 다른 사회문제에 대응하여 시작되었으나, 궁극적으로는 인간의 존엄성과 자조 · 자립을 회복하기 위한 공통된 가치와 가정을 공유하고 있으며, 이 운동들은 자립생활운동에 영향을 미쳤다.

〈표 3-2〉 재활과 자립생활 패러다임의 비교

| 항목 | 재활 패러다임 (rehabilitation paradigm) | 자립생활 패러다임 (independent living paradigm) |
|---|---|---|
| 문제의 정의 | 신체적 손상 / 직업기술의 부족 | 전문가, 친척 등에 의존 |
| 문제의 위치 | 개인에게 | 환경 안에: 재활과정에 |
| 문제의 해결 | 의사, 물리치료사, 작업치료사, 직업재활상담원 등에 의한 전문적 개입 | 동료상담, 옹호, 자조, 소비자주권, 장애제거 |
| 사회적 역할 | 환자 / 클라이언트 | 소비자 |
| 누가 통제하는가? | 전문가 | 소비자 |
| 원하는 결과 | 최대한의 ADL(일상생활 훈련, 유급취업, 심리적응 / 증대된 동기화, 완전한 신변처리 | 자립적 생활 |

출처: Dejong (1981).

### 7) 정상, 비정상 혹은 장애, 비장애를 분류하는 기준에 대한 생각 변화

일반적으로 대부분의 시기에는 사회의 의견에 따라 표준 혹은 규범(norm) 혹은 정상(normal)에 대한 생각이 존재한다. 우리 사회에서 이러한 생각은 중요하게 자리 잡고 있는데, 사람들이 자신 혹은 다른 사람에 대해 생각하지 않고는 표준에 대한 개념을 생각하지 않을 수 없다. 우리 사회의 주변에는 여러 종류의 표준을 만들어 내고 있다. 대표적인 표준 혹은 규범은 '무게'와 '높이'이다. 예를 들어, 지적 능력은 강하고, 숫자를 셈하는 능력이 있고, 행동의 측면에서 그리고 인생 전반의 측면에서 무게와 높이에 대한 표준을 만들어 내고 있다. 규범이라는 개념은 조직적이며, 견고하고 신뢰할 수 있는 방법으로 구분되고 있으며, 또한 누가 장애가 있는 사람인가에서부터 누가 능력 있는 사람인가 하는 것까지 구분하고 있다. 장애를 가지고 있는 사람은 정상이라고 인식하고 있는 규범에 의하면, 규범의 경계 밖에 존재하는 사람이다. 다시 정확하게 이해하면 장애는 규범과 분리되어 있다. 정상이 아닌 것으로부터 정상으로 구분할 때, 장애인의 경우에는 정상이 아닌 것으로 분리되어 있다. 우리는 정상적인 기능수행 혹은 좀 더 정상적인 것에 가까운 기능수행으로 분류될 수 있도록 요구되고 있으며, 결국 표준 혹은 정상은 장애와 비장애의 분리 기준을 만들어 내고 있다.

장애의 문제에 대해 이야기할 때, 표준의 견해가 진정한 문제가 되는 것이다. 표준에 대한 생각을 하기에 앞서 신체와 정신의 이상적인 표준에 대한 생각을 하게 된다. 이상적인 것은 역사적으로 인식되어 왔으며, 특히 17세기를 가장 절정의 시대로 생각할 수 있다. 그러나 인간에게 있어 가장 최고의 아름다움으로부터 가장 완벽함을 얻을 수 없다는 결론을 내리고 있다. 아름답고 가장 이상적인 모습을 찾는 것은 모든 사람에게 단순하지 않은 일이다. 모든 이상적인 모습을 가지고 있는 사람은 없다. 이상적인 신체, 예를 들어, 코는 누구를 닮고, 손은 누구를 닮고 등 … 모든 다른 사람들로부터 빌려 온 특징을 가지고 있다. 즉, 어느 누구도 이러한 모습을 가지고 있지 않으며, 누구도 이러한 생각이 인간에게는 이루어질 수 없다는 것을 안다.

이상적인 것에서부터 표준으로의 변화는 통계학 분야의 발전과 관련되어 있다. 통계학 분야에서 표준에 대한 생각은 피할 수 없는 일로 받아들여지는데, 무엇인가 범위 내에서 받아들여지는 것으로 생각하고 있다. 또한, 평균의 의미로 발전되었고, 이상적인 사람은 평균적인 사람과 같은 의미로 여겨졌으며, 평균적인 사람이 특정한 사람 바로 그 사람, 즉 진짜 그 사람을 의미하는 것은 아니다. 이는 다양하고 복잡한 설명을 요약한 것인데, 즉 특정한 지역이나 나라에서 살고 있는 사람들의 속성에 대한 모든 것의 평균에 대해 요약적으로 설명한 것이다.

유럽국가에서 중산층을 확대해 나가기 위한 목적으로 활용하기 시작한 평균 혹은 중간 사람들에 대한 생각은 사회적으로 매우 잘 받아들여졌다. 이상적이라기보다는 중간 혹은 평균이라는 생각은 사람들이 차츰 중간 혹은 평균적인 모습으로 빠져들어가게 만들고 있다. 이상적인 사람이라기보다는 중간적인 사람에 대한 생각은 차츰 모든 성취할 좋은 것, 최고의 것 그리고 성취할 가치가 있는 것 등의 형태를 부여하고 구체화하게 되었다.

평균의 개념은 평균적인 근로자, 평균적인 하루 노동 등의 개념으로 사용되었다. 통계학자들은 표준 혹은 종 모양의 표준 분포 등의 개념으로 소개하고 있다. 표준과 관련하여, 표준적인 행위는 받아들일 수 있으며, 표준을 벗어난 행위는 배제하는 것으로 이해하게 되었다. 즉, 표준적인 행위는 이상적인 것이라는 인식이 가능하게 되었으며, 따라서 모든 표준은 이상으로 이해하고 있다. 즉, 완벽이라는 개념보다는 표준이라는 개념이 더 많은 사람에 의해 선호되어 왔다.

장애와 비장애라는 개념은 19세기부터 20세기의 사회적인 열망을 대표하는 것으로 나타나게 되었다. 민족주의와 민족의 적응력을 강조하는 것으로 모든 사회에 반드시 어떠한 행위를 하는 것, 무엇을 하는 것, 어떻게 보는 것이 바람직한 것인지 사람들에게 대표적인 행동의 방향을 제시하기 위해 만들어진 것이다. 통계학자들이 종 형태의 표준 곡선을 만들어 내고, 이 곡선 밖에 존재하는 사람들은 표준을 벗어났다고 정의하고 있다. 예를 들어, IQ의 경우 낮은 지능지수, 높은 지능지수 등으로 점수와 등급을 매기는 행위, 사람들의 빈곤 수준을 낮은 빈곤, 높은 빈곤 등으로 등급을 매기는 행위 등이 생겨나고, 장애인, 범죄자 등에 대해서도 이들의 일상생활 활동 수준, 노동능력, 범죄 수준 등을 수준을 표준 점수를 이용하여 나타내었다.

이밖에도 표준의 개념은 사람들의 생활에 깊숙이 파고들었다. 예를 들면, 대문 손잡이의 위치, 책상의 높이, 옷의 사이즈 외에도 복사기의 종이 크기와 페이지까지 표준에 의해 만들어졌다. 그러나 지금과 같은 급속한 사회의 변화와 다원화 사회가 추구하는 다양성을 존중하는 현대 생활에 있어서는 표준에 대한 생각 혹은 평균의 개념, 그리고 이를 계산해 내는 것들이 더 이상 의미가 없을지도 모른다.

### 8) 장애의 여성주의 모델

서구문화에서는 여성주의와 장애인은 이 두 가지가 합쳐져 해결이 불가능할 정도의 복잡한 문제가 되고 있다. 모든 여성의 신체는 남성의 표준으로부터 벗어나 있다. 많은 문화에서는 사실상 장애가 있는 것과 외모가 못생긴 여성은 밀접한 관련이 있는 것으로 인식되고 강조되어 왔다. 중국의 여성의 발을 성장하지 못하도록 하는 행위, 아프리카 여러 나라의 여성의 방혈 혹은 난자법과 음핵 제거, 유럽과 미국 여성의 코르셋을 착용하도록 하는 행위 모두 여성의 장애화 형태로 이해할 수 있다.

표준과 신체에 대해, 우리는 여성에 대한 생각을 어떻게 하는 것이 남성과 무관하게 할 수 있으며, 복잡하게 연결시킬 수 있는지, 사실상 남성과 다른 표준을 개발하는 것은 대조된다. 남성의 신체가 강한 반면, 여성의 신체는 약하다. 남성이 활동적인 반면, 여성은 수동적이다. 남성은 털이 많은 반면, 여성은 털이 적다. 혹은 인위적인 개념으로서, 남성은 딱딱하고, 여성은 부드럽다. 사실상, 모든 여성이 남성과 서로 다른 표준을 가지고 있으며, 사회적인 관습에서 벗어나고 있다.

모든 장애인 중 과반수가 여성이다. 모든 여성의 10% 이상이 장애 여성이다. 이러한 과정에서 우리는 표준의 개념에 대해 논의하고 있으며, 표준의 효과 그리고 장애인의 종 형태의 표준 범위 등에 대해 논의하고 있다. 여성은 반드시 또 다른 쟁점에서 논의되어야 한다. 지금까지 사회적으로 인식되어 온 표준 혹은 평균적인 사람은 항상 남성의 개념으로 대표되어 왔다. 초기의 도덕 모델로부터 남성은 신의 형상을 타고 났으며, 여성은 남성과 다르고, 죄가 많다고 다루고 있으며, 여성은 역사적으로 완벽하지 못한 남성으로 간주되어 왔다. 여성은 신으로부터 멀리 벗어나 있는 상태에 놓여 있기 때문에 어둡고 죄가 많다. 따라서 여성으로 태어난다는 것은 이상적인 표준과는 다른 또 다른 종류의 사람으로 분류되었으며, 여성에 대해서는 가치를 두지 않았다. 종종 사회에서는 태아가 여성인 경우에는 낙태를 시키고, 유기하고 혹은 이상적이지 않다고 생각해 고아원으로 보내기도 하고, 자녀양육권을 포기하기도 한다. 이러한 행위가 벌어지고 있는 사회는 대체로 남성 우월주의 사회이고, 여성을 무시하는 사회이다. 장애인에 대해서는 더 심한 행위가 벌어지고 있는데, 대체로 비장애인이 우월한 사회에서 이와 같은 일이 많이 일어난다(Morris, 1996).

이 개념에 있어 한 가지 문제가 있는데, 우리 사회에서는 매우 드물게 적용되고 있다. 여성은 남성과 다르다. 그러나 동시에 남성과 여러 가지 면에서 매우 흡사하다. 우리가 차이점을 강조해야 할 것인지 혹은 흡사한 점을 강조해야 할 것인지 여성은 규범으로부터 매우 시시각각으로 변하고 있으며, 여성의 신체도 불안전하다. 따라서 장애를 가지고 있는 사람의 경우에는 그들은 표준으로부터 매우 벗어나 있다. 따라서 여성이 억압을 받고 혹은 장애인이 억압을 받는 것은 다시 말해 모든 사람이 억압을 받는 것이라 할 수 있다. 표준에 대한 생각은 인위적으로 만들어 낸 것으로 구조적인 것을 설명하기 위해 요약을 한 것에 불과하다. 사실상 아무도 모든 측면에서 표준에 해당하고 적합하게 일치하는 사람은 없다. 만약, 우리가 인간의 불완전성, 죄를 가지고 있는 것, 혹은 신체적이나 영혼적으로 모두 상처 입은 모습을 발견할 수 있다면 우리는 반드시 각각의 사람, 남성과 여성, 장애인과 비장애인이 모두 불완전하다는 것을 이해할 수 있어야 한다.

### 9) 낙인과 흔적

낙인(stigmas)은 사람 몸에 새기는 표시 혹은 흔적(marks)으로서 무언가 드러내고 싶지 않은 것, 나쁜 것, 일반적이지 않은 것 혹은 사람들에게 감추고 싶은 것으로 생각된다. 고대 그리스에서는 사람들이 피해야 하는 것 혹은 추방하고자 하는 사람을 가려내 이들을 불로 지지거나, 칼로 자르는 등의 행위를 통해 낙인을 가해 왔다. 현재 우리는 신체에 관한 것뿐만 아니라 인간의 존엄성에 수치스럽거나 혹은 명예롭지 못한 것이나 혹은 신용불량자와 같은 조건을 갖춘 상태에 대해서도 낙인이라는 용어를 사용하고 있다. 낙인은 사람의 질 혹은 관계와 관련하여 사용하고 있으며, 이는 항상 특별한 속성에 대해 원인을 두지 않는다. 낙인은 문화적인 측면에서도 또는 역사적으로도 차이가 있다. 문화적인 배경에 따라서 낙인을 가하는 내용과 방법은 다양하며, 역사적으로 각 시기에 따라서도 낙인을 가하는 방법에 차이가 있기 때문에 모든 인간은 잠재적으로 낙인을 당할 수 있는 조건을 가지고 있다고 해도 과언이 아니다.

종종 낙인을 당하는 사람은 인간 이하의 취급을 당하고, 외면당하고, 방해받고 있다. 낙인을 당하는 사람은 대체로 내적인 억압을 당하게 된다. 예를 들어, 이들은 사회로부터 외면당하고 받아들여지지 않는 일 등으로 인해 자신에 대한 존엄성에 대해서도 부인하고 포기하는 경우가 많다. 현재, 신체적 장애가 있는 사람은 장애 표시를 가지고 다녀야 하는데, 이는 고대 그리스 시대의 불에 태우거나 칼에 잘리는 낙인 표시와 같은 것으로 생각할 수 있다. 그러나 정신장애, 호흡기장애 등의 신체장애 이외의 장애가 있는 사람은 즉각적으로 자신의 장애와 관련한 확실한 낙인을 지니고 다니지 않는다. 장애인이 자신의 장애를 인식하고, 만약 이들의 낙인이 보여지는 것이 아닌 경우에는 그들은 이를 회피하거나 혹은 차별에 대한 위험으로부터 피하는 경우가 많다(Davis, 1995).

낙인은 사람들 개개인과 매우 밀접하게 관련되어 있으며, 낙인은 사회 구성원들이 규정한 사회의 대표적인 것이라기보다는 낙인을 당하는 개인의 특성에 따라 다른 질을 보여 주는 것이다. 낙인을 당하는 사람은 두려움을 느끼게 된다. 그 이유는 낙인을 받는 과정과 그 이후에 자신의 존재가 사회 주류에서 벗어나게 되고 결국 자신의 존재가 묻혀 버리게 될지도 모른다는 것, 낙인을 당하게 된 이후에 장애인은 자신이 무엇을 해야 할 것인지 스스로 자신의 행동을 기대할 수 없다는 것, 그리고 타인에 의해서도 자신의 행동이 기대되지 않는다는 것 등에 대해 두려워하고 있다. 특히, 낮은 지능 수준으로 분류된 장애인의 경우에는 사회의 보편적인 사람들이 높은 지능 수준으로 행동하는 것에 대해 이해할 수 없는 것에 대해 대단히 두려워하고 있다. 또한, 그들은 낙인과 함께 사회에서 회피당하는 것, 다시 말해 전체 사회로부터 자신이 분리되는 것에 대해 두려워하고 있다.

## ● 사회 모델의 기여

장애에 대한 전통적인 이해방식, 특히 의료적 문제로 국한하거나 개인적인 문제로 환원하는 시각에 대하여 근본적인 변화를 가져온 것은 이미 우리나라에도 소개되어 널리 받아들여지고 있는 '사회 모델(social model of disability)' 또는 '사회/정치적 관점(social-political approaches)'으로 집약될 수 있다.

비판적 장애연구자들은 장애인이 직면하고 있는 소외와 사회적 배제의 문제가 장애인이 지니고 있는 신체적 · 기능적 제약에서 기인하는 것이 아니라, 소위 '정상인'이라고 일컬어지는 비장애인 중심으로 이루어진 사회 문화적 · 환경적 조건에 의해서 형성 · 유지되는 것이라는 점을 강조한다. 여성이나 인종문제가 그 개인의 생물학적 요인에 의해서 결정되지 않는 것처럼, 장애문제 역시 그 개인이 지니고 있는 육체적 손상에 의해서 결정되지 않는다는 인식의 전환을 촉구한다.

이러한 점을 보다 선명하게 드러내기 위해 사회 모델은 손상(impairment)과 장애(disability)라는 개념적 분리를 시도한다. 이때의 장애는 신체적 손상을 가진 이들에게 가해지는 억압기제(oppressive mechanism), 즉 일상적인 삶의 기회를 박탈하는 사회적 제약 조건과 그로 인하여 겪게 되는 불리와 배제로 재정의된다. 따라서 장애문제의 해결방안도 장애인이 갖고 있는 신체적 조건의 개선에 초점을 맞추는 것에서 벗어나 장애인이 직면하는 사회 문화적 장벽, 차별과 배제를 재생산하는 사회역관계 및 구조를 변화시키는 것에 일차적 초점을 둔다.

장애의 사회 모델이 가지고 있는 강점은 다음과 같다.

첫째, 무엇보다도 장애에 대한 이해에 있어서 일종의 생각의 전환을 꾀함으로써 장애인 권리주장의 새로운 지평을 여는 데 기여하였다는 점이다. 즉, 사회 모델은 '손상을 입은 사람을 장애인으로 만드는 것은 사회'라는 다소 상징적인 명제를 바탕으로 장애문제를 개인과 그들의 신체적 · 정신적 결함으로부터 끄집어내어 그들과 상호작용하는 사회환경에 재위치시켰으며, 장애인의 문제를 병리(pathology)보다는 불의(injustice)의 문제로 재정의하였다.

둘째, 따라서 장애인이 경험하는 장애문제는 어떤 불가피한 것이 아니라 사회적 조정(social arrangements)의 산물이며, 그렇기 때문에 감소하거나 심지어는 제거될 수도 있는 것으로 본다.

셋째, 장애의 사회 모델은 장애인에게 사회적 · 정치적으로 미친 영향도 컸다. 먼저, 사회 모델은 사회의 장애물을 없애야 한다는 정치적 전략을 찾아 주었다. 만약, 손상을 가진 사람이 사회에 의해 장애를 경험하는 것이라면, 장애인의 통합과 권리를 촉진하기 위한 전략의 우선순위는 이러한 장벽을 없애는 것에 있을 것이다. 따라서 개인적인 치료 또는 재활의 전략을 추구하기보다는 사회적 변화 전략을 추구하는 것이 더 나을 것이라는 정치적 선명성을 드러냄으로써 제반 장애운동(disability movement)의 성장에도 중요한 영향을 미쳤다.

넷째, 사회 모델은 장애인의 자아정체성에도 적지 않은 영향을 미쳤다. 전통적인 결함 접근을 사회적 억압으로 대체한 것은 어떤 면에서 장애인 개인이 스스로에 대하여 이전과 전혀 다른 방식으로 생각하고 동등한 권리를 위해서 움직일 수 있는 교육적 효과를 창출하기도 하였다. 다른 여성, 인종 및 소수 운동의 의식 고양과 마찬가지로 '변화되어야 할 것은 내 몸이 아니라 사회'라는 메시지를 담고 있는 사회 모델은 장애인 개인에게 자유와 정당성을 주었던 것이다. 자신의 문제를 혼자만의 개별적인 문제라고 생각했던 것에서 벗어나 잘못된 것이 그들 자신이 아니라 사회라는 것을 이해할 수 있게 되고, 사회변화에 대한 저항의식을 키우고, 집합적인 장애정체성을 형성할 수 있도록 일종의 상징적 담론을 제공하였다고 할 수 있다.

다섯째, 사회 모델은 학문적으로도 장애연구의 새로운 장을 여는 데 기여하기도 하였다. 이전의 장애에 대한 연구들이 주로 손상에 대한 개인의 적응과 정체성에 대한 손상의 결과를 탐색해 왔던 반면에, 사회 모델은 장애학 분야의 새로운 연구자들로 하여금 장애문제를 일으키는 다양한 사회적 구조와 역관계, 장애에 대한 문화적 반영 등 개인에 대한 연구에서 광범위한 사회 문화적 과정을 드러내는 것으로 관심을 돌리도록 하였다.

여섯째, 지금까지 사회 모델은 장애에 대한 전통적인 이해방식에 대하여 대척점을 분명히 하고 장애문제에 대한 정치적 지향을 명백히 함으로써 새로운 문제를 제기하고 장애인의 권리향상에 많은 영향을 미쳤다. 하지만, 사회 모델은 장애학 내부와 외부의 비판에 직면하기도 하였는데, 그 어느 것보다 사회 모델에서 초기에 정해 놓은 손상/장애 개념과 그 관계성, 특히 사회 모델이 손상의 특성과 다양성을 충분히 포섭하여 이해하는 데 있어 적절한가에 대한 논쟁이 끊임없이 제기되었다.

04

# 장애인 인권과 장애인 차별

## 1. 장애인 권리선언

장애인복지를 정당화하는 일차적인 근거는 인간의 존엄성이다. 장애인은 인간으로서 지니는 모든 권리를 가지며, 그 권리의 양과 질은 다른 사람과 동일하다. 장애인복지가 별도 혹은 추가부담을 정당화하는 근거는 바로 장애인이 인간으로서 모든 시민과 같은 권리를 보장해야 한다는 데 있다.

장애인에게 복지가 필요한 이유는 일반적으로 장애로 인해 발생하는 부가적인 욕구(additive needs) 때문이다. 장애인은 장애로 인해 특별한 욕구(special need)가 있다. 그러나 장애인의 이 특별한 욕구가 특혜이거나 혹은 비장애인과 다른 특권적 대우를 의미하는 것은 아니다. 장애인은 비장애인과 달리 장애로 인한 특별한 욕구가 있기 때문에 이것이 충족될 때만 장애인이 비장애인과 평등한 생활을 할 수 있다.

다음의 선언문은 1975년 12월 9일 제30회 국제연합총회에서 채택된 장애인의 권리에 관한 결의의 내용이다(참고: 장애인 권리선언). 국제연합에서는 세계인권선언(1948), 국제인권규약(1976), 아동의 권리선언(1959), 정신박약인의 권리선언(1971)이 채택되었고, 이런 과정에서 선진국에서는 장애인의 인권 의식이 고조되어 자립생활운동의 보호적 · 치료적 원조에서 생활모델이 주체가 되는 재활로 탈피시키는 데 영향을 주었다. 그럼으로써 국제연합은 첫째, 장애인의 권리와 복지, 재활을 확보한다. 둘째, 장애의 악화를 예방한다. 셋째, 개발도상국에서는 장애인 원조에 경제적 · 기술적인 한계가 있는 것도 인식하고, 권리확보를 위한 공통의 기반을 구축하고 이 선언을 채택하였다.

● 〈장애인 권리선언〉(1975. 12. 9.) - 13개 권리 조항

① 장애인의 정의: 장애인은 선천적인 것에 관계없이 구체적이고 정신적인 능력의 결여로 인해 보통사람이 사회생활을 하는 데 필요한 것을 자기 스스로가 전혀 혹은 일부 행하는 것이 불가능한 사람이다. 이것을 국제연합이 종래의 의학상의 정의에서 기능상의 정의로 전환을 채용한 것으로 주목된다.
② 장애인의 무차별 평등권: 장애인이 누릴 수 있는 원조에의 권리에는 인종, 피부색, 성별, 종교, 정치적 신조, 사회적 신분 등으로 인해 차별되어서는 안 된다.
③ 장애인의 정도, 원인이 무엇이든지 장애인에게는 같은 연령의 모든 사람과 조금도 다르지 않은 기본적 인권이 주어지며, 장애인에게는 나이에 알맞게 만족된 생활을 할 수 있는 권리가 있다.
④ 장애인의 참정권: 지적장애인이라 할지라도 스스로 원하는 정당과 사람들에게 지지를 표명하는 정치적 자유가 있다.
⑤ 장애인이 요구하는 원조는 자혜가 아니라 자립을 목표로 하는 것이다.
⑥ 장애인에게는 능력과 기술을 최대한으로 발휘할 때까지 철저한 재활 서비스, 교육, 훈련 등을 받을 수 있는 권리가 있다.
⑦ 장애인의 사회보장수급권: 수급을 받고 노동에 참여하고 노동조합에 가입하고 직장에서 자립된 노동자가 될 수 있는 권리가 있다.
⑧ 경제 · 사회계획을 수립할 때, 사회 구성원으로서 장애인의 입장을 충분히 고려하고 일반 사회 경제생활 속에서도 장애인의 생활실태를 당연히 고려해야 한다.
⑨ 장애인의 사회생활권: 장애인이 가정생활을 하고, 자신의 주택에서 살며, 레크리에이션에 참가하는 등 생활의 질을 높이고 다른 계층의 사람들과 더불어 사회생활을 함께 즐길 수 있는 권리를 가진다.
⑩ 차별에의 저항권: 장애인이라는 이유로 인격을 무시당하지 않고 차별이나 착취당하는 것에 대한 저항의 권리를 가진다.
⑪ 재산보호, 재판을 할 때 나타나는 불리를 극복하기 위한 법적 권리, 특별한 심신의 상황에 처해 있는 사람들에게는 사법면에서 당연히 배려되어야 한다.
⑫ 장애인의 복지에 관계되는 단체는 장애인의 목소리에 기초하여 활동을 하는 것이 당연하다.
⑬ 장애인의 모든 권리가 지역사회에 널리 보급되도록 정보를 공유해야 한다.

출처: 국제연합. 장애인권리에 관한 협약.

국제연합 장애인 권리선언에서 중요한 것은 장애인을 비장애인과 똑같은 사람으로 존중해야 한다는 것이다. 장애인에게 가장 큰 장애는 자신이 가진 장애가 아니라

생활의 장벽이나 불편함을 야기시키는 장애사회(handicapped society)이다. 국제연합은 '장애인 권리선언'을 통해, 권리증진은 장기적이고 지속적으로 추진되어 한다는 점에서 '장애인 10년 계획'을 선포하였다. 특히, 아시아 · 태평양 지역에서의 장애인의 인권이 별로 개선되지 않았다는 점에서 국제연합 아시아 · 태평양 경제사회위원회(ESCAP)에서는 1993년부터 2003년까지 '아시아 · 태평양 장애인 10년'을 선포하였다. '세계장애인의 해'와 '장애인 10년 행동계획'의 궁극적인 목적은 '장애인의 완전한 사회참여와 평등'의 실현이다. 완전한 사회참여란 바로 장애인이 일상생활에서 격리당하지 않고 통합된 사회적 생활을 할 수 있도록 하는 것이다.

우리나라에서도 1998년에 국무회의 의결을 거쳐 대통령이 서명한 '한국 장애인 인권 헌장'을 제정 · 선포하였다. 이 헌장은 한국 장애인 인권에 있어서 중요한 선언으로 정부에 의해 제정 · 선포되었기 때문에 장애인단체의 선언과는 다른 효력을 갖고 있지만 실천적인 내용보다는 선언적 의미가 크다.

### ● 〈한국 장애인 인권 헌장〉(1998. 12. 9.)

장애인은 인간의 존엄과 가치를 가지며 행복을 추구할 권리를 가진다. 장애인은 건전한 사회 구성원으로 책임 있는 삶을 살아가며, 자신의 능력을 계발하여 자립하도록 노력하여야 한다. 국가와 사회는 헌법과 국제연합의 장애인 권리선언의 정신에 따라 장애인의 인권을 보호하고 완전한 사회참여와 평등을 이루어 더불어 살아가는 사회를 만들기 위한 여건과 환경을 조성하여야 한다.

1. 장애인은 장애를 이유로 정치 · 경제 · 사회 · 교육 및 문화생활의 모든 영역에서 차별을 받지 아니한다.
2. 장애인은 인간다운 삶을 영위할 수 있도록 소득 · 주거 · 의료 및 사회복지 서비스 등을 보장받을 권리를 가진다.
3. 장애인은 다른 모든 사람과 동등한 시민권과 정치적 권리를 가진다.
4. 장애인은 자유로운 이동과 시설 이용에 필요한 편의를 제공받아야 하며, 의사표현과 정보 이용에 필요한 통신 · 수화통역 · 자막 · 점자 및 음성도서 등 모든 서비스를 제공받을 권리를 지닌다.
5. 장애인은 자신의 능력을 계발하기 위하여 장애유형과 정도에 따라 필요한 교육을 받을 권리를 가진다.
6. 장애인은 능력에 따라 직업을 선택하고 그에 따른 정당한 보수를 받을 권리를 가지며,

직업을 갖기 어려운 장애인은 국가의 특별한 지원을 받아 일하고 인간다운 생활을 보장받을 권리를 가진다.

7. 장애인은 문화, 예술, 체육 및 여가활동에 참여할 권리를 가진다.
8. 장애인은 가족과 함께 생활할 권리를 가진다. 장애인이 전문시설에서 생활하는 것이 필요한 경우에도 환경이나 생활조건은 같은 나이 사람의 생활과 가능한 한 같아야 한다.
9. 장애인은 사회로부터 분리, 학대 및 멸시받지 않을 권리를 가지며, 누구든지 장애인을 이용하여 부당한 이익을 취하여서는 안 된다.
10. 장애인은 자신의 인격과 재산의 보호를 위하여 필요한 법률상의 도움을 받을 권리를 가진다.
11. 여성장애인은 임신, 출산, 육아 및 가사 등에 있어서 생활에 필요한 보호와 지원을 받을 권리를 가진다.
12. 혼자 힘으로 의사결정하기 힘든 장애인과 그 가족은 인간다운 삶을 영위하기 위하여 필요한 지원을 받을 권리를 가진다.
13. 장애인의 특별한 욕구는 국가정책의 계획단계에서부터 우선 고려되어야 하며, 장애인과 가족은 복지증진을 위한 정책결정에 민주적 절차에 따라 참여할 권리를 가진다.

출처: 한국 장애인 인권 헌장 (1998).

## 2. 장애의 이해

일반적으로 장애(障碍)란 '가로막아서 중간에 거치적거림'을 뜻한다. 예를 들어, "부정부패는 사회 발전의 장애 요소이다." 혹은 "장애물 경주에서 누가 우승하였는가?" 등의 말에서 장애는 '저해하다', '거치적거리다' 등의 의미로 사용된다. 장애인(障碍人)이라는 말의 '장애'도 같은 의미인가? 결론부터 말하면 그렇지 않다. 부정부패는 사회 발전을 저해하고, 장애물은 달리는 사람에게 거치적거리는 물건이다. 다시 말해서, 장애의 방향이 밖으로 향하고 있다. 장애인의 '장애'는 신체적·정신적 능력이 온전하지 못하는 것이 사실이지만, 그것이 다른 사람이나 사회에 폐를 끼치는 것이 아니라 일차적으로 본인에게 영향을 미친다. 즉, 장애의 방향이 자신의 내부로 향하고 있다. 따라서 장애인은 사회발전을 저해하는 '장애 요소'와 같은 존재도 아니요, 장애물 경주의 '장애물'처럼 거치적거리는 존재도 아니다. 장애인은 신체적 · 정신적 결함으로 인하여 일상적인 사회환경 속에서 살아가는 데 다소 어려움을 겪고 있는 사람을 일컫는 말이다.

### 1) 부정적 장애인관의 형성요인

장애인 혹은 장애인을 바라보는 안목, 이것을 흔히 장애인관이라 한다. 장애인에 대한 사회적 태도 및 인간관은 종교나 철학의 동향, 사회 경제적 조건 등에 의해 형성 · 발전된다. 부정적인 장애인관의 형성요인은 무엇이며, 부정적 장애인관을 극복할 수 있는 이론적 근거는 무엇인가? 인간 본질에 대한 이해 부족으로 인한 장애인 편견의 형성요인으로는 완전인간의 지향, 보편인간의 지향, 인간 소외의 가치 기준, 건강개념의 왜곡 등을 들 수 있다.

#### (1) 완전인간의 지향

개성이 평가받지 못하는 사회에서는 개성지향보다는 완전지향을 추구한다. 완전주의란 부족함이 없는 것 혹은 결함이 없는 것을 지향하는 사고방식을 추구하며, 인간에게 있어 가장 기초적인 완전의 결여인 장애에 대해 비가치화하고 경멸하며 편견을 갖게 하는 근본요인이 되고 있다. 또한, 완전주의 사회에서의 장애인은 개별자요, 불완전인간이다. 그들은 항상 나름의 평균과 동질에서 결격되고 소외당한 개별자이기에 수치심을 느끼게 되고, 이 수치심이 열등감으로 정착하게 되는 것이다(예: 한국인의 완전의식, 밥상의 경우 개성을 무시한 채 고루 갖추는 것을 미덕으로, 학교 우등생의 경우 전 과목을 모두 잘하는 학생이라 인식하는 등).

#### (2) 보편인간의 지향

한국인의 사고방식에의 동일성 가운데 하나로 이질성을 배척하고 동질성을 강조하는 것을 들 수 있다. 동질의식이 강할수록 평균적인 보편성의 것에 가치를 두게 되며, 평균에서 일탈된 이질성의 것일수록 비가치화한다. 따라서 평균인간, 동질인간, 보편

인간을 지향하게 되며, 그 기준에서 일탈될수록 존재 가치를 상실한다. 전통적 농경 사회는 노동력을 무엇보다 중요시하였다. 따라서 개개인은 이목구비가 바르고 수족이 건강한 육체 노동력을 지닌 평균인간이어야만 했다. 곧 보편적이고 평균적인 육체적 조건이 맨 먼저 요구되었다. 그와 같은 상황에서 농사 노동에 종사하지 못하는 평균인간 이하의 장애인이 소외당한 것은 당연한 일이었다.

### (3) 인간 소외의 가치 기준

인간 소외의 가치 기준, 즉 다른 사람과의 상대 비교는 인류가 타인을 인식하기 시작한 때부터 나타났다. 이러한 상대 비교는 자신이 정상이라고 믿는 것에서 일탈되었을 경우에는 평가 절하하는 것이 보통이다. 물론, 이때의 기준은 매우 주관적이며 모호하다. "모든 인간은 평등하다."라는 말은 옳다고 여기면서도 실제로 인간 소외의 가치 기준에 의해서, 즉 다른 사람과 상대적으로 비교하여 인간을 평가하는 것이 보통인데, 아마도 그 이유는 '평등'의 개념을 잘못 이해하는 데서 연유하는 듯하다. "하늘 아래 있는 어떤 사물도 같은 것은 없다."라는 것은 엄연한 현실인데 어떻게 평등이 존재할 수 있는지 하는 사고방식이 그것이다. 이러한 사고방식으로 말미암아 인간 소외의 가치 기준, 즉 계급, 인종, 빈부 등에 의한 차별을 무리 없이 받아들이고, 심지어는 이를 긍정적으로 받아들이기까지 하는 것이다. 그 결과, 다른 사람들과 다른 '장애'를 가지고 있는 장애인에 대한 차별을 무리 없이 받아들이는 오류를 범하게 되는 것이다. 그러면 같은 것이라고는 그 자체 하나밖에 없는 현실에서 '평등'의 개념을 어떻게 이해해야 할 것인가. 논의의 여지는 있겠지만, 평등이라는 개념은 동일성(sameness)의 의미보다는 적합성(fittingness) 혹은 공정성(fairness)의 의미로 이해하는 것이 더 타당할 듯하다. 이때에 비로소 장애인 나름의 독특한 요구를 충족시켜 줄 수 있는 적절한 조치가 평등의 실현임을 알게 될 것이다.

### (4) 건강 의미에 대한 왜곡

사람들은 막연히 병이란 두렵고 피해야 할 나쁜 것이고, 건강이란 무조건 추구해야 할 좋은 것이라고 생각한다. 이미 본래적인 자기를 상실하고 자기 소외감 속에서 자기반성을 할 줄 모르는 사람일수록 더욱 건강이라는 빈말에 분별을 잃고 광적으로 집착하는 경향이 있다. 흔히 건강이라는 말은 일상적인 용어로 개념 규정이 명확하지 않다. '건강'은 '몸에 탈이 없고 튼튼함' 혹은 '정신적 · 육체적인 이상 유무를 주안으로 본 몸의 상태'를 의미한다.

한편, 건강을 의미하는 영어 health는 '신체적 또는 정신적으로 온전한 상태'를 의미하며, 독일어 gesund는 '정신이나 육체가 건전한 상태'를 의미한다. 어느 나라든 건강은 신체적 측면과 정신적 측면을 동시에 고려하는 개념임을 알 수 있다. 또한, 건강이라는 말은 사실 명제가 아닌 최고 가치를 나타내는 말로서, 그 판단 기준은 상황에 따라 인간이 정하기에 달렸다. 이처럼 건강이라는 말이 신체적 · 정신적 양 측면을 포함할 뿐만 아니라 주관적 판단에 따라 달라짐에도 불구하고, 신체적으로 장애가 있을 경우 '건강하지 않다'고 생각하는 것은 분명히 잘못된 판단이다.

### (5) 손상과 장애 의미에 대한 왜곡

장애의 사회 모델은 '분리'에 반대하는 이념으로 손상과 장애를 이해하고 있는데, 손상은 신체적 상태로, 장애는 사회적으로 만들어진 것으로, 손상과 장애는 엄격한 구분을 시도하였다. 이와 더불어 장애는 불이익, 참여배제 등의 사회적 억압으로 개념화하였다.

손상(impairment)은 정신적 또는 감각적 손상에 의한 개인 내의 기능적 제안, 장애(disability)는 물리적 · 사회적 장벽에 기인하여 동등한 수준에서 지역사회의 평상의 생활에 참여할 기회의 상실 또는 제한이다. 예를 들어, 일본에서는 장해(障害) 혹은 장해인(障害人)이라는 말을 사용한다. 그러나 이 말은 적절하지 않다. 왜냐하면, 장애인은 '거리껴서 해가 되는(障害)' 사람이 아니기 때문이다. 미국을 비롯한 서구에서는 장애의 종류에 따라 불리, 불능, 혼돈, 결함, 박약, 지체 등이 장애영역에 따라 달리 사용된다.

결론적으로 장애인이 가지고 있는 장애는 그 방향이 내부로 향하고 있기 때문에 결코 남에게 폐를 끼치는 장해가 아니며, 자신의 생각에 따라 장애일 수도 있고 그렇지 않을 수도 있다. 장애인은 다만 다른 사람과 차이가 있는 사람일 뿐이다.

### 2) 철학적 인간학 관점에서의 장애인관

인간학은 다음과 같은 세 가지 전제에서 출발한다. 인간의 본질은 초월적인 어떤 원리에 의해 파악될 것이 아니라, 다만 인간의 삶의 현상으로부터 이해되어야 한다. 인간의 본질은 결코 고정적 · 결정적으로 정의될 수 없으며, 따라서 인간에 대한 연구는 끝없이 전진할 수 있다. 어떤 하나의 특수한 삶의 형식이나 본질 현상이라도 그것을 지배적이고 결정적인 징표로서 절대화할 수는 없다.

그러면 철학적 인간학 관점에서 장애인은 어떤 존재인가, 인간의 본질을 밝혀내는 근거는 삶의 현장이다. 그런데 삶의 현상과 관점은 매우 다양하므로, '인간은 상대적인 존재'라는 결론이 필연적이다. 그것은 철학적 인간학이 처음부터 초월적이고 관념적인 법칙을 배제하였기 때문이다. 따라서 어떤 하나의 현상도, 어떤 특수한 표현도 절대화할 수는 없다.

장애인에 대한 부정적인 관념이 완전인간의 지향으로 말미암은 결과라고 전술하고 있다. 그러나 철학적 인간학에 따르면 '완전한 인간'이란 존재하지도 않고 존재할 수도 없는 관념적인 개념에 불과하다. 철학적 인간학은 완전성을 거부하기 때문이다. 철학적 인간학은 인간을 고정적 · 결정적 존재로 파악하지 않는다. 인간의 본질은 어떤 하나의 차원(그것이 육체적 차원이든 심리적 차원이든 간에)에서 고정적 · 결정적으로 정의될 수 있는 성질의 것이 아니라는 것이다. 철학적 인간학에서처럼 인간을 발달적 혹은 변화무쌍한 존재로 인식한다면, 장애인에 대한 편견은 사라지게 될 것이다. 모두가 그렇다고 말하기는 어렵지만, 일반적으로 장애인은 질환자가 아니다. 그럼에도 불구하고 장애인을 질병과 관련이 있는 자로 보려고 한다. 그러나 철학적 인간학의 관점에서는 그것이 전혀 문제가 되지 않는다. 인간은 누구나 정도의 차이가 있을 뿐 모두가 질병과 관련되어 있다고 말할 수 있다. 만약, 장애를 병의 결과로 나타난 현상으로 간주한다면, 장애를 가지고 있지 않은 사람은 한 사람도 없다고 할 수 있을 것이다. 결론적으로 철학적 인간학의 관점에서 장애는 보편적인 현상에 불과하다. 따라서 장애인에 대한 부정적 시각 혹은 편견은 철학적 인간학의 세계에서만큼은 존재하지도 않고 존재할 수도 없다.

# 3. 장애인 인권과 장애인 차별금지

## 1) 인권

'인권이란 바로 이런 것이다.'라고 한마디로 규정하기는 어렵다. 인권은 시대와 사회적 조건에 따라 늘 변화하고 풍부해지는 역동적인 개념이다. '사람이기 때문에 당연히 가지는 권리', '사람답게 살아가기 위해서라면 반드시 누구에게나 보장되어야 하는 권리'가 인권이다.

### ● 인권에 대한 선언

- **세계인권선언 머리말**(1948): 모든 인류는 타고난 존엄성과 평등하고 남에게 넘겨줄 수 없는 권리를 가지고 있다. 이 권리를 인정하는 것이야말로 세계의 자유와 정의와 평화의 기본이 되는 것이다. 인권에 대한 무시와 멸시는 인류의 양심을 짓밟는 만행을 저질러 왔다. 모든 인류가 최고로 바라는 것은 인간이 언론과 양심의 자유를 누리고 공포와 결핍으로부터 자유로울 수 있는 세상을 만드는 것이다.
- **국제연합 경제적 · 사회적 · 문화적 권리에 관한 국제조약 머리말**(1966): 인류 사회의 모든 사람이 나면서부터 가지고 있는 존엄성과 평등하고 남에게 넘겨줄 수 없는 권리는 인간의 고유한 존엄성에서 나오는 것임을 인정한다.
- **「헌법」 제2장 제10조**(1987): 모든 국민은 인간으로서의 존엄과 가치를 가지며, 행복을 추구할 권리를 가진다. 국가는 개인이 가지는 불가침의 기본적 인권을 확인하고 이를 보장할 의무를 진다.

인권을 바라보는 관점은 사람들이 처한 처지에 따라 서로 다르다. 사용자와 노동자, 남성과 여성, 어른과 어린이 등 권력을 가진 사람과 그렇지 못한 사람 사이에는 인권에 대한 생각이 다를 수밖에 없다.

인권은 다음과 같은 특징이 있다.

- 인권은 기본적이고 필수적이다. 인권은 다른 것으로 대치할 수 없다. '기본'이나 '필수'라는 의미는 거기서부터 다른 모든 것이 출발한다는 의미가 있다. 따라서 인간의 필수적인 권리 이하로 떨어지게 되면 그것은 '인간답다'라고 할 수 없는

선을 인권이라고 한다.

- 인권은 보편적이다. 따라서 어떤 상황에서나 어떤 곳에서나 모든 사람이 인권을 누릴 수 있어야 한다. 사람에 따라 좋고 나쁨이 달라지고 다르게 취급한다면 인권이라 할 수 없다. 인권은 어떤 특권에도 반대하는 것으로 '모든 사람이 평등하게 갖는 권리'이다. 즉, '인종, 피부색, 성, 언어, 종교, 정치적 의견 또는 사상, 출신, 재산, 출생 또는 그 어떠한 지위에 따라 차별 없이 누려야 할 권리'가 인권이다. 이러한 인권의 성격을 보편성이라 부른다.
- 인권은 국가권력의 정당성을 판단하고 국가권력을 제한한다. 모든 사람이 차별 없이 당연하게 누려야 하는 것이 인권이기 때문에 국민의 인권을 억압하는 국가권력은 정당성을 얻을 수 없다. 인권은 국가권력의 정당성을 판단하며, 국가권력을 제한할 수 있다.
- 인권은 법으로 보장되는 권리 이상의 것이다. 우리는 흔히 국내법이나 국제법으로 보장된 권리만 인권이라고 생각하기도 한다. 당연히 법은 인권을 보장하기 위해 만들어지기도 한다. 인권보장을 위해서가 아니라 권력자 자신을 위해 법을 만들 때도 있기 때문이다. 이처럼 모든 인간이 당연히 누려야 할 권리를 억압하는 법을 악법이라 부른다. 따라서 인권은 법에 따라 보장되고 있는 권리에만 한정되지 않는다. 지금 현재 존재하고 있는 법이 보장하고 있지 않더라도 인간의 존엄성을 보장하는 데 반드시 필요한 권리를 인권으로 인정할 수 있다.

인권의 사전적인 의미는 "사람이 사람답게 살기 위해 필요한 것으로서 당연히 인정된 기본적 권리"이다. 즉, 인권은 보편적인 것으로 모든 인류에게 적용되고 개인의 권리는 항상 존중되어야 하며, 다른 사람의 권리를 빼앗기 위해 위협하는 경우에 한해서만 제한될 수 있다.

인권 개념의 확립 발달단계를 보면 억압을 저항한다는 소극적 단계에서 출발, 인간의 물질적 · 비물질적 욕구가 충족될 권리와 자원의 생산과 분배에 있어서 평등하게 참여할 권리 등을 긍정하는 적극적 단계로 발전한 후 선진국가의 사회적 · 정치적 의식의 성장과 경제적 발전의 결과로 발전하게 된다. 따라서 인권에 의무라는 개념이 부가되어야 하고 의무를 다할 때 인권을 보호받을 수 있다.

## ● 장애인 인권정책 장애인인권 관련 기본 계획(기본 방향)

| 기본계획 | 주요 내용 | 해당부처 |
|---|---|---|
| 제4차 장애인 정책종합계획 (2013~2017) | – 학교, 장애이해교육 2회 이상 의무 실시<br>– 특수교육지원센터, 상설 모니터단 활동 강화<br>– 정당한 편의제공 확대<br>– 장애인인권침해센터 전국 확대<br>– 정신장애인에 대한 차별 해소<br>– 여성장애인 인권증진계획 | 교육부<br>보건복지부 |
| 제1차 사회복지 기본계획 (2014~2018) | – 인권침해 금지행위 및 학대신고의무자 확대<br>– 위반행위 시 시설 및 종사자 행정제제 강화<br>– 장애인보호전문기관 및 장애인 쉼터 설치 | 보건복지부 |
| 제2차 국가인권 정책기본계획 (2012~2016) | – 정신질환자의 인권보호를 위한 정신보건법 개정<br>– 방송소외계층의 방송 접근 실현을 위한 기반 구축<br>– 장애인 노인 등의 웹 접근성 제고<br>– 장애인 공직 진출확대 지속 추진 | 보건복지부<br>방송통신위<br>행정안전부 |
| 「장애인 차별금지 및 권리구제 등에 관한 법률」 | 장애인 차별금지, 편의제공과 권리구제 등을 규정하는 장애인권 정책의 기본이 되는 법률 | 보건복지부 |
| 「장애인·노인·임산부 등의 편의증진 보장에 관한 법률」 | 건축물의 편의시설에 대한 규정 | 보건복지부 |
| 「교통약자의 이동편의 증진법」 | 이동수단 관련 편의시설에 대해 규정 | 국토교통부 |
| 「장애인복지법」 | 장애학대행위, 학대신고의무, 장애인인권보호기관, 쉼터 등 학대 대응 관련 규정 | 보건복지부 |
| 「국가인권위원회법」 | 기본적 인권을 보호하는 인권 전담 국가기구의 설치, 운영에 관한 법률 | 국가인권위원회 |

- 장애인 인권(주요 정책)
  - ① 장애인 차별 모니터링
  - ② 장애인 차별금지 홍보
  - ③ 장애인 차별 권리구제
  - ④ 장애인권침해 전달체계 구축
  - ⑤ 장애인거주시설 인권실태조사
  - ⑥ 장애인 거주시설 인권
  - ⑦ 차별, 편의제공 가이드 제공

## ● 세계인권선언

세계인권선언 제28조에 "모든 사람은 사회질서와 국제질서를 지켜야 할 의무가 있다. 이로써 세계인권선언에 규정된 권리와 자유를 완전하게 보장받을 수 있다."라고 규정하고 있다.

인권은 타고난 천성에 내재되어 있는 것으로 이것 없이는 인간으로 살 수 없는 권리이다. 인권과 기본적인 자유는 우리의 인성, 지성, 재능, 양심을 사용하게 하고 우리의 정신적 요구 및 다른 욕구를 충족시켜 주고, 인간 각자에게 내재된 존엄과 가치가 존중되는 삶을 추구하는 인류의 욕구에서 비롯되고 인권과 기본적 자유를 부정하는 것은 개인적 비극, 사회적 · 정치적 혼란과 문제 초래하고, 인권과 인간존엄에 대한 존중은 세계의 자유, 정의, 평화에 기초한다.

## ● 장애인 권리실천을 위한 인천전략(UN ESCAP)

(Incheon Strategy to 'Make the Right Real' for Person with Disabilities in Asia and the Pacific) - UN ESCAP

1. 특징
   - 장애포괄적인 개발과 장애인권리협약 비준과 이행의 촉진
   - 20년간의 경험에 비추어 아시아 · 태평양 장애인 10년
   - 시간 제한적이고 측정 가능한 목표와 세부목표
   - 장애인권리협약(CRPD)의 원칙에 기반
   - 목표달성기간: 아시아 · 태평양 장애인 10년(2013~2022)
   - 장애포괄적인 아시아 · 태평양지역을 위한 파트너십 형성은 다부문, 다수의 이해당사자, 다양한 수준

2. 장애인의 권리실천을 위한 10가지 목표
   ① 빈곤 감소 및 고용 전망의 증진
   ② 정치과정 및 의사결정에 대한 참여의 증진
   ③ 물리적 환경, 대중교통, 지식, 정보 및 의사소통에 대한 접근성의 향상
   ④ 사회적 보호의 강화
   ⑤ 장애아동에 대한 조기개입 및 교육의 확대
   ⑥ 성평등과 여성의 역량강화 보장
   ⑦ 장애포괄적인 재난 위험 감소 및 관리의 보장
   ⑧ 장애데이터의 신뢰성 및 비교 가능성 개선
   ⑨ 장애인권리협약 비준 및 이행과 협약과 국내법의 조화 촉진
   ⑩ 하위 지역, 지역, 지역 간 협력의 강화

### 2) 인권의 역사적 발전과 철학적 가치

인권의 핵심 요소는 오래전부터 동서양의 문화와 사회 속에 존재하여 왔다. 역사적 기원은 18세기에 이르러 개인의 생명과 자유에 대한 권리를 바탕으로 인권을 개념화했다. 제1차 세계대전으로 국제적 협력을 위한 제도적 틀의 필요성을 인식했고, 1920년대는 국제연맹과 국제노동기구 설치, 사회복지 조직 생성, 제2차 세계대전은 인권의 발전 단계에 자극제 역할을 하면서 전 세계 국가로 하여금 구제협력을 위한 새로운 틀을 채택하도록 하였으며, 국제행동 기준이 인권으로 표현될 필요성이 있음을 인식하고 1948년에 세계인권선언으로 보급 · 발전되어 오늘날에 이르렀다. 인권의 철학적 가치는 다음과 같다.

#### (1) 생명

생명은 인권과 관련된 모든 일에 있어서 가장 필수적이며, 인간은 다른 모든 가치의 근원이다. 신체적 건강은 생명의 가치와 질에 있어 중요한 부분인데 생명을 위협하는 주요 요인은 오염물질, 환경파괴, 물 문제, 건강 프로그램의 결핍 등이다.

#### (2) 자유와 억압으로부터의 해방

세계인권선언의 2개 조항은 '모든 인간은 자유롭게 태어났다', 19개 조항은 억압으로부터의 해방될 권리, 노예와 노역으로부터의 자유, 고문 및 그밖의 잔인하고 비인간적 또는 굴욕적 대우나 처벌로부터의 자유, 임의의 체포, 구금, 추방으로부터의 자유, 사생활, 가족, 가정 또는 이에 해당하는 것에 대한 임의의 간섭으로부터의 자유, 이동과 거주의 자유가 있다. 자유 억압으로부터의 해방의 전제는 모든 인간은 자신의 삶을 살아가는 데 있어 선택의 자유를 가지고 있음을 나타내고 다른 사람들의 자유를 침해하지 않는다는 원칙이 명시되어 있다.

#### (3) 평등과 차별금지

세계인권선언 제1조에는 모든 인간과 평등에 관한 기본 원칙이 명시되어 있다. 평등은 정의의 원칙에 있어 초석이 되고 차별하지 않는다는 것이고, 차별은 한 개인을 성별 · 인종 · 피부색 · 종교 · 기타의 관점에서 제한하고, 인간을 한 가지 기능, 질, 의견으로 한정하지 않아야 하는 것이다. 그러나 현실에서는 다양한 측면 및 일상생활에서 인종 · 피부색 · 성별 · 언어 · 종교 · 정치 또는 다른 의견 · 국적 또는 사회적 출산 · 재산 · 출생 또는 다른 지위 등으로 인한 차별이 발생하고 있고, 성적 취향 · HIV 및 에이즈(AIDS) 감염 등 새로운 차별 이유가 끊임없이 발생하고 있어 문제가 된다.

(4) 정의

개인의 안전과 통합 보장, 사회 구성원의 존엄성을 인정하는 사회 기초를 구성하는 법률, 사법, 사회, 경제, 기타의 양상을 고려해야 하고 사회정의는 기본적인 인간 요구의 충족과 물질적 자원의 공평한 공유를 포함해야 한다.

(5) 연대책임

인간의 아픔과 고통을 이해하고 감정이입을 하거나 고통받는 사람과 고통의 원인을 확인, 분명한 입장을 취하는 것, 개인적 차원을 넘어 가족, 집단, 지역사회, 인구, 전체 인종으로 퍼져 나갈 수 있음, 자연재해, 결핍, 불공평한 자원분배, 사회적 방임, 부정 등에 의한 비극적인 문제에 개입함에 있어서도 필요하다. 더불어 빈곤, 배고픔, 굶주림, 무주택, 생계수단의 거절 등과 같은 일상생활 속의 고통과 관련된 인권침해 시 더욱 필요하다.

(6) 사회적 책임

고통을 받는 사람들과 희생자들을 대표하여 실천하는 활동으로 그들을 위하여 싸우고, 그들의 주장을 옹호하고, 그들을 도와주고, 우리가 가지고 있는 모든 것을 다른 사람들의 더 나은 삶을 위하여 공유 · 활용하도록 제공하는 '수탁자의 직무'라는 개념이 내포되어 있다.

수탁자의 직무란, 재산의 공유 차원을 넘어 인류의 발달을 위해 개인의 지적 재능과 잠재적인 기술을 활용하고 헌신하는 것을 의미한다. 사회적 책임의 원칙은 사회복지사에게는 중대한 것으로 가난한 사람 및 욕구가 있는 사람들을 위해 서비스를 제공하고 관여하는 것이 사회복지 전문직의 존재 이유이기 때문이다.

(7) 점진적 변화, 평화, 비폭력

인간관계에서의 갈등은 피할 수 없으나 폭력적 또는 파괴적으로 해결하지 말고 평화적이며 점진적인 변화로 자유, 정의, 사회정의, 비폭력적인 방법으로 갈등을 해결할 수 있는 세상을 실현해야 한다.

(8) 인류와 자연의 관계

환경파괴에 대한 대처와 인류와 인류의 환경에 대한 의식이 필요하고 환경 관련 전문가들과 연계하여 역할을 수행해야 한다.

## 4. 장애인 인권과 장애차별

우리 사회에서 살고 있는 장애인은 '모두가 누리는 권리를 보장받고 있는가?'에 대한 물음에 기회의 평등은 어느 정도 보장받고 있지만 결과적으로 평등은 이루어지고 있지 못하고 있다고 말할 수 있다. 법에 명시적으로 장애인을 차별한다는 조항을 찾기는 매우 어렵다. 그러나 현실에서 장애로 인한 불평등 상황은 곳곳에서 나타나고 있다.

### 1) 장애차별

(1) 차이의 이해

우리는 '차이 때문에 차별이 있어서는 안 된다.'라는 명제를 당연한 것으로 받아들이지만 실제 삶의 주변에서 차이가 차별로 확산되어 적용되는 사례를 목격할 수 있다. 우리가 익히 알고 있는 것처럼 빈부의 차이가 사람을 차별화하는 근거로 작용하고 인종의 차이와 지역주의가 인종 간, 지역 간 갈등을 일으켜 전쟁으로 비화되기도 한다. 특히, 우리 사회에서 계층 간의 차이가 차별로 확대되는 일반적인 사례 외에도 다문화 가정의 일반화에 기인한 시민 공동체에서 문화적 차이의 차별적 대우로의 전이, 노동 현장에서 이주 노동자의 차별 등 차이가 차별로 확산되어 가는 양상은 다양한 모습의 사람들이 각각의 차이를 인정하면서 상호 호혜의 조화로운 공동체를 구성하는 데 장애가 되고 있다.

차이의 의미를 어떻게 받아들이느냐에 따라 차이가 차별로 확장되어 가는 통로를 차단하고 차이의 존중이라는 합의점에 도달할 수 있는 방법을 찾을 수도 있다. 왜냐하면, 차이를 존중하는 사회는 서로 다른 주제에 바탕을 두고 서로 다른 주장을 하면서 서로 다른 해결책을 요구하면서 갈등을 분출하지만, 상호 소통의 여지는 언제나 남아 있기 때문이다.

차이는 흔히 귀속적 차이와 후천적 차이로 구분할 수 있다. 귀속적 차이는 태어나면서부터 짊어질 수밖에 없는 태생적 한계를 의미하고, 후천적 차이는 성장해 가면서 사회에 의해 규정된 운명을 뜻한다. 귀속적 차이와 후천적 차이는 분명히 사회에서 배제당한다는 점에서는 공통되지만, 차이의 문제를 이해하고 논리적으로 정립하고 해결하는 방식은 다를 수밖에 없다(Doyle, 1995).

한편에서는 할당제를 실시하면 차이의 문제가 어느 정도 해소될 수 있다고 본다. 예컨대, 대학입시에서 장애학생 특별전형 혹은 농어촌 특별전형제도를 도입해서 교육여건이 낙후된 장애학생이나 농어촌 지역 출신 학생에게 우선권을 부여하는 경우가 있다. 표준화된 시험으로 학업성취 가능성을 예측하려면 시험 점수를 해석할 때 학생의 가정, 사회, 문화, 교육배경을 고려해야 한다는 점을 염두에 둔 것이다. 즉, 학생의 장애 여부 등 배경을 고려하는 것은 학업성취 가능성을 가장 정확히 측정하려는 시도이다. 소수집단을 우대하는 정책은 역차별 논란이 있기는 하지만 시험격차를 바로 잡는 방법으로 적절하다. 결국, 차이가 차별이 되지 않는 세상을 만들기 위해 가장 중요한 것은 각각의 차이를 인정하여 차이의 조화를 이루되 차이를 동일성으로 환원시키지 않는 공동체의 합의와 제도적 장치이다. 즉, 자아를 단일한 가치로 환산하는 획일적인 척도를 없애고 차이가 차별로 왜곡되지 않는 건강한 이들의 생태계를 만드는 것이다.

● 차이에 대한 이해

역사적으로 차이는 유럽 파시즘에 뿌리를 두고 있는 개념으로서 위계적(位階的)이고 배타적인 사고방식에 의해 식민화되어 이어져 왔다. 전체주의적이고 파시즘적인 정치체제는 차이를 생물학적 결정론으로 정의하고 평등성 혹은 폄하적인 타자성(他者性)으로 구성되었던 수많은 사람을 고통스러운 죽음으로 몰아넣었다.

독일과 프랑스, 혹은 여타의 다양한 비판 이론의 차이로 말미암아 만들어진 나치의 유태인 대학살이라는 살인적인 태도는 도저히 복구 불가능한 지점으로 남아 있다. 이러한 역사적 맥락에서 차이는 지배와 배제의 관계를 나타내는 것이었기 때문에 '~과 다르다'는 '~보다 못하고', '~보다 가치 없음'을 의미하게 되어 차별을 정당화하는 근거로 확대되었다. 차이는 그것을 열등한 것으로 환원하는 권력관계를 통해 식민화되어 왔다. 그래서 차이는 본질주의적이면서도 치명적인 의미를 함축하게 되었으며, 존재의 모든 범주를 처분 가능하도록, 말하자면 인간적이긴 하지만 죽을 수밖에 없도록 만들어 냈다.

출처: Doyle (1995).

### (2) 차별의 이해

#### 1 낙인이론에 의한 차별

장애인차별금지법제정추진연대에 따르면 "우리 사회의 대다수를 차지하고 있는 비장애인에 의해 사회는 형성되며 지배된다." 비장애인에 비해 상대적으로 소수인 장애인은 비장애인 중심의 사회에서 비장애인 중심으로 형성된 사회의 구조 속에 소외될 수 밖에 없으며, 비장애인 중심의 사회는 소외되는 장애인을 향해 열등하고 무능력하다는 낙인을 찍게 된다. 이러한 낙인에 의해 장애인에 대한 편견은 가중되고 편견은 다시 장애인에 대한 차별로 이어져 차별의 고리가 완성된다.

장애인에 대한 편견과 차별을 없애지 않으면 장애인의 사회통합은 단지 구호에 그칠 따름이다. 따라서 장애인의 사회통합을 위해서 장애인 차별은 해소되어야 하는 심각한 문제이다.

#### 2 적극적 차별과 소극적 차별

장애이론 중 차별 모델(discrimination model)은 우리 사회에서의 장애인 문제를 설명하는 데 있어서 그 원인을 장애인의 능력이나 일상생활 진반에 대한 잘못된 인식과 장애의 원인에 대한 비과학적 혹은 미신적인 선입견 때문이라고 본다. 이러한 장애인에 대한 사회의 이해 부족으로 인해 장애인은 사회참여의 균등한 기회를 갖지 못하게 되고, 이로 인해 나타나는 불평등한 결과가 장애인에 대해 또 다른 이해 부족 현상을 낳는 악순환의 현상을 초래하고 있다.

차별은 적극적인 차별과 소극적 차별로 나눌 수 있다. 먼저 적극적 차별은 대체로 그 차별 내용이 매우 가시적으로, 누구나 차별을 가하는 사람과 차별을 당하는 사람을 발견해 낼 수 있다. 장애라는 이유로 노동시장이나 교육현장에서 기회가 박탈당하는 예가 바로 가장 흔히 나타나는 적극적인 차별의 모습이다. 반면, 소극적 차별은 구체적이지 못한 것이 특징이다. 예를 들어, 고용현장이나 교육현장에서 장애라는 이유로 기회를 박탈하고 있지는 않으나 개인의 능력을 발휘할 수 있는 조건이나 환경을 만들어 주지 않고 비장애인과 같은 조건에서 경쟁토록 하여 결국 장애인의 성과가 낮은 것을 문제 삼는 행위 등을 들 수 있다. 다시 말해, 모든 사회환경이나 구조적인 면에서 장애인의 능력과 장애인의 특성을 고려한 적극적 행동(affirmative action)이 이루어지지 않는 모든 행위는 차별로 간주할 수 있다. 이밖에도 대다수 구성원이 소수의 장애인을 억압하고 차별적으로 구분하여 인식하고 이들을 주류 사회로부터 분리하는 것을 조장하는 것을 차별로 간주할 수 있다(Doyle, 1995).

#### (3) 장애인 차별

우리 사회에서 변화되어야 할 문제 가운데 하나는 장애인을 대하는 비장애인의 태도이다. 우리는 눈에 보이는 것으로 쉽게 판단하고 눈앞에 보이는 장애를 두고 인간을 차별해 버린다. 사회가 장애인을 보는 시각도 '장애를 통해서 그 사람 전체를 장애인으로 규정해 버린다.'는 것에 문제가 있다. 장애가 있다는 이유 하나만으로 인격이 무시되고 수많은 차별과 제약 속에서 살아갈 수밖에 없다는 사실은 장애인 개인이나 그 가족이 아니고서는 이해하기 힘들다.

'차별'의 사전적 의미는 '차등을 두어서 구별함'을 뜻한다. 장애인에 대한 차별은 몸에 불편함이 없는 비장애인이 장애인을 자신과는 다른 존재로 여기고 더 낮은 존재로서 차별과 무시를 무의식 속에 행하고 있는 것이 우리의 현실이다.

장애인 차별에 대한 정의는 「장애인차별금지법」을 시행하고 있는 국가마다 조금씩 다르다. 그러나 대부분 비슷한 내용이며, 이를 정리하면 '장애를 이유로 장애를 갖지 않은 사람에게 대하는 것과 다르게, 또는 불리하게 대하는 것'을 말한다. 따라서 '장애인 차별은 장애집단에 대한 뚜렷한 기준이 없어, 또 장애인의 실제 행동과는 관계없이 집단적인 열등성을 부여하여 고용, 교육 등 일반적인 사회에서 배제 · 격리시키는 것을 말한다.'고 정의 내릴 수 있다. 이와 같은 차별은 사회적 기제에 의하여 발생한다. 즉, 차별을 만드는 사회현상이 있다는 것이다.

전통사회에서도 장애인이 생산활동에 참여하지 못함에 따라 장애인에 대한 무시, 학대, 격리는 있었다. 그러나 사회기제가 더욱 심화된 것은 자본의 축적과 관련이 있는 것으로 보인다. 자본주의의 발달에 따라 생산성이 떨어지는 장애인에 대한 사회적 격리 현상은 더욱 심화되었다. 19세기 말부터 20세기 초반까지 유럽과 미국의 사회진화론에 의하면, 장애인은 사회적 질환의 주요 원천이라고 규정되었다. 전문가들은 우생학의 뛰어난 점을 교육받았고, 다양한 장애인을 영원히 격리시키는 것이 장려되었다. 당시의 상식에서 장애인은 성적으로 부도덕하고 사회의 나머지 사람들로부터 격리될 필요성이 있는 사람으로 묘사되었으며, 시설수용과 불임이 강요되었다. 우리나라도 마찬가지로 장애인은 불결하고 부도덕하며, 사회로부터 격리시켜야 하고, 사회발전을 위해서는 불임을 강요받아도 되는 존재였다. 이와 같은 장애에 대한 우생학적 · 의료적 관점에 따라 비장애인은 장애인을 사회에 적용하기 힘든 존재로 인식하게 되었고, 장애집단에 대해 집단적인 열등성을 부여하게 되었으며, 차별의 보편성을 갖게 되었다.

### 1 장애인 차별의 현실

장애인에 대한 차별은 우리 사회에서 관심을 받고 있다. 현실에서도 장애인은 많은 차별을 경험하고 있다. 장애인은 취업을 하고자 할 때에도 '장애인의 생산성이 떨어질 것'을 우려하여 채용을 꺼리는 기업주들을 만나게 되고, 취업을 한 경우에도 장애인과 동료가 되는 것을 꺼리는 직장 내 분위기가 조성된다. 학교에서는 장애아동과 함께 공부하는 것을 비장애인 부모가 반대하고 동네에서는 장애인시설이 들어서는 것에 대해 반대하는 시위를 벌여 오갈 데 없는 장애인이 길거리에 방치되기도 한다.

그 결과, 장애인은 사회 안에서 비장애인과 함께 생활하는 데 상당한 어려움을 겪고 있으며, 장애인에 대한 차별로 인해 장애인의 사회통합은 크게 위협받고 있는 실정이다.

### 2 장애인 차별실태

보건복지부(2014)가 발표한 장애인 차별실태는 다음과 같다.

- 사회적 차별경험: 입학, 전학, 학교생활, 결혼, 취업 시 직장생활, 운전면허제도상(취득 시), 보험제도상(계약 시), 의료기관 이용 시, 정보통신 이용 시(방송 포함), 지역사회생활 중에서 장애인이 장애로 인하여 차별을 가장 많이 받는 분야는 '학교생활 중 또래 학생으로부터' 47.1%, '보험제도 계약 시'가 45.4%, '초등학교 입학 전학 시 38.8% 순으로 차별경험이 있는 것으로 나타남.
- 2011년도와 비교하면, '보험제도 계약 시'의 경우 53.7%에서 45.4%로 감소하였고, 학교생활에서의 차별경험도 전반적으로 감소한 반면, '취업 시'의 경우 34.0%에서 35.8%로 증가함.

장애인과 비장애인의 가장 큰 차이는 차별을 받는 사람은 몸과 마음으로 느끼지만, 그렇지 않은 사람은 그것을 느끼지 못하고 있다는 사실이다. 예를 들어, 장애인이라는 이유만으로 누구나 들어갈 수 있는 고급 레스토랑이나 영화관에 들어갈 수 없게 하거나 혹은 우수한 성적으로 1차 시험에 합격하고도 면접에서 채용을 거부당할 경우 이는 명백한 장애차별이다. 하지만 적법한 절차에 의하지 아니하고 장애인의 채용기회를 부당하게 박탈하여 개인의 권익을 침해했다고 소송을 할 수 있을까? 아직까지 우리나라의 현실은 그렇지 못하다. 심지어 승소를 한다고 해도 엄청난 액수의 소송비와 상당 기간의 소송 기간을 감수하며 피해자가 차별 사실을 입증해야 하는 등 장애차별을 해결하기에는 어려움이 많은 것이 현실이다.

### 3 장애인 차별의 종류

장애인에 대한 차별은 직접적 차별과 간접적 차별로 구분할 수 있다. 직접적 차별은 정치적 · 경제적 · 사회적 · 문화적 생활의 모든 영역에서 인간으로서의 기본적 자유를 인식, 향유하거나 권리를 행사함에 있어서 합리적인 이유 없이 장애를 이유로 구별, 배제 또는 제한이 행하여지는 경우에 해당한다. 간접적 차별은 장애인에 대하여 형식상으로는 상이한 취급을 하지 않지만 합리적인 이유 없이 장애가 없는 자와 동일한 기준을 적용하여 결과적으로 그 장애인에게 현저하게 불리한 결과를 초래한 경우, 장애인에 대한 적적한 배려를 하지 않음으로써 결과적으로 장애인에게 불이익을 주거나 장애인과 함께 있는 자에 대한 합리적인 이유 없이 장애를 이유로 비장애인을 대할 때보다 불리하게 대하는 경우 등이 포함된다.

장애인에 대한 차별은 사회생활 모든 영역에서 행해지고 있다. 고용, 교육, 서비스의 이용, 지역사회생활 등 장애인이 차별을 받고 있는 영역은 모두 열거하기 힘들 정도이다. 우리 사회 안에서 나타난 차별을 정리하면 다음과 같다.

㉠ 지역사회의 권리 및 차별

지역사회의 범위는 광범위하다. 사실, 모든 일상생활 및 사회생활이 포함된다. 출생에 있어서의 차별, 성, 혼인, 의사소통에 있어서의 차별, 선거 및 참정권 차별, 형사사업에 대한 차별, 명예훼손, 학대, 금전적 착취, 시설설치 반대로 인한 주거권의 차별, 돌보는 자 등 동반과 관련된 차별이다.

㉡ 고용에서의 차별

고용차별이란 합리적 이유 없이 고용관계의 성립, 내용 및 종료 등에 관하여 사회통념상 허용되는 한도를 넘어 차별적 대우를 하는 것으로서 고용에서의 장애차별은 모집, 채용, 임금, 승진, 배치, 퇴직, 직장 내 교육 분야 등 전반적이라고 할 수 있다. 실제로 장애인은 취업하는 순간부터 고용주와의 불평등하고 불이익한 계약에 의하여 차별을 받는 경우가 많다.

고용은 정규직만이 아니라 임시직 등을 포함하여 모든 형태의 근로계약관계를 말하며, 근로계약 개시 이전 단계(모집, 채용), 근로관계의 종료 등 파생절차를 포함하는 것이다. 또한, 단지 장애인 모집, 채용, 임금 승진, 배치, 퇴직 등에서 차별을 하지 않는 것만으로 장애인의 고용효과가 극대화될 수는 없다. 따라서 고용주는 합리적 배려의 의무를 가질 수밖에 없다. 그리고 특별히 신체적 조건에 대한 의학적 검사가 많고, 이에 따른 차별이 심한 상황에서 의학적 검사를 금지하는 것이 필요하다.

㉢ 교육에서의 차별

일반 원칙에서 통합교육을 내세우고, 교육에 있어서 교육기회, 조건, 방법 등에서 장애인 차별을 말하며, 학생의 요구에 맞게 교육을 할 수 있도록 개별적 요구 보장을 제시하고 이를 위반하는 것도 차별로 본다.

㉣ 이동, 건축물에의 접근 등에서의 차별

장애인의 이동권 및 정보접근권이 보장되지 않는다면 원활하고, 사회통합적인 사회생활을 영위할 수 없다. 따라서 장애인의 이동권 및 정보접근권에 대한 차별은 장애인의 사회통합이라고 하는 관점에서 중대한 사안이다.

㉤ 재화, 시설, 용역 등의 제공 및 이용에서의 차별

공공기관 및 사용자가 복지증진, 재산 형성 등을 위하여 제공하는 금품, 건축물 등의 설비, 노무의 제공 등 각종 사회복지 서비스 및 일반 생활에서의 재화, 시설, 용역 등의 이용 시 장애인은 각종 차별을 받고 있다.

㉥ 법과 정책의 집행에 있어서의 차별

법과 정책의 집행이라 함은 공공기관이 법이나 정책 등에 의하여 직무를 수행하거나 권한을 행사하는 것을 말한다. 그러나 법이나 정책은 다수집단의 산물로서 장애인이라는 소수집단은 법과 정책에서 항상 소외될 수밖에 없는 구조적 모순을 가진다.

㉦ 생활시설에서의 차별

생활시설에서 생활하는 장애인은 원칙적으로 지역사회 장애인과 동등한 권리를 갖는다. 그러나 생활시설에서는 장애인에 대한 폭행과 감금 등의 차별이 이루어진다. 또한, 행정 관리의 사각지대에 있는 수많은 미신고 시설이 존재하고, 실제 이러한 미신고 시설에서 인권문제 등이 발생할 확률이 높다.

## 5. 「장애인 차별금지 및 권리구제 등에 관한 법률」 이해

### 1) 법률 제정의 필요성

#### (1) 장애인 차별의 현실

2014년 12월 현재 우리나라의 등록장애인구는 대략 270만 명이 넘는 수준이다. 추정 장애인 수는 2000년에 약 145만 명(전 국민의 3.09%)에서 2011년에는 268만 명(전 국민의 5.61%)으로 증가하였고, 장애인의 사회참여 욕구와 권리보장 요구 또한 높아지고 있다. 그러나 장애인에게 노동시장 진입이나 학교 교문을 들어서는 것, 식당에서 밥을 먹는 것, 비행기나 지하철을 타는 것 등 일상생활 어느 하나도 접근이 쉽지 않거나 봉쇄되어 있는 환경이며, 복지시설에서의 가혹행위 등도 지속적으로 발생하고 있다(보건복지부, 2014).

그런데 기존의 장애인 관련법은 선언적인 차별금지에 머물러 있어 거의 실효성이 없고 일반적인 차별영역과 다른 장애인 차별의 특수성을 충분히 반영하지 못하며, 인권위의 차별구제 노력에도 불구하고 장애인 당사자의 실질적인 구제로 이어지지 못한 경우가 있었으며, 사법부의 판결은 차별행위 자체의 개선으로 연결되지 않는 경우가 많았다.

#### (2) 국제기준 및 외국의 입법례

국제사회에서는 장애인에 대한 접근을 시혜의 차원에서 인권 패러다임으로 전환한지 오래이며, 그 결과 미국(1990), 호주(1992), 영국(1995), 홍콩(1995), 스웨덴(1999), 노르웨이(2001) 등에서 별도의 장애인차별금지법이 제정되었다. 특히, 인권 패러다임은 2006년 12월 13일 국제연합총회에서 채택되어 2007년 3월 30일 각국의 서명이 이루어진 장애인권리협약이 탄생하였다. 본 협약은 장애인의 전 생활영역에서 권리보장에 관한 내용을 담고 있다.

이와 같이 현실을 반영하여 장애인의 실질적인 권리보장을 달성하기 위한 별도 입법이 필요하다는 공감대가 형성되었고 국제기준과 외국의 입법례 등은 장애인차별금지법 제정에 주요 기준이 되었다.

## ● 외국의 장애인차별금지법

- 미국의 장애인법(ADA: Americans with Disability Act)은 다른 국가들의 장애인차별금지법 제정에 있어 모델이 된 법률로서, 고용, 공공 서비스, 민간운영 공공편의시설 및 서비스, 전기통신영역에서의 차별을 금지하고 있다.
- 호주 장애인차별금지법(DDA: Disability Discrimination Act)은 고용, 시설, 토지와 주거 등의 거주, 상품 서비스의 판매 및 제공, 노동조합 클럽 등의 참가, 교육 등에서의 차별을 금지한다.
- 영국의 장애인차별금지법(DDA)은 장애의 개념, 고용에서의 사용자 및 노동조합 등에 의한 차별구제, 재화 · 시설 · 서비스 · 토지 · 자산의 제공이용과 관련한 차별규제, 교육 관련 차별, 대중교통 관련 차별 구체 등을 다루고 있다.

## ●「장애인 차별금지 및 권리구제 등에 관한 법률」 입법과정

우리나라에서 장애인차별금지법 제정 논의가 본격적으로 시작된 것은 2000년대 들어서서였다. 2001년 열린네트워크라는 단체에서 장애인차별금지법 제정을 위한 국토순례대행진을 열었다. 2002년 장애인권익문제연구소에서는 장애인차별금지법 입법청원을 국회에 제출하여 분위기를 만들어 나갔다. 그 결과 2003년 4월 '장애인차별금지법제정추진연대(이하 장추련)'가 결성되었는데, 여기에는 53여 개 단체가 참여했다. 장추련에서는 민주노동당과의 공동 성안작업을 하여 노회찬 의원 대표발의안을 국회에 제출(2005. 9.)했지만 국회의 구체적인 심의는 이루어지지 않았다.

이후 국가인권위원회는 2006년 5월 별도의 장애인차별금지법 제정의 필요성을 인정하는 의사를 공개적으로 밝히고, 그해 7월에는 정부(국무총리)에 차별금지법 입법 권고를 하면서, 장애인차별금지법 제정은 정부의 공식적인 의제가 되었다.

결국, 청와대의 빈부격차 · 차별시정위원회를 중심으로 관련부처 장애계가 참여하는 민 · 관 공동기획단이 2006년 8월 구성되었고 노회찬 의원 대표발의안을 기초로 한 논의를 거듭하여 조정안을 마련, 열린우리당에 제안하였고 그 결과물이 장향숙 의원 대표발의안으로 국회에 제출되었으며(12월 18일), 같은 날 한나라당 정화원 의원 대표발의안도 제출되었다.

2007년 2월 22일 국회보건복지위원회는 노회찬, 장향숙, 정화원 의원 대표발의 장애인차별금지법안을 병합 · 심리하여 상임위 대안을 마련하였고 3월 2일 법제사법위원회를 통과하였다. 국회는 3월 6일 본회에서 출석 국회의원 197인 중 찬성 196명, 기권 1명으로「장애인 차별금지 및 권리구제 등에 관한 법률」을 통과시켰고, 동년 4월 4일 대통령이 서명했으며, 4월 8일 관보를 통해 공포되었다.

### 2) 「장애인차별금지 및 권리구제에 관한 법률」의 목적과 의의

이 법은 모든 생활영역에서 장애를 이유로 한 차별을 금지하고 장애를 이유로 차별받은 사람의 권익을 효과적으로 구제함으로써 장애인의 완전한 사회참여와 평등권 실현을 통하여 인간으로서의 존엄과 가치를 구현함을 목적으로 한다. 또한, 우리 사회의 중요한 사회적 과제인 차별은 특정 사유나 영역에 한정되지 않고 광범위하게 발생하고 있으나, 기존의 차별 관련 법률이 차별금지의 선언적인 표명, 특정 분야에의 한정, 미흡한 구제 등의 문제가 제기되어 온바, 적극적인 차별시정을 위한 실효성 있는 법적 근거 마련이 필요했다.

「장애인차별금지 및 권리구제에 관한 법률」(이하 「장애인차별금지법」) 제정 의의는 다음과 같다.

#### (1) 장애인 당사자주의 및 인권 패러다임으로서의 전환

「장애인차별금지법」 제정은 무엇보다 장애인 당사자가 자신의 입장을 구체적으로 담은 법안을 만들고 정부, 국회 등 관계자와의 협의와 설득을 통한 적극적인 입법 운동을 전개한 결과물이라는 데에 큰 의미가 있다. 또한, 기존에 장애인을 복지의 시혜 대상이나 배려의 대상에 한정하는 데에서 벗어나 권리 주체로 자리매김하고, 인권 패러다임으로의 전환을 분명히 제시한다.

#### (2) 장애인 차별에 대한 가이드라인 및 판단기준의 제시

장애인 차별의 보편성과 특수성을 충분히 감안하여 차별의 유형을 상세히 적시함으로써, 장애인 차별 내용에 대한 가이드라인을 제시하고 차별 판단의 기준을 제시한다.

#### (3) 사회적 약자의 인권증진을 위한 입법의 모범

「장애인차별금지법」은 그 입법과정뿐만 아니라 내용적인 측면에서도 장애인 외에도 사회적 약자의 인권을 위한 입법에 있어 모범이 될 것이다.

### (4) 국제협약의 국내 이행의 기준

장애계가 장애여성 규정을 별도로 삽입하는 데 직접 기여한 바 있는 장애인권리협약 등 국제협약의 각종 국내 이행과 관련하여 중요한 기준으로 작용할 것이다.

### (5) 헌법 이념의 실현 도모

「장애인차별금지법」 제정은 기본권 보장에 관한 우리 「헌법」의 핵심 원리인 평등의 원칙을 실현하기 위한 확인적 입법으로서 정치 · 경제 · 사회 · 문화의 모든 영역에서 평등을 추구하는 「헌법」 이념의 실현을 도모하는 것이다.

### (6) 국제사회의 차별시정 요구에 부응

정치적 · 시민적 권리에 관한 국제협약, 경제적 · 사회적 · 문화적 권리에 관한 국제규약, 인종차별금지협약, 장애인 권리선언, 여성차별철폐협약 등 국제적 합의에 의한 차별시정의 요청이 높아지고 있는바, 「장애인차별금지법」의 제정은 국제사회의 차별시정 요구에 부응하는 것이다.

### (7) 사회 소수자의 인권보호 및 국민 인권 향상 도모

차별은 사회적 통합을 해치는 주요 요인의 하나이며, 특히 차별 피해자의 다수가 그 사회의 약자인 경우가 많은 바, 「장애인차별금지법」 제정은 사회적 소수자의 인권보호 및 국민 인권의 전반적인 향상을 도모하고, 더 나아가 사회통합 과제의 해결을 지향한다.

### (8) 적극적인 차별구제의 실현 도모

「장애인차별금지법」은 현행 국가인권위원회법의 차별 분야에 대한 특별법적인 성격으로, 차별의 의미와 판단기준을 제공하고, 적극적인 차별구제의 실현을 도모하고자 한다.

### 3) 「장애인차별금지법」의 주요 내용

| 구분 | 내용 |
|---|---|
| 장애 개념 | 신체적 · 정신적 손상 또는 기능상실이 장기간에 걸쳐 개인의 일상 또는 사회생활에 상당한 계약을 초래하는 상태 |
| 차별 개념 | – 직접차별, 간접차별, 정당한 편의제공 거부, 광고를 통한 차별, 장애인 관련자와 장애인이 사용하는 보조견 및 장애인 보조기구 등에 대한 부당한 처우<br>– 차별 예외 규정(과도한 부담과 진정직업자격, 적극적 차별수정조치) |
| 차별영역 | 6개 영역<br>– 고용, 교육, 재화와 용역의 제공 및 이용(시설물, 이동교통수단, 정보, 의사소통, 문화예술, 체육) 사법행정절차 및 서비스와 참정권, 모부성권, 성 등 가족 가정복지 시설, 건강권, 괴롭힘 등<br>– 장애여성 및 장애아동 등에 관한 장<br>– 별도로 설정(지적장애인 차별금지 포함) |
| 차별시정기구 | 국가인권위원회 내 소위원회 설치(장애인 차별시정소위 위원회), 권고기관<br>법무부: 시정명령기관 |
| 구제수단 | – 위원회의 조정, 권고(「국가인권위원회법」 준용)<br>– 법무부장관의 시정명령: 위원회가 권고할 경우 그 내용을 법무부장관에게 통보하여야 하고, 법무부장관은 정당한 사유 없이 권고를 불이행하고 차별행위의 양태가 심각하여 공익에 미치는 영향이 중대할 경우 피해자의 신청이나 직권으로 시정명령권 발동 가능(불이행 시 과태료 부과)<br>※ 피해자가 다수인 차별행위에 대한 권고 불이행, 반복적 차별 행위에 대한 권고 불이행 불이익을 주기 위한 고의적 불이행, 그밖에 시정명령이 필요한 경우 |
| 법원의 구제조치 | – 법원의 구제조치(입시조치명령, 차별적 행위의 중지, 적극적 조치 등의 판결) |
| 손해배상 | – 일반적 손해배상<br>– 상대방 이익의 손해 추정 규정 등 |
| 입증책임 | – 입증책임배분, 차별행위 사실은 피해자가 입증<br>– 장애를 이유로 한 차별이 아니거나 정당한 사유가 있었다는 점은 차별 행위자가 입증 |
| 차별행위 관련 벌칙 등 규정 | – 악의적 차별행위에 대해 3년 이하의 징역 또는 3천만 이하의 벌금에 처할 수 있음<br>– 정당한 이유 없이 시정명령 불이행에 대해 3천만 원 이하의 과태료에 처함 |
| 시행 시기 | – 공포 후 1년(세부내용별, 시행시기 및 적용대상은 대통령령에 위임)<br>※ 소위원회의 설립준비(위원 및 소속직원 임명 등)는 법 시행일 이전에 가능 |

## ● 손해배상, 입증책인, 구제조치, 벌칙 등

① 손해배상

실효성 있는 장애인 차별금지와 권리구제 수단의 하나로 징벌적 손해배상제도가 있다. 징벌적 손해배상제도는 주로 영·미법체계에서 인정되는 제도로서 피해를 보전하는 손해배상액 외에 추가로 징벌적 성격의 배상을 인정하는 제도이다. 그러나 우리나라의 손해배상제도의 원칙인 전보배상만을 인정하는 것으로 결정되었다.

> 법률 제46조(손해배상)
>
> ① 누구든지 이 법의 규정을 위반하여 타인에게 손해를 가한 자는 그로 인하여 피해를 입은 사람에 대하여 손해배상책임을 진다. 다만, 차별행위를 한 자가 고의 또는 과실이 없음을 증명한 경우에는 그러하지 아니하다.
>
> ② 이 법의 규정을 위반한 행위로 인하여 손해가 발생한 것은 인정되나 차별행위의 피해자가 재산상 손해를 입증할 수 없을 경우에는 차별행위를 한 자가 그로 인하여 얻은 재산상 이익을 피해자가 입은 재산상 손해로 추정한다.
>
> ③ 법원은 제2항의 규정에도 불구하고 차별행위의 피해자가 입은 재산상 손해액을 입증하기 위하여 필요한 사실을 입증하는 것이 해당 사실의 성질상 곤란한 경우에는 변론 전체의 취지와 증거조사의 결과에 기초하여 상당한 손해액을 인정할 수 있다.

② 입증책임의 전환

우리나라는 일반적인 법 원리로서 피해를 주장하는 사람이 본인이 피해를 당했음을 입증해야 한다. 「남녀고용평등법」과 「독점규제 및 공정거래에 관한 법률」 등 일부 법령에서는 이러한 입증책임의 전환이 이루어져 있기도 하여, 입증책임이 전환되는 것은 현행법의 원칙을 흔드는 징벌적 손해배상제도와는 달리 정책적인 결정사항이라 할 수 있었다. 그러나 우리나라 법령상 입증책임의 전환이 사업주 혹은 사업자단체 등 우월적 지위를 갖는 것이 명백하다고 인정되는 경우가 이루어지고 있어, 일반 국민이 적용대상이 될 수 있는 장애인차별금지법에 입증책임의 전환을 전격적으로 수용하는 것은 어려웠다. 이러한 이유로 입증책임의 전환은 입증책임의 배분이라는 절충적인 형태로 규정되었다.

> 법률 제47조(입증책임의 배분)
>
> ① 이 법률과 관련한 분쟁해결에 있어서 차별행위가 있었다는 사실은 차별행위를 당하였다고 주장하는 자가 입증하여야 한다.
>
> ② 제1항에 따른 차별행위가 장애를 이유로 한 차별이 아니라거나 정당한 사유가 있었다는 점은 차별행위를 당하였다고 주장하는 자의 상대방이 입증하여야 한다.

③ 구제조치

구제조치 조항은 주로 영·미법체계에 존재하고 미국 장애인법에 규정되어 있는 법원의 강제명령(injunction)제도를 도입하여 만들어진 것으로 불법행위에 대해 금전배상청구권을 원칙적 구제수단으로 보는 우리나라의 법체계에서는 이질적인 것이다. 구제조치는 사회생활의 여러 영역에서 차별을 당하는 장애인이 사후적인 금전적 손해배상 이외에 차별행위 자체를 금지시킬 수 있는 구제수단이라는 점에서 주목된다. 「장애인차별금지법」상 국가인권위원회가 차별행위를 중지하도록 권고할 수 있지만, 법원의 강제명령인 구제조치는 이보다 훨씬 강력한 제재수단을 동반할 수 있기 때문에 더 실효적이라고 할 수 있다.

법률 제48조(법원의 구제조치)

① 법원은 이 법에 따라 금지된 차별행위에 관한 소송 제기 전 또는 소송 제기 중에 피해자의 신청으로 피해자에 대한 차별이 소명되는 경우 본안 판결 전까지 차별행위의 중지 등 그밖에 적절한 임시조치를 명할 수 있다.

② 법원은 피해자의 청구에 따라 차별적 행위의 중지, 임금 등 근로조건의 개선, 그 시정을 위한 적극적 조치 등의 판결을 할 수 있다.

③ 법원은 차별행위의 중지 및 차별시정을 위한 적극적 조치가 필요하다고 판단하는 경우에 그 이행 기간을 밝히고, 이를 이행하지 아니하는 때에는 늦어진 기간에 따라 일정한 배상을 하도록 명할 수 있다. 이 경우 「민사집행법」 제261조를 준용한다.

④ 벌칙

장애인에 대한 차별행위에 대해서는 벌칙규정을 두어 차별을 금지하도록 하고 있다.

법률 제49조(차별행위)

① 이 법에서 금지한 차별행위를 행하고 그 행위가 악의적인 것으로 인정되는 경우 법원은 차별을 한 자에 대하여 3년 이하의 징역 또는 3천만 원 이하의 벌금에 처할 수 있다.

② 제1항에서 악의적이라 함은 다음 각호의 사항을 전부 고려하여 판단하여야 한다.

1. 차별의 고의성
2. 차별 피해자에 대한 보복성
3. 차별의 지속성 및 반복성
4. 차별 피해의 내용 및 규모

③ 법인의 대표나 법인 또는 개인의 대리인, 사용인 그밖의 종업원이 그 법인 또는 개인의 업무에 관하여 악의적인 차별행위를 한 때에는 행위자를 벌하는 외에 그 법인 또는 개인에 대하여도 제1항의 벌금형을 과한다. 다만, 법인 또는 개인이 그 위반행위를 방지하기 위하여 해당 업무에 관하여 상당한 주의와 감독을 게을리하지 아니한 경우에는 그러하지 아니한다.

④ 이 조에서 정하지 아니한 벌칙은 「국가인권위원회법」의 규정을 준용한다.

## 「장애인차별금지법」의 이해

「장애인차별금지법」은 모두 6장, 50조로 구성되었다.

「장애인차별금지법」은 그 목적을 "모든 생활영역에서 장애를 이유로 한 차별을 금지하고 장애를 이유로 차별받는 사람의 권익을 효과적으로 구제함으로써 장애인의 완전한 사회참여와 평등권 실현을 통해 인간으로서의 존엄과 가치를 구현하려는 것임"을 밝히고 있다(「장애인차별금지법」 제1조).

「장애인차별금지법」은 장애인의 개념, 차별행위와 범위, 차별금지영역, 장애여성에 대한 차별금지 등 장애인 차별에 대하여 기존 법률보다 자세히 규정되었다. 또한, 시정권고 및 시정명령, 손해배상 및 입증책임, 법원의 구제조치, 악의적인 차별행위에 대한 처벌 등 장애인 차별에 대한 권리구제수단을 구체적으로 마련하였다.

### 「장애인차별금지법」 제정 이유 중 주요 내용

**가. 장애의 개념(법 제2조)**

장애를 신체적 · 정신적 손상 또는 기능상실이 장기간에 걸쳐 일상 또는 사회생활에 상당한 제약을 초래하는 상태로 규정함으로써 현행 「장애인복지법」상의 장애인 개념과 조화를 꾀함과 동시에 장애를 사유로 한 차별을 폭넓게 금지할 수 있는 근거를 마련함.

**나. 차별행위의 범위(법 제4조 제1항)**

금지대상 차별행위를 직접차별, 간접차별, 정당한 편의제공 거부, 광고를 통한 차별로 규정하고, 장애아동의 보호자 또는 후견인 그밖에 장애인을 돕기 위한 장애인 관련자를 차별하는 행위와 보조견 또는 장애인보조기구 등의 정당한 사용을 방해하는 행위 등도 차별에 해당하는 것으로 정함.

**다. 차별금지영역(법 제10조 내지 제32조)**

차별의 영역을 고용, 교육, 재화와 용역의 제공 및 이용, 사법 · 행정절차 및 서비스와 참정권, 모 · 부성권 및 성 등, 가족 · 가정 · 복지시설 및 건강권 등의 여섯 가지 영역으로 규정하여 생활상의 다양한 영역에서 차별을 금지하려는 것임.

**라. 장애여성에 대한 차별금지(법 제33조 내지 제36조)**

장애여성의 증가 및 장애아동으로 인한 장애인 가족의 부담 증가 등을 고려하여 장애여성 및 장애아동에 대한 차별금지에 관한 규정을 별도로 규정함.

**마. 시정권고 및 시정명령 등(법 제42조 내지 제45조, 제50조)**

법무부장관은 이 법이 금지하는 차별행위로 국가인권위원회로부터 「국가인권위원회법」 제44조의 권고를 받은 자가 정당한 사유 없이 권고를 이행하지 아니하고 그 피해의 정도가 심각하며 공익에 미치는 영향이 중대하다고 인정되는 경우 시정명령을 할 수 있도록 하고, 시정명령을 정당한 사유 없이 이행하지 아니한 자에 대하여 3천만 원 이하의 과태료에 처하도록 함.

**바. 손해배상 및 입증책임(법 제46조 및 제47조)**

차별행위로 인한 피해의 회복을 위한 손해배상 규정을 두고, 분쟁해결에 있어서는 장애인의 정보접근 등의 어려움과 차별행위의 특수성 등을 감안하여 입증책임을 원고와 피고 간에 나누도록 함.

**사. 법원의 구제조치(법 제48조)**

차별행위에 관한 소송 전 또는 소송 중에 피해자의 신청으로 차별이 소명되는 경우 법원으로 하여금 본안 판결 전까지 차별행위의 중지 등 적절한 임시조치를 명할 수 있도록 함.

**아. 악의적인 차별행위에 대한 처벌(법 제49조)**

차별행위가 악의적인 경우에는 법원으로 하여금 3년 이하의 징역 또는 3천만 원 이하의 벌금에 처할 수 있도록 함.

# PART 02

# 발달장애인 지원

# 05 발달장애인 이해와 서비스 지원

## 1. 발달장애인 이해

발달장애인의 정의는 「발달장애인 권리보장 및 지원에 관한 법률」 상에서 사용하는 지적장애인과 자폐성장애인, 그밖에 통상적인 발달지연으로 일상에서나 사회생활에 상당한 제약을 받는 사람으로 정한다.

- 지적장애인은 의학적 관점에서 정신발달, 지적 능력의 발달 정도와 기간, 일자리능력, 사회적응능력, 제약의 정도, 타인의 도움 정도를 정의의 구성요소로 하고 있다.
- 자폐성장애인의 정의는 의학적 진단, 소통, 심리적 상태, 사회성, 제약의 정도, 타인에게의 의존성을 요소로 채택하고 있다.
- 이외에도 발달장애인은 발달의 일반성, 발달지연의 정도, 생활에서의 제약의 정도 유무에 따라 예외 인정을 하고 있다.

〈표 5-1〉 지적장애인과 자폐성장애인의 특징

| 구분 | 특징 |
|---|---|
| 지적장애인 | • 사회적 상호작용이 가능하지만 학습에는 한계성이 있음<br>• 교육이 가능하다고 정의한 것은 초등학교 2~6학년 수준을 의미하며, 그 수준도 매우 제한되어 있어 성인이 되어서도 그 범주를 벗어나지 못함 |
| 자폐성장애인 | • 사회적 상호작용과 사회적 언어구사력이 지적장애인에 비해 현저히 떨어지기는 하지만, 일반적으로 일반인처럼 평균 수준의 학습을 수행할 수 있음<br>• 개인 내 차가 심한 편이지만, 한편으로는 학습능력이 내재되어 있음(그러나 지적장애인에게는 이러한 능력이 나타나지 않음) |

### ● 발달장애의 원인

발달장애는 생물학적인 것이기보다는 사회적인 것이다. 실증적이며 객관적인 과학으로 발달장애의 원인을 정확히 파악하는 것은 가능하지 않을 수 있다. 과학적 세계 내에서 특히 생물학적인 과학과 유전에서 방법론과 이해의 발달에 대한 논의가 진행되었다.

첫째, 유전적 장애, 둘째, 태어나기 전이나 후의 상해나 신경계 질병에 의한 장애, 셋째, 학습과정과 개인에게 작용하는 환경적 요인을 들 수 있다.

이처럼 발달장애는 유전적이거나 환경적인 측면 양쪽에 논의의 뿌리를 두고 있다. 유전학 중심 사회(Eugenic Society)에서는 유전적인 원인에 관심을 두고 사회적으로 적합하지 못한 정신적 결함은 유전된다고 주장하며 억압하는 데 관심을 두었다. 환경적 요인은 특별한 증후군과 연결되지 않는다. 오히려 발달장애아동의 가족과 부모의 빈도가 높을 때 그렇지 않은 가족보다 더 많이 존재한다는 것이다. 예컨대, 아동의 탄생을 둘러싼 환경, 일반적인 가족의 사회적 환경조건이다. 다양한 요인으로서, 출생 시 합병증, 출생 후 보호 상태, 영아기 감염 상태, 사회 경제적 불이익, 양육자의 특성 등 보호환경으로 인해 발달장애가 유발되는 경우가 있다.

그럼에도 여전히 발달장애의 원인이 정확히 파악된 것이 아니고 의견도 분분하다. 임상적 측면에서는 보호의 부적절함이 중요한 요인이고, 더불어 사회의 이들에 대한 부정적인 태도가 발달장애인의 삶에 위협적으로 작용하는 것으로 이해할 수 있다.

출처: Malin (ed) (1995).

## 2. 발달장애인 자원활용과 가족역량강화

### ● 발달장애인의 현황, 경제활동, 고용과 관련된 특성

- 우리나라 전체 등록장애인 2,494,920명(2014년 12월 말) 중 발달장애인은 203,879명, 자폐성 19,524명)으로 전체 장애인의 약 8.2%를 차지하고 있으며, 매년 완만한 증가세를 보인다.
- 2014년 직업영역개발보고서에 따르면 발달장애인의 고용률(22.2%, 지적 23.4%, 자폐 20.9%)은 15세 이상 전체인구 고용률(60.6%) 및 전체 장애인인구 고용률(36.0%)보다 낮다.
- 발달장애인의 실업률은 지적장애인 9.0%, 자폐성장애는 43.5%로 전체인구 실업률(3.2%) 및 전체 장애인인구 실업률(6.6%)과는 상당한 간격을 보인다.
- 대부분 50인 미만 영세사업장, 단순노무직에서 일하고 있다.

발달장애인 고용실태(2014년)

• 전체 장애인과 발달장애인 경제활동상태 현황 비교

| | 전체 장애인(N=4,161)(%) | 발달장애인(N=210) |
|---|---|---|
| 임금근로자 | 1042(20.5) | 42(20.0) |
| 자영업주 | 539(10.6) | 4(1.9) |
| 무급가족종사자 | 126(2.5) | 8(3.8) |
| 실업자 | 70(1.4) | 2(1.0) |
| 비경제활동인구 | 2,384(46.8) | 154(73.3) |
| 기타(무응답) | 75(18.2) | – |

• 발달장애인 내 경제활동상태 비교

발달장애인은 지적장애와 자폐성장애로 구분하며, 이를 구분하여 경제활동상태 현황을 비교하면 다음의 표와 같다.

| | 임금근로자 | 자영업주 | 무급가족종사자 | 실업자 | 비경제활동인구 |
|---|---|---|---|---|---|
| 지적 | 35(18.8%) | 4(2.2%) | 8(4.3%) | 2(1.1%) | 137(73.7%) |
| 자폐성 | 7(29.2%) | 0 | 0 | 0 | 17(0.8%) |

출처: 고용개발원 · 보건사회연구원 (2014).

발달장애인은 지역사회에서 안심하고 살아가는 데 필요한 환경이 절대적으로 부족하다. 특히, 학령기 이후 대표적인 시설로 이용하는 복지관이나 직업재활시설의 수가 한정되어 있어 이를 필요로 하는 사람들의 수요에 적절하게 대응할 수 없다. 이로 인해 이용기회의 제한이 발생하고 직업생활과 사회적 관계로부터 단절 또는 중단되어 가정에서 고립될 수 있는 위험을 안고 있다.

지역에서 성인 발달장애인이 지속적인 직업생활과 사회적 활동을 유지하기 위해서는 욕구수용에 대처할 수 있는 지원체계가 필수적으로 확대되어야 한다. 그 가운데 성인 발달장애인의 장기간의 시간을 고려할 때, 보호작업시설이나 작업활동시설의 확충이 그 우선적인 과제이다. 시설의 확충은 중앙정부 또는 지방자치단체에 의한 노력이 절실히 요구되었지만, 실제적으로는 그 수요를 따라갈 수 없는 것이 현실이다. 이러한 가장 큰 이유는 재정에 있다. 한정된 예산으로 기존의 시설에 배분이 이루어지고 새로운 시설을 만들어 내는 과정은 그리 쉽지 않다. 또한, 보호작업시설이나 작업활동시설이 안고 있는 현실적인 문제가 존재한다. 전통적으로 직업재활시설에서 요구받는 상황이 고용과 훈련에 관한 영역이다.

발달장애인의 경우, 평생 동안 주변 사람들의 많은 도움을 필요로 하는 경향이 있으므로 발달장애인 직업능력개발훈련센터가 지역의 발달장애인 지원센터와 연계하여 재학 중인 학생의 고용전환준비부터 무덤까지 고려한 참여과정 전략 개발과 이에 대한 보상책 마련으로 삶의 질 향상도모가 필요하다. 최근에 신설된「발달장애인 권리보장 및 지원에 관한 법률」을 기회로 발달장애인에게 노출된 사회보장의 열악성과 저생산성에 따른 저임금에 대한 비용을 사회화할 필요성이 제기되었다. 발달장애 특성상 느리게 가야만 하는 과정을 정책적으로 지원해 주는 제도로 개선해야 하며, 현 제도상으로는 발달장애인 당사자보다는 부모나 비장애인과 같은 활동지원가들이 더 활발해지는 경향을 보이고 있다. 생산과 산업발전 속도 경쟁에서 뒤처지기 쉬운 발달장애인을 일괄적으로 평생양육의 대상으로 삼을 수 없는 만큼, 직업영역에 있어 최상의 방법이 장기적으로 선 배치, 후 훈련을 하면서 발달장애인에게 존재하는 느린 변화를 수용하는 사회적 합의가 필수이다.

## 3. 국내외 발달장애인 서비스 지원

### ● 서비스 지원의 기초

발달장애인은 자신이 속한 지역사회에 적절히 대처할 능력을 가지지 못한 취약한 사람이다. 이들의 문제를 인식하고 서비스를 지원하기 위한 시도는 구체적인 행동기준을 반영할 필요가 있다.

국제보건기구(WHO)의 보고서(1954)

1. 법률의 주요 기능은 보호하는 데 있어야 한다. 아동은 학대에 대해, 청소년은 노동력 착취로부터, 가족은 장애아동을 가진 부담감으로부터, 지역사회는 반사회적 행동으로부터 보호되어야 한다.
2. 과보호는 피해야 하며, 법은 정기적으로 이 관계를 확인해야 한다.

3. 학습에서 어려움을 겪는 아동을 위한 법률은 가능한 한 모든 아동을 보호하는 법률의 틀 안에서 만들어져야 한다.
4. 동시에 모든 아동을 보호해야 하는 것과 관련한 지방정부의 의무를 강화한다.
5. 합법적인 보호에 해당하는 모든 책임은 어떤 경우에는 필수적인 것이다.
6. 법률은 기관의 충분한 슈퍼비전을 제공되는 것을 보장한다.
7. 입원과 구금에 관한 법률은 한편으로 부모의 양육권의 제어를 상실할 수도 있다는 것과 다른 한편으로는 무능하고 사악한 부모에 의한 착취를 피하도록 주의 깊게 고려되어야 한다.
8. 법적으로 강제적인 구금은 최후의 수단으로 채택되어야 한다.
9. 정신적으로 질병인 것과 정신적으로 장애가 있는 것은 구별되어야 하며, 다른 규정이 마련되어야 한다.

## ● 정상화 원칙에 의한 서비스 원칙

정상화 원칙(Normalization)은 1970년대 후반 다양한 집단에 의해 논의되었다. 장애인에 대한 서비스를 권리와 의무로서 사회 구성원이 정상이라고 불리는 행동양식과 같은 개념으로 정의할 수 있다.

첫째, 발달장애인은 지역사회 내에서 정상적인 유형의 삶을 즐길 권리가 있다.
둘째, 발달장애인은 개별적으로 다루어질 권리가 있다.
셋째, 발달장애인은 그들이 살고 있는 지역사회 내에서 자신의 개별적인 잠재력을 최대한 발전시킬 수 있는 전문적인 서비스를 추가적으로 요청할 수 있다.

정상화의 영향은 서비스의 원칙에 반영되었다.

- 발달장애인은 어디에서든 가능하면 정상적인 서비스를 이용할 수 있어야 한다.
- 지역사회 지지망이 존재하는 경우에는 그들을 밀어내기보다는 전문성을 강화할 수 있도록 지지할 필요가 있다.
- 전문화된 서비스 또는 발달장애인을 위한 조직화는 그들이 표현할 경우 또는 일반적인 서비스로 충족될 수 없는 추가적인 욕구가 있을 때에만 제공할 필요가 있다.
- 발달장애인의 욕구가 다양하거나 그들의 욕구가 많다고 느낄 때 모든 수준에서 기관 간의 조화를 최대화로 이룰 수 있도록 할 필요가 있다. 삶의 계획에서 필수적으로 지역사회의 돌봄과 조화를 성취하는 것이 필수적이다.
- 서비스 제공기관은 발달장애인을 위한 질적으로 우수한 서비스를 개설하고 유지할 수 있다면, 이들을 대신하여 발달장애인이 원하는 서비스를 중재할 필요가 있다.

### 1) 한국의 발달장애인 지원

#### (1) 희망복지지원단의 통합사례관리

한국은 국가가 사회보장제도로 책임질 수 없는 취약계층을 공공사례관리로 통제하려는 정책을 취하고 있으며, 희망복지지원단을 통해 그 지원이 이루어지고 있다. 희망복지지원단은 복합적인 욕구를 가진 대상자에게 통합사례관리를 제공하고 지역자원 및 방문형 서비스 사업 등을 총괄 관리함으로써 지역단위 통합 서비스 제공의 중추적 역할을 수행하는 전담조직으로 출범하였다. 희망복지지원단을 통한 지역단위 통합적 서비스 제공체계를 구축 · 운영함으로써 맞춤형 서비스를 제공하고 지역주민의 복지체감도 향상을 목적으로 하고 있다.

또한, 희망복지지원단은 지역단위 통합 서비스 제공의 중추적 역할을 수행하는 전담조직으로서 통합사례관리 및 지역사회 복지자원관리, 긴급복지, 개별 사례관리사업 및 방문형 서비스사업, 연계협력체계 구축, 읍 · 면 · 동 주민센터 복지업무의 감독을 수행하는 등 지역단위 맞춤형 서비스 제공체계의 중앙총괄관리 기능의 수행을 목적으로 하는 조직이다. 중앙총괄관리 기능은 대상자와 서비스 공급체계와의 연결을 통합적으로 관리한다는 의미로서 사례관리에서의 공공부문의 역할을 반영하고 있는 것이다.

희망복지사업단의 주요 사업은 공공사례관리사업으로, 교육복지우선지원사업과 노인돌봄기본서비스제공사업, 다문화가족사례관리사업, 드림스타트 사업, 맞춤형방문건강관리사업, 위기가구사례관리사업, 의료급여사례관리사업, 자활사례관리사업, 장애인사례관리사업, 취약한 부모가족역량강화사업, 취업성공패키지사업 등이 있다.

희망복지지원단 통합사례관리의 실질적 핵심 대상은 국민기초생활 수급가구 중 통합사례관리를 통한 탈빈곤 지원가능가구와 긴급지원 대상가구 및 국민기초생활보장 수급자 탈락가구 중 사례관리를 통한 빈곤예방 지원가능가구이다.

희망복지지원단 사례관리는 현실적으로 차상위 계층의 빈곤전략을 예방하고 자활대상자 등에 대한 탈빈곤 지원에 초점을 두고 있어 발달장애인 지원에 초점을 맞춘 사업으로 적극적으로 활용하는 것에는 한계가 있다.

〈표 5-2〉 희망복지지원단의 발달장애인 지원기능으로서의 강점과 한계

| 강점 | 한계 |
|---|---|
| • 공공의 책임이 강조됨<br>• 행정조직을 활용하기 때문에 전국적 망이 존재함<br>• 민관의 지역자원의 연계와 조정 등의 장을 마련할 수 있음<br>• 행복e음망 등 정보활용의 용이성 | • 현재 경제적 위기를 겪는 저소득층에 초점이 맞추어져 있음<br>• 이 제도상 '위기'는 매우 심각한 것이어서, 발달장애인의 존재만으로 그 대상이 되기 어려움<br>• 발달장애의 특수성을 고려한 사례관리 체계나 인력구조를 갖추기 어려워서 별도의 다른 (제2선) 서비스 연계망이 요구됨 |

### (2) 장애인서비스센터의 장애등록 등 서비스 이용계획

장애등록 심사와 장애인활동지원 및 장애인 사회공헌활동을 수행하고 있는 국민연금공단에서는 장애인 서비스 전달체계의 문제를 해결하기 위하여 지방자치단체(복지관), 장애인개발원, 국민연금공단 등이 참여하여 장애인복지 인프라 개선 모의적용사업으로 '장애인서비스센터' 시범사업을 운영한 경험이 있다. 이 센터에서는 장애등록, 장애인 사회보장급여 자격부여, 복지 서비스 이용자격부터 서비스 의뢰 및 연계 등의 활동을 수행하였다. 이 시범사업을 통하여 장애인 서비스에 쉽게 접근할 수 있는 단일창구를 마련하고, 원스톱 서비스로 안내하고 당사자의 욕구를 파악하여 서비스 계획을 세우고 연계하고 모니터링하는 체계를 갖추었다.

장애인서비스센터 사업에서는 신규로 장애인등록을 신청한 사람에게 장애인복지 서비스 및 그 자격요건, 장애심사에 대한 충분한 정보제공이 이루어졌다는 점에서 일정 부분 거점센터 기능을 수행하였다고 볼 수 있다.

이 사업을 통해 장애인등록을 신청한 클라이언트는 이후 필요한 서비스를 이용하기 위해 자신이 획득한 정보를 갖고 여기저기 서비스를 찾아다니는 과정을 단축시킨 성과가 컸고, 이를 통해 서비스에 대한 이해도가 높아지고 복지욕구를 표출시킬 수 있는 기회도 확대된 것은 높이 평가할 수 있다. 이러한 경험과 활동은 발달장애인 지원기능과 유사한 점이 있어, 발달장애인 지원센터 구축에 시사점을 줄 수 있다.

〈표 5-3〉 장애인 서비스 지원체계

| 단계 | 장애인 지원센터(국민연금공단) | 유관기관 |
|---|---|---|
| 1. 장애인등록 상담 | • 장애인등록사항 안내<br>• 시범사업 안내<br>• 상담예약(필요시 방문 상담) | 〈지자체〉<br>– 시범사업 및 장애등록 사항 안내 |
| 2. 장애인등록 신청접수 | • 장애인등록신청 기 접수<br>• 장애심사 접수 | 〈지자체〉<br>– 장애인등록신청 접수<br>– 공단에 장애심사 의뢰 |
| 3. 종합상담 | • 시범사업 참여 관련 개인정보제공 동의서(공단용) 확보<br>• 복지욕구 상담 및 보유자원 파악<br>• 필요 서비스 확인<br>• 사통망 연계를 통한 정보 확인 | 〈지자체〉<br>– 행복e음 자료확인, 센터에서 확인 요청 시 확인, 회신 |
| 4. 서비스 적격성 심의 및 서비스 이용 계획 수립 | • 서비스 적격성 심의<br>• 사례회의: 장애심사결과를 반영하여 서비스 이용계획(심의용)을 작성하여 논의<br>• 서비스 위원회: 긴급하고 복잡한 사례에 대하여 다층적 개입이 필요한 경우 개최<br>• 서비스 이용계획 수립<br>• 이용자와 협의하여 서비스 이용계획 수립 | 〈지자체 및 서비스 제공기관〉<br>– 사례회의 또는 서비스위원회 참여 |
| 5. 서비스 연계 – 이용 | • 서비스 정보제공<br>• 서비스 연계 의뢰 | 〈지자체, 서비스 제공기관〉<br>– 서비스 연계의뢰 접수 및 제공 |
| 6. 모니터링 및 사후관리 | • 서비스 이용 및 제공에 관한 모니터링 실시<br>• 필요시 이용자에 대한 추가상담 내지 기관에 협조 요청 등 사후관리 실시 | 〈지자체, 서비스 제공기관〉<br>– 모니터링 응대 |

〈표 5-4〉 장애인서비스센터 시범사업의 강점과 한계

| 강점 | 한계 |
|---|---|
| • 장애인복지 서비스의 전문성과 통합성<br>• 종합적 욕구사정에 근거한 서비스 연계<br>• 신규등록장애인에 대한 서비스 욕구사정과 서비스 연계강화 | • 중앙 수준의 관련부처와 연계, 조정, 통합에 대한 논의 부족<br>• 장애서비스센터와 지자체와의 연계관계에 대한 고려 부족<br>• 서비스 자격결정 후 서비스 이용을 보장하기 위한 민간 서비스 제공기관 참여 유도방안 미비 |

〈표 5-5〉 국민연금공단 장애인 사례관리의 발달장애인 거점지원기능으로서의 강점과 한계

| 강점 | 한계 |
|---|---|
| • 전국적인 전달체계 망이 가능함<br>• 행복e음망 등의 정보접근이 용이함<br>• 장애인 진단과 활동지원제도와 연계한 서비스 가능<br>• 기존 시범사업 등을 통한 센터에 대한 간접적인 노하우 축적 | • 현재 전문성, 인력구성의 단편성으로 단순한 모니터링만 가능하여 사례관리 전문성이 떨어짐<br>• 현재 중증장애인 대상 서비스로만 한정<br>• 조직의 주된 사명이 노후보장이라는 점 |

### (3) 장애인복지관의 지역사회 재활사업

장애인복지관은 「장애인복지법」 제58조에 규정된 장애인 지역사회 재활시설로서 장애인을 전문적으로 상담 · 치료 · 훈련하거나 장애인의 일상생활, 여가활동 및 사회 참여활동 등을 지원하는 시설로 분류된다.

장애인복지관은 지역사회 가정 내에서 생활하고 있는 장애인을 대상으로 장애의 사정과 평가(진단판정), 심리사회, 직업재활, 교육재활, 의료재활, 재가복지 서비스 등 장애인의 지역사회생활에 필요한 종합적인 재활 서비스를 제공하고 장애인에 대한 사회적 인식개선사업을 수행하는 지역사회 재활시설이다.

장애인복지관의 기능과 이용절차는 다음과 같다.

- 발달장애인과 그 가족이 장애인복지관을 이용하기 위하여 서비스 접수를 하게 되면, 서비스 이용욕구와 이용자 자격 여부를 결정하기 위한 초기면접을 수행한 후에 의료 · 교육 · 직업 · 심리사회 영역에 대한 전문평가를 실시하고 종합판정을 포함한 사후지도를 받게 되며, 궁극적으로 사회통합이라는 대의를 달성하는 것으로 되어 있다.
- 물론, 초기면접을 통해 여타의 서비스를 연계할 수 있고, 장애예방 및 홍보, 재활자료 보급 및 시설활용, 조사연구, 지역사회자원조직 및 활용하는 기능도 수행한다.
- 이러한 서비스 이용 과정은 이상적으로 진행된다면 발달장애인과 가족의 개별적 욕구에 부합된 서비스를 적절하게 연계할 수 있는 거점기관의 핵심적 과정과 기능을 갖추고 있다고 볼 수 있다.

- 장애인복지관의 구조가 사례관리가 중시되는 구조이기는 하지만 실제 복지관의 사업구성을 보면 공급자 중심의 프로그램 서비스가 많은 구조로, 지원계획의 수립과 서비스의 연계와 조정이 중심이 되는 거점센터로서의 기능전환이 실제로는 용이하지 않을 가능성이 있다.
- 대부분 민간기관이 장애인복지관이 거점센터가 될 경우에 행복e음망 등 공공정보를 활용하는 데 별도의 장치가 필요하다.

〈표 5-6〉 장애인복지관의 발달장애인 거점지원기능으로서의 강점과 한계

| 강점 | 한계 |
|---|---|
| • 사례관리 서비스를 주된 서비스로 하고 있음<br>• 아동, 성인을 아우르는 다양한 발달장애인 서비스를 이미 진행하고 있어서 연계 가능성이 큼<br>• 이용률과 이용자 만족도가 높음<br>• 이미 많이 설치된 보편화된 서비스 전달체계이므로 추가설치 부담이 적음<br>• 사례관리에 특화된 기술을 지닌 사회복지사가 충분히 확보되어 있음<br>• 앞에서 제시한 발달장애인 거점지원센터의 기능을 대부분 포괄할 수 있음 | • 진단 및 판정, 재활치료, 의료 서비스 전문가가 충분하지 않아 인력 확보가 필요하거나, 외부 연계가 더욱 요구됨<br>• 시설의 수에서 지역 간 편차가 존재함<br>• 장애인복지관마다 그 기능에 편차가 존재함<br>• 대부분 민간기관으로 행복e음망 등의 공공정보를 이용하기 어려운 면이 있음 |

### (4) 장애아동지원센터의 복지지원과 사례관리

2011년 「장애아동 복지지원법」이 제정되었다. 이 법의 제8조와 제9조에는 장애아동복지지원을 실현할 전달체계로 장애아동지원센터가 제시되어 있다. 이 법에는 '중앙장애아동지원센터'는 보건복지부장관에 의해 둘 수 있도록, '지역장애아동지원센터'는 지자체장에 의해 둘 수 있도록 규정하고 있다. 장애아동지원센터의 역할과 기능은 발달장애인 지원센터와 대상이 확대되고 기능에서는 유사한 전달체계일 수 있다.

「장애아동 복지지원법」에 의하면, 중앙아동지원센터는 장애아동의 복지지원에 대한 조사, 연구, 지역장애아동지원센터에 대한 평가 및 운영지원, 장애아동 복지지원 정책에 관한 정보 및 자료 제공, 장애아동의 장애유형별 지원 프로그램 개발, 가족지원 업무 수행기관에 대한 운영지원 및 평가, 지역사회 내 복지지원 관련 기관에 대한

정보의 수집 및 제공을 하는 역할 등을 하도록 규정되어 있다.

지역장애아동지원센터에서는 장애의 조기발견을 위한 홍보사업, 장애아동의 복지지원을 위한 정보나 자료 제공, 장애아동과 가족에 대한 복지지원 제공기관 연계, 장애아동사례관리, 장애아동과 가족을 위한 가족상담 및 교육 실시 등의 업무를 수행하게 되어 있다.

이 센터의 설립이 '임의조항'으로 되어 있어, 그 실시 여부와 전국적인 전달체계로서의 역할을 언제 할 수 있는지가 유동적이다. 따라서 '장애아동지원센터'를 중앙과 지방에 충분하게 갖추기 위해서는 상당한 공공의 투자가 있어야 할 것이다. 그리고 센터의 대상이 장애아동에 초점이 맞추어져 있어서, 서비스 사각지대에 놓여 있는 발달장애인의 복지지원이나 사례관리 기능을 담당하기 위해서는 별도의 전달체계에 의존하거나 법 개정이 요구된다는 한계가 있다.

〈표 5-7〉 장애아동지원센터의 발달장애인 거점지원기능으로서의 강점과 한계

| 강점 | 한계 |
|---|---|
| • 「장애아동 복지지원법」이라는 근거법령의 존재<br>• 법령 속에 발달장애인 복지지원과 관련한 포괄적 기능이 제시되어 설립만 된다면 다양한 기능을 수행할 수 있는 콘텐츠의 확보<br>• 발달장애인 거점지원센터의 기능을 대부분 포괄할 수 있어서 발달장애인의 거점센터로서의 기능도 같이 수행할 수 있음 | • 보건복지부장관이나 지자체장이 설립할 수 있다는 임의조항으로서의 한계<br>• 중앙과 지역별 거점지원센터로 전국적인 망을 갖추기 위한 예산확보의 어려움<br>• 장애아동지원제도로서 복지지원의 사각지대에 있는 성인 발달장애인에 대한 지원에 대해서는 별도의 대안 마련이 필요함 |

## 2) 외국의 발달장애인 지원센터

### (1) 미국 캘리포니아 리저널 센터(Regional Center)

리저널 센터는 미국 캘리포니아 주의 독특한 서비스기관으로 주정부 산하의 발달장애국의 재정지원으로 운영되는 민간비영리기관이다. 리저널 센터에서는 발달장애인과 그 가족을 위한 허브기관으로 이들을 대상으로 진단, 자격평가, 지원계획, 개입 그리고 서비스를 조정·지원하고 있으며, 이들 서비스는 주로 연방정부, 주정부, 지역정부, 민간부문 지원그룹과 자원봉사자를 통해서 제공된다.

리저널 센터에는 직접적으로 서비스를 제공하지는 않으며, 모든 서비스는 서비스 제공기관에 의뢰하거나 이들 기관에서 서비스를 구매하여 대상자에게 제공한다. 진단 및 자격평가는 서비스 신청자에게 무료로 제공되며, 일단 서비스 자격이 부여되면 대부분의 서비스는 연령과 소득에 관계없이 무료로 제공된다. 다만, 가정 외의 장소에서 24시간 돌봄을 받을 경우에는 부모의 경제력에 따라 비용을 부담시키기도 한다. 리저널 센터의 대상은 센터의 적격 여부를 거쳐 센터의 적격자로 판명된 개인과 가족이 그 대상이 되며, 센터의 대상으로 일단 판명되면, 센터에서는 평생 동안 발달장애인에게 서비스를 제공한다. 주 대상층은 0~3세 미만의 미취학 아동기와 22세 이상의 성인이다. 3~22세의 학령기에는 교육기관인 학교가 발달장애인에 대한 1차 서비스기관이 된다.

발달장애인이 학교에 다니는 동안은 학교와의 중복 프로그램은 지원하지 않는데, 이는 고유한 전문 서비스 영역을 정립함으로써 서비스의 질적 수준을 높여 자원을 효율적으로 배분하여 활용한다는 서비스 특화의 측면에서 의의가 있다. 방과 후에 학교나 가정에서 발달장애인에게 반드시 필요한 프로그램은 센터에서 지원해 주고 있다. 이러한 프로그램으로는 언어치료나 행동치료 등 현실적이고 보완적인 것이다.

리저널 센터의 주요 사업은 발달장애인에 대한 진단, 평가, 상담, 개인별 평생계획 수립과 서비스 통합, 개별지원 프로그램 계획안에 입각하여 필요한 서비스의 매입, 가용자원의 개발, 지역사회활동, 지역사회와 연계된 적절한 프로그램 개발과 활용, 장애인 권리옹호, 조기중재, 가족지원, 가정 이외에서의 24시간 계획, 배치, 모니터링, 발달장애인 및 그 가족에 대한 교육기회 제공, 발달장애에 대한 지역사회 교육 등 발달장애와 관련된 거의 모든 프로그램을 지원하고 있다.

센터는 직접 서비스를 제공하지 않는 대신 서비스를 연계하는 관리부서로서의 역할을 주로 수행하고 있다. 대표적인 방식으로 서비스 구매계약(민간의 서비스 전문 프로그램, 예를 들면, 그룹 홈, 조기유아교육 프로그램, 성인의 독립생활기술 프로그램, 행동치료 프로그램 등과 계약을 맺는 일종의 비즈니스)을 통하여 욕구가 있는 발달장애인에게 서비스를 제공하고 있으며, 이를 통해 서비스의 전문성과 발달장애인의 프로그램 선택권을 보장한다.

리저널 센터의 서비스 구매계약은 정부조직이 갖는 비효율성에 비해 소규모 민간기관이 가질 수 있는 융통성과 전문성을 살릴 수 있으며, 서비스의 효과성과 효율성을 높일 수 있는 제도로 평가받고 있다.

센터가 제공하는 모든 서비스는 사례관리자를 통하여 관리된다. 사례관리를 통한 개인별 지원계획 외에 센터에서는 개별화 프로그램 계획(IPP: Individualized Program Plan)을 연령별로 수립하여 운영하고 있다.

계획 수립 후 0세부터 3세까지는 1년마다, 그 외의 사례는 3년마다 개별화 프로그램 계획(IPP)을 수정 · 보완한다. 그러나 언제라도 발달장애인의 요구나 사례관리자의 판단에 의하여 개별화 프로그램 계획(IPP)의 변경이 필요하다고 판단되면 위원회의 결정을 거쳐 언제든지 개별화 프로그램 계획(IPP)을 변경할 수 있다. 일반적으로 한 명의 사례관리자가 50~60개의 사례를 담당하며, 발달장애인의 개별적 욕구에 적합한 프로그램을 찾아서 연결시켜 주기 위해 최선을 다한다.

리저널 센터에서는 사례관리를 통해 개별 맞춤형 서비스를 기본으로 하지만 그 외에도 필요한 서비스 개입, 가용자원의 개발, 지역사회활동, 지역사회와 연계된 적절한 프로그램 개발과 활용, 장애인 권리옹호, 조기중재, 가족지원, 가정 이외에서의 24시간 지원계획, 배치, 모니터링, 발달장애인 및 그 가족에 대한 교육기회 제공, 발달장애에 대한 지역사회 교육 등 발달장애와 관련된 거의 모든 프로그램을 지원한다.

리저널 센터에서 수행하는 주요 사업은 다음과 같다.

### ● 리저널 센터 주요 사업

- 사정과 평가
- 정보제공과 의뢰 서비스
- 평생지원
- 건강유지와 잘 지냄
- 훈련과 자원개발
- 옹호활동
- 프로그램 평가와 모니터링
- 공공교육
- 발달센터, 지역사회 배치
- 사법적 문제에 관련된 고객에 대한 예방 · 개입
- 조기개입과 가족지원
- 유아발달과 유치원 서비스
- 성인을 위한 주간 프로그램
- 주거시설
- 자립생활기술훈련
- 자립생활, 지원생활
- 고용 프로그램
- 가족휴식지원

### (2) 미국 일리노이 주 생애주기별 서비스기관(Pact)

Pact는 약칭이 아니라 합의나 계약을 의미하는 명칭이다. Pact는 1981년 장애가 있는 자녀의 미래를 걱정하는 부모가 자녀를 돌볼 수 없는 처지에 놓인 장애자녀에게 필요한 서비스나 후견인이 되어 주고자 하는 목적으로 설립된 기관이며, 발달장애인의 생애주기별 서비스기관이다. Pact 설립의 궁극적인 가치는 각 개인의 인간의 존엄성에 근거하며, 이러한 신념이 끊이지 않고 발현될 수 있도록 장애인 당사자와 가족 그리고 지역사회의 이익에 공헌하는 것을 목적으로 설정하고 있다.

일리노이 Pact기관의 가치와 목적 및 주요 사업과 프로그램은 다음과 같다.

#### 1 가치

- 장애를 가진 개개인은 만족스러운 선택과 차별로부터 자유롭고 풍요로운 삶을 선택할 수 있는 권리가 있다.
- 가족과의 협력을 존중한다.
- 모든 사람이 광범위에 걸쳐 재능과 능력, 가능성, 기술자원, 그리고 야망을 갖고 있음을 존중한다.
- 공감과 정직, 그리고 전문성을 동반한 존중감을 갖고 사람들에게 서비스를 제공한다.

#### 2 목적

- 장애인 개개인에게 주정부와 해당 지역의 공적 · 사적 서비스를 조정해 주고 장애를 가진 사람의 특별한 욕구해결을 위해 적극적인 옹호활동을 전개한다.
- 일리노이 주의 가족을 지원하고, 전문가에게 신탁하고 대변인으로서의 서비스를 제공한다. 그리고 여타의 전문가들에게 장애를 가진 사람의 현재와 미래의 욕구에 대해 조언한다.
- 옹호, 후견인, 수탁과 개별적인 재정 지원활동을 하며, 이전에 장애를 가진 소비자의 특별한 욕구와 사례조정이 일치될 수 있도록 관리한다.
- 가족들과 개개인의 서비스를 탐색하는 개개인과 신탁기관 그리고 개개인이 최대한 독립적이고 적절한 지원을 획득할 수 있도록 여타의 다른 전문가들과 공

동협력한다.

- 삶의 질을 향상시키기 위해 가족과 전문적인 자원 그리고 여타의 다른 지원이 극대화되도록 서비스를 디자인한다.

### 3 주요 사업과 프로그램

- 영유아기 아동과 가족의 연계 서비스(사전면접, 스크린, 관심 분야에 대한 평가, 자격 적격성 판별, 서비스 연계, 지역사회자원과 정보 연계, 다른 부모와의 연계, 부모를 위한 발전적인 자원, 조기교육이나 학교교육을 위한 전환정보와 지원
- 생애주기 서비스(자기옹호, 후견인에 의한 보호, 부모 사후 유산 관리 등의 재정 후원), 대상자 개발 및 서비스 안내, 주거지원, 재정적 · 법적 도움, 사회적 문제, 여가생활, 자기 위생 등
- 예방적 차원에서 당사자에게 투약관리가 잘되고 있는지, 다른 사람에게 피해받고 있지는 않은지, 모니터링과 안전 확인
- 지역사회 서비스 및 서비스 연계 사업

#### (3) 일본의 발달장애인 지원

일본의 발달장애인지원법에서는 조기발견, 발달지원을 시행하는 데 필요한 국가와 지방공공기관의 책무, 발달장애인의 자립과 사회참여에 필요한 지원 등을 명문화하고 있다. 특히, 법에서는 발달장애인의 자립과 사회참여에 필요한 지원 등을 명문화하고 있다. 또한, 발달장애인 지원센터의 설립 등 이후 시책으로 이어지는 내용도 포함되며, 장애의 조기진단, 의료, 교육, 취로 상담제도 등에 대한 발달장애인 지원 시스템의 체계적인 구축을 목표로 한다.

● 일본 발달장애인지원법 관련 조항 내용

제14조(발달장애인 지원센터 등)

① 도도부현지사는 다음에 열거하는 업무를 사회복지법인 등 정령으로 정하는 법인으로서 해당 업무를 적정하고 확실하게 실시할 수 있다고 인정하여 지정한 자(이하 '발달장애인 지원센터'라 한다)에게 실시하게 하거나 또는 직접 실시할 수 있다.

1. 발달장애의 조기발견, 조기의 발달지원 등에 이바지하도록 발달장애인 및 그 가족에게 전문적인 상담 및 조언을 하는 업무
2. 발달장애인에 대한 전문적인 발달지원 및 취로지원 업무
3. 의료, 보건, 복지, 교육 등에 관한 업무를 실시하는 관계 기관, 민간단체 및 이에 종사하는 자에게 발달장애에 관한 정보제공 및 연수를 하는 업무
4. 발달장애에 관한 의료 등의 업무를 실시하는 관계 기관 및 민간단체와의 연락조정

일본의 발달장애인 지원센터 업무 내용은 다음과 같다.

## 1 당사자 및 가족에 대한 지원

- 상담지원: 일상생활에 관한 여러 가지 상담에 대응
- 지역지원
  - 복지제도와 그 이용방법으로 여러 욕구에 대응한 정보를 제공하고 필요시 타 기관과의 연계
  - 가정, 학교, 시설, 직장에 있어 발달장애인 본인과 그 가족에게 보다 나은 서비스가 제공될 수 있도록 주변의 관계 정비
  - 지원자에게는 장애인 대응방안, 소통, 과제정리 방안 등 구체적인 자문과 컨설팅 제공

## 2 진료

- 마음의 문제를 가진 아동과 발달장애아에 대해 의사가 진료 시행
- 단기 케어, 등교 거부 혹은 마음의 문제 등 사회에 적응하기 어려운 아동에 대해서 단체활동, 여가지원 등을 제공하여 사회생활을 바탕으로 필요한 생활기술과 적응력을 키움

### 3 시, 정, 촌 및 관계시설과의 네트워크

- 시, 정, 촌 지원, 발달장애아 등에 대한 효과적인 교육과 치료를 위하여 지역의 의료, 보건, 복지, 노동 등에 관련한 지역지원 시스템을 구축
- 발달장애인 지원과 관련한 관련 시설 및 단체와 연대

### 4 보급계발, 연수

- 발달장애인이 지역에서 살아갈 수 있도록 장애 내용과 특성, 대응방법 등에 관해 일반 지역주민(기업, 가족, 학교, 관련 기관 등)을 대상으로 강좌 등을 개최
- 사회복지시설, 학교, 행정기관 등 지원자를 위한 실천 연수

이상의 내용을 정리하면, 발달장애인을 위한 센터는 법적 근거를 갖고 국가의 재정지원을 통해서 운영되고 있지만 주정부나 지자체의 차원에서 정부가 직접 운영하기보다 민간기관에 위탁하여 운영되고 있다는 공통점이 있다. 또한, 센터의 기능은 미국의 경우 직접적 서비스를 제공하는 비율은 극히 낮고 대부분 상담과 사례관리를 통한 개별지원계획에 입각하여 지역의 자원을 개발 · 연계하며, 조정하는 역할을 수행하고 홍보와 교육도 중시하고 있다. 일본의 경우에는 재택지원과 취업지원 등의 직접적 서비스도 제공하고 있으나 상담과 정보제공 및 서비스 의뢰 등의 간접 서비스와 연계 및 조정의 서비스에 역점을 두고 있다.

## 4. 발달장애인 지역사회시설에서의 직업재활 서비스

발달장애인 지역사회재활시설은 지역의 특성과 장애인복지욕구를 고려하여 심리사회교육직업 등 장애인을 전문적으로 상담 · 치료 · 훈련하거나 장애인의 일상생활, 여가활동 및 사회참여활동 등을 지원하는 시설을 의미한다.

발달장애인 직업재활시설은 일반 작업환경에서는 일하기 어려운 장애인이 특별히 준비된 작업환경에서 직업훈련을 받거나 직업생활을 할 수 있도록 하는 시설로서, 장애인이 자신의 능력과 적성에 맞는 직업생활을 통하여 인간다운 생활을 할 수 있도록

장애인 직업재활과 관련된 제반 서비스를 제공하는 취업기회를 제공함으로써 직업을 통한 장애인의 자활 자립을 도모하는 데 목적이 있다.

### ● 중증장애인 직업재활시설

일반 작업환경에서 일하기 어려운 장애인이 특별히 준비된 작업환경에서 직업훈련을 받거나 직업생활을 할 수 있도록 하는 시설이다. 작업능력이 극히 낮은 장애인에게 주기능으로 작업활동, 일상생활훈련 등을 제공하여 기초작업능력을 습득시키고, 부기능으로 작업능력평가 및 사회적응훈련 등을 실시한다.

- **장애인보호작업장**: 직업능력이 낮은 장애인에게 직업적응능력 및 직무기능 향상훈련 등 직업재활훈련 프로그램을 제공하고, 보호가 가능한 조건에서 근로의 기회를 제공하며, 이에 상응하는 노동의 대가로 임금을 지급하며, 장애인근로사업장이나 그밖의 경쟁적인 고용시장으로 옮겨갈 수 있도록 돕는 역할을 하는 시설
- **장애인근로사업장**: 직업능력은 있으나 사회적 제약 등으로 취업이 어려운 장애인에게 근로의 기회를 제공하고 최저임금 이상의 임금을 지급하여 경쟁적인 고용시장으로 옮겨갈 수 있도록 돕는 역할을 하는 시설

발달장애인 등 중증장애인 직업재활시설이 가지고 있는 제약은 다음과 같다.

첫째, 근로작업시설과 보호작업시설에서는 작업능력이 우수한 장애인에 대하여 외부업체로 고용전환을 시켜야 함에도 불구하고 현실적으로 그러하지 못하다. 그 이유는 작업능력이 우수한 장애인이 외부로 전환되면 현장에서 작업생산성에 차질을 빚게 되어 정형화되어 있는 장애인 임금에 영향을 받기 때문이다. 현실과 제도가 서로 상충된다고 할 수 있다.

둘째, 작업활동시설에서는 시설의 역할이 명확하게 정립되어 있지 않아 현실적으로 많은 차이를 보인다. 그 대표적인 것이 작업활동시설임에도 불구하고 생산성에 집중하여 보호작업시설보다 장애인에게 더 많은 임금을 지급하고 있는 곳도 존재한다. 임금을 많이 지급하는 것이 잘못된 것이 아니라 생산성에 치중한 나머지 실질적인 시설의 역할을 놓치고 있기 때문이다. 또한, 시설을 이용하는 중증장애인은 자원의 제한을 심각하게 받고 있다.

이와 더불어 직업재활시설이 갖고 있는 제한성도 문제지만 이용 장애인을 중심으로 제기되는 문제는 다음과 같다.

첫째, 상위시설 목표로의 전환이 현실적으로 제한적이다. 보호작업시설이나 타 시설로의 전환을 모색하지만 실제 각 시설이 이용자 대기 상태에 있어 적합한 시설로 전환이 원활하게 일어나지 않는다. 전환이 간혹 연결된다 하여도 타 지역으로 이동해야 하는 불편과 중증장애인의 자기 생활기반 안에서의 적응이라는 효과성에 문제를 안게 된다.

둘째, 시설의 역할이 공식적으로 자원에 한정하지 않고, 가족과 지역사회 내에서 비공식적이고 자연적인 지지체계로 개방적일 수 있도록 시설 기능이 지역사회로 확대되어야 한다.

중증장애인의 지역 활동을 가능하게 하는 조건으로서 당사자의 지역사회 능력향상과 더불어 가족과 지역사회의 네트워크 지원 시스템이 개발되어야 한다.

## 5. 발달장애인 부모역량강화를 통한 작업활동

현재 직업재활시설이 갖고 있는 다양한 문제 상황에서 대안적 방안으로서, 부모(보호자)와 함께하는 발달장애인 작업활동시설 운영을 고려할 수 있다.

### 1) 부모 중심의 자조적인 운동 전개 과정

부모를 중심으로 하는 자조적인 운동의 전개 과정에 대하여 알아보면, 시작의 배경은 공통된 문제점에서 출발한다. 정부의 장애인복지예산이 충분히 미치지 못하고, 지역에서 제도권의 공식 시설이 중증장애인의 장기적인 욕구체계를 지원하기에 취약한 상황에서 사회적으로 부족한 기능을 보완하기 위해 직접 발 벗고 나선 것이 계기가 된다.

● 부모 중심 작업장의 설치와 운영사례 소개

부모 중심 작업장의 설치와 운영사례는 운영 형태면에서 크게 일반적인 민간 사업자처럼 사업장을 설치하는 방안과 법 제도권 내에서 직업재활시설을 설치하는 형태, 일정한 공식 시설로 인정받을 수 있는 요건을 갖추어 가는 중간 과정에 위치하는 형태가 있을 수 있다.

**1. 사업자 형태**
서비스업으로 식당부터 농장, 제조업 공장, 재활용사업에 이르기까지 다양한 사업직종에 걸쳐 예를 찾을 수 있다.

**2. 직업재활시설 형태**
중증장애인이 지역에서 안정된 직업재활을 보장하기 위해서 가장 선호하는 시설종류가 보호작업이나 작업활동시설이다. 신고시설을 운영하기 위해서는 법에 근거한 기본적인 작업장의 규모나 인력, 운영에 대한 기준조건이 충족되도록 계획을 수립해야 한다.

**3. 소규모 부모 자조단체 작업작업장**
장애인복지관이나 시설에서 부모모임을 조직화하고 지역사회에 작업장을 개설하거나 준비하고자 하는 움직임이 증가하고 있다. 이들 사례는 목적기금으로 작업장을 설치하고 자치운영에 필요한 수입구조를 마련한다. 수입구조는 회원들의 회비, 작업수익, 프로포절을 통한 외부지원금, 후원회비, 바자회를 통한 수입으로 운영된다. 이러한 구조는 자발적인 운영형태로 바람직하다고 할 수 있으나 장기적인 운영재원의 소요와 회원들의 고령화에 따른 경제능력 상실을 고려한다면 현실적으로 공식적인 제도권 내 운영구조로 전환이 요구된다.

### 2) 공동적인 전개 과정의 특징

첫째, 부모 중심의 작업장을 설치하는 데 필요한 목적기금으로서 현금이나 부동산을 확보한다.

둘째, 설립준비위원회 혹은 설립추진위원회와 같이 조직적인 실행을 위해 구체적으로 계획을 갖고 추진한다.

셋째, 지역사회의 다양한 전문가와 연대관계를 갖고 상호 협력한다.

넷째, 장기적인 계획을 수립하여 단계적인 발전 과정을 거친다.

다섯째, 다년간의 경험을 통해 상호 신뢰성을 높여야 한다.

이런 특징들이 가장 기본적인 구성요소가 될 수는 있지만, 모든 지역의 부모회 활동에서 단일하게 적용되는 것은 아니다. 각 부모조직의 능력과 조건, 구성원들의 합의 수준과 경험이 상이하게 작용되기 때문이다.

### 3) 현실적인 과제

부모 중심의 작업장 설치와 운영은 부모조직의 개별적 능력과 조건상황에 따라 매우 다른 문제가 된다. 소규모의 부모자조단체가 전문적인 운영능력과 안정된 조건을 확보하기 위해서는 운영재원과 기술이 높아야 한다. 하지만 어떤 체계도 단독적인 능력만으로 모든 문제를 해결하면서 살아갈 수는 없다.

부모 중심이라는 의미는 작업장 설립단계에서 부모의 주체적이고 직접적인 참여역할을 강조하는 의미로 해석해야 할 것이다. 부모의 역할이 주체적인 참여자로서 각자 스스로 책임감을 가지고 자원을 동원하여 작업장을 설립하고 그것을 현실적으로 어떻게 운영하고 발전적인 운영 유지를 지속할 수 있는지가 중요하다. 그 가능성은 부모회원 집단의 설립추진 역량과 유지능력 정도에 달려 있다.

위에서 살펴본 경우에는 일정한 공간이 요구되며, 목적기금이 필요하다. 목적기금은 회원들의 회비가 매월 또는 어느 시기에 한꺼번에 필요하지만 그렇게 경제력이 많지 않은 부모는 접근조차 할 수 없는 것이 현실이다. 처음 모임을 같이 하다가 목적기금이라는 벽에서 부딪혀 무너지는 예는 실제로도 많이 있다. 따라서 가정형편이 어려운 이들에게는 '넘어야 할 장벽'처럼 인식되는 것이 오늘날의 현실이기도 하다.

현재 복지관이나 직업재활시설(작업활동시설)을 이용하는 장애인의 방식은 복지관이라는 일정한 공간에 아침에 와서 선생님 또는 봉사자와 함께 프로그램을 하는 것이다. 일부 작업이라는 것을 통하여 작업기능의 향상을 올리는 경우도 많이 있지만, 실제 작업이 무의미한 중증의 발달장애인도 많다. 따라서 부모의 역량강화와 봉사자 집단의 체계화와 역량강화를 통하여 이들이 복지관 또는 생활시설에서 벗어나 프로그램을 하는 곳에서 만나 이용하게 된다면 실제적인 종결이라는 공포에서도 벗어나고 지역사회에서 살아가는 데 큰 도움이 되리라 생각된다.

### 4) 가족역량강화와 자원조직에 의한 지역사회 활동

첫째, 복지관이나 생활시설에서 접근되는 부분들이 담당자의 직접적인 참여 또는 봉사자의 참여로 프로그램을 진행하는 것으로 역할을 축소하여 본다면 그러한 것을 가족이나 봉사단체의 역량강화를 통하여 이루어지게 하는 방법, 즉 가족과 봉사자를 준전문가로 활동할 수 있도록 역량을 강화하고, 담당자는 조정, 관리영역, 간접적인 서비스로 이루어진다면 보다 많은 장애인이 이용할 수 있으며, 이용기간에 대한 부모의 불안감 해소, 봉사자의 참여만족 등을 이룰 수 있을 것이다. 그러나 담당자와 봉사자, 가족은 출발점이 다르다. 그러므로 서로 다른 수준을 어느 정도로까지 올릴지 목표를 정하고 교육하고 훈련하는 것이 좋다.

둘째, 먼저 선행되어야 하는 것은 부모모임의 결성이다. 이를 통하여 상호 간의 신뢰성을 높이고 타 자녀에 대하여 서로 이해할 수 있도록 해야 한다. 하지만 이렇게 하기 위해서는 많은 시간이 소요된다. 그 이후에는 프로그램에 참여하여 직접 진행도 해 보도록 한다. 실제적인 경험을 해야 더 나은 방향으로 진행할 수 있기 때문이다. 동시에 부모의 역량강화를 위하여 많은 교육에 참가한다. 이는 외부 전문가의 강의를 듣고 요약하고 나눔을 가지면서 서로의 부족분을 채우는 형태를 만드는 것이다. 한 가지 어려운 점은 그렇게 합의를 하고 시작하였지만 실제로 투입되는 부분에 두려움이나 책임을 지고 활동을 해야 한다는 부담감을 가지고 적용하는 데 한계를 보일 수 있다는 것이다.

셋째, 봉사자는 사회복지를 전공하는 학생과 관심이 있는 학생을 대상으로 하여 동아리 형태로 모임을 결성하는 방식도 있다. 동아리 형태로 결성하는 것은 흔히 학교에서 동아리가 운영되는 원리와 같이 운영되는 것이 좋다. 왜냐하면, 회원이 변화되어도 동아리의 정신이 이어져 실제적 활동이 가능하기 때문이다. 본인이 '좋다'라는 감정이 들면 다른 후배나 친한 사람을 동아리 회원으로 활동하게 하는 기회가 된다. 사회복지를 전공하고 있는 학생에게는 학교에서 공부한 것을 실제로 적용해 볼 수 있는 기회가 되기도 한다. 전공하지 않는 학생에게는 봉사의 기회가 제공된다는 장점이 있다. 동아리 하나만으로 운영하기에는 어려움이 있어 일반 취미 모임(예를 들어, 등산, 취미모임, 수영모임 등)을 연계하여 지속적으로 자신의 분야에 맞게 봉사를 할 수 있도록 하는 방법이 같이 필요하다.

넷째, 위에서 언급한 두 집단을 상호 교류성이 높도록 연계를 하는 것이다. 두 집단이 서로를 이해하고 자신이 수행하는 활동에 대해 확인(약속, 계약 등)을 하는 과정이 필요한 것이다. 이 과정을 통하여 얼굴을 익히고 활동을 하면서 의사소통을 원활히 할 수 있을 것이다. 물론, 세 번째의 과정은 첫 번째, 두 번째와 동시에 진행될 수도 있다. 이는 상황과 환경 및 여건에 따라서 다를 수 있다.

이상의 내용을 정리하면, 성인 장애인이 편안하게 지역사회에서 살아갈 수 있는 기반을 형성하기 위해서는 기존의 생활시설 혹은 지역사회복지관과 전문가에게만 의존하는 일은 없다. 부모가 당사자로서 문제를 제기할 뿐만 아니라 스스로 자원이 되고, 문제해결을 위해 자발적인 책임과 회원들 모두가 나누어질 때 그 가능성이 열리게 되는 것이다. 또한, 각 시설이 본연의 역할을 충실히 수행하는 것은 기본적인 것이며, 그 외에 사례관리 측면에서 장애인이 지역사회에서 살아가는 방식에 도움이 될 수 있도록 방안을 마련하는 것이 필요하다.

다음의 사례는 현재, 지역사회복지관에서 진행하고 있는 발달장애인 부모역량강화 프로그램 내용의 일부이다.

### ● 프로그램 사례

1. 사업소개

부모자조활동과 자원조직 네트워크를 통한 지역활동 지원 프로그램(개별네트워크 지원계획)

2. 목적

개별 장애인의 욕구에 따라 가족과 지역사회 자원조직을 연계하는 네트워크 회합을 통해 지역활동 참여에 대한 지원계획과 역할 협력을 조직화하고 지속적인 활동 참여의 가능성을 확대한다.

3. 필요성

중증장애인은 지원의 정도가 높게 필요하고 계속적인 지원 형태가 요구된다. 지역사회 중심의 접근에서는 본인의 지역사회 적응기술의 강화와 동시에 다양한 지역사회 지원체계의 옹호가 필수적이다. 부모자조활동과 자원조직 네트워크 회합을 통한 개인별 지원계획은 지역사회 활동에 참여하는 데 필요한 자원역할을 계획하여 협력체계를 갖추기 위함이다.

4. 운영내용

- 참여조건
  - 본인과 가족, 자원조직의 역할 참여의사와 동의에 의해 개별 또는 집단활동이 계획된다.
- 진행내용
  - 본인의 지역활동 욕구 파악 및 유형화
  - 지역활동기능에서 강점과 제한성을 묘사하여 개별화된 지원방안 모색
  - 개별 또는 집단으로 유형화된 욕구별로 지역활동에 필요로 하는 지원의 관계를 분류하여 계획한다(장소, 시간, 지원역할 분담, 지원의 강도와 내용 기술서)
  - 개별 네트워크 지원계획에 대해 의사결정을 마치면 참여자 각각 동의 서명하고, 사본을 배부하여 수행역할을 숙지하도록 한다.
  - 네트워크 구성원들의 소속감과 참여적인 관계성을 증진하도록 지원한다.
- 기대효과
  - 중증장애인의 지역사회생활을 옹호하는 환경조건 조성
  - 가족과 지역자원조직의 참여자적 역할 증진
  - 중증장애인의 지역사회생활 지원모델 연구 강화
  - 사례연구 발표를 통한 전문성 배양

# 6. 발달장애인을 위한 지원정책(국내외 사례)

## 1) 한국의 서비스 지원

「발달장애인 권리보장 및 지원에 관한 법률」상의 지원 내용은 다음과 같다.

- 자기결정권의 보장
- 의사소통지원
- 조기진단 및 개입
- 고용 및 직업훈련지원
- 소득 보장
- 책무
- 자조단체결정 및 활동지원
- 재활 및 발달지원
- 문화예술 여가 체육활동 등 지원
- 거주시설, 주간활동, 돌봄지원
- 보호자에 대한 정보제공 및 교육, 상담지원
- 휴식지원
- 발달장애인 지원센터

〈표 5-8〉 발달장애인 생애주기별 정책영역 및 서비스 지원 내용

| | 영유아기 | 아동 청소년기 | 성인기 이후 중 · 노년기 |
|---|---|---|---|
| 진단 및 판정 | • 진단비 및 검사비 지원 | • 진단비 및 검사비 지원 | • 진단비 및 검사비 지원 |
| 보육 및 교육 | • 장애아보육지원<br>• 여성장애인 홈헬퍼지원<br>• 장애아 가족 아동양육지원 | • 장애아보육지원<br>• 장애아 가족 아동양육지원<br>• 장애인 자녀 학비지원<br>• 여성장애인 홈헬퍼지원 | |
| 재활치료 | • 장애아동재활치료 바우처사업<br>• 장애인 의료비 지원<br>• 발달장애 사회적응 지원센터 운영 | • 장애아동재활치료 바우처사업<br>• 장애인 의료비 지원<br>• 발달장애 사회적응 지원센터 운영 | • 장애인 의료비 지원 |
| 소득보장 | • 장애아동수당<br>• 할인서비스<br>• 감면 및 공제 | • 장애아동수당<br>• 할인서비스<br>• 감면 및 공제 | • 장애수당<br>• 감면 및 공제<br>• 중증장애인 연금<br>• 할인서비스 |
| 권익보장 | • 장애인노약자 무료셔틀버스<br>• 공동주택 특별공급 알선 | • 장애인노약자 무료셔틀버스<br>• 공동주택 특별공급 알선 | • 장애인노약자 무료셔틀버스<br>• 장애인활동지원 사업<br>• 공동주택 특별공급 알선<br>• 성년후견지원 사업 |
| 고용 | | • 장애인 취업지원 | • 장애인 취업지원 |

이상의 내용을 기반으로 발달장애인 정책지원 대책을 제안하면 다음과 같다.

① 발달장애인 생애주기별 맞춤형 지원 시스템 구축

- 발달장애인의 생애주기별 특성을 고려하여 주요 영역의 실태와 욕구를 기반으로 한 발달장애인의 활동지원정책을 제안
- 생애 초기 자녀가 장애인으로 등록한 이후 생애주기에 맞게 이용 가능한 자원에 대한 정보를 공식적으로 얻을 수 있는 시스템을 마련
- 특히 생애주기별로 발생하는 욕구의 충족과 동시에 다음 단계로의 전환이 잘 이루어지는 것이 중요함. 생애주기에서 학령기에서 성인기로의 전환과 성인기에서 장년기로의 전환을 지원할 수 있는 지원체계 마련
- 생애주기별 발달장애인 지원 서비스 개선을 위한 생애주기별 세부 과제 선정
- 인구 감소에 따른 유휴시설에 대해 발달장애인 관련 이용시설로의 전환 방안 검토

② 부모 사후 장애자녀를 위한 평생계획 준비 지원체계 마련

- 장애자녀의 평생계획을 부모에게만 맡겨 두지 않고 지방정부 및 기관에서 지원할 수 있는 공식적인 체계 마련
- 추후 발달장애인 지원센터와 기존의 인프라(장애인종합복지관)를 통해 구체적인 역할을 논의

③ 각 영역별(경제, 의료 재활치료, 교육, 돌봄, 가족지원, 고용, 평생계획, 사회복지서비스) 발달장애인 활동지원정책 수립

- 장애의 정도를 반영한 각 영역별 실태를 파악하고 이에 따른 정책수립

④ 발달장애인을 위한 돌봄에 있어 장기적인 지원체계 수립

- 발달장애인 돌봄에 있어 장기적 관점에서 시설 운영 개선방안 검토(탈시설화, 3교대 전환)
- 노인장기요양보험과 같은 제도 도입의 필요성 검토

## 2) 미국의 서비스 지원

| 구분 | 내용 |
|---|---|
| 가족지원 서비스 | • 장애인 당사자 중심<br>– 진단 및 사정, 치료 서비스, 의료, 치료 서비스 자택간병, 여가, 교통, 보조기구, 주거개선, 건강보호 등<br>• 가족원 중심<br>– 정보제공 및 의뢰, 서비스 조정, 단기휴식 및 보호(respite), 가족상담, 부모, 형제교육, 주간보호, 재정보조 등 |
| 리저널 센터 (Regional center) | • 발달장애인(가족) 종합서비스센터<br>– 평가, 진단, 상담, 개인별 평생 서비스 계획, 통합, 조정, 자원개발, 지역사회 옹호활동 및 프로그램 개발활동, 가족지원, 서비스 배치 및 모니터링, 지역사회 교육 등<br>– 민간기관 서비스 구매계약 방식으로 관리<br>– 개별화된 프로그램 계획 및 개별전환계획 등 체계화된 서비스 제공 |
| 보호자, 사후준비 | • 후견인 제도, 신탁제도 |

〈표 5-9〉 미국 개별 주의 지원정책

| 미국 개별 주 | 발달장애인 지원정책 |
|---|---|
| 콜로라도 | 행동치료, 일상생활훈련 서비스, 전(前)직업훈련서비스, 보조고용서비스, 주거생활훈련 서비스 및 지원, 교통비 지원 |
| 뉴저지 | 자기옹호, 지역사회지원 연계 고용, 주택, 보건 |
| 캘리포니아 | 조기개입, 자기옹호, 권리훈련 및 옹호, 고용최우선주의, 주거접근성, 성인기 전환 |
| 미시간 | 자기옹호(자기결정), 리더십 개발, 고용, 지역사회 흡수와 교육, 평생에 걸친 전환 |

### 3) 영국의 발달장애인 서비스 지원

| 구분 | 내용 |
|---|---|
| 피플 퍼스트(People First) | • 영국의 대표적인 자조집단<br>– 발달장애인의 사회적 통합을 위한 캠페인 전개<br>– 발달장애인도 쉽게 이해할 수 있는 주요한 보고서, 양식, 출판을 할 수 있도록 지원 |
| 수당 | • 장애생계수당: 65세 미만의 장애인이 장애로 인하여 발생할 수 있는 추가적인 비용을 지원(돌봄요인과 이동성요인 기준에 따라 차등지급)<br>• 장애인 요양수당: 65세 이상의 장애인에게 소득이나 자산 수준과 무관하게 지급되는 비과세 급여(필요한 보호의 정도에 따라 차등지급)<br>• 보호자 수당: 16세 이상의 장애인이나 지속적인 간병이나 보호가 필요한 사람을 보호하고 있는 경우에 자산조사 없이 지급 |
| 부모 파트너십 프로젝트 | • 교육영역에 특별한 욕구가 있는 장애아동과 장애청년의 부모나 돌봄자에게 정보와 다양한 지원 제공 |
| 직접지불제도, 개인예산제도 | • 2000년대 이후 도입<br>• 고용관계에 따른 개인적 활동지원 중심<br>• 지방자치단체별로 지방정부로부터 보조금을 받아 이용자를 지원하는 외부지원 조직이 정보제공, 중개 서비스, 행정지원 등 다양한 지원 서비스 제공 |

### 4) 호주의 발달장애인 지원정책

| 구분 | 내용 |
|---|---|
| 국립장애보험제도(NDIS) | • 만 65세 미만<br>• NDIA에서 개인의 NDIS 자격요건 결정<br>• 건강, 주거(접근가능주택, 임대지원, 숙박시설 제공 등), 교통, 교육, 사법, 법률 분야에서의 서비스 지원 |
| 장애아동 특별교육 보조금 | • 장애아동이 다양한 이유로 교육을 제대로 받기 어려운 경우, 교육을 받기 위해 지출되는 추가적인 비용을 지원 |
| 조기개입 | • 모든 주에서 학령기인 6세 이전의 아동을 목표로 학제적인 협력 서비스 진행 |
| 주택임대지원 | • 사적임대(private rental costs)의 비용을 보충적으로 지원함으로써 장애인의 소득을 지원 |

### 5) 일본(삿포로 시)의 발달장애인 지원정책

| 구분 | 내용 |
|---|---|
| 초기(조기)발견 | • 아이의 발달장애를 빨리 확인하고 가까운 지역에서 필요한 시기에 필요한 지원을 제공 |
| 초기지원 | • 일상생활능력의 향상을 위한 훈련, 집단생활에의 적응훈련 등을 지원하고 외출을 지원하는 자립과 사회참가를 촉진 |
| 청년기의 지역생활지원 | • 일을 향한 의욕과 적성을 잘 발휘할 수 있도록 지원 |
| 취업지원 | • 취업에 필요한 지식과 능력향상을 위해 필요한 훈련을 실시<br>• 구직상담, 구직지원활동을 비롯하여 고용주에게 조언이나 제도 소개 등 취업과 관계된 종합적인 지원 |
| 네트워크지원 | • 어린아이부터 어른이 될 때까지 또는 어른이 된 후에도 계속된 지원을 받기 쉽게 지원 툴의 작성 |
| 사회적응 | • 사회적응을 위한 계속적 지원<br>• 사회적응을 위한 지원체계 구축<br>• 가정에서의 육아지원<br>• 사회의 이해 촉진 |

지금까지 살펴본 국내외 발달장애인에 대한 지원정책을 정리하면 다음과 같다.

첫째, 해외 국가의 발달장애인 서비스는 크게 초기진단, 치료, 고용지원, 권리옹호 등으로 지원 분야가 비슷한 것을 알 수 있다.

둘째, 미국이나 영국에서는 발달장애인의 권리옹호와 자조집단의 운영, 지역사회 내의 인식개선 교육을 통해 발달장애인이 지역사회 내에서 구성원으로서 살아갈 수 있도록 하는 데 초점을 맞춘 서비스가 지원되고 있음을 알 수 있다.

셋째, 또한 네트워크(일본), 성인기 전환(캘리포니아), 평생에 거친 전환(미시간) 등 발달장애인의 전환 서비스, 더 나아가 장애인의 평생계획에 있어 개인적인 준비사항이 아닌 지방정부, 기관 등을 통해 주도적으로 지원하고 있음을 알 수 있다.

넷째, 한국의 경우, 생애주기별 서비스를 강조하는데, 발달장애인의 생애주기별로 발생하는 욕구와 필요에 따라 세부 과제가 마련되고 있다. 동시에 전환기 단계에 전환 서비스가 요구되는데 여러 면에서 미흡한 수준이다. 장애인 당사자 외에도 가족에 대한 지원 서비스가 동시에 고려되는 특징이 있다.

06

# 발달장애인 가족지원

다음은 발달장애인의 생애주기별 지원욕구와 지원내용을 요약한 내용이다.

〈표 6-1〉 생애주기별 발달장애인 지원활동

| 생애주기 | 발달장애인 지원 사업(프로그램) |
|---|---|
| 유아기<br>(0~5세) | • 조기개입계획, 진단과 조기개입 및 가족지원<br>보건소, 소아청소년과, 어린이집 등에 대한 홍보와 연계사업을 통해 적극적인 사례 발굴이 중요한 시기이다. 이 시기에는 잠재능력을 평가할 수 있도록 사회진단, 교육진단, 언어진단, 의료진단, 심리진단 등 종합적인 사정을 실시할 필요가 있다. 지역사회 활동지원을 위해 장애영유아 개별지원계획과 통합보육 및 재활치료 지원이 요구된다.<br>• 조기개입계획<br>조기선별이 된 대상자는 진단평가를 거쳐서 서비스 적격성(eligibility)을 가진 경우 (조기개입(early intervention)은 만 3세 미만에 대한 서비스를 의미하지만, 3세 이후 선별자도 있으므로 만 5세 이하에 대한 서비스를 총칭) 서비스를 구매 · 제공해 줄 수 있다. |
| 아동기<br>(6~12세) | • 입학과 학교생활지원 및 가족지원 프로그램<br>입학과 진학, 학교적응, 사회적응 증진을 위한 개별화된 교육 프로그램이 요구되는 시기로 학교와 연계한 접근이 중요하게 강조된다.<br>– 종합진단을 통한 잠재능력의 사정과 재활방향을 수립함으로써 학교적응, 문화 및 사회성 프로그램, 진로와 관련된 계획 수립 등을 가능하도록 조력함<br>– 지역사회 활동지원을 위해 학교와 연계된 접근, '특수교육지원센터와의 연계, 사설치료기관이나 복지관 치료센터, 주 · 단기 방과후 서비스, 활동지원 등을 이용할 수 있는 서비스 지원이 필요함 |
| 청소년기<br>(13~21세) | – 신체적 · 심리적 변화에 대한 고민과 또래관계와 여가활동에 관심을 갖는 시기<br>– 학교 졸업 후 진로나 직업 혹은 주거문제에 관심을 갖는 시기<br>– 자립생활을 준비하는 시기<br>– 부모 사후에 대비할 수 있는 준비 기간의 시작 시기<br>– 성년후견인을 선임하거나 유산신탁 등 재산관리방식 등에 대해 지원이 계획되어야 하는 시기 |

| 생애주기 | 발달장애인 지원 사업(프로그램) |
|---|---|
| 청소년기 (13~21세) | – 종합진단을 통해 잠재능력의 사정과 자립생활 지원방향을 수립함으로써 학교적응과 문화 및 사회성 프로그램, 진로와 관련된 계획 수립이 가능하도록 조력해야 하는 시기<br>– 지역사회 활동지원을 위한 학교와 연계된 접근, 사설치료기관이나 복지관 치료센터, 주·단기 방과후 서비스, 활동지원 등을 이용할 수 있는 서비스 지원이 강조되는 시기 |
| 성인 전기 (22~35세) | – 자립지원/전환 프로그램, 가족지원 프로그램<br>– 자립을 위한 능력과 직업진단, 주거, 전환적 욕구가 있어 직업재활, 자립생활 계획의 수립이 요구되는 시기, 성년후견제에 대한 고려 시기 |
| 성인 후기 (36~64세) | – 자립지원/전환 프로그램, 여가 및 가족지원 프로그램<br>– 주단기 보호, 장애인복지관, 직업재활센터, 지적장애인자립지원센터 종합사회복지관, 장애인복지관의 재가복지봉사센터를 통해 수발 서비스 및 여가지원 서비스가 필요 |
| 노년기 (65세 이상) | – 지원 요양 및 수발 서비스 여가지원 서비스, 죽음과 장례 준비<br>– 소득보장, 주단기보호, 노인복지시설, 노인장기요양, 장애인복지관의 재가복지봉사센터를 통한 수발서비스 여가지원, 건강보호와 통합복지 등 |
| 전환계획 수립 | – 전환(transition)은 해당 아동과 그 가족에게 적응 면에서 상당한 변화를 초래하는 시기로, 전이과정에서 상대적으로 어려움이 예상되는 발달장애인인 경우 전환계획이 필요<br>– 일반적으로 전환프로그램이 학령기, 18세 이후의 청소년 및 성인기로의 전이에 집중되어 있으나, 다양한 전이시기별 지원계획과 프로그램 개발이 필요<br>– 발달단계에 따른 수직적인 전이에 대한 고려뿐만 아니라 분리된 환경에서 좀 더 통합적이고 자연스러운 환경으로의 수평적인 전이가 일어나는 경우도 동일한 지원계획이 필요 |

# 1. 발달장애와 가족지원

## 1) 발달장애인 가족에 대한 개입의 변화

가족의 형태와 개념은 사회마다 계속 변화하고 있다. 또한, 인구의 고령화, 1인 가구의 증가, 장애 출현율의 증가, 가족 부양률의 감소, 여성의 사회진출 등으로 인한 역할 변화에서 볼 수 있듯이 가족의 구조와 기능도 다양해지고 있다. 또한, 대부분의 가족이 자녀양육과 장애인 및 노인부양 부담문제, 경제적 문제 등 복지 서비스를 충분히 제공받지 못한 채 살아간다. 가족정책과 프로그램이 전통적 유형의 가족과 요보호 특정 가족의 욕구만을 반영하기 때문이다. 따라서 가족의 복지기능을 보완 혹은 대신할 수 있는 국가 개입, 즉 가족정책이 필요하며, 동시에 민간 차원에서 가족의 욕구를 충족시켜 줄 수 있는 서비스, 즉 가족지원 프로그램의 개입이 시급하다.

가족은 구성원의 특성에 따라 다양한 기능과 역할이 요구되며, 특별한 욕구를 가진 구성원이 있는 경우 독특한 욕구와 상황에 직면하게 된다. 발달장애자녀는 가족에게도 영향을 주어 그 가족 구성원은 장애의 수용과 대처에 따른 다양한 어려움을 느낀다. 발달장애아동 부모는 충격과 분노, 정서적 불안정, 만성적인 슬픔 등을 경험하며, 이는 부부관계와 형제자매 관계에도 영향을 미쳐 가족갈등으로 이어지기도 한다.

발달장애아동의 가족은 양육에 대한 부담으로 인하여 만성적인 스트레스를 경험하기도 한다. 특히, 양육스트레스의 경우, 장애아동 부모의 대부분이 전문가의 도움이 요구되는 수준으로 자녀양육으로 인한 높은 수준의 스트레스가 있다. 이 외에도 장애 가족의 어려움은 가족 간의 통합약화, 재정적 부담, 가족 구성원의 행동제한, 심리적 문제, 사회적 관계 제한, 신체적 건강 문제 등이 있다. 이처럼 장애 가족은 매우 광범위한 영역에서 다양한 어려움에 부닥치게 된다. 이를 위해 장애인복지 실천개입에 있어 장애아동 가족에 대한 다각적인 지원을 위한 개별화 가족지원(Individualized Family Support plan)의 필요성이 제기되었다.

● 가족지향적 접근 및 아동중심적 접근

장애아동 가족의 요구사항을 충족시키기 위해서는 장애아동의 재활치료와 교육 외에도 가족의 욕구에 초점을 맞춘 가족지향적 접근을 시도해야 한다. 1986년 개정된 미국 「장애아동교육법」의 주요 내용은 이전에 주정부의 자유재량 사항으로 남아 있던 취학 전 장애아동에 대한 교육이 의무화되었으며, 이와 함께 0~2세의 영유아기 장애아동에 대한 조기교육 프로그램의 실시가 규정되었다.

발달장애인 가족지원 관련하여 중요한 특징은 다음과 같다.

① 3~5세 아동에 대하여 학령기 장애아동에 대한 현행 장애 범주를 사용하지 않고 '발달장애'로 분류한다.
② 특수교육대상자를 선정하기 위한 적격 기준의 영역을 신체 · 인지 · 언어 · 심리사회 · 신변처리 등 구체적으로 규정한다.
③ 가족훈련 · 상담, 가정방문, 특수교육, 말-언어병리학 · 청능학, 심리학적 서비스, 사례관리 서비스, 진단 · 평가를 위한 의학적 서비스, 조기판별 · 선별 · 사정 서비스, 보건 서비스(작업치료, 물리치료, 간호사)를 포함하는 조기중재 서비스에 보조금을 제공한다.
④ '개별화 가족지원 서비스계획'을 구성한다.
⑤ 조기개입 담당기관 간 협의회를 설치한다.

장애 가족에 대한 지원 실태를 보면, 주로 결함지향적 관점에 근거한 스트레스 감소 프로그램이나 부모교육, 가족캠프 등이 대부분이다. 이는 문제 중심의 단편적인 개입이라는 한계뿐만 아니라 가족개입을 가족 그 자체에만 국한해서 보고자 하는 데 더 큰 제한점이 있음을 알 수 있다. 사실, 가족에 대한 지원의 효과는 가족에게만 영향을 주는 것이 아니라 아동 자신에게도 밀접한 영향을 미친다. 따라서 장애 가족의 역동성을 이해하며, 아동과 가족의 관계를 재평가하는 시도가 반드시 필요하다.

가족은 장애자녀에게 가장 강력하고 지속적인 영향을 준다. 즉, 건강한 가족은 아동의 건강한 성장과 상호 밀접한 관계가 있다. 적응력이 강한 장애아동 가족 역시 아동의 재활 및 사회적응에 큰 영향을 준다. 사회적 능력의 향상은 장애아동의 재활에 중요한 요인이다. 이는 아동에 대한 직접적인 지원뿐만 아니라 가족에 대한 간접적인 지원을 통해 이루어질 수 있다. 임상실천에 있어서 가족지원의 중요성을 재확인할 수 있는 중요한 함의를 갖는다.

최근에는 장애인 자녀 중심의 개입방식에서 탈피하여 무엇이 가족으로 하여금 이러한 상황을 좀 더 잘 관리하여 욕구에 대처하도록 하는지를 중시한다. 가족을 한 단위로 고려하여 장애자녀를 둘러싼 가족의 전체성을 더 강조하고 있음이 분명하다.

우리나라의 경우, 공공기관 및 사적 단체에 의해 지원되는 대부분의 서비스 개입은 장애자녀 가족보다는 장애자녀 개인에게 초점을 둔 지원이 주를 이루고 있으며, 이러한 지원이 장애자녀 가족의 기능을 부분적으로 지지 · 보충 · 대리하고 있다. 현재 장애자녀 가족에게 제공되는 조기개입과 관련한 지원에는 보육, 상담, 부모교육, 형제지원 프로그램, 가사보조, 보장구지원, 의료비지원, 세금 감면, 장애아동 부양수당 등이 포함되나, 아직은 미흡한 수준이며, 그에 따른 관련 서비스 내용 역시 양적 · 질적으로 부족하다. 따라서 현재까지 장애자녀와 가족이 제공받는 지원 서비스와 자원 동원의 내용과 방법 등은 구체적으로 규명되지 못하고 있는 실정이다.

가족을 지원하는 개입방식은 비교적 자녀 · 부모와 가족기능의 여러 측면에서 긍정적인 영향을 줄 가능성이 크다. 이러한 경향을 장애인복지 실천에 적용할 경우, 무엇이 문제인가라는 결함지향적 시각에서 현재 가족이 가지고 있는 강점은 무엇인가 혹은 어떠한 자원을 통하여 장애 가족의 적응을 향상시킬 수 있는가 라는 관점으로 대치하게 된다.

따라서 가족의 이러한 새로운 문제 현상은 한국의 특수한 상황에 입각한 가족지원의 실천개입을 필요로 하게 되었다. 이는 가족복지 분야에서 전반적으로 지적되듯이 개인보다는 가족 전체를, 사후치료보다는 사전예방 등의 방향전환에의 재검토와 아울러 장애 가족의 개입이 사회변동의 현상과 함께 수반되는 가족의 문제를 어떻게 수렴하여 발전시켜 왔는가를 탐구하는 역사적 이해와 평가로부터 출발되어져야 함을 시사하는 것이다.

그럼에도 불구하고 가족지원 서비스 분야에서는 복지의 통합적 시각을 가지고 한국 사회의 변화를 반영한 한국 장애 가족의 욕구를 전체적인 맥락에서 이해하여 평가하는 작업은 아직 미흡하다. 또한, 가족지원을 위한 개입에 있어 '장애문제를 가진 가족'이라고 할 때의 '장애문제'를 종래와 같이 극히 제한된 범위에서 접근할 것이 아니라 생태체계론적인 입장에서 종합적이고 체계적인 서비스 제공과 더불어 개인이 속해 있는 가족에 대한 사회복지적 개입을 실시해야 할 것이다. 즉, 발달장애자녀를 포함한 가족 전체를 대상으로 한 가족지원 서비스 개입이 필요하다.

### ● 발달장애인 가족지원활동

미국에서 발달장애인 가족지원활동에 영향을 미친 몇 가지 활동은 다음과 같다.

① 자조운동(self-help movement)이다. 1960년대 말에서 1970년대 초, 가족자원연합(Family Resource Coalition)의 사업에 가장 잘 반영되어 있는 가장 영향력 있는 가족지원활동이라 할 수 있다. 가족자원연합사업은 가족의 기능을 지원, 강화하기 위한 지역사회중심 프로그램으로 2,000여 가지의 가족지원 프로그램의 조직체이다.

② 주정부사업의 일환인 아동양육에 필요한 지원사업이다. 기존의 공공 서비스의 전통을 깨고 아동의 장애 여부에 상관없이 아동을 양육하는 모든 가정을 지지하고 강화할 목적으로 만들어진 정책을 확립하기 위해 실시되었다.

③ 보건후생성의 산모 및 아동 건강국(Division of Maternal and Child Health)이 채택한 가족지향적 사업과 지역사회중심사업이다. 이 운동은 신체건강에 결함이 있고 의학적으로 약한 아동과 청소년을 가진 가족에게 필요한 공식적인 지원과 사회환경 내에 분포되어 있는 비공식적인 사회자원을 동원하는 것이 목적이다.

④ 발달장애인과 그 가족을 위하여 가족지원 서비스 실시를 강조한 운동으로서 대부분의 주에서 실시되었다. 특히, 이 운동은 장애인의 삶의 질을 높이기 위해서는 가족과 지역사회 구성원들이 중요한 역할을 수행하여야 하는데, 이를 위해서는 장애인 가족과

지역사회 구성원들에게도, 이들이 요구하는 서비스를 장애인에 대한 재활 서비스와 함께 제공하여야 함을 강조하고 있다.

⑤ 장애아동의 가족지원과 관련된 것으로 부모-아동 관점이나 또는 아동지향적 관점에서 한 걸음 나아가 가족지향적인 것이 특징이다. 1980년 중반 이후 시작된 가족지향적 접근은 그 프로그램의 기본 가정과 실제의 모든 면에서 과거의 장애아동 중심의 조기개입 실천의 관점과는 차이가 있다.

## 2) 가족지원의 이해

### (1) 가족지원의 개념과 서비스 체계

가족지원이란 장애를 가진 가족의 가족체계를 강화하고 유지하기 위한 모든 활동을 의미한다. 또한, 가족지원은 자녀의 장애를 가족이 이해하고 장애자녀와 가족이 상호 융화되는 것과 관련한 모든 활동을 말한다. 가족지원(family support)과 레스피트 서비스(respite service)를 같은 의미로 사용하는 경우가 많다.

일반적으로 우리는 가족지원을 단순히 '가족에 대한 지원'이라고 하는 의미로 사용하는 경우가 많다. 그러나 가족지원에 대한 관점은 크게 세 가지 요소, 즉 '가족에 의한 지원'과 '가족에 대한 지원', '가족과 함께 하는 지원'으로 보다 구체화하여 설명할 수 있다.

#### ● 가족지원 서비스

가족지원 서비스의 발달은 유럽과 미국 등지에서 시작된 탈시설화(deinstitutionalization)와 정상화(normalization)의 이념으로부터 출발한다. 과거 시설수용에서의 비인간적인 처우와 한계 인식은 지역사회에서의 생활실현을 희망하는 부모들의 운동, 특히 법적 투쟁에 의한 탈시설화가 이루어지는 계기가 되었다. 이러한 움직임의 결과, 시설로의 입소자는 감소되었으며, 변화된 지역에서의 보편적 생활을 유지하고 보장할 목적으로 그 기반이 되는 가족을 지원하는 서비스의 필요성이 높아졌고 이는 발전의 원동력이 되었다.

따라서 가족지원의 이념은 정상화 이념에 바탕을 둔 것이라 할 수 있다. 인간이 가족과 함께 지역사회라고 하는 테두리 안에서 살아가는 것은 극히 자연스러운 경우이며, 그것은 장애를 가진 사람도 마찬가지이다.

〈표 6-2〉 가족지원의 개념상 분류

| 구분 | 중점대상 | 중점 활용지원 | 구체적인 예 |
|---|---|---|---|
| 가족에 의한 지원 (가족이 장애자녀를 지탱하고 있는 상태) | 대상자 초점 | 가족자원 활용 | 발달장애자녀의 가정에서의 보호·양육·교육을 담당하는 가족을 위한 야간활동, 입소시설에서의 부모나 가족에 대한 심리적 지원, 슬픔치료 등 |
| 가족에 대한 지원 (가족이 원하는 것에 대한 직접적인 지원) | 가족 초점 | 지원체계 활용 | 장애인 단기입소사업프로그램, 레스피트 서비스, 요양원, 장애인 직업훈련원 등 |
| 가족과 함께 하는 지원 (가족과 함께 지역사회 자원으로 생활 지원) | 지역사회 초점 | 가족과 지역사회 상호협조 체계 | 정보제공, 교통수단 제공, 가족옹호 등 |

이상의 세 가지 요소를 근간으로 한 가족지원 서비스의 진정한 목표는 본인이 속해 있는 지역사회에서 생활기반의 안정을 지향하는 것이다. 가족지원은 정보 공유에서 단기보호 서비스 그리고 행동수정기법 훈련으로부터 정서적 지원 또는 상담, 그리고 가족의 개별적인 미래설계에서부터 권리주장까지 매우 다양한 활동을 일컫는 말이다. 따라서 가족지원이란 가족의 전체성을 전제로 한 것으로 가족의 기능을 지지하고 강화하여 개인과 가족의 능력을 향상·발전시키기 위하여 가족에게 권한을 부여하는 방식으로 나아가려는 노력이다.

실천적 측면에서 가족지원 서비스는 다음과 같다.

- 정보제공(out-reach): 전문가에 의한 예방 및 교육 관련 정보를 공적 기관을 통해 제공하는 서비스
- 가족 내 부양자의 훈련: 가족 내의 주된 부양자 및 형제자매에게 부양방법을 훈련시키는 서비스
- 상담과 원조: 유전상담, 장애수용의 원조, 가족관계의 조정, 클라이언트의 가족상황을 접수상담 시 종합적으로 관리할 수 있는 예방적 측면에서의 가족개입 전문상담
- 가족옹호: 가족의 욕구를 충족시키는 데 필요한 지역사회 변화를 일으키기 위해 지역 주민들이 사회행동의 사명을 가지고 연대하도록 하기 위한 계획된 전

문 서비스

- 가족보존과 가정기반 서비스(family preservation and home-based services): 방문가사지원 서비스, 형제자매결연 서비스, 가정법률상담, 학령 전 장애아동 대상 주간보호, 집단가정(그룹 홈), 장애인을 위한 상황적 보호 프로그램, 개별학습, 직업 안내, 학령 전 아동대상 인지기술과 사회성 및 정서적 발달을 도모하기 위한 모자 프로그램, 빈곤가정 대상 경제적 원조 등의 서비스
- 가족보호 서비스: 장애인 가족지원센터 등 가족 내 각종 장애로 인해 발생하는 문제에 대해 보호해 줌으로써 가족의 역할수행과 능력고취를 향상시키기 위한 서비스
- 가정조성 및 가족역량강화사업: 가족의 기능을 총체적인 가족능력 강화에 초점을 두고 상담 및 치료, 의료 및 정신건강 서비스, 보육 및 보호와 예방 서비스를 종합적으로 제공하는 서비스
- 레스피트(respit): 부모나 가족을 일시적으로 일정 기간 부양의 수고로부터 해방시켜 부모의 건전성을 유지시키고 가족기능을 개선하는 목적으로 제반 서비스, 주간 · 야간 레스피트, 긴급 레스피트, 대리 주 · 부업 서비스 등의 다양한 종류와 기간, 형태가 있다.
- 교통수단 제공: 외출 시 이송 서비스, 리프트 버스 등
- 특별원조(special assistance): 가정 내 기능 회복 훈련, 재택 케어, 식사 서비스 등의 재택 서비스
- 경제적 원조: 경제적 욕구보장 목적의 다양한 서비스, 장애아동 양육수당, 장애인 부양수당, 장애인 이동수당, 장애인 부양수당, 중도 장애인 수당지급 등 재정자립을 위한 서비스
- 주택원조: 가옥 개축 · 개조 서비스 등
- 레크리에이션
- 위기개입 서비스: 생애주기별로 각 시기에 발생하는 가족의 위기 상태에 대응하는 단기 사회복지실천방법의 하나로 정서적인 지원 서비스
- 직업재활, 취업 및 고용지원: 여러 형태의 고용에 의해 사회참여를 실현시킬 목적의 서비스

이상의 분류는 심리 · 정서적 지지를 보다 고려한 대표적인 가족지원 서비스로서 장애아동을 둔 가족, 특히 부모에게 반드시 요구되는 서비스를 포함하고 있다.

(2) 가족지원의 필요성과 원리

장애인 가족에 대한 지원 서비스 제공을 위하여 전국의 다양한 사회복지 관련 기관을 가족문제 해결을 위한 거점으로 활용한다면 지역주민들의 복지욕구에 발 빠르게 대응할 수 있을 것이다. 또한, 가족지원 프로그램의 전문성과 효과성이 담보된다면 지역주민의 서비스 이용률을 높일 수 있고 지역사회 차원에서도 부가적인 효과를 거둘 수 있을 것이다.

지역사회에서 가족지원의 중요성이 새삼 강조되는 이유는 다음과 같다.

첫째, 가족과 사회를 보는 시각의 변화이다. 자유주의 입장에서는 '선 가족 후 복지' 식으로 일차적 책임을 가족에게 짐 지우고 가족을 단순히 사적 영역으로 취급하여 국가 개입이 오히려 문제를 일으킨다는 입장을 지녔지만, 이러한 관점은 점점 설득력을 잃어 가고 있다. 현대사회에서 가족은 외부의 개입 없이 건강하게 기능하기 상당히 어려운 여건에 처해 있다. 과거 전통적 한국가족은 아동과 노인 그리고 장애인 등 사회적 약자를 보호하는 부양전담체제의 기능을 수행하였으나 현대가족은 이러한 전통적 가족기능이 감소되고 가족기능의 많은 부분이 다양한 사회제도로 이전되었음에도 불구하고 오히려 과거보다 더 많은 책임과 부담을 지니고 있다. 취업모의 증가, 수명의 연장, 계속적인 가족의 보호를 필요로 하는 장애인의 증가, 소가족화, 탈시설화 정책, 모든 종류의 지역사회 서비스를 제한하는 비용절약 정책 등의 현상이 바로 그러한 요인이 된다. 가족기능과 관련하여 가장 큰 문제는 가족이 실제로 수행하고 있는 기능과 사회가 가족에게 기대하고 있는 기능상에 커다란 괴리가 존재한다는 것이다. 그러므로 지역사회는 변화하는 가족의 복지욕구를 충분히 파악하고 이를 바탕으로 대응할 수 있는 보다 능동적이고 현실적인 대안 제시가 필요하다.

둘째, 사회정책이나 사회 전반의 흐름이 가족을 강조하는 추세이다. 가족은 사회정책의 핵심이며, 대부분 국가의 가족정책은 법적 규정을 통한 가족의무의 강화, 가족에 대한 암묵적 부담, 공적 역할의 강화 등 세 가지 접근법을 통해 공적 혹은 사적 책임성 간의 경계를 규정하고 있다. 남녀 간·세대 간 사회 가치의 변화, 전통적 가족지원 형태의 한계, 예산상의 문제 등은 다시금 가족정책에 있어 가족의 역할을 고려하게 되었고 이는 개인, 가족, 국가 간의 새로운 관계 정립과 가족에 대한 긍정적인 지원을 제공하기 위한 방향으로 제시되고 있다. 가족정책의 방향은 지역사회에까지 여파를 미치게 되는데 이는 가족지원의 중요성을 강조하는 결과를 낳았다.

셋째, 가족은 문제해결에 효율적인 단위이다. 가족사회복지사업이나 가족치료 등의 임상 분야에서 가족문제에 개입할 경우 가족을 하나의 단위로 취급하는 것이 개별적인 접근보다 문제해결에 효율적이라는 것은 이미 잘 알려진 사실이다.

넷째, 가족문제에 적절히 대응할 만한 체계적인 서비스 전달체계가 존재하지 않다는 점이다. 또한, 지역사회 내 가족문제에 능동적으로 대처해야 하는 기관들의 역할과 기능이 제구실을 하지 못하고 있기 때문에 지역주민들은 가족지원 서비스를 충분히 받을 수 없고 나아가 가족문제를 전문적으로 해결할 길을 찾기 못해 가족해체 등 각종 가족위기현상을 경험하게 된다.

가족지원 서비스에서 포함해야 할 주요 가치와 실천의 원리는 다음과 같다.

- 생애주기(life span)를 통한 서비스
- 강점 관점과 지역사회 역량강화 준거틀의 활용
- 서비스의 통합성
- 정부, 서비스기관, 지역사회와의 협력적 파트너십
- 이웃을 기반으로 하며, 이용자와 가족에게 우호적인 서비스 개발
- 지방정부의 재정적인 지원 상화
- 지역사회 내의 공식적·비공식적 강점과 자원의 확인
- 구체적이고 측정 가능한 목적과 목표를 통합하여 결과 측정하기 등

이러한 원리를 모두 활용하는 데는 다소 어려움이 따르지만, 장애 가족을 지원하기 위한 서비스 개발의 기준이 된다(Seed, 1996).

### (3) 가족지원의 모델과 구성요소

가족중심 모델의 특성과 가족지원의 원리를 통합한 프로그램 모델을 [그림 6-1]과 같이 제시할 수 있다.

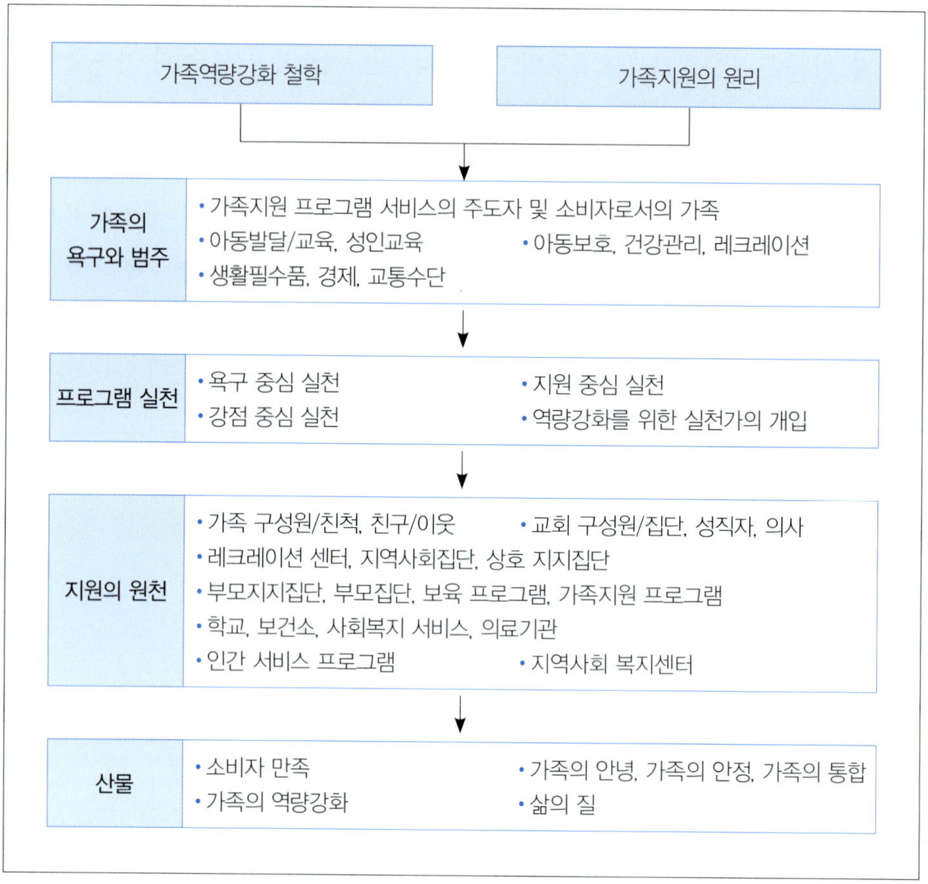


[그림 6-1] 가족중심 가족지원 프로그램의 구성요소와 모델

이 그림은 역량강화 철학과 가족지원의 원리를 기반으로 하여 가족지원의 실천이 가족의 욕구에서부터 산물까지의 중요 요소(가족의 욕구 및 욕구범주, 프로그램 실천, 지원의 원천, 산물 등)로 구성되어 있음을 설명하고 있다. 특히, 프로그램의 실천 원칙을 욕구 중심의 실천, 강점 중심의 실천, 자원 중심의 실천, 역량강화를 위한 실천

가의 개입으로 정의하고 있다. 욕구 중심의 실천은 중재의 초점을 정의할 때 가족을 중심적인 역할에 두는 실천이며, 강점 중심의 실천은 가족이 이미 가지고 있는 능력을 향상시킬 뿐만 아니라 그들의 능력 획득을 촉진하는 프로그램을 말한다. 자원 중심의 실천은 가족의 욕구를 충족시키기 위해 다양한 지역사회 주민, 집단, 조직, 기관 및 자원에 의존하는 프로그램이다. 역량강화를 위한 실천가의 개입은 문제의 원인보다는 해결, 가족의 능력 촉진 및 가족의 기능 강화에 초점을 두는 프로그램이다.

결국, 가족지원이란 전문가의 판단에 의한 욕구가 아닌 가족의 욕구를 중심으로 사정하고, 가족이 가지고 있는 강점과 자원을 최대한 활용하여 가족 스스로가 서비스에 대한 통제력을 가질 수 있는 방식으로 개입함으로써 가족의 통합성과 역량을 강화시키는 것이라 할 수 있다.

장애아동 가족을 위한 종합적인 서비스 체계 개발을 위하여 일반적 체계이론, 정책개발 과정의 구성요소는 [그림 6-2]와 같다.

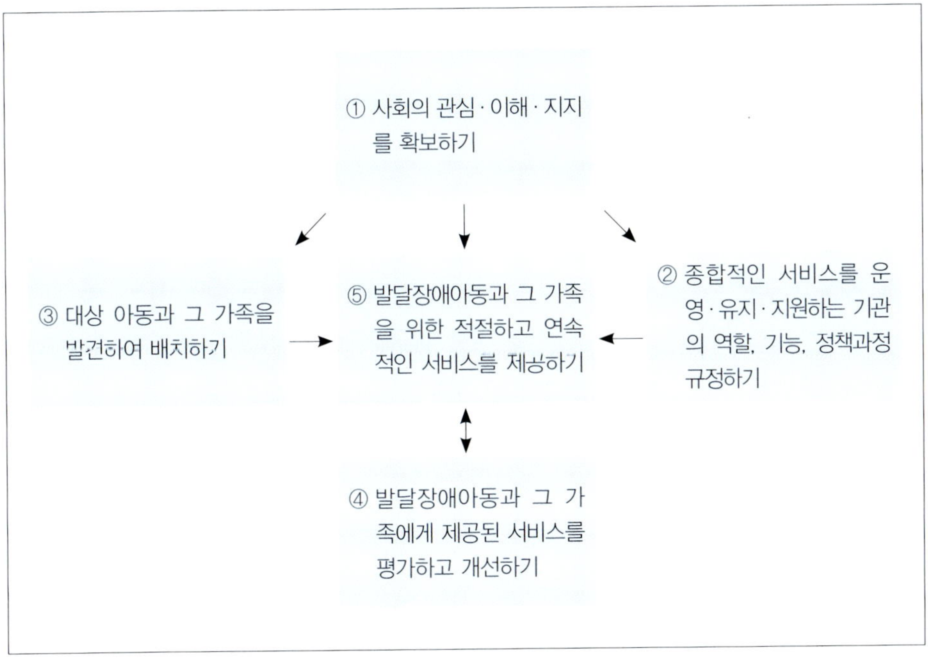


[그림 6-2] 발달장애아동 가족을 위한 서비스 개발체계

① 사회의 관심 · 이해 · 지지를 확보하기: 사회 일반으로 하여금 종합적인 서비스의 필요성과 가치를 인식시켜 서비스를 지원하게 하고, 유효성을 인식하는 환경 조성이 이루어져야 한다.

② 종합적인 서비스를 운영하고 유지하며, 그것을 지원하는 기관의 역할, 기능, 정책, 과정을 구체적으로 기술하기: 예산, 인사, 운영 및 기관 간 협력관계를 위한 상호 보완적 정책을 개발한다.

③ 대상 아동과 가족을 발견하고 배치하기: 어떤 아동과 가족이 서비스를 받을 자격이 있는지 결정하여 배치한다.

④ 장애아동과 그 가족을 위한 적절하고 연속적인 서비스를 제공하기: 다학문적인 관련 기관의 통합적인 서비스를 통해 장애아동과 그 가족의 개별화된 욕구를 충족시킬 수 있는 서비스를 제공한다.

⑤ 장애아동과 그 가족에게 제공된 서비스를 평가하고 개선하기: 서비스의 효과를 분석하고, 서비스 내용을 개선한다.

## 2. 개별화 가족지원계획

최근의 장애자녀에 대한 개입의 관점은 가족지원으로서, 장애자녀의 재활치료와 교육 외에도 가족의 욕구에 맞춘 가족지향적 접근을 시도하고 있다. 특히, 조기교육 영역에서는 장애자녀 가족의 서비스에 대한 요구, 우선권, 선호도 등에 대한 언급을 포함하는 개별화 가족지원계획안(IFSP)을 의무화함으로써 정책적으로 가족지원이 뒷받침되었고 특수교육서비스의 수혜자에 대한 패러다임도 아동 중심에서 가족 중심으로 옮겨가게 되었다.

### 1) 개별화 가족지원계획의 배경

개별화 가족지원계획이 가족중심적 접근을 근간으로 하는 만큼 실제적으로 서비스 전달의 모든 측면이 가족 주도하에 이루어진다. 즉, 가족은 서비스의 중심이 되며, 재활을 위한 개입이 그들 가족의 삶에 개입되는 방식과 방향을 결정하는 주체가 된다.

개별화 가족지원계획의 목적은 가족이 선택한 목표에 도달하는 것을 도와줄 수 있는 공식적 · 비공식적 자원을 찾아내고 활용하도록 하여 가족에게 장애자녀의 발달을 촉진시킬 수 있는 능력을 키워 주고, 가족과 자녀가 지역사회로부터 고립되는 것을 막기 위해 가족과 지역사회의 여러 전문가가 한 팀으로 일하는 것이라고 할 수 있다. 그러나 어떠한 기관이나 학문 분야도 단독으로 장애자녀와 가족의 다양하고 복잡한 욕구를 모두 충족시키지는 못할 것이다. 따라서 가족 내에서 일어나는 변화에 맞춰 탄력적으로 조정될 수 있는 개별화 가족지원계획을 계획하고 실행하는 데 있어서 다학문적 팀 접근, 정부의 법적 · 제도적 지원이 필수적이다.

## ● 개별화 가족지원계획

1986년 미국 PL 99-457이 의회에서 통과됨으로써 이미 장애아동을 위한 교육, 치료 그리고 관련 서비스에 가족의 욕구 반영과 참여를 최대한으로 보장하는 법적 제도가 마련되어 시행되고 있다. PL 99-457에서는 발달장애영아 및 그 가족을 위해 개별화 가족지원계획을 실시할 것을 규정하였고, 이를 위해 주정부가 포괄적 · 통합적 · 다학문적인 기관 간 서비스 전달체계를 수립하도록 하였다. 또한, 주정부는 서비스 대상을 만 3세 이상의 유아까지 확대하여 정부 보조금을 지원할 수 있도록 규정하였다.

개별화 교육계획(IEP)과 개별화 가족지원계획(IFSP)의 가장 큰 차이는 개별화 교육계획이 장애아동의 욕구에만 초점을 맞추었다면, 개별화 가족지원계획은 장애아동 및 그 가족의 욕구와 강점에 초점을 두고 있다는 것이다. 또한, 개별화 가족지원계획은 정책적 · 제도적으로 보상된 입법 체제 내에서 재활치료와 교육적 서비스를 받는 아동과 가족에게 필요한 서비스가 제공되어야 하며, 동시에 이와 같은 특별한 욕구를 가진 장애아동은 그들 가족의 환경 내에서 서비스를 제공받아야 한다는 것이다.

### 2) 개별화 가족지원을 위한 사정과 개입과정

개별화 가족지원계획의 과정은 발달장애자녀와 가족에 대한 초기면접단계, 사정계획의 수립단계, 자녀에 대한 사정평가 및 가족 관심사, 가족이 가지고 있는 자원, 가족의 우선욕구 등을 사정하는 단계, 자녀와 가족에 관한 욕구 등이 사정된 결과를 기초로 전문적인 분석이 이루어지며, 앞으로의 개입전략을 수립하며, 활동 계획을 마련하는 단계로 진행된다. 다음 단계로는 수립된 개입활동을 실행하는 단계, 마지막으로 실행 결과에 대한 평가의 단계 등으로 진행된다.

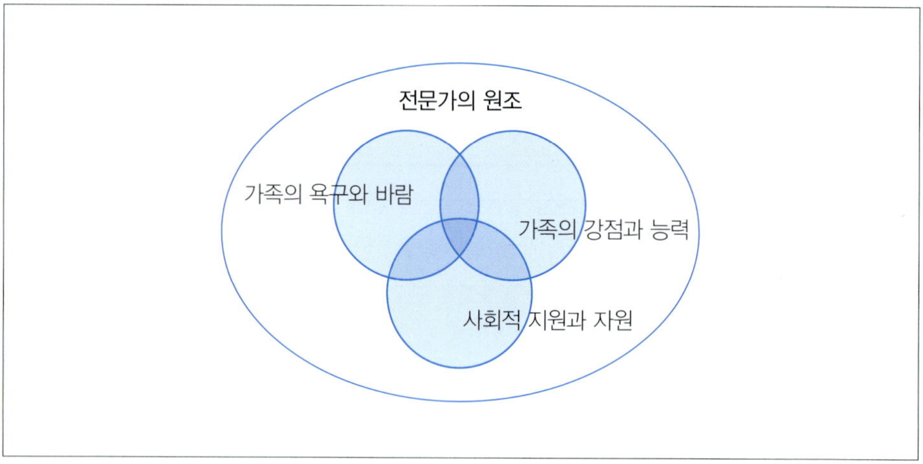


[그림 6-3] 가족 중심 사정과 개입의 구성요소

이상의 단계별 과정을 정리하면 [그림 6-4]와 같다.

| 단계 | 내용 |
|---|---|
| 초기면접단계 | 장애자녀와 가족에 대한 초기면접단계<br>– 필요한 가족자료(family agenda) 조사<br>– 가족은 프로그램에 대한 최종 의사결정<br>– 전문가는 가족이 제공받을 수 있는 다양한 프로그램과 관련 정보 제시 |
| 사정계획 수립단계 | 아동에 관한 충분한 정보 파악을 위한 사정과정 계획<br>– 가족의 필요 정보와 지지체계 제공 및 가족의 변화에 부응할 수 있는 과정 계획<br>– 평가과정에 가족참여를 통한 결과논의 → 가족의 우선 욕구, 사전평가자료와 진단자료 등에 대한 철저한 평가계획의 기초 마련 |
| 아동사정 단계 | 임상적인 진단과 평가에 초점<br>– 아동에 대한 주기적인 재평가과정<br>– 가족은 아동평가 결과를 공유하며, 개입방향에 관해 함께 논의 |
| 가족사정 단계 | 가족 관심사, 가족자원, 가족의 우선욕구 등을 사정하는 단계<br>– 가족원이 다루어지기를 희망하는 문제와 욕구 정의<br>– 가족이 중요시하는 사항 선택, 가족의 관심사 파악<br>– 가족의 공식·비공식적 지지원, 장점, 능력 등의 자원조사 |
| 개입 전략과 활동 서비스 계획 수립 | 사정결과를 기초로 전문적인 분석<br>– 가족이 중요시하는 측면과 가치변화를 얻고자 하는 사항을 중심으로 아동발달을 향상시킬 수 있는 것을 개별화 가족지원계획의 결과로 선정<br>– 가족의 장점, 아동의 욕구, 가족의 선택사항을 고려하여 계획<br>– 가족지원과 지지체계를 충분히 활용 |
| 실행단계 | – 가족의 욕구충족을 위한 선택사항 평가<br>– 가족기능 강화, 가족의 독창성, 가족과 지역사회의지지, 구성원들간의 상호적 관계에 기반 |
| 평가단계 | – 계획의 효율성과 개입결과의 적합성에 대한 평가 |

[그림 6-4] 개별화 가족지원계획 개입을 위한 단계별 과정

출처: Malin (ed) (1995).

### 3) 개별화 가족지원계획의 수립

개별화 가족지원계획은 장애자녀 가족이 자녀의 성장과 발달을 촉진시키기 위해 필요로 하는 조기개입 서비스를 받도록 보장해야 한다.

개별화 가족지원계획에 포함되어야 하는 사항은 다음과 같다.

- 운동기능(시력, 청력, 건강 등), 의사소통기술, 인지능력, 적응능력, 사회/정서기술 등과 관련된 아동의 현재 발달 수준에 관한 서술
- 아동의 정상발달 증진에 관련된 가족지원, 가족의 최우선 관심사항에 관한 서술(이 부분은 선택사항이며, 부모의 동의하에 가능)
- 아동과 가족을 위해 기대되는 주요 결과에 대한 서술, 그리고 어느 정도의 진보를 목표로 해야 하는가의 정도를 결정하기 위해 사용되는 준거, 절차, 시간에 관한 서술과 필요한 프로그램 수정이나 개정에 관한 서술
- 아동과 가족의 중재목표 혹은 독특한 요구를 성취하기 위해 요구되는 구체적 조기개입서비스에 관한 서술(서비스의 횟수, 정도, 장소와 서비스 제공방법 등이 포함)
- 서비스의 시작을 위해 필요한 학습자료와 예상되는 서비스 지속 시간의 명시
- 개별화 가족지원계획(IFSP) 수행을 책임질 서비스 담당자의 명단과 다른 기관과의 협력 여부에 대한 기술
- 장애영유아 서비스 규준상의 취학 전 서비스나 적절한 다른 서비스로 변경 시 아동이 필요로 하는 전환 서비스를 위해 취해져야 할 단계의 명시

개별화 가족지원계획 시 반드시 지켜져야 할 의무조항은 다음과 같다.

- 수용 가능한 목표 기준을 근거로 한 신생아 및 영아의 신체발달, 인지발달, 사회 및 정서발달, 적응기술에 대한 현행 수준 서술
- 장애 신생아나 영아의 발달촉진과 관련된 가족의 자원, 우선순위, 관심영역에 대한 서술
- 목표성취를 향한 진도 상황을 결정하고 목표나 지원의 수정이 필요한지를 결정

하기 위한 가족 및 아동의 주요 성취 목표와 기준, 절차, 시한 등의 서술

- 빈도, 강도, 지원 전달방법 등을 포함하는 가족 및 아동의 독특한 필요를 충족시키기 위한 특정 조기특수교육 지원에 관한 서술
- 지원 시작 날짜와 예상되는 종료 날짜
- 계획의 실시와 기타 기관 및 관련인과의 협력을 책임지게 될 아동 및 가족의 필요와 가장 직접적으로 관련된 전문영역에서 선정된 기관 대표자의 이름
- 지원이 적절하다고 고려되는 범위 내에서 장애영아를 위해 제공되는 지원으로 전이시키는 진학지원 단계
- 자연적인 환경에서 제공될 지원의 정도에 대한 설명

이상에서 명시된 개별화 가족지원계획은 개별화 교육계획과 유사한데, 아동의 현행 수준, 희망하는 결과(목적, 목표), 제공될 지원에 대한 설명, 목표성취가 결정될 수 있는 평가기준 등이 포함된 것이다.

개별화 가족지원계획 수립 시 가족목표를 규명하고 서술하는데, 가족목표란 장애자녀가 아닌 가족 구성원을 위한 행동이나 기술의 변화를 포함하고 있는 목표로 정의할 수 있다. 장애 가족의 욕구사정방법으로는 각종 검사, 자연스러운 환경에서의 관찰, 가족욕구 평가 · 점검표, 부모면담 시 파악한 가족목표 등이 있다.

이밖에도 개별화 가족지원계획을 수립하는 데 있어 고려해야 할 점은 다음과 같다.

- 가족목표와 가족지원이 지니는 자발적인 성격으로 인해서 가족지원 목표가 전문가에 의해서 고안되어서는 안 된다.
- 가족들 자신의 표현어로 가족목표를 기술한다.
- 가족목표가 성취되었는지의 결정은 가족이 해야 한다.
- 목표는 사소한 것을 피하고 의미 있는 형태로 기록되어야 하며, 가족이 의사결정과 자원협조를 스스로 할 수 있도록 지원하기 위한 노력을 반영하고 다양한 활동을 융통성 있는 선택의 범위를 제공할 수 있다.

● 교육기관에서의 개별화 가족지원계획

| 개별화 교육계획(IEP)의 과정 | | 개별화 가족지원계획(IFSP)의 과정 | |
|---|---|---|---|
| 1단계 | 개별화 교육 운영위원회 구성 | 1단계 | 개별화 교육 운영위원회 구성 |
| 2단계 | 학생의 현재 교육수행능력 평가(교육발달검사, 사회성숙도검사, 교육과정 종합발달 상황 평가, 설문조사) | 2단계 | 학생의 현재 교육수행능력 평가를 위한 각 교과별 부모평가 |
| 3단계 | 평가자료에 대한 종합 및 분석(학급구성원의 개별 및 소집단능력과 부모욕구, 관련 지원의 범위 및 정도 결정) | 3단계 | 가족지원에 대한 부모상담, 가족 필요 조사 |
| 4단계 | 학교수준교육과정에 따른 연간 지도계획서 작성(연간목표 설정) | 4단계 | 연간 목표설정 시 부모요구 및 가족목표 기록 |
| 5단계 | 단기교육목표 설정(월별 목표) | 5단계 | 부모 및 가족 그룹상담, 환경구성 |
| 6단계 | 주간개인별 지도계획 및 지도(하위목표에 대한 활동요소 추출 및 활동 과제분석(주간 개인별 시도계획) | 6단계 | 주간 개인별 학습지도, 가정지도를 위한 언어, 인지 프로그램 활용지도, 부모참여 활동지도 내용 선정(부모훈련 및 상담, 개인별 과제수행표 지도, 개별교육상담, 연락장 활용지도, 과제장 지도, 기타 학교활동 참여, 자료제작, 보조교사, 학교행사 참여 등) |
| 7단계 | 학생교육수행상황 평가(주간, 월간, 학기말) | 7단계 | 학생교육수행 상황 및 가족지원 목표 수행상황 평가 |
| 8단계 | 피드백 | 8단계 | 피드백 |

## 3. 발달장애인 가족지원 원칙과 장애인복지 방향

지금까지 우리 사회에서는 장애인 가족에 대한 복지를 이해하는 데 있어 장애 원인이 개인의 책임이라는 관점에서 장애인 가족의 고통과 부담을 개인적 차원에서 해결해야 하는 것으로 인식해 왔다. 그러나 장애인의 문제를 가족의 책임으로 전가하는 일은 설득력을 잃어가고 있다.

발달장애인 가족에 대한 접근의 기본 원칙은 다음과 같다.

① 장애인 가족의 가족관계를 유지하는 것이 중요하다. 장애아동의 장기적인 재활계획은 가족 내 성인과의 안정적인 양육관계를 통해 실행될 수 있다. 따라서 장애인과 가족과의 일시적 분리나 일시적 시설보호는 가족의 기능을 새로이 강화

시킬 수 있는 방향으로 적용되어야 한다.

② 장애인이 가족 내에서 계속 생활할 수 있기 위해 가족은 융통성 있게 개별화된 형태의 필요한 지원을 받아야 한다. 이러한 원칙에 의해 가족지원 서비스는 '정해진 메뉴'에 의해 제공되기보다는 가족의 자기결정능력과 통합을 증진시킬 수 있는 개별화되고 융통성 있는 것이어야 한다.

③ 가족지원은 기존의 사회적 관계망과 지원자원의 기초 위에서 제공되어야 한다. 정부 프로그램이나 전문가에 의한 서비스는 기존의 가족관계, 이웃관계, 확대가족과의 관계 등을 지원할 수 있는 방향으로 제공되어야 한다.

④ 가족에 대한 지원은 제공되는 서비스에 대한 가족의 통제능력을 강화시킬 수 있는 방향에서 제공되어야 한다. 가족지원 서비스는 가족이 스스로의 욕구를 가장 잘 결정할 수 있는 위치에 있다는 전제에 기초하여야 한다. 따라서 전문가와 가족과의 관계는 가족의 책임과 통제력을 강화시키는 공동의 과제를 수행하는 동반자로 인식될 수 있어야 한다.

⑤ 가족지원은 전체 가족을 지원하는 것이어야 한다. 장애인을 보호하는 능력을 강화시키기 위한 목적으로 가족지원 서비스가 제공될 경우 장애아동, 부모, 형제자매 등의 가족 전체의 욕구의 차원에서 폭넓게 정의되어야 한다.

⑥ 가족지원 서비스는 장애인과 그 가족의 지역사회 통합에 기여할 수 있도록 이루어져야 한다. 가족지원 서비스는 장애아동과 그 가족이 지역사회의 생활에 대한 참여와 통합을 극대화시키는 방향에서 이루어져야 한다.

⑦ 장애인이 가족과 같이 살 수 없어 분리해야 하는 경우, 이 분리가 일시적인 것이 될 수 있도록 해야 하며, 노력의 방향은 가족의 재결합에 초점을 맞추어야 한다.

⑧ 가족의 재결합이 불가능하고 부모의 능동적인 참여가 없는 것이 분명한 경우는 입양 등을 통해 다른 가족 보호체계를 찾는 노력을 적극적으로 모색해야 한다.

⑨ 장기간의 위탁가정 보호는 장애 가족이 원가족과 살 수 없거나 입양가족을 찾을 수 없는 경우에 제한적으로 이루어져야 한다.

⑩ 성인 장애인이 가족으로부터의 분리를 선택한 경우에 가족지원 서비스는 이 성인이 다른 선택(예컨대, 지역사회재활이 가능할 수 있도록 사회적 관계 안에서 지원 활성화)을 할 수 있도록 도와야 한다.

## ● 사회적 지지 질문지(사회적 관계 차원에서의 지지 정도)

다음 질문은 아이를 돌보는 어머니에게 일상적으로 제공되는 사회적 지지 정도를 알아보고자 하는 것입니다. 가장 일치한다고 생각하는 곳에 ✔를 해 주십시오.

1-전혀 그렇지 않다 2-거의 그렇지 않다 3-보통이다 4-많이 그렇다 5-아주 많이 그렇다

| | 1 | 2 | 3 | 4 | 5 |
|---|---|---|---|---|---|
| 1. 나에게는 내가 편하게 느끼는 가까운 사람이 있다. | | | | | |
| 2. 나는 나를 중요하게 생각해 주는 집단이나 사람들에게 속해 있다. | | | | | |
| 3. 사람들은 내가 직장이나 가정에서 맡은 일을 잘하고 있다고 인정해 준다. | | | | | |
| 4. 나는 가끔 친척이나 친구들이 나의 중요한 문제를 도와주지 못해서 그들을 의지할 수 없다는 생각이 든다. | | | | | |
| 5. 나는 나를 중요한 사람으로 느끼게 해 주는 사람과 자주 만난다. | | | | | |
| 6. 나는 나와 관심사가 비슷한 사람과 자주 시간을 갖는다. | | | | | |
| 7. 나는 다른 사람을 즐겁게 하기 위해서 작은 일에도 마음을 쓰는 것이 즐겁다. | | | | | |
| 8. 사람들은 나와 함께 일하는 것을 즐거워 한다. | | | | | |
| 9. 나에게 장기간의 도움이 필요할 때 나를 도와줄 사람이 있다. | | | | | |
| 10. 나는 가끔 내 속마음을 터놓고 이야기할 사람이 없다는 생각이 자주 든다. | | | | | |
| 11. 나의 친구들은 서로 좋아한다. | | | | | |
| 12. 나 자신의 취미와 기술을 키우고 계발하도록 격려해 주는 사람들이 있다. | | | | | |
| 13. 가족은 내가 가정에서 중요한 역할을 하는 사람임을 느끼게 해 준다. | | | | | |
| 14. 나에게는 대가를 바라지 않고도 내게 도움을 주는 친구나 친척들이 있다. | | | | | |
| 15. 나에게는 화가 났을 때 나의 마음을 풀어 줄 사람이 있다. | | | | | |
| 16. 나는 자주 나와 비슷한 문제를 가진 사람은 없다고 생각한다. | | | | | |
| 17. 나는 다른 사람의 요구를 도와주어야 할 책임이 있다. | | | | | |
| 18. 나는 다른 사람들이 나를 한 인간으로 대해 주는 것을 알 수 있다. | | | | | |
| 19. 나에게는 나를 사랑하고 관심을 주는 사람이 있다. | | | | | |
| 20. 나에게는 사회적 교제나 취미활동을 함께할 사람이 있다. | | | | | |
| 21. 나는 다른 사람이 나를 필요로 한다고 느낀다. | | | | | |
| 22. 나에게는 필요시 어떤 상황을 잘 처리해 나가도록 조언해 줄 사람이 있다. | | | | | |
| 23. 나에게는 다른 사람을 돌보고 베풀어 줄 기회가 별로 없다. | | | | | |
| 24. 가끔 나의 친구들은 내가 좀 더 좋은 친구가 되어 주길 바란다. | | | | | |
| 25. 나에게는 내가 아플 때 도와줄 사람이 있다. | | | | | |

※ 구성: 사회적 지지 측정도구는 바이스(Weiss)가 정의한 관계적 기능모델에 중점을 둔 개념을 합성하여 브란트(Brandt)와 와이너트(Winert)가 고안한 개인자원 질문지(Personal Resource Questionaire)를 번역하였다.

출처: 사회복지공동모금회 (2009).

● 사회적 지원척도

- **사회적 관계망의 크기**: 사회적 관계망과 현재 접촉하고 있는 가짓수
- **접촉빈도**: 사회적 관계망과의 접촉빈도를 측정하기 위한 문항으로 전화나 직접방문을 통한 접촉방식에 응답자가 어느 정도 접촉하고 있는지에 관한 단일 문항으로 구성
- **사회적 관계망으로부터의 지원(4가지 하위변인)**
  ① 경제적 지원은 금전적 도움, 물품의 대여, 집단 경조사의 금전원조, 명절, 제사 시의 도움에 관한 내용
  ② 사교적 지원은 사사로운 방문, 외식이나 쇼핑하기, 휴가나 여가활동의 공유, 집단 길흉사의 상호 방문, 사교적 방문 등에 관한 내용
  ③ 정서적 지원은 위로, 진로, 상담, 가족문제에 대한 의논, 정신적 위안에 관한 내용
  ④ 서비스적 지원은 시장 보기와 자녀양육 시 원조, 병간호, 일손도움, 살림살이에 필요한 도움, 중요한 정보제공의 도움 등에 관한 내용

## 4. 발달장애인 지원센터의 서비스 지원활동

현재 발달장애인 지원센터에서 제공하는 가족지원을 비롯한 각종 서비스 지원활동은 다음과 같다.

● 발달장애인 지원센터의 지원 내용

- 아웃리치
- 사정
- 서비스 계획
- 바우처와 서비스 구매
- 지역사회 조직 및 연계
- 교육과 홍보
- 지역사회 활동(지역주민, 이용기관 대상 인식 개선)
- 발달장애인 권익옹호 활동
- 부모 사후 준비에 대한 상담 및 연계지원(성년후견제 등)
- 재사정
- 서비스 모니터링 및 평가
- 자원발굴 및 개발과 활용(자연적 지지체계 개발)

발달장애인 개인별 지원계획은 발달장애인과 가족의 복합적 욕구를 고려하여 이들의 욕구에 맞는 서비스의 통합적인 지원을 제공하는 것으로 생애주기에 따른 욕구 혹은 신규 욕구가 발생하거나 전환기 과정에서 개인별 지원계획을 재수립해야 하는 경

우 모두가 해당된다. 구체적으로 개인별 서비스 지원과정은 서비스의 계획 → 의뢰 → 모니터링 → 평가 및 종결로 이루어진다.

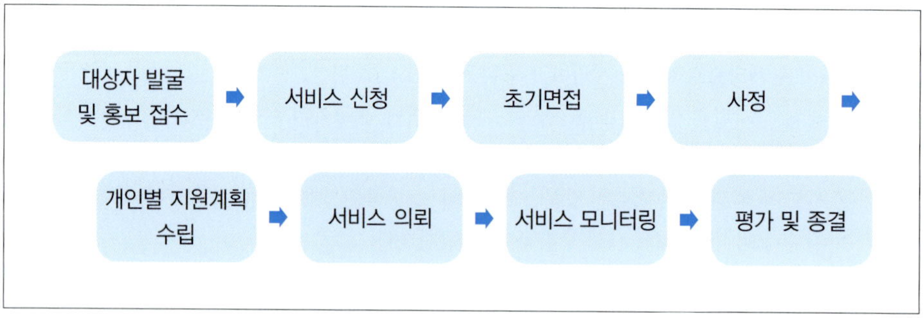


[그림 6-5] 개인별 지원과정 흐름도

## 1) 개인별 지원계획 수립과정

### (1) 대상자 발굴과 홍보 및 접수

발달장애인 지원센터는 센터의 소개자료를 배포하는 것부터 지역사회신문 혹은 방송을 통한 홍보와 지역 유관기관을 통한 홍보활동, 서비스 이용자에게 개별적인 알림서비스를 실시하는 등 활발한 홍보활동을 수행한다.

또한, 대상자 선별기준을 마련하여 사례관리자가 발굴하거나 사례회의 등을 통해 대상자를 의뢰하는 등의 구조를 마련할 필요가 있다. 개인별 지원계획팀은 클라이언트의 '자발적인 접촉', '기관 내부의뢰', '타 기관의뢰', '아웃리치'를 통해 이용자와 접촉하게 된다.

### (2) 서비스 신청 및 초기면접

초기면접은 서비스 이용자와 가족의 기본적인 정보를 파악하는 것으로 발달장애인의 생애주기에 맞는 신체, 심리 · 사회, 경제, 발달, 교육, 직업기술 등에 대한 기본적인 정보를 수집하게 된다. 초기면접은 스크리닝 과정으로 이용자가 제시한 욕구를 토대로 스스로 문제해결 가능 여부를 구분한다. 발달장애인 지원센터의 초기면접의 주요 기능은 다음과 같다.

첫째, 개인의 욕구를 사정하고 욕구에 맞는 계획 수립

둘째, 발달장애인 당사자와 가족을 지역사회 자원과 연결

셋째, 서비스 전달을 조정하고 서비스의 질과 적절성을 모니터링

넷째, 개인의 변화와 서비스의 연속적 욕구를 모니터링 등

이름: ______________ 생년월일: 년 월 일

1. 개인정보
   1) 주소: ☎: –
   2) 최근에 함께 거주하고 있는 동거인:
   3) 부 성명: ______________ 모 성명: ______________
      주소: ☎: –
   4) 후견인: ______________ 5) 사용하는 언어: 6) 종교:
2. 재정 상태
   1) 수급 여부: 2) 의료보호 여부:
   3) 월 수입: 4) 다른 공적 수혜:
3. 초기면접자: ______________ / 면접자 재정 상태: 빈곤 ( ) 중간 ( ) 중간 이상 ( )
4. 의뢰된 경로:
5. 다른 이용기관:
6. 가족 정보:
7. 주거 상태:
8. 최근 건강 상태:
9. 이용자 발달평가 보고서:
10. 최근 기능수행
    1) 운동영역: 2) 자립생활영역: 3) 사회영역:
    4) 정서영역: 5) 인지영역: 6) 의사소통영역:
11. 교육/직업:
12. 종합의견과 이용자 장기목표:
13. 서비스 선택:

[그림 6-6] 초기면접 양식(면접양식지 예시)

초기면접을 실시한 이용자가 서비스 대상자로 적합할 경우, 제공되는 서비스에 대해 설명하고 참여 동의를 받게 된다.

## 서비스 이용 동의서

- 본 센터에서 수행하고 있는 서비스에 대해 설명해 드리겠습니다.
- 본 센터는 귀하의 사회복지 요구를 해결하기 위해 최선의 서비스를 제공하도록 노력하겠습니다.
- 아래의 목적 이외의 귀하의 개인적인 정보가 노출되지 않도록 하겠습니다.

○ ○ 발달장애인 지원센터장 (인)

---

- 본인은 귀 센터에 관한 소개와 서비스의 과정 및 내용에 대한 설명을 충분히 듣고 이해했습니다.
- 본 동의서 작성일로부터 귀 센터에서 제공하는 서비스를 제공받는 것에 동의합니다.
- 서비스를 위해 필요한 정보를 제공하는 등 제반 활동에 함께 참여하겠습니다.
- 본인과 관련된 정보가 서비스의 질적 향상과 전문가 양성을 위한 교육과 학문적 목적을 위해서 사용되어지는 것에 동의합니다.

20 년 월 일

성명: ______________ (인)

보호자 / 후견인: ______________ / 관계: ______________ (인)

[그림 6-7] 서비스 이용 동의서

### (3) 사정

사정은 생애주기적 특성과 이용자의 욕구파악이 이루어지는 단계로 당사자에 대한 정기적인 욕구사정(need assesment)을 통해 실현 가능하며, 합의된 변화목표를 설정하고 이러한 변화목표 달성을 위한 주요 서비스 전략 및 서비스 내용이 합의 · 결정된다.

〈표 6-3〉 사정영역 및 내용

| 사정 내용 | 사정 단위 | |
|---|---|---|
| 이용자의 욕구 | • 안전<br>• 건강<br>• 일상생활 유지<br>• 가족관계<br>• 사회적 관계<br>• 경제 | • 교육<br>• 발달<br>• 고용 및 직업<br>• 생활환경 및 권익보장<br>• 소득지원 |
| 이용자의 독립적인 기능능력 및 강점 | • 신체적 기능<br>• 인지적 기능 | • 정서적 기능<br>• 행동적 기능 |
| 비공식적 지지망 | • 도구적 지지<br>• 물질적 지지<br>• 사회적 지지 | • 사회적 관계망의 구조<br>• 사회적 관계망의 상호작용 |
| 공식적 지역사회 자원체계 | • 자원목록<br>• 유용성<br>• 적당성 | • 적절성<br>• 수용성<br>• 접근성 |

다음은 서비스 이용자의 종합정보에 포함되어야 할 사항이다.

- 등록번호:
- 사례관리자:
- 작성일:
- 신규 / 기존:
- 의뢰접수 검토:
  자발적 요청, 사례관리자의 발굴, 기관 내 의뢰, 타기관 의뢰, 비공식 지지체계 의뢰
  정보제공자: 본인, 가족, 서비스 제공자, 기타
- 사례관리대상자:
- 성별:
- 연령(주민등록):
- 종교:
- 장애유형 및 장애등록 여부:
- 주소:
- 가계도:
- 생태도:
- 직계 및 동거가족 사항
  (관계, 성명, 연령, 결혼 상태, 동거 여부, 학력, 직업, 건강 상태, 장애등록 여부, 질병 등)
- 가구 유형:
- 주거 유형:
- 주거 사항(주거 형태, 주거 구분, 난방 방법 등)
- 경제 사항(가계 소득 – 월 소득, 부채, 총 재산 등)
- 욕구영역
  – 안전, 건강, 일상생활 유지, 가족관계, 사회적 관계, 경제, 교육 발달, 고용 및 직업, 생활환경 및 권익보장, 소득지원 등
- 서비스 지원계획 유형 결정 및 진행계획
  – 자원연결형(주요계획 및 사례관리자, 외부지원 탐색 및 연결방안)
  – 일반형(주요계획 및 사례관리자, 외부지원 탐색 및 연결방안)
  – 집중형(주요계획 및 사례관리자, 외부지원 탐색 및 연결방안)

[그림 6-8] 서비스 이용자 종합정보 기록지

사정을 거친 사례는 일반형, 집중형, 자원연결형으로 구분된다. 사례 유형판단은 서비스의 시급성과 복합적 욕구 등을 고려하여 판단한다.

여기서 일반형이란 장기적인 사례관리 지원이 필요한 대상자를 의미하는 것이다. 사례관리 대상자 중 긴급한 상황으로 인한 긴급개입이 필요한 대상자는 집중형으로 분류한다. 자원연결형은 단순히 자원정보만을 제공해 주거나 필요한 서비스로의 전환을 위한 자원연계가 필요한 경우를 말하는 것이다.

〈표 6-4〉 관리 수준 판정기준 및 예시

| 수준 | 관리 수준 판정기준 및 예시 |
|---|---|
| 일반형 | • 집중 사례관리 기준에 해당하지 않는 대상자이지만 장기적인 사례관리는 필요한 경우 |
| 집중형 | • 발달장애인, 가족 혹은 의뢰자의 판단으로 긴급개입이 요청된 경우<br>• 의식주와 관련한 긴급상황이 발생했을 경우 (예: 결식, 주거상태의 응급상황(난방시설, 위생상태 등)<br>• 폭력사건(아동학대, 가정폭력, 성폭력, 자살 등)이 일어난 직후 또는 발생 위험성이 높다고 판단된 경우<br>• 질병의 급격한 재발과 건강의 악화로 치료가 필요한 경우 (예: 정신질환의 재발로 인해 자해 및 타해의 위험성이 있어 의료적 치료가 필요한 경우)<br>• 위의 상황으로 인해 법적 · 의료적 · 경제적 지원이 긴급히 요청되는 경우<br>• 발달장애인이나 가족을 위한 긴급개입이 요청되나 가족 등 자연적 지지체계가 적절한 작용을 하지 못하는 경우<br>• 기타 긴급한 상황으로 긴급개입이 필요한 경우 |
| 자원 연결형 | • 전통적인 사례관리 서비스처럼 지속적인 서비스를 필요로 하는 것이 아니라 필요한 서비스로의 전환을 위한 자원 연결이 필요하거나 더 심도 있는 서비스가 필요한 경우 지원됨 |

### (4) 개인별 지원계획 수립

사정결과를 바탕으로 개인별 지원계획팀은 구체적인 서비스 지원계획을 수립하게 된다. 서비스 이용에 있어 서비스 이용자의 의견은 매우 중요하다. 따라서 개인별 지원계획 수립에 앞서 개인별 지원팀을 구성해야 하며, 팀의 구성은 당사자 혹은 보호자나 후견인 등이 포함되어 이들의 욕구에 의한 개입계획이 수립되어야 한다.

#### 1 개인별 지원계획 수립원칙

- 개인별 지원계획은 개인과 가족의 선호와 욕구를 설명할 수 있어야 한다.

- 개인별 지원계획은 독립적이고 생산적이며 자연스러운 생활, 안정적이고 건강한 환경과 지역사회 통합을 촉진할 수 있어야 한다.
- 개인별 지원계획은 공적 자원의 사용에 있어 비용의 효과적인 측면뿐만 아니라 이용자 선택과 선호를 반영할 수 있어야 한다.
- 개인별 지원계획은 개별화된 욕구결정의 과정을 통해 수립되어야 한다.
- 개인별 지원계획은 이용자가 계획과정에 적극적으로 참여하여 수립되어야 한다.
- 개인별 지원계획에 포함한 사항에 관한 결정은 사례관리자와 이용자 간 합의에 의해 수립되어야 한다.

### 2 개인별 지원팀 구성

개인별 지원계획을 위한 팀 구성과 수행내용은 다음과 같다.

- 팀의 구성은 사례관리자 및 보호자를 비롯하여 발달장애인 주변의 관련 인력으로 구성된다.
- 개인별 지원팀은 최초의 개인별 지원계획을 작성하여야 하며, 필요시 정기적인 개인별 지원계획을 작성하여 시행하도록 한다. 단 유아기, 아동기, 청소년기, 성인기, 노년기 등 발달주기별 생애전환과정과 졸업, 결혼, 임신, 부모 사망 등과 같은 특별한 사안의 발생 시에는 새로운 개인별 지원계획을 수립하고 서비스를 제공하는 것을 원칙으로 한다.

〈표 6-5〉 사정영역 및 내용

| 구분 | 자격 |
|---|---|
| 사례관리자 | 발달장애지원센터에 소속되어 발달장애인을 담당하는 사례관리자 |
| 당사자 | 발달장애인 |
| 보호자/후견인 | 발달장애인 부모 또는 직계가족이나 후견인 |
| 특수교사 | 장애아동을 담당하는 학교(어린이집)의 특수교사 또는 보육교사 |
| 의료 전문가 | 발달장애아동 관련 의사(소아정신과 등) |
| 지역사회복지협의체 실무/대표자 | 지역사회복지협의체 장애인 관련 실무/대표자 |
| 기타 관련자 | 사례관리자 또는 발달장애인 보호자가 추천하는 관련 분야 전문가, 종사자 등 |

〈표 6-6〉 개인별 지원계획서에 포함되어야 할 내용

1. 발달장애인 인적사항(성명, 성별, 생년월일, 장애유형 및 장애정도, 소속, 유치원, 어린이집, 학교 및 기관 형태, 보호자 성명, 발달장애인과의 관계, 주소, 연락처(보호자 등)
2. 현재발달 및 수행 수준(영역, 강점, 약점 및 특이사항)
3. 복지지원 목표
   - 장기 목표(연간)
   - 단기 목표(월간)
4. 복지지원 계획: 소득지원, 건강지원, 발달재활 서비스, 보육지원, 교육지원, 가족지원, 직업 및 훈련지원, 권익옹호활동, 사회참여, 보호, 지역사회전환 서비스 지원, 문화 예술, 스포츠 주거지원, 기타
5. 기타[목표의 달성 수준(정도)에 대하여 팀 구성원이 작성(표현)한 사항을 기재, 내용이 많을 경우, 별도 첨부할 수도 있음]
6. 개인별 지원계획팀 승인

### (5) 서비스 의뢰

발달장애인 지원센터의 개인별 지원팀이 클라이언트와의 상담을 통한 사정 후 개인별 지원계획이 수립되면, 파악된 정보에 따라 이후 계획에 따른 적절한 서비스 제공을 위해 지역사회에서 서비스 제공기관에 연계・의뢰해야 한다.

〈표 6-7〉 서비스 의뢰서 포함 내용

1. 일반사항(이름, 생년월일, 성별, 사례유형, 기초보장 구분, 가족형태, 장애유형, 장애등급, 등록일자)
2. 건강 상태 소견(건강 상태, 자립생활능력, 일상생활, 사회성 등에 대한 소견)
3. 욕구사정 결과 및 종합소견: 가족사항 및 외부지원 사항, 경제, 주거사항, 교육, 직업사항 등 종합소견
4. 서비스 이용계획: 서비스 분류(중분류, 소분류), 서비스명, 이용 여부, 충족 여부, 관련기관, 상담자 의견 등
5. 서비스 연계 의뢰 내용: 의뢰 서비스, 특이사항, 의뢰기관의 특성, 의뢰 담당자(발달장애인 지원센터 담당자, 복지관 담당자 등)

### (6) 서비스 모니터링

서비스 모니터링은 클라이언트의 실행계획에 의해 정해진 서비스가 계획대로 잘 이루어지고 있는지를 추적하기 위해 사례관리자에 의해 행해지는 활동과정이다. 이에 클라이언트 중심의 서비스 진행에 대한 서비스 모니터링에 있어서 동일하게 적용할 수 있는 지침이 필요하다.

#### 1 서비스 모니터링 지표

㉠ 계획 이행도

클라이언트와 함께 세운 개인별 지원계획에 따른 서비스 제공자의 과업, 활동 책임에 대한 점검으로 계획대비 서비스 제공이 적절히 이루어지는지 점검한다.

㉡ 서비스 산출량과 목표달성

| 구분 | 내용 |
|---|---|
| 노력 | • 지원망 구성원이 목표를 달성하는가?<br>• 지원망 구성원이 특정 활동을 적절히 수행하는가?<br>• 지원망 구성원의 시간 안배가 적정한가?<br>• 지원망 구성원의 책임이 실행되고 있는가? |
| 적절성 | • 계획에 적절한 서비스와 지원이 있는가? |
| 질 | • 서비스 지원계획이 잘 이행되는가? |
| 결과 | • 서비스 계획이 성공적 결과를 가져오는가?<br>• 아니면 역행적 결과를 가져오는가? |

㉢ 새로운 욕구 발견

서비스 산출에 대한 점검을 통해 사례관리자가 목표달성에 영향을 미치는 장애요인을 발견하면 대안을 마련하여 계획대로 실행되도록 조정한다. 그러나 클라이언트에게 예기치 못한 상황이 발생했거나 정보수집의 오류가 발견되는 경우, 또는 실행목표의 달성이 이루어진 경우 등은 재사정을 통하여 새로운 계획을 수립하거나 이전 단계로 회귀를 결정할 수 있다.

㉣ 서비스 모니터링 방법

서비스 모니터링 방법은 대상의 특성에 따라 다양하게 고안되어야 하나 비공식적이고 질적인 방법과 공식적이고 양적인 방법 두 가지를 조화롭게 병용하여 시행하는 것이 바람직하다. 서비스 모니터링은 이용자를 대상으로 실시하는 모니터링과 서비스 제공기관을 대상으로 실시하는 모니터링 방법이 있다. 각각의 모니터링 결과를 비교하여 그 차이점과 공통점을 객관적으로 평가하고 추후계획에 반영하도록 한다.

ⓜ 이용자 피드백을 통한 서비스 모니터링

- 상담 이후 변화된 사항이나 환경 변화, 서비스 욕구의 변경 등의 정보를 파악하고 필요시 추가 정보제공이나 연계, 의뢰를 실시함
- 서비스 이용 현황, 서비스 및 기관에 대한 만족도, 목표달성 등을 파악하고 그에 대한 피드백을 수행한다.

〈표 6-8〉 이용자 모니터링 포함 내용

1. 이용자명, 날짜, 응답자명, 이용자와의 관계
2. 변화여건에 대한 변화 모니터링(예시)
   - 지난번 상담 이후(또는 지난번 모니터링 이후) 변화된 사항이나 환경 변화가 있습니까? (있다, 없다, 있다면 그 내용은?)
   - 새롭게 희망하는 서비스가 있습니까? (원하는 서비스명, 또는 기관)
   - 전반적으로 시범사업 참여에 만족하십니까? (만족스러운 이유, 그렇지 않은 이유)
   - 기타 의견이 있으면 알려 주십시오. (센터가 개선해야 할 사항, 제도적으로 바꿔야 할 부분 등)
3. 서비스 이용에 대한 모니터링
   (욕구영역, 서비스, 의뢰서비스, 연계 형태, 제공기관, 서비스 의뢰일, 서비스 시작 예정일)
4. 서비스 및 제공기관 모니터링
   (이용 여부 및 미이용자, 서비스 만족도, 비용 만족도, 인력 만족도, 접근성, 계속 이용 의향)

ⓗ 서비스 제공자의 피드백을 통한 서비스 모니터링

서비스 제공자에 대한 모니터링은 서비스 제공 관련 변경 및 추가사항에 대한 정보, 서비스 진행상황 및 목표달성도, 이용자의 참여도 등에 대한 서비스 제공기관의 문서 평가결과를 전달받는 방식으로 진행된다. 이때 센터에서 제공하는 모니터링 양식을 사용하도록 하며, 양식은 서비스 제공 현황 및 이용자의 서비스 이용 태도에 대한 종합적인 정보를 파악할 수 있게 구성되어 있다.

ⓢ 서비스 모니터링 기록

서비스 모니터링 시 모니터링 기록을 작성하는 것은 서비스계획에 근거하여 서비스의 제공과정을 점검하기 위한 목적이다. 따라서 센터의 개인별 지원계획팀과 자원개발팀은 서비스 모니터링을 실시하되, 이 결과를 취합하여 비교 · 분석해야 한다.

〈표 6-9〉 서비스 점검 및 평가표 작성방법(예시)

| 개별화 서비스 지원계획(ISP) 수립날짜 | 해당 서비스 계획서의 회차 및 계획기간을 기록함 |
|---|---|
| 점검날짜. 점검방법, 점검대상, 점검장소, 소비자 만족도, 평가점수 | • 사례관리 대상자를 통한 점검<br>– 점검날짜는 사례관리대상자의 가족을 통한 실제적 접촉을 통해 점검 및 평가를 시행한 날짜를 기록함<br>– 점검방법은 점검을 접촉방법으로. (전화, 내방, 가정방문, 기타)<br>– 점검대상은 점검을 위해 접촉한 대상을 의미 (사례관리대상자, 가족 · 보호자, 사례관리대상자와 가족 · 보호자 모두) |
| 욕구영역별 개입내용, 변경내용, 변경사용 | • 욕구 변경이 이루어질 시 변경내용을 기술함 |
| 사례관리 대상자 점검 | • 대상자에 대한 특이사항 점검 |
| 욕구평가 | • 욕구평가는 사례관리자가 종합하여 평가하며, 해당 항목별로 서비스를 통하여 사례관리 대상자와 가족의 욕구가 충족되었는지를 평가함(비해당, 욕구충족, 욕구미충족 미확인) |
| 추후계획 | • 사례관리 대상자와 가족, 서비스 제공기관의 당사자를 통해 수집한 정보를 종합 분석하여 추후관리에 대한 의사결정을 기록함(재사정 필요, 서비스계획 수정, 평가, 종결) |
| 총평(기타 의견) | • 종합적인 의견 |

### (7) 평가 및 종결

#### 1 서비스 평가

일반적으로 사회복지실천현장에서 평가는 다음과 같은 방식으로 실시된다.

첫째, 사업실행에 대한 전반적이고 총괄적인 평가
둘째, 서비스의 운영에 대한 과정평가
셋째, 서비스의 결과로 파악되는 성과평가

### 3 과정평가

개인별 서비스 지원을 통해 달성된 목표를 평가하는 방법으로 첫째, 서비스 제공자 측면에서 서비스 제공이 서비스 계획대로 이루어졌는지를 평가하는 서비스 과정에 대한 평가와 둘째, 서비스 이용자 측면에서 서비스 목표 대비 이용자가 어떻게 변화하였는지를 평가하는 방법으로 나누어 볼 수 있다.

- 서비스 과정평가는 서비스 제공과정이 원활히 이루어지고 있고, 성과평가와 잘 연결되도록 기록되고 관리되는지를 평가하는 것이다.
- 과정평가는 다양한 자료수집 방법을 활용하여 서비스 제공과정에 활용된 다양한 기록 양식에 대한 내용분석, 이용자(이용자 본인 및 가족)를 대상으로 한 설문조사나 초점집단면접, 서비스 자원에 대한 과정기록의 분석, 현장 실무자 대상의 조사나 면접 등이다.
- 과정평가는 임의로 택한 사례 기록에 대한 내용분석을 정기적으로 실시하는 방법이 가장 현실적이다. 평가해야 할 영역은 정보수집의 적절성, 기록의 적절성, 합의한 변화목표 수립의 적절성, 목표달성을 위한 서비스계획의 적절성, 필요한 활동(재사정, 점검/모니터링, 평가) 주기의 준수 여부, 실천원칙에 근거하여 이용자를 돕고 있는지 등을 포함한다.

### 4 성과평가

성과평가는 변화(change), 결과(outcome), 영향(impact)의 내용을 확인하는 활동으로 정의될 수 있고, 이용자의 욕구충족 및 목표달성 정도가 중시된다. 이용자 욕구에 근간한 통합적인 서비스 체계라는 점에서 유사한 사례관리에서 적용되는 성과평가의 수준과 영역을 발달장애인 지원센터의 서비스 성과 평가에 적용해 보면 다음과 같다.

〈표 6-10〉 성과평가표(예시)

| 구분 | 만족도/목표달성 | 변화/효과성 | 효율성/비용편익 |
|---|---|---|---|
| 클라이언트 | | | |
| 서비스 제공자<br>서비스 제공기관 | | | |
| 연계자원과 지역사회 | | | |

### 5 목표달성의 정도에 의한 평가

서비스 이용자가 서비스 계획 시에 세운 변화목표가 얼마나 잘 달성되었는지를 평가하여 서비스 성과를 드러내는 과업계획 및 점검표에 목표달성 정도를 간단하게 포함시킴으로써 해당 문항을 활용하여 평가할 수 있다. 목표가 완전히 달성되었거나 일정 수준 이상이라고 평정되면 목표달성 지표로 삼을 수 있고, 욕구에 따라 변화목표가 여럿이면 합산하여 평균점수를 통해 전반적인 목표달성 정도를 파악할 수 있다.

### 6 서비스 만족도에 의한 평가

서비스 이용자가 제공기관에서 받은 서비스에 대해 얼마나 만족하는지를 평가하는 과업으로 서비스 만족도를 평가하는 조사표를 척도의 형태로 기관 및 서비스 종류에 따라 적절하게 보완하여 서비스 종결 시 이용자나 가족이 응답하도록 할 수 있다. 척도를 활용하기 어려울 때에는 개방형 질문을 보충하거나 반구조화된 개방형 질문으로 이용자 대상 초점집단면접을 따로 수행하여 분석하는 것도 한 방법이다.

#### ● 만족도 조사지

**다음은 서비스와 프로그램에 대하여 얼마나 만족하는지에 대한 질문이다.**

4점 척도: 1–전혀 그렇지 않다 2–그렇지 않다 3–그렇다 4–아주 많이 그렇다

| | 1 | 2 | 3 | 4 |
|---|---|---|---|---|
| 1. 적절한 양의 도움을 받았다. | | | | |
| 2. 양질의 도움을 받았다. | | | | |
| 3. 우리가 원하는 도움을 받았다. | | | | |
| 4. 우리 가족을 대하는 센터 선생님의 태도에 대해 만족한다. | | | | |
| 5. 선생님의 도움을 통하여 원하던 것이 대부분 충족되었다. | | | | |
| 6. 도움을 받았던(받은) 기간은 적절하다. | | | | |
| 7. 주변에 비슷한 도움을 필요로 하는 사람이 있다면 이 기관을 추천할 것이다. | | | | |
| 8. 받은 도움은 현재 어려움을 효과적으로 처리하는 데 도움이 되었다. | | | | |
| 9. 받은 도움에 대해 전반적으로 만족한다. | | | | |
| 10. 어려움에 처할 때, 우리 가족은 이 기관에 다시 올 것이다. | | | | |
| 11. 도움이 필요할 때, 선생님께 연락을 어렵지 않게 취할 수 있었다. | | | | |
| 12. 센터 선생님에 대해 전반적으로 만족한다. | | | | |
| 13. 도움을 필요로 할 때마다 적절한 도움을 받을 수 있었다. | | | | |

● 서비스 만족도 개방형(개방형 질문 예시)

**서비스 제공기관을 통해 서비스를 이용하면서 느낀 점을 답해 주세요.**

1. 어떤 점이 가장 도움이 되었나요?
2. 가장 만족스러운 서비스 경험은 무엇이었나요?
3. 이용자가 변한 점이 있다면 어떤 게 있나요?
4. 가장 불편했거나, 불만스러운 경험은 무엇이었나요?
5. 귀하와 가족에게 꼭 필요한 서비스였는데, 서비스 제공기관을 통해 받지 못한 서비스나 충분하지 못했던 점은 무엇인가요?
6. 귀하의 가족에게 더 나은 서비스를 제공하기 위해 보완하거나 개선해야 할 점은 무엇인가요?
7. 위의 질문 외에도 하시고 싶은 말씀이 있으면 간략히 말씀해 주세요.

출처: 사회복지공동모금회 (2009).

### 7 클라이언트 욕구 수준의 변화에 의한 평가

클라이언트가 인테이크 면접 때 표출한 욕구의 수준(욕구의 심각성 또는 욕구에 대한 이용자의 대처능력 정도)이 종결이나 점검 시에 얼마나 개선되고 변화되었는지를 검토하여 서비스 성과로 평가하는 방법이다. 계획 및 점검표에 욕구의 수준을 포함시켜 단일 문항의 척도형으로 개입 전과 개입 후의 차이를 비교하여 서비스 점검의 기준으로 삼을 수 있다.

### 8 서비스 종결

㉠ 발달장애인 지원센터의 서비스 종결

지역센터 개인별 지원팀의 담당자와 이용자 본인 혹은 가족의 합의에 의하여 정기적인 사후관리 이외에는 더 이상의 서비스 지원이 불필요하다고 합의적인 판단이 이루어진 경우, 혹은 성인 이용자의 지역 내 자립이 성공적으로 이루어졌다고 판단되는 경우, 혹은 클라이언트의 거주지 이전으로 인한 타 지역센터에의 의뢰 경우 등이 서비스 종결이 일어나는 경우이다.

㉡ 종결 시 과업

이용자가 서비스 종결에 대하여 충분히 이해하도록 서비스 종결의 의미와 과정이 명확히 설명되고 합의되어야만 종결이 가능하다. 지역센터 개인별 지원팀 담당자는 반드시 이용자와 함께 종결 이후의 계획에 대해 논의하여야 하며, 필요한 경우에는 언제라도 다시 연락을 취할 수 있다는 점을 고지하도록 한다.

㉢ 종결보고서 내용

종결보고서에 포함되어야 할 사항은 다음과 같다.

| 구분 | 효율성/비용편익 |
|---|---|
| 종결사유 | 사례관리 서비스를 종결하게 된 궁극적인 사유(클라이언트에 의한 종결, 사례관리자나 기관에 의한 종결, 기타 사유 등)를 표시한다.<br>기타 사유의 경우 좀 더 구체적으로 기록한다 (예: 타 기관으로의 의뢰로 인한 종결 등) |
| 서비스 제공요약 | 서비스 욕구의 유형에 따른 직접 또는 연계 서비스의 내용과 투입 시간의 총량을 계산하여 기록한다. |
| 대상자 변화사항 | 사례관리 개입 전과 후의 상황을 욕구를 중심으로 비교 평가하여 기술한다. 이때 생태도 및 기타 척도나 평가도구를 활용하여 객관적인 평가를 할 수 있다. |
| 사례관리자의 의견 | 사례관리를 담당한 실무자의 전문적 판단 의견을 종합적으로 정리하여 기술한다. |
| 사후관리 계획 | 사후관리 기간, 방법 등을 기술한다. |

이상 발달장애인 지원센터를 통해 발달장애인 개인별 혹은 가족단위로 지원되는 서비스 지원활동과 과정 그리고 센터의 역할 등을 살펴보았다.

07

# 영유아 및 아동기 발달장애 가족중심 지원

## 1. 장애아동과 가족

한 가정에 장애아동이 발생하면 가족 구성원 모두가 각자의 상황에서 나름대로의 긍정적 혹은 부정적 영향을 받게 된다. 일반적으로 장애아동을 양육하고 부양을 책임지는 가족은 비장애인 가족보다 육체적 · 심리사회적 · 경제적 부담의 가중, 가족갈등 및 스트레스 요인의 증가 등 생활 전반에 긍정적인 영향보다는 부정적인 영향을 더 많이 받고, 이러한 문제 해결을 위해 장애아동 가족은 가족 외부로부터의 전문적 개입을 요구하게 된다. 따라서 장애아동을 대상으로 한 재활치료나 교육과 같은 개입이 이루어지는 경우에는 개입 실천의 방향을 아동과 가족이 함께 속해 있는 가족생활 맥락에서 고려해야 한다.

이러한 장애아동에 대한 재활과 치료를 위한 개입관점의 변화는 1960~1970년대 아동중심적(child focused) 개입에서 가족지원(family support) 중심의 개입 변화를 의미하는 것으로 아동초점, 결함지향적 서비스의 한계를 인식한 진일보한 변화이며, 가족의 욕구에 초점을 맞춘 보다 가족지향적 접근법이라 볼 수 있다. 이러한 가족지향적 접근법은 아동, 부모와 가족의 기능수행 측면에서 전반적으로 긍정적 영향을 나타내 보인다. 따라서 장애아동을 부양하는 가족 역시 사회적 지원 프로그램이 반드시 필요한 대상자인 것이다.

가족지원이란, 정상화의 이념과 가족의 전체성이라는 관점에서 장애를 가진 가족의 가족체계를 유지하고 강화하기 위한 모든 활동을 의미한다. 가족지원은 아동의 장애를 그 가족이 이해하고 그것에 융화되는 것과 관련된 모든 활동을 강조한다. 또한,

가족지원 프로그램은 가족이 자신들로 하여금 비공식적인 지지망을 개발하여 보다 독립적이 될 수 있도록 하는 데 주요한 의의가 있다.

### 1) 장애아동 가족의 이해

인간은 가정이라는 울타리 안에서 태어나 자라며, 일정한 연령이 되면 또 다른 가정을 형성하며 살아간다. 가정을 형성하는 것 중 가장 중요한 것은 자녀를 출산하여 양육하는 것이다. 부모는 자녀의 출산을 앞두고 태어날 자녀에 대한 많은 기대와 동시에 막연한 걱정을 하기도 한다. 그러나 장애아의 출생은 부모의 이러한 기대가 무너지고 어렴풋한 걱정이 현실로 나타나 심한 상실감과 슬픔을 가져온다.

발달장애아의 출생이나 발생은 장애아동 부모에게 새로운 역할을 요구하고 가족원 개개인의 심리적 적응과 역할 분담, 규칙, 힘의 구조 등 기존의 가족기능에서 변화가 요구된다. 그러나 충격에 직면한 부모와 가족원은 생존에 필요한 기본적인 욕구와 장애에 대한 새로운 도전에 충분히 맞설 수 있는 힘을 잃게 되며, 가족 구성원은 이에 적절히 대응할 에너지와 자원을 준비하지 못함으로써 행동의 안정성을 잃어 가정의 위기를 초래하게 된다.

장애아동 가족은 아동의 생애 전반에 걸쳐 지속적으로 스트레스를 받고 적응하는 데 어려움을 겪는다. 장애아동의 가족은 아동의 장애를 수용하고 양육하는 과정에서 비장애아동 가족에 비해 정신적 · 육체적 · 경제적으로 더 많은 스트레스를 경험한다.

최근 장애아동교육에서는 장애아동과 가장 밀접한 가족의 상호 협동적인 기능이나 지지의 중요성이 인식되고 있으며, 장애아동 가족에 관한 연구들은 이들 가족을 지원할 수 있는 다양한 방법을 제시하고 있다. 장애아동 가족에 대한 고려는 각 가족의 독특하고 끊임없이 변화하는 상황에 맞는 서비스를 요구하며, 가족은 종교, 경제능력 및 행위, 가치관, 가족의 규모 및 조직 등 각 영역에 있어서 개성을 가지고 있고 모두 가족 구성 및 기능을 분명히 하는 데 기여하였다.

### 2) 장애아동 가족의 특성

장애아동을 자녀로 둔 대부분의 가족은 아동의 성장에 따른 새로운 발달과업이 주어질 때마다 비장애아동 가족이 직면하는 것과는 다른 갈등, 스트레스, 부담감 등을 반복적으로 경험한다. 그 결과, 장애아동 부모는 무력감, 부적절감 등을 경험하며, 이로 인해 낮은 자기 효능감, 자존감 등을 느낄 수 있다. 특히, 부부간의 유대가 취약한 경우, 장애아동 출생은 가족 갈등의 원인으로 작용한다. 이렇듯 장애아동 가족은 비장애 가족에 비해 긍정적 경험보다 부정적 경험을 많이 할 가능성이 크다.

부부갈등과 관련하여, 전통적인 부부 중심의 가족과 원만한 부부관계를 유지하고 있는 가족에서는 장애아동이 발생하더라도 일반 가족과 비슷한 수준의 스트레스만을 경험한다. 그러나 한부모 가족이나 기존의 부부간, 가족원 간의 갈등을 경험하는 가족에서는 장애아동으로 인하여 갈등이 더 악화될 가능성이 있어 가족형태에 따라 경험이 다르다.

한편, 장애아동의 출생으로 인해 형제자매는 장애아동을 돌보는 부모 역할을 수행하도록 기대되는 경우가 많으며, 특히 장애아동의 자매는 장애아동에게 엄마와 같은 보호자의 역할을 하도록 기대받는다. 또한, 장애를 가진 형제자매로 인해 낙인을 부여받는 경험을 할 수 있으며, 이러한 경험의 축적은 장애아동을 자신의 형제자매로 쉽게 인정하지 않게 만들 수도 있다. 또한, 장애아동은 가족의 자원을 독점하는 경향이 있어 형제간 갈등의 원인이 될 수도 있다. 장애아동의 형제자매는 이들에 대한 부정적인 감정을 표현하지 못함으로써 내적 갈등을 경험하거나 문제행동을 일으킬 소지가 크다. 그러나 일반적으로 비장애아 형제의 불만, 투정 등의 부정적인 감정에 대해 관대하지 못하므로 형제의 죄의식이나 불안 등 내적 갈등이 커질 수 있다.

자녀의 양육과정에서도 장애자녀의 어머니는 비장애아동의 어머니에 비해 더욱 많은 양육 시간을 요구하고 있어 가족의 일상적인 기능 유지에 많은 제한을 초래한다. 한편, 가족 구성원 개개인에게 미치는 스트레스와 관련하여서는 어머니가 아버지에 비해 더 높은 수준의 스트레스와 절망감을 느끼고 와해에 대한 염려, 자녀 및 가족기능과 관련된 더 많은 문제를 경험한다. 반면에 장애자녀의 아버지는 어머니보다 사회적 낙인을 극복하는 데 더욱 많은 어려움을 겪고 있으며, 비장애아동의 아버지에 비해 낮은 자존감, 우울증을 겪고 있는 경우도 많다.

그러나 모든 장애아동 가족이 자녀의 장애로 인해 부정적인 경험을 하는 것은 아니다. 오히려 자녀의 장애로 인해 가족의 결속력이 높아지고, 이전에 비해 친밀해졌다는 긍정적인 측면도 있으며, 실제로 많은 가족이 자녀의 장애에 성공적으로 적응하고 그 기능도 잘 수행하고 있는 것으로 나타난다. 즉, 장애라는 긴장원은 같아도 가족이 가진 적응 형태에 따라 장애에 각기 다르게 반응하게 된다. 장애아 가족의 적응과 관련하여 역기능적인 측면을 밝히는 것보다 성공적인 적응에 관련된 변인을 밝히는 것이 보다 더 중요하다.

### 3) 가족의 욕구

장애아동의 가족은 장애아동의 양육과정에 나타나는 양육 부담과 필요한 다양한 사회적 서비스 등에 대한 욕구로 인하여 스트레스를 받는다. 영유아기, 학령기 전 시기에는 아동의 주 양육자로, 그리고 학령기에는 재활치료와 특수교육을 위한 학습자, 교육자로서의 역할로 인해 부모는 역할과중을 겪게 되며, 성장한 후의 사회적 적응과 부모 사후의 보호문제 등에 대해 걱정하게 된다. 또한, 여가, 사회적 활동, 수면 시간 등의 감소로 인하여 가족들은 스트레스가 쌓이게 된다. 따라서 장애아동의 생애주기별 발달과업에 따른 가족의 욕구에 대한 이해가 반드시 필요하다.

생애주기 틀에 의해 장애아동 가족이 부딪히는 공통적인 주요 경험을 범주화할 수 있다. 발달장애아동 가족은 취학 전기(3~5세), 입학기(6~8세), 초기 청소년기(12~14세), 생활연령상의 성인기(19~21세)로 범주화가 가능하고, 아동발달의 시점마다 부각되는 가족의 욕구가 다르다. 예컨대, 재정적인 면은 입학과 더불어 부각되고 청소년기에는 자녀의 자립에 대한 소망이 주목되는 가치이며, 사회적 기능, 신변처리, 개인위생 등의 문제가 이 시기에 매우 중요한 문제로 이해된다. 자녀가 초기 성인기에 도달하면, 부모는 자녀가 자립하는 문제에 대한 의사결정의 필요성과 부모 자신이 늙어가고 결국 죽을 수밖에 없다는 사실을 크게 인식하게 된다. 장애자녀의 출생 또는 장애가 의심되는 시기부터 부모로부터 독립하여 살아가야 하는 시기까지를 6단계로 구분하여 그에 따른 부모의 욕구를 〈표 7-1〉과 같이 요약할 수 있다.

〈표 7-1〉 장애자녀 성장 시기에 따른 부모의 욕구

| 단계 | 자녀의 성장 시기 | 부모욕구 | 부모욕구범주 |
|---|---|---|---|
| 1단계 | 장애자녀의 출생 또는 장애가 의심되는 시기 | 정서적 이해와 지지 | • 정보교환에 대한 욕구: 부모·교사협의회, 프로그램에 대한 정보, 비공식적인 피드백, 아동 상태에 대한 정보<br>• 부모의 권리 및 책임에 대한 정보, 지역사회 및 교육기관의 자원 이용에 대한 정보<br>• 가정에서의 프로그램 수행훈련에 대한 욕구: 행동지도방법, 양육기술, 일상생활기술<br>• 상담·치료·자문에 대한 욕구: 개별상담, 집단상담, 갈등해결 방법<br>• 부모가 협력하는 서비스 프로그램에 대한 욕구: 부모모임 참여, 지지그룹 결성, 자원봉사자로서의 참여 |
| 2단계 | 장애상태에 대한 진단 및 치료 시기 | 장애와 관련된 정보 및 지식 획득 | |
| 3단계 | 자녀의 취학준비 시기 및 학령기 | 교육활동에 적극적인 참여 및 교수방법 습득 | |
| 4단계 | 자녀의 사춘기 | 자아 개념 및 성교육에 대한 정보 및 지식 획득 | |
| 5단계 | 자녀의 직업선택 시기 | 직업교육에 대한 정보습득 및 장애자녀의 능력에 대한 이해 | |
| 6단계 | 부모로부터 독립하여 살아가야 하는 시기 | 부모 사망 후의 미래계획 및 준비 | |

연령이 다른 장애아동의 부모에게 필요한 가족욕구를 횡단적으로 검토하면, 어린 아동의 부모가 보다 많은 서비스와 지원망이 필요하며, 나이가 많은 아동의 부모는 덜 지원받고, 더 고립되며, 더 확장된 서비스가 필요하다. 또한, 장애아동 가족의 경우에는 외부체제의 역할이 지극히 중요하다. 가족과 일반 대중의 수용과 이해뿐만 아니라 가족의 복합적인 욕구와 문제에 대해서는 지역사회 서비스가 언급되어야만 긍정적인 효과가 나타날 수 있다. 장애아동 가족의 사회망이 비장애아 가족보다 적을 수 있다. 따라서 전문가가 가족의 욕구를 예상하고 그러한 욕구에 맞는 적절한 서비스와 지지를 제공한다면 스트레스의 파급영향을 줄일 수 있으며, 가족기능과 적응을 도모할 수 있을 것이다.

## 2. 발달장애아동 가족의 문제 및 대처

### 1) 가족 스트레스

발달장애아동은 장애로 인하여 심리사회적 문제, 경제적 문제, 대인관계문제 등 여러 가지 어려운 문제에 직면한다. 이러한 이유로 장애아동을 돌보는 가족은 여러 가지 스트레스를 경험하게 되는데, 아직까지 우리 사회의 특성상 발달장애아동에 대한 사회적 인식이 배타적이라 장애아동 가족은 심리적·사회적·경제적 측면에서 스트레스가 가중될 수밖에 없다.

발달장애아동 가족이 겪는 일반적인 문제를 종합하면 다음과 같다. 즉, 경제적 부담, 실제로 존재하거나 혹은 부모가 느끼는 사회적 오명, 식사와 목욕, 신변처리와 같은 특별한 도움을 요구하는 데서 오는 육체적·시간적 부담, 친지들과 이웃들로부터 고립, 부모의 수면 시간, 여가 시간의 부족, 아동의 문제행동 다루기, 집안일에 필요한 시간의 부족 등이 있으며, 그 외에도 평소에 누구나 경험하는 미래에 대한 불안감이 장애아 출생을 계기로 더욱 증가한다. 장애아동이 가정에 미치는 영향과 관련하여 부모와 형제자매는 아동의 장애로 인하여 어느 정도 스트레스를 받고 있으며, 가정은 사회적·경제적 문제에 직면하게 된다.

#### (1) 정서적 긴장

정서적 긴장은 정상적인 아동이 태어나지 않은 것에 대한 슬픔, 우울, 거부, 분노 등을 포함한다. 가족의 이러한 정서는 경제적 부담의 증가, 가족 수입의 감소, 특히 일차 보호 부담자의 직업생활의 유예, 가족역할의 재구조화 등을 겪으면서 차츰 변화하지만 이러한 정서적 긴장이 완전히 사라지거나 감소하는 것은 아니다. 이러한 정서적 긴장은 아동의 발달단계를 따라 반복적으로 나타나는 경향이 있다.

#### (2) 사회적 고립과 낙인

비장애인은 장애인과 함께 있는 것을 불편하게 느끼고 그들과 상호작용하는 것을 피하려 한다. 부모는 그들이 어디에 가든지 장애아동의 재활과 교육을 담당할 수 있는 시설의 부족을 느끼고 장애자녀에 대해 동정 어린 말과 비판적인 말을 들으며, 모욕적이고 굴욕적인 질문을 받는다. 자신의 자녀가 다른 아이들과 다르다고 느끼기 시작하면서 부모는 사람들과 어울리는 것을 꺼리고 가능하면 다른 아이들과 접촉도 하지 않으려고 한다. 특수교육을 받는 경우에도 낙인 받지 않으려고 장애인복지관 내 특수교육, 혹은 재활치료기관을 피하고 일반 지역사회복지관 내의 장애아동 치료실을 선호하는 경향이 있다. 결국, 주변 사람들과의 관계가 단절되고 고립된다. 아버지의 경우 자녀의 장애가 직장에 알려져 당할지도 모르는 불이익에 대한 우려로 자녀의 장애를 대외적으로 숨기기도 한다. 이는 사회생활에서 더욱더 고립되어 어려움을 초래하게 만든다. 또한, 장애아동의 존재는 부모로 하여금 당혹스러움과 자기비하적인 감정을 가져와 사회적으로 위축시킨다.

#### (3) 정보와 자원부족

우리나라는 특수교육이 발달과정에 있으므로 교육시설의 부족과 교육의 양과 질에서 만족할 만한 수준에 이르지 못한다. 현재 가지고 있는 자원도 정보의 부족으로 제대로 활용되지 못하는 사례가 많다. 정보의 결여는 장애아동을 양육하는 부모에게 역할모델의 부재를 경험하게 한다. 또한, 부부의 서로 다른 견해와 욕구의 문제는 이들의 관계유지를 더욱 어렵게 만든다. 따라서 이들은 자신의 문제에 집중하며, 종종 상담치료나 가족치료를 의뢰한다. 이때 이들은 자신의 문제에 집중하는 것이다. 부모는 아동과 관련된 구체적인 문제, 특히 장애아동의 문제행동 및 문제상황을 어떻게 다루는 것이 효과적인지에 관해 구체적인 사실과 정보를 제공받기를 원한다.

#### (4) 경제적 부담

장애아동을 가진 가족은 다른 비장애아동 가족에 비해 많은 경제적인 부담을 안고 있다. 장애아동의 부모는 장애아동의 양육으로 인해 소득활동에 상당한 지장을 받아 실업, 수입 감소 등에 직면할 가능성이 크다. 이처럼 수입원은 제한되는데 장애아동을 위한 지출은 더욱 늘어나게 되어 장애아동의 가족은 다양하고 복합적인 경제적 문제를 겪게 된다. 특히, 장애인은 독립을 이루어야 하는 성인기에도 능력상의 제한과 사회적 차별로 인해 직업획득의 기회가 배제되어 미취업 상태에 있는 경우가 많고 취업을 하더라도 비숙련 직종, 비정규직에 종사하는 경우가 대부분이므로 경제적 독립을 이루는 것 자체가 매우 어렵다. 이러한 이유로 장애인 가족은 장애인을 위한 보호비용을 계속 지출해야 하는 부담이 있다. 중증장애아동이 있는 가족은 장애로 인한 추가비용이 있으며, 그중 의료비와 교육비, 재활 관련 비용에서 지출의 부담이 크다.

이상의 추가지출비용 외에도 장애아동을 둔 가정의 경우, 장애아동의 조기재활과 치료, 특수교육을 위해 추가로 지출해야 할 비용의 비중이 상당히 높다. 대부분의 장애아동이 사교육기관에 의뢰되어 조기재활치료와 특수교육을 받고 있기 때문에 장애아동의 양육은 경제적 부담을 가중시킨다. 과다한 장애자녀의 치료, 교육비용이 가계에 미치는 영향 그 자체도 문제이지만 이로 인한 타 항목의 지출에 대한 영향은 더욱 심각하다. 장애자녀를 위한 비용은 생활과 다른 자녀의 양육에도 압박을 가져와 가족구성원의 복지에 부정적인 영향을 미친다.

#### (5) 장애아동의 미래와 관련된 스트레스

장애인의 수명이 연장됨에 따라 부모나 형제의 사망 후 장애인 보호의 문제가 가족의 스트레스가 되고 있다. 이것은 사회 일반의 장애인에 대한 낙인현상과 깊은 관련이 있다. 장애아동 부모는 미래의 장애아동 보호에 대한 걱정이 높은 수준을 보인다.

### 2) 양육 부담

발달장애자녀의 출생과 양육 부담은 장애아동의 부모와 가족에게 특수하고도 지속적인 어려움을 경험하게 하는 양육스트레스를 부여한다. 그러나 이러한 어려움에도 일부 장애아동 부모는 비교적 높은 수준의 적응을 나타내기도 하는데, 이것은 스트레스의 완충작용을 하는 대처자원의 활용에 의해서 스트레스가 경감되기 때문이다. 이러한 양육스트레스의 구체적인 내용을 살펴보면, 장애아동 부모는 자녀의 반응결여와 발달지체로 인한 실망감, 좌절 등의 심리적 불안정을 경험하며, 아동을 양육하는 과정에서 생기는 경제적 부담감, 장애로 인하여 요구되는 지속적이면서도 특수한 자녀 돌보기 외에도 친구와 가족으로부터의 소외 및 부모가 갖는 미래의 자기 발전에 대한 불안과 염려 등으로 다양한 어려움에 직면하게 된다.

이러한 자녀양육과정의 어려움과 관련하여, 장애아동은 비장애아동에 비해 더욱 많은 양육 시간을 요구하고 있어 장애아동 부모가 가족의 일상적인 기능을 유지하는 데 많은 제한을 가하고 있다고 하였다. 장애아동은 일상생활에서 부모에 대한 의존도가 높아 추가보호 부담이 크기 때문에 장애아동 부모는 비장애아동 부모에 비해 육체적·정신적 피로를 더 많이 느낀다. 이러한 양육 부담으로 인해 가족 간의 여행이나 외출이 힘들고 활동의 제약을 받을 뿐만 아니라 자기만의 시간을 가질 여유가 없다. 더구나 부모는 장애아동의 욕구와 다른 자녀의 욕구를 동시에 충족시켜야 하는 책임을 맡고 있기 때문에 갈등을 겪으며, 이로 인해 무력감을 경험하곤 한다.

또한, 장애아동 부모와 비장애아동 부모의 스트레스를 비교하면, 장애아동 부모는 아동의 장애로 인하여 아동양육 역할에 큰 부담을 안고 생활하며, 비장애아동 부모에 비해 상당히 많은 스트레스를 받을 가능성이 크다. 특히, 장애아동 양육에서부터 치료, 교육 등에 이르기까지 장기간 부과되는 심리적 압박은 장애아동 부모에게 정신적으로 큰 부담을 안겨주는 것으로 나타났다.

### 3) 가족의 적응과 대처

#### (1) 가족적응

장애아동의 가족적응은 장애아동의 특성, 부모의 사회·인구학적 특성, 사회적 지원 등과 같은 가족자원, 가족이 속한 사회의 문화적 태도 등에 의해 달라질 수 있다.

첫째, 장애아동의 특성이 가족의 스트레스와 적응에 일관성 있게 영향을 미치는 것은 아니지만, 아동의 여러 특성은 가족의 스트레스와 적응에 영향을 미치는 요인이다. 일반적으로 장애아동의 특성은 스트레스 혹은 긴장을 일으키는 대표적인 요인이 된다. 예를 들면, 장애아동의 성별, 연령, 출생순위, 장애유형, 장애의 심각도 등은 부모의 적응에 영향을 미친다고 여겨진다. 장애아동의 연령이 높을수록 부모의 스트레스 수준과 우울 증세가 높아지므로 가족적응에 어려움을 겪는다.

둘째, 장애아동의 가족적응과 관련되어 장애아동 부모의 특성을 들 수 있다. 부모의 사회 경제적 수준, 교육 수준, 언어능력, 도덕성, 인성 특성, 과거 경험, 연령, 결혼 만족도, 장애에 대한 부모의 지각과 믿음 등이 부모의 스트레스 수준 및 지각 또는 아동에 대한 양육태도에 영향을 미친다. 부모의 교육 수준, 사회 경제적 지위, 가족의 지지 등은 가족적응에 영향을 미칠 것이다. 또한, 부모의 성별, 가족이 경험한 가정문제나 정신적 상태에 따라서 정도는 다르나 모두 가족적응에 영향을 보일 수 있다. 대체로 장애아동 아버지는 어머니보다 사회적 낙인을 극복하는 데 더 많은 어려움을 겪는 경우가 많고 비장애아동 아버지에 비해 낮은 자존감을 느끼거나 심한 우울증을 겪고 있는 경우가 많다. 또한, 가족의 종교적 배경, 사회적 지지 정도가 장애아동의 가족적응에 중요한 영향요인이다.

셋째, 장애아동 가족지원 중 아버지에 대한 지원의 필요성이 강조되고 있다. 현대사회에서는 여성의 사회진출 증가로 자녀양육에서 아버지의 역할이 중요하게 평가되고 있으며, 아버지의 자녀양육 참여는 아동의 정서적 기술, 내적 통제력 및 인지발달에 매우 중요한 역할을 한다. 그러므로 장애아동 아버지의 자녀양육 참여는 아동의 발달과 가족의 안녕에 매우 중요한 역할을 하며, 부부 만족도에 큰 영향을 미친다. 또한, 장애아 어머니에게 효과적인 지원은 남편의 지원이다.

넷째, 장애아동 가족의 적응을 위해 사회적 지원이 중요하다. 충분한 사회적 지원이 장애아 부모의 가족적응에 중요하게 작용한다. 장애아 어머니의 스트레스 해소를 위해서는 종교나 아동의 교육기관 및 치료기관, 부모모임, 부모상담기관 등이 효과적인 지원으로 평가된다. 이러한 지원은 개인의 외부로부터 오는 것으로 개인에 따라서는 신앙심, 개인적 믿음체계 등을 통해 자기 자신의 내부로부터 중요한 지지자원을 획득하기도 한다.

#### (2) 가족의 대처 노력

대처란 가족 내 어느 한 개인에게 해로운 영향을 미치지 않고 가족단위에 의해 스트레스 사건이나 상황을 관리하는 것이다. 또한, 스트레스나 상황을 근절시키기보다는 오히려 개인과 가족체계에 의해 관리되는 것이 대처이다. 그리고 대처자원이란 긴장 상황을 다루는 데 있어 개인의 습관화된 태도와 능력이다. 즉, 태도란 자기에 대한 태도와 외부에 대한 태도를 모두 포함하는 것으로서 자기존중감, 자기의지력, 성취에 대한 신념 등을 의미하며, 능력이란 대인관계에서의 유능함, 인지적 융통성, 분석적 능력, 지적 능력 등을 의미한다.

대처자원은 신체적 자원(건강 에너지, 사기), 환경적 자원(사회적 조직망), 물리적 자원, 심리적 자원(자기 및 타인에 대한 신념)으로 분류할 수 있는데, 대처자원 중에서 환경적 자원으로서의 사회적 지지와 통제성, 자기지각, 문제해결능력과 같은 심리적 자원이 장애아동의 발생에 따른 가족적응에 더 직접적이고 영향을 미친다. 그리고 대처자원을 얼마나 가지고 있는가를 개인이 평가하는 데 따라 대처행동에 영향을 준다. 대처방안은 한순간에 만들어지는 것이 아니라 시간이 지남에 따라 점차 수정되어 가는 것이며, 가족이 하나의 체계이므로 대처방안은 여러 차원의 가족생활에 동시에 관련되어 있다. 이러한 가족대처는 조직과 통일성을 용이하게 해 주고 개인의 성장과 발달을 촉진하며, 가족체계의 균형을 유지하는 과정이다.

### 4) 사회적 지지

사회적 지지란 한 인간의 기본적인 사회적 욕구에 기반을 둔 것으로 그를 둘러싸고 있는 환경체제와의 상호작용을 통해 얻을 수 있는 사회적·정서적·정보적·물질적 원조로서 개인이 그가 속해 있는 세계를 이해하고 환경에 적응하여 좀 더 나은 삶을 살아가도록 하는 데 도움을 주는 유용한 사회적 자원으로 정의 내릴 수 있다.

한편, 발달장애아동을 돌봄에 따라 인지하는 부담감과 관련하여, 아동의 건강 상태 및 이에 따르는 돌봄의 요구 정도, 발병 시기, 아동 연령, 아동의 인지적·행동적·기능적 장애정도, 돌보는 사람의 인구학적 특성, 건강 상태 및 정신·신체적 기능 등의 개인·상황적 요인과 돌보는 가족에게 이용 가능한 공식적·비공식적 자원, 사회적 지지가 어느 정도인가와 같은 요인이 영향을 미친다.

그러나 개인·상황적 요인은 개인적이고 특수적인 것으로 변화시키거나 중재하기 어렵기 때문에 현 상황에서 가족이 느끼는 어려움과 변화를 줄이기 위해서는 사회적 지지와 같은 이용 가능한 자원의 활용에 초점을 맞추어야 할 필요성이 있다. 가족의 신체적 · 심리적 부담감과 스트레스를 완화시키는 요인으로서, 사회적 지지는 긴장과 스트레스를 완화하는 개념으로 그 중요성이 강조되고 있다. 그리고 사회적 지지는 인간의 스트레스와 같은 심리사회적 문제해결과 안녕감을 증진시키는 유익한 기능을 가지며, 이와 같은 사회적 지지의 기능으로 인해 발달장애아동을 돌보는 가족의 스트레스가 완화되므로 사회적 지지는 장기간 계속되는 장애아동의 건강문제나 갈등으로 부담감을 느끼는 가족의 정신적 · 신체적 · 사회적 어려움을 중재하는 역할을 한다.

### 5) 지원망

장애아동 부모의 지원망은 가족원, 친족, 친구, 이웃, 지역사회, 사회적 서비스 · 교육 전문가 등으로 구성되어 있다. 가족의 지원망이 클수록, 즉 이웃 친구의 비율이 높을수록 아동의 친구관계가 원활할 것으로 기대할 수 있으며, 가족의 지원망과 아동에 대한 인지가 높을수록 아동의 사회성 발달과 인지에 긍적적인 영향을 미치는 등 가족의 지지 관계망이 아동의 사회성 발달에 긍정적으로 작용한다. 이외에도 개인의 고유한 사회적 지지체 내에서 위기 또는 변화가 일어났을 때 전문가의 지지가 개인에게 필요한 지지를 충족시켜 줄 수 있고, 남편의 지지와 비형식적 지지 또한 장애아동 어머니의 스트레스를 경감시킬 수 있다. 또한, 개별적 지지뿐만 아니라 그룹지지와 관련한 사회적 지지모임이 장애아동을 돌보는 가족의 부담감을 감소시키고 삶의 질을 증진시키는 데 효과적이다.

가족의 지원으로는 확대가족이나 친구와 같은 비공식적인 소규모 지원망을 활용함으로써 긍정적인 적응이 가능해진다. 이처럼, 부모가 소규모의 사회지원망을 능숙하게 조정할 수 있을 때 발달장애아동의 출생에 대한 성공적인 적응이 가능하다는 결론을 내렸다. 장애아동 부모의 위기의 초기 단계에서 이들을 지원해 준 사람은 친척이나 특히 자신의 배우자였는데, 이들은 발달장애아동이 성장하면서 더 많은 다양한 사람이 필요하며, 다양한 문제에 대해 유능한 사람과의 상담이 필요하다.

장애아동의 부모는 형제자매의 요구 충족, 친구 및 이웃과의 관계, 형제관계, 부부관계, 친척들과의 관계에 대해서 요구가 증가한다. 즉, 발달장애아동의 부모는 나름대로 사회관계망을 넓히는 것이 필요하며, 그 요구가 증가하고 있는 것이다.

### 6) 부모교육

#### (1) 부모교육의 의미

장애아동을 위한 교육의 목적은 현재의 장애를 줄이고 이 장애로 인해 일어날 수 있는 이차적 장애를 예방하는 데 있다. 장애아동교육을 위해서는 가족, 특히 부모의 협력이 필수적이다. 부모는 부모교육 또는 참여 프로그램 등을 통해 영아기의 비언어적 신호에 민감하게 반응하고 쉽게 이해하며, 아동과의 상호작용을 촉진시킬 수 있는 기술을 습득하여 아동을 양육하는 데 자신감을 가질 수 있다.

이러한 부모교육에 대한 중요성 인식으로 인해 장애아동을 위한 교육 · 치료 프로그램에서는 이전의 아동중심 프로그램에서 가족을 포함하는 프로그램을 강조하고 있으며, 이를 위한 다양한 프로그램과 방법을 개발하고 그 효과성도 입증되고 있다.

가족이 조기특수교육의 일차적인 대상이 되어야 하고, 우선적인 목표도 가족지원이어야 한다. 그러나 조기특수교육 및 치료적 서비스의 주요 초점이 장애아동 개인에게만 국한되어 있으며, 그들 가족의 욕구를 수용하고 가용한 서비스를 제공하는 일은 매우 미비한 실정이다. 따라서 장애아동에게 바람직한 환경을 만들어 주고, 장애아동을 위해 장기적인 목적을 세우고, 장애아동과 가족 모두의 바람직한 적응과 궁극적으로 아이들이 성장해서 함께 살아갈 우리의 이웃 안에서의 적응을 위해서는 부모의 역할이 결정적이다. 그러므로 부모교육 프로그램에 부모가 함께 참여함으로써 바람직한 부모의 역할을 배우고, 부모 안에서 서로가 심리적인 지지를 받으며 정보를 교환할 수 있다는 것이 장기적으로 볼 때 가장 큰 자원이자 의미 있는 일이다.

#### (2) 부모교육의 효과

지금까지 장애아동 부모를 대상으로 실시한 교육 프로그램은 발달장애아동 어머니의 스트레스 대처, 의사소통 개선을 목적으로 한 정도이다. 장애아동의 치료와 교육은 점진적으로 발전되고 정리되어 가고 있으나 장애아동 가족지원 프로그램이나 부모교육 프로그램은 그 필요성만 강조되고 있을 뿐, 보편적으로 시행되고 있지 못한 실정이다.

장애아동 부모교육의 효과를 장애아동과 부모 및 가족, 교육기관 및 지역사회에서 나타난 효과로 구분하여 정리하면 다음과 같다.

### 1 아동에게 나타난 효과

- 아동발달에 결정적 영향을 미치는 시기에 부모가 교사가 됨으로써 최적의 학습 환경을 조성, 자녀의 학습을 더욱 촉진시킨다.
- 교육기관과 가정 간의 학습의 연속성과 협력이 가능하게 되어 아동이 학습한 기술과 지식을 다른 환경에 적용하는 데 도움이 된다.
- 학교생활에 필요한 학교생활기술을 미리 가정에서 학습시킬 수 있다.
- 가정과 교육기관과의 일관된 기대는 아동의 학습과 행동에 긍정적 영향을 미치고, 이는 부모와 교사 간의 갈등까지도 해소하는 역할을 담당한다.
- 부모교육을 통하여 부모가 장애자녀에 대해 가졌던 태도를 변화시키고, 이에 따라 아동의 행동도 긍정적으로 변화하게 된다.

### 2 부모 및 가족에게 나타난 효과

- 장애자녀로 인한 문제를 효과적으로 극복할 수 있는 최대한의 지지와 격려가 주어져 문제해결능력, 심리적 안정 등을 도모할 수 있다.
- 자녀의 주요한 교사로서의 역할은 부모 자신의 자신감, 능력을 향상시킨다.
- 부모의 다양한 관심영역, 중재기술, 행동지도, 비장애아동의 성장발달, 장애상태의 의학적 측면, 가족기능의 활성화에 대한 정보제공으로 인해 자녀와의 상호작용 향상 및 원활한 가족기능수행에 도움을 받는다.
- 지역사회자원에 대해 인식하고 이를 적절히 이용할 수 있게 한다.
- 현재 자녀의 강점, 약점에 대하여 올바르게 파악하여 적절한 기대 수준을 형성할 수 있게 된다.
- 교육기관에서의 자녀의 교육활동 전반에 대해 친숙해져 기관의 교육방침에 긍정적이고 도움이 되는 태도를 지닐 수 있다.
- 다른 장애자녀 부모와의 만남으로 보다 실제적인 정보교환이 가능해지며 그들과 공감대를 형성할 수 있다.

### 3 교육기관 및 지역에 나타난 효과

- 부모의 참여로 인해 아동의 교육에서 요구되는 인적 자원을 양적으로 확대시킨다. 따라서 개별지도의 기회가 증진되며, 프로그램의 경비가 감소되어 제공되는 서비스의 질을 향상시킬 수 있다.
- 장애자녀에 대한 교육기관 및 교사의 책임성을 증진시킨다.
- 부모가 교육기관과 지역사회기관과의 중재 및 자문역할을 담당하여 교육기관의 프로그램에 대한 지역사회의 자원을 증가시키는 장애아동 및 특수교육에 대한 사회인식 변화를 가져올 수 있게 한다.
- 가정, 교육기관, 지역사회가 삼위일체가 될 수 있는 교육이 가능해진다.

장애아동 부모를 위한 프로그램 개발과정에서는 장애아동, 나아가 장애인에 대한 정책, 행정, 사회구조, 사회 일반의 인식, 교육환경, 장애인복지 인프라 구축 등 전반적인 상황과 이러한 것을 인식하는 부모의 특성에 민감할 필요가 있다. 따라서 장애아동 부모교육을 개발함에 있어 서구 문화권에서 개발된 비장애아동 부모교육 프로그램을 그대로 적용하기보다는 우리나라 장애아 부모의 특성과 현실적인 요구를 고려하여 개발해야 한다.

## 7) 발달장애아동 형제자매

### (1) 발달장애아동 형제자매 지원의 필요성

발달장애아동 가족 전체를 하나의 체제로 보고 그에 대한 지원을 고려할 때 가족의 구성원인 장애아동과 비장애형제의 관계가 원만하도록 유도하는 것은 당연한 일이다.

발달장애아동의 비장애형제가 장애아동으로 인해 나쁜 영향을 받고 부적응 행동을 하게 된다면 가족 전체에게 악영향을 미치게 된다. 따라서 장애아동과 비장애형제, 그리고 가족 모두의 행복을 위해 비장애형제의 상황을 충분히 이해하고 장애형제의 욕구를 성공적으로 충족시켜 나갈 수 있게 해 주어야 한다. 장애아동의 비장애형제가 장애형제에 대해 부정적으로 대하지 않고 장애아동에게 도움을 줄 수 있도록 하기 위해서는 가정에서 비장애형제에게 다양한 경험을 제공하고 물리적 환경을 조성해 주며, 사랑과 관심으로 정서적 안정을 느끼게 해 주어야 한다.

발달장애아동의 경우 대부분 자기보다 나이가 2~3세 많은 손위 형제나 2~3세 적은 손아래 형제와 함께 생활한다. 손아래 형제인 경우에는 아직 가족의 위기 상황에 대해 느끼지 못하기 때문에 특별한 배려가 어렵다. 그러나 손위 형제인 경우는 동생의 이상행동에 대해 민감하게 반응할 수 있는 시기이므로 주변 사람들이 비장애형제에게 관심을 갖고 대응할 필요가 있다.

비장애형제가 발달장애아동을 지원해 주는 여러 가지 방법 중 현실적으로 적용 가능한 내용으로는 비장애형제가 장애형제를 효과적으로 도와주고 교사 역할을 할 수 있도록 훈련시키는 방법을 들 수 있다. 장애아동을 동생으로 둔 손위 비장애형제에게 장애동생과 함께 공놀이, 비눗방울놀이, 역할놀이 등의 활동을 통해서 장애동생과 사회적 의사소통을 촉진시킬 수 있는 상황을 만들도록 하는 것이다. 또한, 게임, 창작동화 듣기, 음식 만들기, 손인형극하기, 그림 그리기, 공작 활동, 레크리에이션 활동 등을 통해 비장애형제가 장애형제를 지도할 수 있도록 지원한다. 이외에도 여러 가지 지원방법이 있지만 현재 특수교육현장에서는 시간적 · 공간적 제한으로 인해 장애아동의 비장애형제에게까지 직접적인 지원을 해 주기는 어렵다. 따라서 장애아동 부모를 통해 비장애형제에게 지원을 할 수 있는 방법을 찾아보는 것도 좋을 것이다.

형제지원 프로그램을 실시한 후 발달장애아동 형제는 장애아동을 지지하고 수용하는 행동이 크게 증가하고, 장애형제에 대한 적대적인 행동이 감소하였으며, 형제관계에서 겪는 어려움을 해결하고 장애형제를 보다 더 긍정적으로 대할 수 있다.

#### (2) 발달장애아동 형제자매 지원에서 부모의 역할

대부분의 경우 아동은 부모의 권한 속에 있기 때문에 비장애형제가 장애형제를 수용하고 곤경에 대처하는 능력을 기르는 것은 부모의 태도에 의해 크게 영향을 받는다.

일반적으로 발달장애아동 부모는 장애자녀에 대한 자신의 감정을 조절하는 데 어려움을 겪으므로 이러한 감정을 비장애자녀에게 투사하게 된다. 즉, 장애자녀에 대한 부모의 불안정한 심리는 흔히 과보호, 과잉관대, 엄격한 권위주의와 같이 과장된 양식의 행동을 번갈아 가며 나타내어 한 가정 내에 완전히 다른 두 가지의 규칙이 존재하게 되고 흔히 형제를 더욱 대립관계에 놓이게 한다.

이와 같이, 발달장애아동에 대해 대처해 나가는 부모의 반응과 노력이 비장애형제가 장애형제의 존재에 대해 적응하는 것에 영향을 주고 장애형제와 긍정적인 관계를 갖는 데 영향을 미치기 때문에 부모가 장애자녀를 대하는 태도를 다른 비장애형제와 똑같이 할 수 있도록 지속적으로 지도해 줄 필요가 있다. 뿐만 아니라, 부모가 자식을 대할 때에는 이성보다 감정이 앞설 수 있기 때문에 감정을 통제할 수 있는 방법을 지도해 주어야 한다.

### (3) 발달장애아동 형제자매 지원의 향후 방향

모든 아동에게 형제관계는 중요한 것이고, 특히 발달장애아동은 형제로부터 많은 지원을 받을 수 있다는 점을 생각해 볼 때 장애아동의 형제를 위한 프로그램의 실시는 장애아동교육의 차원에서도 고려되어야 할 영역이다. 그러나 우리나라에서 장애아동 가족을 위해 부분적으로 실시하는 지원 프로그램은 일회적이거나 기관 중심의 획일적인 프로그램으로 구성되고 있는 상황이다.

비장애형제가 가지는 갈등은 발달장애형제와의 관계에서의 갈등, 사회생활에서의 갈등보다 발달장애형제에 대한 부모의 부정적인 정서적 반응에 대한 갈등이 가장 높은 것으로 나타났다. 그러므로 형제의 심리적 갈등과 장애아동과의 관계에서 나타나는 상호 이해 부족과 의사소통 곤란에 대한 갈등, 부모의 양육태도와 정서적 반응에 대한 갈등 등을 해소하기 위해서는 형제 개인에 대한 개별적 서비스도 중요하지만 가족 전체를 대상으로 가족이라는 집단의 특수성과 각 개인이 처한 입장을 이해할 수 있도록 가족치료적인 서비스가 필요하다.

## ● 장애양육 부담감 질문지

다음 질문은 어머니가 장애아 교육기관 및 치료기관에 다니는 아이를 돌보면서 경험하는 것들입니다. 어머니의 현재 느낌이나 생각과 가장 일치한다고 생각하는 번호에 ✔를 해 주십시오.

1-전혀 그렇지 않다 2-거의 그렇지 않다 3-보통이다 4-많이 그렇다 5-아주 많이 그렇다

| | 1 | 2 | 3 | 4 | 5 |
|---|---|---|---|---|---|
| 1. 내가 도와주지 않으면 내 아이는 거의 아무것도 할 수가 없다. | | | | | |
| 2. 나는 내 아이를 돌보는 일 때문에 나 자신을 돌볼 시간을 충분히 가지지 못한다. | | | | | |
| 3. 나와 내 가족은 내 아이에게 드는 비용 때문에 경제적인 여유가 없다. | | | | | |
| 4. 나는 내 아이를 돌보느라 몸이 고달프다. | | | | | |
| 5. 우리 가족은 아이 때문에 예전처럼 잘 지내지 못한다. | | | | | |
| 6. 나는 내 아이를 보면 고통스럽다. | | | | | |
| 7. 나는 내 아이가 의존적이라고 생각한다. | | | | | |
| 8. 나는 내 아이를 돌보노라면 화가 난다. | | | | | |
| 9. 내가 아이를 돌봐야 하므로 친구들이 나의 집을 쉽게 방문하지 못한다. | | | | | |
| 10. 내 아이의 양육에 드는 비용이 너무 비싸다. | | | | | |
| 11. 나는 내 아이를 돌봄으로 인해 식욕이 떨어졌다. | | | | | |
| 12. 나는 내 아이를 돌보는 일 때문에 사회생활에 지장을 받는다. | | | | | |
| 13. 나는 내 아이를 돌보면서 죄책감을 느낀다. | | | | | |
| 14. 나는 내 아이가 필요 이상으로 많은 것을 요구한다고 생각한다. | | | | | |
| 15. 나는 내 아이를 돌보노라면 우울해진다. | | | | | |
| 16. 나는 내 아이에게 필요한 사람이다. | | | | | |
| 17. 내 아이를 위해 더 많은 비용을 쓸 수 있었으면 좋겠다. | | | | | |
| 18. 나는 내 아이의 장래가 어떻게 될지 걱정스럽다. | | | | | |
| 19. 나는 내 아이를 돌보노라면 긴장된다. | | | | | |
| 20. 나는 내 아이에게 도움을 주고 있다. | | | | | |
| 21. 나는 내 아이를 돌보는 것이 즐겁다. | | | | | |
| 22. 나는 내 아이가 나를 마음대로 조정하려 든다고 생각한다. | | | | | |
| 23. 나는 내 아이 때문에 수치감을 느낀다. | | | | | |
| 24. 나는 내 아이가 원망스럽다. | | | | | |
| 25. 나는 내 아이를 돌보면서 보람을 느낀다. | | | | | |

※ 구성: 도구의 내용: 사회 · 경제 · 신체 · 정서 · 의존에 관한 영역으로 구성
(최저: 25점에서 최고 125점으로 점수가 높을수록 부담감의 정도가 높음)

출처: 사회복지공동모금회 (2009), 재구성.

### 8) 발달장애아동과 취학 전 조기개입

발달장애아동의 발생은 한 가정의 가족 구성원 모두에게 영향을 미친다. 특히, 발달장애아동에게 영유아기는 인간 발달에 가장 중요한 시기이며, 이 기간에 이루어진 성장과 발달은 성장 후 얼마나 성공적으로 업무 수행을 가능하게 하는가에 결정적인 역할을 한다. 특히, 신체·지각·언어·인지 및 사회·정서영역 중 어느 하나라도 이상이 있어서 발달이 지체된 아동의 경우에는 이 기간 동안에 어떠한 내용의 조기개입, 즉 아동에게 필요한 재활교육과 훈련 등이 이루어졌는가에 따라 발달장애아동의 발달촉진, 장애의 감소, 이차적 장애 예방에 대한 큰 효과를 거둘 수 있음과 동시에 사회적으로는 비용 절감 효과를 가져올 수 있다.

또한, 발달장애아동의 조기개입에 대한 사회적인 관심이 부족한 현실에서, 발달장애아동의 부모는 개인적인 판단하에 병·의원 등 여러 기관을 방문하여 장애 여부를 판정받고 아동에게 적절한 서비스를 받을 수 있도록 하기 위하여 개인적인 노력을 기울이고 있는 실정이다. 뿐만 아니라, 장애아동의 가족은 아동을 양육하는 일에서부터 교육과 재활치료에 관한 일, 소요되는 과도한 비용으로 인한 경제적 부담, 아동의 장애에 대한 불안, 본인의 심리적인 불안정, 사회활동의 제약, 가족 간의 갈등 등 가족 구성원 각자의 위치에 따라 각기 다른 부담을 경험하게 되며, 때론 가족 구성원 모두가 심각할 정도의 영향을 받는 경우도 있다. 따라서 발달장애아동의 문제를 가족생활의 맥락에서 고려하지 않는다면 발달장애아동 가족 구성원의 요구를 충분히 다룰 수 없게 되며, 동시에 장애아동 재활에도 충분한 효과를 기대하기 어렵다.

그 이유는 발달장애아동을 부양하고 있는 가족이 어떠한 형태의 양육태도로 아동을 대하는가에 따라 발달장애아동의 발달에 긍정적 혹은 부정적인 역할을 할 수 있기 때문이다. 따라서 발달장애아동을 부양하고 있는 가족을 위해서 다학문적 재활팀이 함께 참여하는 재활 프로그램과 부모교육 프로그램의 개발이 시급한 실정이다. 이때 재활팀 가운데 재활상담가는 발달장애아동에 대한 재활치료를 위한 조기개입이 이루어지는 기간 동안 장애인과 그 가족을 재활과정에 개입시키려는 기회를 보다 확대시켜야 한다.

전통적으로 발달장애아동의 재활과 치료를 위한 개입은 아동중심적 접근으로서 발달장애아동의 발달을 개선시키는 것을 우선적인 목표로 삼아 왔다. 그러나 최근의 발달장애아동의 재활치료와 교육 등 조기개입의 관점은 가족지원이다. 발달장애아동의 요구사항을 충족시키기 위해서는 조기개입에 가족지향적 접근을 시도해야 한다는 것이다.

발달장애아동에게 제공하는 프로그램에 개별화 가족지원계획(IFSP)을 적용하는 것이 필요하다. 동시에 개별화 교육계획(IEP)에서 요구하는 아동에 관련된 요소와 더불어 가족의 장점과 가족의 요구에 대한 사정평가서, 가족에게 제공된 서비스를 진술하고 계획을 실시하며, 가족을 돕는 사례관리자의 이름을 포함해야 할 필요가 있다.

가족지원 프로그램의 주요한 목적은 가족이 그 자신으로 하여금 비공식적인 지지망을 개발하여 좀 더 독립적이 될 수 있도록 하는 데 있다. 발달장애아동에 대한 재활과 치료를 위한 개입에서 가족지원운동은 부모에게 권한 부여, 가족초점적 개입과 가족중심적 보호 등과 같은 재활실천모델로서 나타났다. 비록 이러한 모델은 각기 상이한 특성을 가지고 있지만 공통으로 다음의 기본 가정을 포함한다.

첫째, 아동과 그 가족은 의도하든 그렇지 않든 상호 관련을 맺고 있다. 따라서 아동에 대한 개입은 반드시 가족에게 영향을 주며, 동시에 가족에 대한 개입은 아동에게 영향을 준다.

둘째, 가족에 대한 개입방법은 아동에게만 독립적으로 초점을 두는 개입보다는 더 효율적인 개입이 될 가능성이 크다.

셋째, 가족 구성원은 자신을 위한 프로그램의 계획과 그에 대한 의사결정 및 서비스 전달의 전 개입 수준을 선택할 수 있다.

넷째, 가족에 대한 개입에서 목표설정과 서비스 내용의 우선순위를 결정할 때, 전문가가 설정한 개입의 목표나 우선순위가 가족이 생각하는 목표나 우선순위와 일치하지 않을 경우, 전문가는 개입의 목표와 서비스에 대하여 가족에게 그 결정권을 주어 가족이 생각하고 있는 목표나 우선순위에 맞추어 지원해야 한다.

발달장애아동의 재활치료를 목적으로 아동과 가족을 동시에 관여하는 접근방법이 아동초점, 결함지향적 서비스 접근방법보다 아동, 부모와 가족의 기능의 여러 면에서 전반적으로 긍정적인 영향을 나타내 보인다. 이러한 견해가 점진적으로 확대 보급되고는 있지만 실제로 가족중심적 접근을 실시하는 것은 용이한 일이 아니다.

이상과 같은 견해는 발달장애아동의 재활치료를 위한 개입접근에 시사하는 바가 크다. 때때로 장애영유아에 대한 개입이 아직도 아동초점, 결함지향적 서비스 접근방식을 채택하고 있는 경우가 있으나, 아동의 재활치료를 위한 개입의 효과가 가족중심적으로 이루어질 때보다 효과적이라면 우리는 가능한 가족중심적 접근을 지향해야 할 것이다.

발달장애아동이란 일반적으로 영유아기에 일찍 발견되는 모든 장애조건을 가진 영유아로서, 대개는 의학적으로 판명되는 경우를 말한다. 그러나 출생 이후 6세 미만의 취학 전 아동의 경우에는 장애에 대한 기준이 어떻게 마련되어 있든 간에 그 기준을 적용하여 장애 여부를 판단하기가 쉽지 않아서 발달장애아동을 유형화하는 것은 매우 어려운 작업이다. 그 유형이 다양할 뿐만 아니라 전문가에 따라 그 기준이 다르게 적용되고 있으며, 의학적으로 판별되는 장애 이외에도 장애위험이라는 넓은 개념으로 사용되고 있다.

한편, 조기개입은 대체로 초등학교 취학 전 발달장애아동의 발달을 돕기 위한 치료, 교육 등 서비스와 프로그램을 일컫는 총칭적 용어이다. 발달장애아동 대부분이 발달이 지체되기 때문에 조기개입은 이러한 아동의 발달을 가속화시키며, 장애의 악화를 방지하고 이차적 장애를 예방하는 기능을 한다. 이러한 조기개입은 시설에 수용하는 경우에 비해 상당한 비용의 절감을 초래하며, 아동 조기교육 활동을 통해 부모 또한 상당한 원조와 교육을 받을 수 있다는 장점이 있다.

조기개입은 출생 이후 3세 미만의 특수교육이 필요한 아동에 대한 교육 등 필요한 서비스를 의미한다. 조기교육 서비스를 필요로 하는 아동은 적절한 진단도구와 절차에 의하여 인지발달, 신체발달, 언어발달, 사회·심리적 발달, 신변처리기술영역 중 한 가지 이상에서 발달지체를 보이거나 신체적·정신적으로 발달지체를 일으킬 가능성이 클 것으로 진단받은 아동을 일컫는다.

장애영유아는 장애의 판별과 예측이 어렵고 그 정확성도 낮아 장애별 명칭을 붙이기보다는 '발달지체'라는 명칭으로 여러 장애를 포괄하여 통칭된다. 즉, 조기개입 대상 아동은 현재 장애가 있거나 장애를 일으킬 가능성이 커서 개인의 잠재능력을 실현시키기 위해서는 특수교육 및 관련 서비스를 필요로 하는 영유아를 말한다.

우리나라의 경우 「장애인복지법」과 「장애인 등에 대한 특수교육법」상에서 장애를 규정하고 있으나, 조기개입 서비스가 필요한 장애영유아에 대한 구체적인 규정이 없어, 대체로 출생 이후 취학 전까지 신체나 감각 기능 등의 발달지체로 인해 특수 교육과 재활 프로그램 등 조기개입을 위한 서비스를 필요로 하는 아동으로 이해할 수 있다.

한편, 조기교육과 같은 조기개입이 아동의 성장과 발달에 미치는 효과에 대해서는 많은 연구가 그 중요성을 뒷받침하고 있다. 발달에 지체 문제가 있고 그 지체로 인하여 제한된 자극을 받는 발달장애아동의 경우에는 비장애아동보다도 조기교육이 더 중요한 의미를 갖는다. 장애를 가진 아동을 그대로 방치해 두면 성장 발달 가능성을 가진 부분까지도 정지해 버려 새로운 장애를 파생하는 결과를 가져올 위험이 있다. 그러므로 조기개입은 손상된 부분의 회복이라는 의미 외에도 잠재된 기능을 최대한 활용하여 그들의 전체적인 발달을 도모하자는 의미가 크다. 이밖에도 발달장애아동의 조기개입은 통합적인 상황에서 이루어져야 하며, 동시에 아동에 대한 개입은 개별적으로 이루어져야 한다.

오늘날 발달장애아동에 대한 교육·보육 및 조기개입의 기본 방향은 통합으로, 이는 정상화, 주류화 등의 단계를 거쳐서 발전되어 온 개념이다. 정상화의 원리는 사회의 모든 구성원이 동등한 권리와 기회를 가지고 삶을 영위한다는 윤리적 원칙을 의미하고 장애인에 대하여 이들이 사회에 통합하려는 표현으로, 장애인이 윤리적·법률적으로 비장애인과 동등한 사회 구성원으로 존중해야 한다는 것을 의미한다. 주류화는 특수교육요구아동을 정규학교에 배치하는 교육정책에서 사용되던 용어로 이들이 모든 시간이나 일부 시간을 일반학급에서 활동하면서 비장애아동과 상호작용할 수 있도록 하는 것이다. 한편, 최소제한적인 환경(Least Restrictive Environment)은 주류화와 유사하지만 환경 전반에 대한 포괄적인 문제를 강조한 개념으로, 특히 3~21세의 특수아동이 최소제한적인 환경에서 교육받을 수 있게 하도록 명시되면서 발달장애아동의 조기개입에서 주요 개념이 되었다. 이러한 개념들은 1980년 후반 이후 통합화의 개념으로 발전되었다. 이는 정상화, 주류화 및 최소제한적 환경의 개념을 포함하면서 그 의미를 한층 확장시킨 개념으로 이해된다. 특히, 발달장애아동에 대한 조기개입이 최소제한적 환경에 이어서 자연스러운 환경에서 이루어져야 함을 강조하고 있다. 통합의 개념과 더불어 개별적인 접근의 개념이 도입되었는데, 이와 같은 개념은 장애인 교육법을 통해 보다 구체화되었다.

통합적인 상황에서 발달장애아동에게 조기개입의 실시는 개별화된 프로그램에 의해 이루어져야 하는데, 이는 각 아동의 개인차와 장애에 의한 발달상의 차이를 개별적인 요구에 따라 적합한 프로그램을 계획하고 실천하는 것을 의미한다. 특히, 통합 상황에서 발달장애아동이 정상적인 환경에서 비장애아동과 같이 배우고 생활하기 위해서는 발달장애아동을 지원해 줄 수 있는 개별화 프로그램이 반드시 실시되어야 한다.

개별화 실천을 위한 방법으로는 개별화 교육프로그램(IEP)과 개별화 가족지원계획(IFSP)으로 구분할 수 있다. 개별화 교육프로그램은 아동이 성취하여야 할 연간 목표를 설정하고 이를 위하여 기관이 제공하여야 할 특수교육과 교육 관련 서비스 및 부가적 서비스가 무엇인가를 명확하게 할 목적으로 작성되는 것으로, 발달장애아동의 교육 성취, 연간 및 단기목표, 목표달성 평가, 서비스의 개시일, 종료일, 기간, 빈도 등이 포함된다. 개별화 가족지원계획에 포함할 내용은 발달장애아동의 발달 수준 등 아동에 대한 사항 이외에 영유아의 발달촉진과 관련된 가족지원, 영유아 또는 그 가족과 가장 직접적으로 관련이 있는 전문성을 갖춘 서비스 조정자의 확인 등 가족 관련 사항이 포함된다. 이들 개별화된 계획서는 전문가팀에 의하여 작성된다.

• 유효기간: 년 월 일 ~ 년 월 일
• 작성일: 년 월 일
• 사례관리자:
• 주의사항:
  – 개인별 지원계획팀의 구성원들에게는 이 개인별 지원계획의 복사본을 나누어 줄 것
  – 아동의 IQ 등 예민한 정보는 기록하지 말 것
  – 아동의 기록을 볼 자격이 없는 사람에게 이 계획을 보여 주어서는 안 됨

## 20○○년도 개인별 지원계획

1. 발달장애인의 인적사항

성명:

성별:

생년월일:

장애유형 및 장애정도:

소속:

유치원, 어린이집, 학교 및 기관 형태:

보호자 성명:

발달장애인과의 관계:

주소:

연락처(보호자):

2. 현재 발달 및 수행 수준

| 양식 | 강점 | 약점 |
|---|---|---|
| | | |
| | | |
| | | |
| 특이사항 | | |

3. 복지지원 목표

장기목표(연간):

단기목표-1(월간):

단기목표-2(월간):

4. 복지지원 내용
- 소득지원(공적급여, 현금지원, 현물지원, 기타지원)
- 건강지원(건강관리, 정신건강관리, 의료비지원, 보장구지원, 기타지원)
- 발달재활 서비스(물리치료, 작업치료, 언어재활, 심리행동, 조기개입)
- 보육지원(통합보육, 특수보육, 기타)
- 교육지원(일반학교, 특수학교, 대안학교, 기타)
- 가족지원(가족상담, 가족교육, 법률지원, 비장애형재자매지원)
- 직업 및 훈련지원(취업알선, 직업훈련, 고용지원)
- 돌봄 및 일시적 휴식지원(돌봄지원, 휴식지원, 활동지원)
- 권익옹호활동(발달장애인 지원)
- 사회참여(차별금지지원, 이동지원 기타)
- 보호(24시간보호, 긴급구호, 방과후 보호, 주간보호)
- 지역사회 전환 서비스 지원
- 문화예술스포츠 주거지원
- 기타

5. 평가

6. 개인별 지원계획팀 승인

| 직위 | 성명 | 서명 |
|---|---|---|
| | | |
| | | |
| | | |

[그림 7-1] 개인별 지원계획서 양식

## 3. 발달장애아동과 가족

### 1) 발달장애아동 가족의 문제

발달장애아동의 문제는 아동의 문제에 국한되지 않고, 치료, 교육, 부모와 아동 간의 정서적인 불일치, 부모의 양육문제와 가족 간의 갈등, 경제문제 등 다양한 문제를 발생시키면서 아동을 둘러싼 가족 전체가 어려움을 겪게 된다. 특히, 장애아동 양육에 필요한 경제적인 부담은 가족이 겪는 심각한 어려움이다. 장애로 인해 추가로 지출해야 하는 장애비용은 다음과 같다.

● 장애비용

경제적 · 사회적 장애비용은 중요하지만 수량화하기는 어렵다. 그 비용에는 직접비용, 간접비용이 모두 포함되고, 일부는 장애인과 그들의 가족과 친구, 고용주가 부담하며, 또 일부는 사회가 부담하기도 한다. 이 비용의 상당액은 접근 불가능한 환경으로 인해 발생하고 보다 장애통합적인 환경에서는 줄어들 수 있는 비용이다. 장애비용을 아는 것은 투자를 위해서뿐만 아니라 공공 프로그램의 계획을 위해서도 중요하다.

장애비용에 대한 추정이 어려운 이유는 다음과 같다.

- 장애의 정의는 분야별, 데이터 수집도구별, 장애 관련 공공 프로그램별로 매우 다양하다. 이로 인해, 국가적 추정치 집계는 말할 것도 없고 다양한 출처의 데이터를 비교하는 것조차 어렵다.
- 장애비용의 구성요소들에 대한 자료는 제한되어 있다. 예를 들어, 상실된 생산성에 대한 신뢰할 만한 추정을 하려면 노동시장 참여에 관한 자료와 성별, 연령별, 교육 수준별 장애인의 생산성에 대한 자료가 필요하다.
- 비용추정을 하는 데 있어서 일반적으로 합의된 방법은 없다.
- 장애비용을 추정할 때 기술적 측면과 다른 자료들이 필요하다. 예를 들어, 장애로 인한 생산성 상실의 비용, 장애인의 미고용이나 감소된 고용으로 인해 상실된 조세비용, 보건의료 비용, 사회적 보호비용, 노동시장 프로그램비용, 합리적 편의제공의 비용 등이 있다. 특히, 기여급여(사회보험 급여)와 비기여급여(사회부조 급여) 모두를 아우르는 현금으로 주어지는 장애급여의 공적 지출에 대한 자료가 모두 포함된다.

1. 직접 장애비용

직접비용은 두 가지 범주로 나뉜다. 장애인과 그 가족이 합리적인 삶의 수준에 도달하기 위해 감당하는 추가비용과 현금 및 현물로 구성되며, 정부가 지불하고 다양한 공적 프로그램을 통해 제공되는 장애급여가 그것이다.

① 장애를 갖고 사는 데 드는 추가비용: 비장애인과 동등한 삶의 수준을 누리기 위해서 장애인과 그 가족은 종종 추가비용을 부담한다. 이 추가비용은 보건의료 서비스, 보장구, 남보다 비싼 교통수단, 난방, 세탁, 특별한 식단 또는 활동보조를 위해 쓰여진다. 장애인이 필요하다고 보고한 서비스와 상품의 가격을 매겨서 장애추가비용을 추정하도록 하고 장애인과 비장애인의 실제 지출방식을 비교하며, 계량경제학적 기술을 활용하여 장애추가비용을 계산하는 방식이다.

② 장애 프로그램상의 공적 지출: 국가가 장애인을 대상으로 하는 공적 프로그램에 공적으로 지출되는 것이다. 장애 프로그램상의 공적 지출에는 건강과 재활 서비스, 노동시장 프로그램, 직업교육 및 훈련, 사회보험상의 장애급여(기여급여), 공공부조 장애급여(비기여급여), 보장구 교부, 교통접근성 보조금, 수도 · 전기 · 가스 등에 대한 보조금, 활동보조인이나 수화통역사를 포함한 다양한 지원 서비스, 행정적인 모든 비용까지 포함된다.

### 2. 간접 장애비용

장애로 인한 간접적인 경제적 · 비경제적 비용은 폭넓게 걸쳐져 있으며, 내용도 상당히 많다. 경제적 비용의 주된 구성요소는 장애아동의 교육에 대한 불충분한 투자로 인해 발생하는 생산성 상실과 장애발생으로 일자리에서 퇴출되거나 일거리가 줄어드는 문제, 생산성의 상실과 관련한 세금의 상실 등이다. 사회적 고립과 스트레스 같은 비경제적 비용은 수량화하기 어렵다.

중요한 간접적 장애비용은 장애인의 노동생산성 상실과 관련되며, 조세의 상실과도 연관된다. 상실분은 가족 구성원이 장애를 가진 그들의 가족을 돌보고자 일을 그만두거나 노동시간을 줄일 때 증가한다. 노동생산성의 상실은 불충분한 인적 자본의 축적(인적 자본에 대한 투자 부족)에서 연유할 수 있고 고용의 부족 때문일 수 있으며, 불안전고용 때문일 수도 있다. 생산성 및 관련 조세상의 장애 관련 손실을 추정하는 것은 복잡하며, 좀처럼 구하기도 어려운 통계정보를 필요로 한다.

예를 들어, 노동시장에서 장애 때문에 내쫓긴 사람이 만약에 일을 한다고 가정했을 때, 그가 지니고 있는 생산성을 추정하기란 힘들다. 그렇기에 생산성의 손실분을 추정하는 일은 드물다. 장애비용은 장애로 인해 노동시장에서 내몰려, 활동하지 못한 날수뿐만 아니라 손상의 유형, 나이, 성별에 따라 장애비용이 달라진다. 장애비용은 단기간의 장애와 장기간의 장애로 인한 노동의 손실 등이 해당한다.

### 2) 발달장애아동 부모의 욕구

발달장애아동의 부모는 아동의 양육과정 중 여러 가지 위기를 경험한다. 이러한 과정에서 부모는 자녀의 장애의 성질 및 발달을 위해 필요한 사항에 대한 정보와 자녀의 교육 및 훈련과 관련된 정보를 필요로 하게 되며, 전문가와의 접촉을 희망하게 된다. 동시에 부모가 느끼는 감정을 공감하고 상호 의존할 수 있는 지지집단 및 아동양육으로부터의 일시적인 휴식을 가능하게 해 줄 수 있는 사람을 찾고 원만한 가족관계를 형성 유지하는 방법 등에 대한 정보 및 상담의 요구 등을 갖게 된다.

이러한 발달장애아동 부모의 요구를 정리하면, 정보에 대한 욕구, 전문가 및 주변사람들로부터의 지지에 대한 요구, 장애 및 이로 인한 문제에 대하여 타인에게 설명할 수 있는 도움의 욕구, 이용 가능한 지역사회 서비스에 대한 요구, 경제적 비용에 대한 재정적 요구, 가족기능 및 여가와 관련된 요구 등으로 요약할 수 있다.

발달장애아동을 가진 가정의 이와 같은 요구에 대응하여 가족지원 서비스가 요청된다. 가족지원 프로그램의 목적은 가족이 필요로 하는 것을 직접 제공하는 것이 아니라 부모 스스로 자녀를 도울 수 있도록 부모의 능력을 강화하는 것으로서, 가족지원은 개별화된 가족지원 서비스 프로그램과 함께 다양한 내용이 포함될 수 있다.

## 4. 발달장애아동 가족지원

가족지원은 장애를 가진 가족의 가족체계를 강화하고 유지하기 위한 모든 활동을 일컫는 포괄적 의미가 있다. 가족지원은 아동의 장애를 가족이 이해하고 그것에 융화되는 것과 관련된 모든 활동을 특히 강조한다. 따라서 가족지원은 가족을 대상으로 한 정보제공 및 정서적 지지, 가족의 양육 부담을 덜어 주는 단기보호 혹은 주간보호 서비스, 부모교육, 발달장애아동의 형제를 대상으로 한 다양한 프로그램, 상담활동을 통해 각 가족 구성원의 미래 설계부터 권리주장과 옹호 서비스까지의 매우 다양한 활동을 포함한다. 따라서 가족지원이란 가족의 기능을 지지하고 강화하여 개인과 가족의 능력을 향상·발전시킴으로써 가족에게 권한을 부여하는 방식으로 정책과 실무를 개혁하는 방향으로 나아가려는 노력이라 할 수 있다.

발달장애아동에 대한 재활과 치료를 위한 개입에 있어 가족에 초점을 맞춘 가족지원의 원리는 다음과 같이 여섯 가지 원칙으로 요약된다.

① 가족 및 지역사회의 공동체 의식을 강조한다. 가족중심적인 개입활동은 지역사회 구성원들과 그 가족 간의 상호 연계 및 상호 의존성을 확립하는 데 초점을 두게 됨으로써 모든 가족 구성원의 공통적 요구와 지원을 강조하며, 이러한 공통성에 역점을 두어 조기개입의 실제를 계획해야 한다.

② 인적 지원과 물적 혹은 사회적 자원을 동원한다. 가족중심적인 개입활동에 필요한 지원 서비스는 전문가로 구성된 지원체계에만 의존하기보다는 비공식적인 지원관계망을 확립하고 그 관계를 강화하는 데 초점을 둔다. 그리고 인적 지원이나 물적 자원의 제공은 아동 개개인의 개별적인 욕구에 맞춰 탄력적으로 개별화하고 아동뿐만 아니라 아동이 속한 가족 전 구성원의 요구에 부응할 수 있도록 계획되고 제공되어야 한다.

③ 책임의 분담과 협력을 강조한다. 발달장애아동에 대한 조기개입은 가족 구성원 간의 상호작용을 기반으로 하여 접근한다. 아동의 부모와 재활전문가는 협동적 관계를 유지하며, 상호 존경을 기초하는 전문가에 의한 팀 접근을 발휘하며, 전문적인 소견과 기술을 교류한다.

④ 가족의 전체성을 보호한다. 가족 구성원의 건강한 관계를 격려하고 유지 · 발전하도록 지원과 자원을 제공하며, 개입은 가족의 개인적 문화적 가치와 신념을 수용하고 보호하는 입장에서 이루어진다.

⑤ 가족의 기능을 강화한다. 가족의 약점이나 결함을 교정하는 것보다는 가족의 장점이나 강점에 기초하여 개입을 설계한다. 그리고 가족이 받는 서비스는 가족의 조정권과 의사결정권을 극대화하는 방식으로 제공한다.

⑥ 사전행동적 서비스를 실시한다. 프로그램은 가족의 기능을 강화하는 데 중점을 두고, 치료적 접근보다는 재활과 기능 향상을 위한 접근, 다시 말해 촉진적인 접근을 채택한다. 그리고 지원과 자원의 동원은 서비스 제공 중심이 아니라 서비스를 제공받는 자 중심이 되도록 한다.

가족 중심의 지원계획 수립은 가족의 능력고취와 위에서 언급한 가족지원 철학의 6가지 원칙을 기반으로 하여 가족의 욕구와 희망, 욕구의 범주화, 가족의 강점과 능력, 사회적 지원의 원천, 전문가의 원조, 프로그램 원칙, 산물 등의 구성요소로 이루어진다. 구체적으로는 발달장애아동과 관련된 정보의 공유, 보유, 행동 기법의 훈련, 정서적 지원, 상담, 개인적인 미래계획 등 다양한 활동을 포함할 수 있다. 이는 전문가가 판단한 욕구가 아닌 가족의 욕구를 중심으로 사정하고 가족이 이미 가지고 있는 강점과 자원을 최대한 활용하여 가족 스스로가 서비스에 대한 통제력을 가지는 방식으로 개입함으로써 가족의 통합성과 능력감을 증진시키기 위함이다.

### ● 가족지원 서비스 제공모델

서비스 제공의 모델로서 치료적(treatment), 예방적(preventive), 촉진적(promotion) 모델로 구분하였다. 일반적으로 가족지원이 가족의 약점을 치료하기보다는 발생할 수 있는 문제를 예방하는 것에 목적이 있는 것으로 알려져 있으나, 학자들은 가족지원 프로그램이 예방적인 것에서 한발 더 나아가 촉진적인 것이어야 한다고 본다.

### ● 가족중심 지원 프로그램 구성의 특징

- 가족중심 지원 프로그램의 구성요소는 가족능력고취의 철학과 가족지원의 6가지 원칙을 기반으로 한다.
- 가족의 욕구(예: 가족의 가족지원 프로그램 서비스의 주도자이자 소비자가 됨)를 파악함으로써 욕구의 범주(예: 아동의 발달과 교육, 성인교육과 능력고취, 아동보호 보건유지와 교육, 레크레이션 생필품의 충족, 경제적 필요, 이동수단)를 구분하는 단계를 거친다.

이러한 단계를 거쳐

- 프로그램 원칙을 수립(욕구에 기초한 실천, 가족의 강점에 기초한 실천, 자원에 기초한 실천, 능력을 고취시키는 실천가의 개입)하고,
- 자원의 원천(핵가족 내의 구성원, 확대가족, 친척, 이웃, 친구, 종교집단 내의 이웃, 레크레이션 센터, 지역사회 내 집단, 부모지지집단, 부모동료상담집단, 아동보호 프로그램, 가족지원 프로그램, 공립학교, 보건복지부 등 정부의 관련 행정기관, 병원 등)을 개발하고 동원하는 일을 통해
- 산물(소비자의 만족, 가족의 능력고취, 삶의 질 향상)을 얻어내는 과정으로 진행됨을 설명하고 있다.

### 1) 가족지원 형태의 변화

발달장애아동의 가족지원 프로그램의 내용과 방식은 변화하고 있다. 초기 전통 방식의 개입 형태인 전문가중심 모델에서부터 가족을 전문가의 협력자로 인식하는 가족협력 모델, 가족의 욕구를 우선시하는 가족초점 모델, 그리고 가족의 요구, 서비스의 전달과 자원 제공 등 개입실천의 모든 내용과 방법에 가족의 결정을 최우선으로 인식하는 가족중심 모델의 형태 등으로 개입의 대상과 방식의 변화를 초래하고 있다. 이상 4가지 유형의 가족지원 모델의 특징은 다음과 같다.

〈표 7-2〉 가족지원 프로그램의 유형별 가족의 사정과 지원

| 구분 | 가족에 대한 사정 | 아동에 대한 조기개입과 관리자 역할 |
|---|---|---|
| 전문가 중심 모델 | • 전문가 관점에서 가족이 가진 욕구를 결정<br>• 전문가는 그 가족을 전문가의 원조를 필요로 하는 결함이나 병리적인 문제가 있는 것으로 이해함<br>• 가족의 문제해결을 위해 전문가 개입의 필요성을 강조함<br>• 가족기능에 대한 전문적인 평가를 요함 | • 아동에 대한 조기개입과 가족지원은 개입 프로그램 담당직원이 실시함<br>• 사례관리자가 가족에게 필요한 서비스를 동원하며 조정함 |
| 가족 협동 모델 | • 가족을 전문가의 협력자로 봄<br>• 가족의 삶을 변화시키는데 전문가의 교육과 보호가 전제되어야 가능하다고 봄 | • 조기개입은 아동의 발달을 목적으로 한 서비스에 초점을 둠<br>• 가족지원을 위한 사례관리는 전문가에 의해 실시되며, 가족은 관리자의 관리에 협력 |
| 가족 초점 모델 | • 가족의 기능 향상을 위해 가족과 전문가는 서로 협력하여 결정함<br>• 전문가의 조언과 지도의 필요성을 중시함<br>• 전문가는 전문적인 관계망을 이용하도록 격려하는 역할 | • 조기개입에 대한 평가활동은 아동의 발달에 관한 것으로 가족과 전문가가 상호 협력적으로 이루어짐<br>• 사례관리 전문가가 제공하는 서비스를 가족이 이용하도록 함 |
| 가족 중심 모델 | • 가족의 강점, 잠재력 사정<br>• 가족의 의사결정 중시<br>• 가족은 원조의 대상자이며, 동시에 원조에 활용되는 도구<br>• 가족지원은 가족의 선택적인 결정에 의해 이루어짐 | • 조기개입 실제의 우선적인 목적은 가족의 능력 강화<br>• 가족의 관심과 요구가 평가과정을 주도함<br>• 사례관리자의 역할이 가족의 요구에 따라 결정됨 |

## 2) 가족 중심의 개별화 가족지원계획(미국, 영국, 호주, 한국의 예)

### (1) 미국

미국에서의 발달장애아동 조기교육 프로그램은 1960년대 중반부터 시작되었으며, 현재는 주로 1990년 연방법원 장애인교육법에 의하여 5세 미만 발달장애아동에 대한 공교육체계를 구축하고 있다. 즉, 정부가 5세 미만 장애 및 장애위험 아동에 대한 평가를 실시하고 그 결과에 따라 다양한 장애영유아 프로그램 중 적절한 곳에 배치하고 전문가들의 상호 협력 체제에 의하여 이들 발달장애아동과 아동을 돌보는 가족에게 필요한 교육 및 의료, 복지 등 관련 서비스를 무상으로 제공하고 있는 것이다.

#### ● 미국 발달장애아동 교육지원 및 가족지원

미국 전장애아교육법(EAHCA)은 1986년에 장애아교육법(EHC: Education Handicapped Children Act, PL 99-457)으로 전면 개정되었다. 개정안에서는 각 주정부가 3~5세까지의 장애유아에게 특수유아교육 서비스를 제공하도록 규정하였으며, 출생부터 2세까지의 장애 혹은 발달지체 영유아와 그 가족에게 5년간 조기교육 프로그램을 시범적으로 개발 적용하고 그 이후부터는 주정부에서 영유아를 위한 특수교육 프로그램을 개발하여 시행하도록 하였다. 이 법은 전장애교육법(EAHCA)에 비하여 가족 전체에 초점을 두고 발달장애아동과 그들의 부모를 위하여 다양한 전문인력팀이 참여하는 개별화가족서비스계획(IFSP)을 실시하도록 하였다.

1990년에는 장애아교육법(EHC, PL 94-142)이 장애인교육법(IDEA)으로 전면 개정되었다. 이 법은 가족역할의 중요성을 위해 조기교육 서비스를 가장 적절히 자연적 환경에서 제공할 것을 강조하였다. 그리고 1991년에 이 법을 다시 개정하여(PL 102-119) 출생부터 3세까지의 발달장애아동과 가족에 대해 조기개입 서비스와 개별화 이행정책의 실시에 따른 행재정적 지원을 하도록 하여 출생부터 21세까지의 무상의 공교육을 보장하였다. 이 법은 1997년 다시 개정하였는데, 0~2세 발달장애아동에 대한 조기개입 프로그램에 대하여 1991년 개정에 그 중요성을 재확인하였고, 특히 아동이 무상의 적절한 공교육을 받을 기본적인 권리를 보호하고 모든 아동의 교육 기회를 향상시키기 위해 학교, 주정부, 연방정부, 행정기관, 고등교육기관, 부모와 아동의 책임을 강조하였다.

### ● 미국 발달장애아동의 개별화 가족지원

미국의 PL 99-457은 발달장애아동의 조기특수교육뿐만 아니라 발달장애아동의 가족에 대해서도 강력한 지원을 명료화한 법령 중 하나이다. 이 법률에서 명시하고 있는 지원이란 개별화 가족지원계획(IFSP)을 의미하는 것으로서, 가족의 요구, 가족의 장점, 지원에 대한 정보를 포함하며, 가족과 전문가 간의 협력체계를 개발하기 위해 계획하였다.

개별화 가족지원계획(IFSP)은 1972년에 개발하기 시작한 가족, 영아, 학령기 전 아동프로그램(FIPP: Family Infant and Preschool Program)으로부터 발전되어 가족의 성장과 복지를 향상시키기 위해서 가족을 지원하고 강화하는 것이다. 가족의 성장과 복지는 가족과 그 구성원 개개인의 욕구충족과 목적을 성취하는 능력을 증진할 수 있는 기회가 확대됨으로써 향상을 기대할 수 있다. 가족의 이러한 능력은 부모와 전문가 간의 상호 존경과 신뢰에 기초한 협력체계를 구축함으로써 이루어진다.

개별화 가족지원계획은 발달장애아동을 대상으로 한 조기중재 서비스 분야에서 새로이 대두되는 관점인 가족중심적 접근을 근간으로, 발달장애아동의 가족과 전문가가 협력하여 특별한 욕구를 가진 발달장애아동에게 필요한 자원을 체계적으로 제공해 주는 서비스 계획을 의미한다.

발달장애아동의 가족은 자녀의 장애발생 원인과 예후 등 장애 특성, 양육, 교육, 재활 등에 관한 많은 정보와 전문적인 상담을 필요로 한다. 또한, 장애아동을 양육하기 위하여 부가적인 비용과 시간, 노력이 들고 아동의 안전에 대해 특별한 관심을 기울여야 하며, 긍정적인 자아상과 사회적 기술을 발달시킬 수 있도록 도와주어야 하는 등 힘든 일상사와 책임이 뒤따르므로 가족은 이와 같은 일에 적절히 대처하고 해결하기 위한 도움을 원한다. 또한, 발달장애아동 가족은 자녀의 양육 및 교육에 있어서 일차적인 양육자로서 중요한 역할과 책임을 맡고 싶어 한다. 따라서 이런 다양한 욕구를 보다 정확히 파악하고 장애아동을 위한 다양한 서비스에 체계적으로 반영하는 일은 특수교육이나 재활치료의 필수적인 과정이다.

개별화 가족지원계획은 가족의 중요성과 지역사회를 포함한 자연적인 환경에서의 서비스 제공을 더욱 강조하였다. 재활치료와 교육을 위한 조기개입에서 가족중심적인 철학이 끊임없이 강조되고 가족의 중요성에 초점이 맞춰지고 있다.

가족중심적인 접근에서는 가족은 아동이 속하고 기능하는 생태·환경적인 맥락을 구성한다는 전제에 바탕을 두고, 개개의 가족은 그들만의 독특한 구조, 역할, 가치관, 신념체계, 대처방식 등을 가지고 있으므로 이와 같은 다양성을 존중하고 수용하는 것이야말로 가족중심적인 재활 개입의 초석이 된다. 특히, 영유아는 자신의 생존을 위해 전적으로 가족의 양육에 의존하므로 재활을 위한 개입에서 가족중심적인 접근을 더욱 불가피하게 만든다.

개별화 가족지원계획은 미국의 발달장애아동에 대한 가족중심적인 접근 이념을 가장 실제적으로 보여주는 산물이다. 이전의 개별화 교육계획(IEP)과 개별화 가족지원계획(IFSP)의 가장 큰 차이는 개별화 교육계획이 발달장애아동의 욕구에만 초점을 맞추고 있는 반면, 개별화 가족지원계획은 발달장애아동 및 그 가족의 욕구와 강점에 초점을 맞추고 있다는 점이다. 또한, 개별화 가족지원계획의 정책·제도적으로 보장된 입법 체계 내에서 재활치료와 교육적 서비스를 받는 아동과 가족에게 필요한 서비스가 제공되어야 하며, 동시에 이와 같은 특별한 욕구를 가진 발달장애아동이 자신이 속한 가족환경 내에서 서비스를 제공받아야 한다는 것이다.

개별화 가족지원계획이 가족중심적인 접근을 근간으로 하는 만큼 실제적으로 서비스 전달의 모든 측면이 가족 주도하에 이루어진다. 즉, 가족은 서비스의 중심이 되며, 재활을 위한 개입이 그들 가족의 삶에 개입되는 방식과 방향을 결정하는 주체가 된다. 개별화 가족지원계획의 목적은 가족이 선택한 목표에 도달하는 것을 도와줄 수 있는 공식적·비공식적 자원을 찾아내고 활용하도록 하여 가족에게 발달장애아동의 발달을 촉진시킬 수 있는 능력을 키워 주고, 가족과 아동이 지역사회로부터 고립되는 것을 막기 위해 가족과 지역사회의 여러 전문가가 한 팀으로 일하는 것이라고 할 수 있다. 그러나 어떠한 기관이나 학문 분야도 단독으로 발달장애아동과 가족의 다양하고 복잡한 욕구를 모두 충족시키지는 못할 것이다. 따라서 가족 내에서 일어나는 변화에 맞춰 탄력적으로 조정될 수 있는 개별화 가족지원계획을 계획하고 실행하는 데 있어서 다학문적 팀 접근, 정부의 법적·제도적 지원은 필수적이다.

### (2) 영국

영국의 경우, 1989년의 아동법과 1996년의 가족법에 근거하여 특수교육요구아동에 대한 조기교육을 실시하고 있다. 영국의 교육법(Education Act)은 1902년 제정된 후 수차례의 개정을 거쳐 오늘에 이르고 있다. 발달장애아동교육, 특히 통합교육과 관련하여 가장 중요한 것은 1978년 장애자 교육조사위원회에 의해 작성된 워노크보고서(The Warnock Report)이며, 이 보고서 내용은 1981년 교육법에 반영되어 학교와 지방교육당국에 새로운 임무를 부과하게 되었다. 이 법은 장애 분류를 폐지하고 특수교육요구아동에 대한 개념을 확립하였다는 점, 통합보육의 원칙을 세운 점, 그리고 부모의 관여 확충 및 결정에 대한 불복종권이 확립되었다는 특성이 있다. 교육법은 특수교육요구아동의 발견, 평가, 배치 및 부모와의 관계 등 일련의 절차와 재정지원, 개별화 교육프로그램, 특수요구아동조정 인력 배치 및 그 기능 등 특수교육요구아동 보육 전반에 대한 근거가 된다.

아동법(Children Act, 1989)도 요구가 있는 아동에 대한 특수 서비스에 대한 근거법규가 되고 있다. 법(3부 제17조)에 의하면 지방당국에 대하여 요구가 있는 아동이 가능하면 정상적인 생활을 영위할 수 있는 기회를 주기 위하여 이들을 보호하고 복지를 증진시켜야 할 의무를 명시하고 있다.

이 법에서는 요구가 있는 아동을 세 가지로 명시하고 있다.

첫째, 지방행정당국의 서비스 제공 없이는 합리적인 건강이나 발달 수준을 달성하고 유지하기 어렵거나 그러한 기회를 갖기 어려운 경우이다.

둘째, 건강이나 발달이 손상되었거나 서비스 제공이 없을 경우 더욱더 손상될 것으로 예상되는 경우이다.

셋째, 장애의 경우이다. 즉, 요구가 있는 아동의 범위에 현재 상태뿐만 아니라 예방적인 차원에서의 위험가능 상태도 포함하여 포괄적으로 정의하고 있다.

지방당국은 이러한 아동에 대한 평가를 실시하여 어떠한 서비스가 아동에게 가장 적절한지를 판단하여 이에 따라 개별서비스계획을 수립하여야 하고 그 과정에 부모가 참여할 수 있도록 하고 있다.

### (3) 호주

호주의 영유아 보육은 교육과 이원화되어 있으며, 장애아의 경우도 교육정책과 보육정책이 별도로 실시되고 있다. 따라서 교육 분야에서는 1992년 장애인차별금지법에 기초하여 교육 및 훈련에 있어서 장애라는 이유로 인하여 불법적 차별을 받지 않도록 하기 위하여 장애교육기준을 마련하여 학교는 물론 교육제공자 모두가 이에 적용을 받도록 하고 있고, 영유아 시설인 유아학교와 유치원도 적용을 받는다. 그러나 보육제공자는 제외하고 있다.

또한, 호주는 발달장애아동에게 발달장애아동수당을 지급하고 있고 아동보육수당제도(Child Care Benefit)를 통하여 가구소득, 보육비용, 보육자녀 수, 보육 시간 등에 따라 자산조사에 기초하여 보육료를 차등 지원하고 있는데, 발달장애아동을 보육하는 경우에는 이를 추가적인 요구를 가진 아동 보육지원 계획에 포함시켜서 장애아 보육에 추가적으로 소요되는 비용을 별도로 지원하고 있다. 지원종류는 추가요구아동에 대한 부가 서비스(SUPSS: Supplementary Service), 추가요구보조(SNSS: Special Need Subsidy Service), 장애아 부가 서비스(D-SUPS: Disabled Supplementary Service Payment) 등이 있다.

관련 행정은 보육과 교육의 이원화에 따라 발달장애아동교육은 연방정부 교육부(Dept. of Education)에서 총괄하고 있고, 발달장애아동 보육에 대한 정책은 연방보건 및 가족서비스부(Dept. of Health and Family Services)에서 책임을 진다. 연방정부는 연방법규의 제정이나 예산의 지원을 담당하고 있으며, 실제의 모든 정책을 마련하는 일과 구체적인 계획을 수립하는 일은 각 주의 책임하에 실시되므로 주마다 많은 차이가 있다.

### (4) 한국

한국의 경우, 조기특수교육 및 치료적 서비스의 주요 초점은 전적으로 발달장애아동 개인에게만 국한되어 있으며, 그들 가족의 욕구를 수용하고 필요로 하는 적절한 서비스를 제공하는 일은 매우 미비한 실정이다. 사실상 우리의 현실은 발달장애아동을 위한 기본적인 법이나 제도조차 적절히 갖춰져 있지 못하고 그에 따라 관련 서비스를 제공하는 기관의 인식이나 서비스의 내용 역시 양적으로나 질적인 측면에서 아직은 모두 부족한 실정이다.

한국의 「특수교육진흥법」에서는 장애영유아의 경우, 제5조에 의거하여 3세에서 취학 전 장애유아에 대한 교육비는 무상으로 규정되어 있으나, 조기개입 서비스의 대상자인 0~2세 장애영아의 사교육비 및 발달장애아동 가족의 치료교육비에 대한 지원은 이루어지지 않고 있는 실정이다.

한국에서는 공공기관 및 사적단체에 의해 지원되는 대부분의 서비스 개입이 발달장애아동 가족보다는 발달장애아동 개인에게 초점을 둔 지원이 주를 이루고 있으며, 이러한 지원이 발달장애아동 가족의 기능을 부분적으로 지지 · 보충 · 대리하고 있다.

한국의 장애영유아 가족에게 제공되는 조기개입과 관련한 지원에는 보육, 상담, 부모교육, 형제지원 프로그램, 가사보조, 보장구지원, 의료비지원, 세금 감면, 발달장애아동 부양수당 등이 포함되나, 아직은 극히 미약한 수준이다.

발달장애아동 가족이 우리나라 대표적인 공적 부조 제도인 「기초생활보장법」의 대상자에 해당하는 경우 생계비를 지원받을 수 있으며, 발달장애아동을 보호 · 양육하는 보호자의 경제적 생활 수준, 장애정도에 따라 발달장애아동의 보호자에게 장애로 인한 추가적 비용 보전을 위해 발달장애아동 부양수당이 지급되고 있다. 또한, 발달장애아동 보육을 위한 시설은 발달장애아동 전담보육 및 중증 발달장애아동 전담보육체계라는 별도의 특수보육시설로 설치 · 운영되고 있다.

### 3) 개별화 가족지원계획의 수립(사정과 개입)

개별화 가족지원계획은 가족중심적 접근을 근간으로 가족과 전문가가 협력하여 특별한 욕구를 가진 아동에게 필요한 자원을 제공해 주는 서비스 계획이다. 개별화 가족지원계획을 수립하는 데 있어, 현재 아동의 발달 수준에 대한 파악, 아동의 발달을 증진시키는 것과 관련된 그 가족의 장점과 요구에 대한 진술, 아동의 가족을 위해서 성취될 것으로 기대되는 중요한 결과와 발달 상황을 판단하기 위한 기준과 절차와 개입계획에 관한 전략, 아동과 가족의 독특한 요구의 충족에 필요한 특별한 조기개입 서비스의 내용, 서비스의 개시 시점과 서비스의 제공 기간 등에 관한 계획, 계획된 날짜, 그 계획의 담당자, 영유아기의 조기개입으로부터 학령 전, 후 프로그램의 전환을 위한 절차 등의 내용이 파악되어야 한다.

개별화 가족지원계획은 다양한 학문적인 배경으로 구성된 전문가팀이 아동과 가족을 사정 · 평가하고 개입계획이 수립되며, 아동의 부모나 보호자 중 최소한 한 명의 가족을 팀 구성원으로 포함시킨다. 개별화 가족지원계획은 가능한 한 연간 1회 이상의 재검토가 필요하며, 부모는 6개월마다 새로운 사정평가에 관한 보고서를 작성하게 된다.

개별화 가족지원계획에 있어서의 사정과 개입은 가족의 요구와 희망사항, 장점과 능력, 공적인 지원과 비공식적인 사회자원, 원조자에 관한 것에 기초하여 이루어진다. 이 네 가지 부분은 상호 영향을 주고받는데 원조자의 역할은 가족의 건강한 잠재력을 발굴하고 개발하여 활용함으로써 아동의 재활에 긍정적으로 도움을 주고 있다.

개별화 가족지원계획의 과정은 단계적으로 진행되고 각각의 단계는 상호작용 체계 내에서 정보를 교류하며, 융통성 있는 조정이 이루어진다.

각 단계에서 진행되는 구체적 내용을 살펴보면 다음과 같다.

첫째, 개별화 가족지원을 위한 초기면접 단계에서는 필요한 가족자료를 조사한다. 구체적으로, 가족이 우선시하는 욕구와 지금까지 제공받아 온 서비스에 대한 정보를 조사한다. 가족은 이 과정을 통해서 프로그램에 대한 최종 의사결정자로서 장기목표, 프로그램 참여와 정보 공유, 중재 프로그램의 유형 등을 선택하며, 전문가는 초기면접 동안에 가족이 제공받을 수 있는 다양한 프로그램과 관련 정보를 제시해 주어야만 한다.

둘째, 사정계획을 수립하는 단계에서는 전문가가 아동에 관한 충분한 정보를 파악하기 위한 사정과정을 계획한다. 사정과정에서는 가족의 가치와 의사결정방식을 존중해 주어 가족에게 필요한 정보와 지지체계 제공 및 가족의 변화에 부응할 수 있는 과정이 계획된다. 이를 위해 사정을 담당할 전문가팀은 상호 간에 정보를 교류하며, 가족 구성원도 평가과정에 참여하여 평가결과에 대해 함께 논의하고 해석한다. 그러므로 아동의 특성, 아동과 가족이 우선시하는 사항, 사전 평가자료와 진단자료 등에 대한 철저한 평가계획의 기초가 된다.

셋째, 아동사정 단계에서는 아동과 관련된 정보수집 외에도 임상적인 진단과 평가에 초점이 맞추어진다. 특히, 아동의 인지체계 및 건강, 신체 상태에 대한 발달상의 문제도 검사한다. 개별화 가족지원계획 과정 내에서 아동평가는 주기적인 재평가과정을 거치면서 시간적 변화에 따른 아동의 변화 상태와 프로그램 효과에 대한 평가자료를 활용한다. 아동평가의 구성요소로 평가점수보다는 아동이 나타내 보이는 기능적 수행능력, 아동이 지닌 장점, 발달능력, 기능적 제한점을 평가의 구성요소로 중요시하고 있다. 이상의 구성요소들을 토대로 수행된 아동평가의 결과는 가족에게 명확히 설명되어 공유될 수 있어야 하며, 향후 아동에 대한 개입전략과 방향에 관해 상세하게 논의되어야 한다.

넷째, 가족을 사정하기 위해 가족의 관심사, 활용 가능한 인적 · 물적 자원, 시급히 다루어야 할 문제를 사정하는 단계에서는 가족 구성원이 개별화 가족지원계획 과정에서 다루어지기를 희망하는 문제와 욕구를 정의하며, 가족이 중요시하는 사항을 선택하고 가족의 관심사, 욕구, 결과를 충족시키기 위해서 사용할 수 있는 공식적 · 비공식적인 지지원, 장점, 능력 등의 지원을 조사한다. 또한, 이 단계를 통해 가족이 아동의 발달에 영향을 미치고 있는 것에 대해서 가족 스스로가 인식하게 하며, 그 결과에 따라 가족의 자발적인 서비스 참여를 유도하게 된다.

특별히 발달장애아동 가족에 대한 가족지원이 적절히 이루어지도록 하기 위해서는 가족의 욕구를 충분히 사정하여야 하며, 다음은 이때 고려하여야 할 사항이다.

① 가족의 욕구와 희망사항을 정의하여 욕구명세서를 작성하고 요구의 우선순위를 정해야 한다. 이때 가족의 심리적인 인식, 가족의 가치관 등 가족의 행동에 영향을 주는 의미 있는 사항, 가족의 욕구나 자원의 인식 정도, 그리고 가족의 문제해결을 위해 노력한 활동 내용 등을 고려해야 한다.

② 가족 전체 혹은 개개인의 성장과 발전 가능성, 가족 구성원 간의 긍정적인 상호작용이 가능한 의사소통능력, 가족의 일치감과 협동심, 가족의 규범적 혹은 비규범적인 생활사건을 다루는 대처전략, 그리고 가족의 욕구충족과 문제해결활동에 참여할 수 있는 능력과 같은 가족의 강점 등 가족의 잠재적인 능력에 대한 사정 등이 동시에 이루어져야 한다.

③ 가족의 욕구충족과 성취를 위한 공적인 지원과 비공식적인 자원의 원천, 즉 가족의 개인적인 자원과 사회적 관계망을 통해 얻을 수 있는 환경 내 자원을 밝혀내는 일이다. 가족의 욕구충족을 위한 공식적인 지원과 비공식적인 자원을 가족 내부와 외부에서 개발하고 발견하도록 돕는 일이 중요하다.

④ 개별화 가족지원을 위해 효과적인 원조자를 찾아 가족과 연결시키는 일이다. 원조자는 기본적으로 경청자, 교사, 치료자, 자문가 및 자원의 정보제공자, 매개자, 옹호자의 역할을 한다. 원조자는 서비스와 자원에 접근하도록 가족을 도우며, 가족의 욕구충족을 위해 대안적인 자원을 제공하는 공식적 · 비공식적 자원과 가족을 연결시키는 역할을 수행한다.

다섯째, 개입전략과 활동 계획을 수립하는 단계에서는 가족이 중요시하는 측면과 가치 변화를 얻고자 하는 사항을 중심으로 아동발달을 향상시킬 수 있는 것을 개별화 가족지원계획의 결과로 선정한다.

개별화 가족지원을 위한 전략과 활동을 계획할 때에는 가족의 장점, 아동의 욕구, 가족의 선택사항을 고려하여 계획하게 된다. 이를 위해 개별화 가족지원계획(IFSP)팀 구성원들은 각각의 활동을 구체적이고 분명하게 명시해 놓아 개별화 가족지원계획에 소속된 모든 구성원이 가족지원의 목표를 성취하기 위해 수행해야 할 과제에 대해 명확히 파악할 수 있도록 한다. 개입 전략과 활동은 실제적이어야 하며, 가족지원과 지지체계를 충분히 활용할 수 있어야 한다. 그리고 개별화 가족지원 개입이 순조로이 이루어지기 위해서는 가족의 일상사가 중요한 요소임을 감안하여 계획되어야 한다.

여섯째, 실행단계에서는 가족의 욕구를 충족시키기 위한 선택사항을 평가하고 가족기능을 강화하며, 지지체계에 필요한 자원을 사용할 수 있는 가족의 독창성, 가족과 지역사회의 지지 그리고 구성원과의 상호적 관계를 기반으로 한다. 이를 위해 가족이 수행할 수 있는 활동과 다른 지지자들이 목적 달성을 위해 함께 참여해야 하는 활동은 실행단계의 전략이 된다. 실행단계에서의 활동은 가족 내의 변화를 수용해야 하며, 가족의 욕구변화에 따라 탄력적으로 운영되어야 하며, 또한 특정 시기마다 시행되어야 할 사항에 대해 정확하게 명시해 두어야 한다.

마지막 평가단계에서는 아동과 가족의 욕구를 충족시키기 위한 계획의 효율성과 개입 결과의 적합성에 대해서 평가하게 된다. 이를 위해 다양한 평가방법과 평가기준이 마련되어야 하며, 개별화 가족지원계획의 여러 가지 특성 또한 평가된다. 개별화 가족지원계획의 결과는 주기적으로 재평가되며, 이에 따라 개입 전략과 실천 활동도 재수정된다.

### 4) 개별화 가족지원계획의 가족목표

개별화 가족지원계획 수립 시 가족목표를 규명하고 서술하게 되는데, 이때 가족목표란 발달장애아동뿐만 아니라 가족 구성원 모두의 일상행동이나 사회기술의 변화를 위한 개입목표로 정의할 수 있다. 가족목표를 수립하기 위해 아동 및 가족의 필요를 파악한 정보수집 내용에 기초한다. 정보수집 방법으로는 가족생활에 대한 자연적인 관찰, 가족의 욕구를 사정한 점검표, 부모면담, 이외 각종 임상적인 검사나 발달 측정 검사도구를 이용한 검사가 있으며, 이상의 진단 결과 등을 활용한다.

개별화 가족지원계획을 수립하는 데 있어서, 가족목표는 문서로 작성되어야 하며, 가족 스스로 의사결정과 자원협조를 할 수 있도록 지원하기 위한 노력을 반영하고 다양한 활동을 위한 융통성 있는 선택의 범위를 제공할 수 있어야 한다. 또한, 가족목표는 가족지원이 지니는 자발적인 성격으로 인해 전문가에 의해서 결정되어서는 안 되며, 가족목표를 기술하는 데 있어서도 가족 자신의 표현어를 사용하도록 하며, 가족목표의 성취를 확인하는 일도 가족에 의해 이루어질 수 있어야 한다.

이밖에도 가족목표는 가족으로 하여금 수용 가능한 목표로 설정되어야 한다. 아동과 관련하여서는 발달장애아동의 신체발달, 인지발달, 사회 및 정서발달, 적응기술에 대한 현행 수준에 관한 사항, 발달장애아동의 발달촉진과 관련된 가족의 자원, 가족목표 가운데 개인의 우선순위, 관심영역에 관한 사항, 그리고 목표성취를 향한 전개상황을 결정하고 목표나 지원의 수정이 필요한지를 결정하기 위한 가족 및 아동의 주요 성취 목표와 기준, 절차, 시한 등에 관한 사항 등이 고려되어야 한다.

이밖에도 아동과 가족의 독특한 필요를 충족시키기 위해 특정한 가족지원이 제공된 빈도와 내용, 지원 전달방법 등에 관한 사항, 또한 지원이 개시되는 날짜와 예상되는 종료 날짜, 그리고 가족지원계획의 실시와 기타 기관 및 관련 전문가와의 상호 협력을 책임지게 될 전문영역에서 선정된 기관 대표자 등에 관한 사항도 함께 고려되어야 한다.

이상의 내용을 정리하면 다음과 같다.

발달장애아동 재활치료 및 조기교육과 같은 조기개입 프로그램은 아동중심적이며, 아동의 결함이나 약점지향적 서비스 접근방법으로부터 가족 중심, 장점지향적 서비스 접근, 그리고 아동에 대해서는 조기개입방식으로 변화하고 있다. 이러한 추세는 지금까지 실시되어 온 대부분의 장애아동에 대한 개입방식에 변화를 요구하고 있다.

가족중심 모델의 실시에 대한 발달장애아동 재활전문가들의 인식을 정리해 보면, 전문가들은 발달장애아동 재활 프로그램에서 어떻게 가족을 포함시켜야 할 것인가에 대해 이론과 실제 간의 차이점이 있다고 여긴다.

발달장애아동 가족을 대상으로 가족중심적 접근에서 요구하는 전문가의 역할기대와 훈련은 아동에 대한 조기개입뿐만 아니라 가족에 대한 개입을 동시에 요구한다. 그러나 이러한 가족중심적 접근방식은 지금까지 전문가 각자가 교육받은 훈련 내용과 방식에 차이가 있으므로 새로운 접근방식으로 실행하기가 쉽지 않다. 그럼에도 불구하고 발달장애아동 가족은 일반적으로 다양한 욕구를 가지고 있기 때문에 이에 대한 지원 프로그램이 제공되기 위해서는 다양한 영역의 전문가들이 공동으로 참여할 수밖에 없다. 그러나 지금까지 전문가들, 예를 들면 교육과 치료를 담당하는 특수교사 또는 작업치료사, 언어치료사 등은 아동중심적인 서비스 제공을 목적으로 하는 계획된 서비스 전달체계 내에서 일해 왔다. 그러나 이들이 가족중심 서비스로 변화하는 상황에서 일해야 하는 것은 전문가 개인으로서도 간단히 취급되어질 수 있는 일이 아니다. 또한, 아동에 대한 조기개입과 함께 가족중심적 접근의 실시를 위해서는 가족중심적 접근이 요구하는 특별한 욕구사항에 대한 지침이나 기술 등에 대한 포괄적인 훈련이 필요하지만 지금까지는 발달장애아동의 재활을 담당하는 전문가에 대한 적절한 훈련이 이루어지지 못하고 있는 실정이다. 앞으로 이러한 제한점에 대한 대책이 마련되어질 때 가족중심적인 조기개입 실천은 보다 용이해질 것이다.

발달장애아동 및 가족의 욕구의 다양성으로 인해 발달장애아동에 대한 개입 및 가족중심 지원 프로그램의 실시는 팀을 이루어 접근하게 된다. 이때, 사회복지사는 사례관리자로서의 역할을 수행해야 한다. 또한, 이러한 사례관리 모델은 기존의 사례관리 모델과 구분하여 '원조를 필요로 하는 사람의 능력고취 사례관리 모델(help-seeker empower approach)'이라고 하여 기존의 모델과 구분하고 있다. 기존의 사례관리 모델이 사례관리자를 서비스 조정자, 자원 동원, 중재자의 역할을 강조하였다면, 새로운 모델에서의 사례관리자는 클라이언트의 능력을 고취시키는 역할을 강조한다.

끝으로 발달장애아동의 조기개입을 실시하는 데 있어서 가족중심적인 지원 프로그램의 개발과 실시는 시기적으로 늦출 수 없는 과업임을 인식하여야 한다. 또한, 가족중심적인 개입을 수행에 관한 변화의 촉진을 위하여 가족 지역사회교육, 치료영역에서 통합적 접근이 이루어질 수 있도록 행정적 지원을 확대하고 재활전문가는 가족의 능력과 선호에 대한 철학과 가치를 검토할 수 있도록 훈련에 힘쓰며, 발달장애아동의 부모는 가족지원 프로그램에 대한 의사결정에 참여할 수 있도록 해야 한다.

### ● 발달장애인을 위한 보조와 지원

- 발달장애인에게 보조와 지원(assistance & support)은 사회참여의 전제조건이다.
- 필요한 지원 서비스가 부족하면 장애인은 가족에게 지나치게 의존할 수밖에 없으며, 장애인 당사자는 물론이고 그 가족도 결국 경제적으로나 사회적으로 왕성하고 활발한 활동을 할 수 없게 된다. 그러나 전 세계적으로 장애인에 대한 지원은 턱없이 부족한 것이 현실이다.
- 지원 서비스의 특정 모델 하나가 모든 상황에 일률적으로 적용될 수 있는 것은 아니며, 또 모든 욕구(needs)를 충족시켜 주는 것은 아닌 만큼 서비스 제공자와 모델의 다양성이 요구된다.
- 국제연합(UN) 장애인권리협약(CRPD: Convention on the Rights of Persons with Disabiltieis)에서 강조하는 큰 틀에서의 원칙에 따르면, 지원 서비스는 격리된 환경이 아닌 지역사회 내에서 제공되어야 하며, 당사자 중심의 서비스가 권장된다. 당사자 개인이 자신이 받는 서비스에 대해 결정할 수 있을 때, 해당 개인은 최대한 자신의 의지대로 자신의 삶에 대해 결정할 수 있기 때문이다.
- 양질의 삶을 누리고 사회 및 경제활동에 타인과 동등하게 참여하기 위해서 많은 장애인은 보조와 지원이 필요하다. 예를 들어, 수화통역사는 청각장애인이 주류직업사회에서 활동할 수 있도록 돕는다. 휠체어 사용자는 활동보조인을 통해서 회의에 참여하고 직장에 갈 수 있다. 지적장애인의 경우, 권리옹호자(advocator)의 도움을 받아 돈 관리를 하거나 스스로 결정을 내릴 수 있다.

- 발달장애인 혹은 중복장애인이나 노인에게는 재가지원 서비스가 필요하다. 즉, 이러한 지원 서비스를 통해 이 모든 개인은 주변화되거나 가족의 지원 혹은 사회보호에 과도하게 의존할 필요 없이 지역사회의 엄연한 구성원으로서 일을 하고, 그밖의 여러 가지 활동에 참여할 수 있게 된다.
- 대부분의 보조와 지원은 주로 가족 구성원이나 사회적 네트워크를 통해 제공된다.
- 국가 차원에서 제공되는 공식 서비스는 미흡한 경우가 다수이고, 비영리 단체의 경우에는 지원의 폭에 한계가 있다. 민간시장의 경우 합리적인 비용으로 장애인의 필요를 충족시킬 수 있는 서비스를 제공하는 경우가 드물다.
- 장애인이 실질적인 사회 및 경제활동에의 완전한 참여를 보장하기 위한 정책에 있어, 장애인의 요구에 부응하는 공식적 지원 서비스에 대한 국가의 재정 투입이 필수적이다.
- 또한, 국가는 규범을 마련하고 이를 시행하며, 서비스를 제공하는 데 중요한 역할을 한다. 이러한 공식 서비스를 통해 비공식적인 보조가 필요한 경우를 줄여나감으로써, 가족 구성원이 실질적인 수입활동에 매진할 수 있다.

발달장애인을 위한 다양한 형태의 보조와 지원이 있다.

- 비공식적 돌봄(informal care)
- 지원 서비스(support service)
- 활동보조(personal assistance)
- 권리옹호(advocacy)
- 의사소통지원(communication support)
- 이외 비치료적 개입(non-therapeutic intervention)

〈표 7-3〉 발달장애아동을 위한 보조 및 지원 서비스의 형태

| 구분 | 내용 |
|---|---|
| 지역사회 서비스 및 자립생활 | 신변처리, 집안일, 이동, 여가생활, 지역사회참여를 위한 보조 |
| 주거지원 서비스 | 독립적인 주거생활, 공동생활가정, 장애인시설 |
| 보호자 휴식제도(respite service) | 장애인 당사자와 그를 돌보는 보호자에게 휴식 기간을 주는 서비스 |
| 학습 및 근로지원 서비스 | 장애아동을 위한 학교생활보조 및 직장 내 활동보조지원 |
| 의사소통지원 | 수화통역사 제공 |
| 지역사회 접근성 | 주간보호시설 등 포함 |
| 정보 및 상담 서비스 | 전문가지원, 동료지원, 권리옹호자지원, 지원을 통한 의사결정 등 포함 |
| 활동 보조 동물 | 반려견 혹은 안내견 등 |

08

# 청소년기, 발달장애교육과 인력개발

## 1. 발달장애청소년의 일반적 특성

● 발달장애청소년

- 우리나라에서 9~24세까지의 청소년층을 대상으로 한정하여 이들 중에서 장애를 가지고 있는 청소년의 출현율이나 실태를 구체적으로 조사한 바는 없다.
- 장애유형별 현황을 살펴보면 발달장애인 수가 점차 증가하고 있으며, 2015년 12월 기준으로 지적장애인은 7.6%, 자폐성장애인은 0.8%로 전체 장애인 중 다섯 번째로 높은 점유율을 나타내고 있다.
- 발달장애인의 연령대별 현황에서는 0~18세 이하 지적장애인은 39.47명, 자폐성장애인은 12,649명으로 장애발생의 생애주기별 특성으로 인해 전체 장애인 중 아동청소년기에 발달장애의 점유율이 높은 것으로 나타났다.
- 19~39세의 청년기 성인 초기의 지적장애인은 82,774명, 자폐성장애인은 8,297명으로 생애주기별 아동 청소년기의 발달장애인보다 더 높은 것으로 나타났다.
- 40~64세의 중장년기(성인기)의 지적장애인은 59,759명, 자폐성장애인은 155명으로 생애주기별 65세 이상 노년기 지적장애인은 7,746명, 자폐성장애인은 2명으로 나타났다.

출처: 보건복지부 (2015).

그동안 우리나라에서는 청소년을 보호 · 육성하고 청소년의 권리와 의무를 보장하기 위한 「청소년기본법」, 「청소년보호법」, 「비행청소년과 관련한 소년법」 등 청소년 관련 법률 등이 제정되었다. 또한, 장애인복지증진을 위해 「장애인복지법」과 「특수교육신흥법」, 「장애인고용촉진 등에 관한 법률」 등 장애인 지원에 관한 주요 법률을 제·개정하여 시행하면서 장애인을 지원하기 위한 각종 제도적 기틀을 마련해 왔다. 그러나 이러한 제도와 장애인복지정책이 청소년인 동시에 장애인인 장애청소년에게 커다란 실효를 거두지 못한 것이 사실이다.

장애인의 직업재활과 고용활성화를 위한 노력에 있어서도 장애인의 생애주기 특성을 고려하기보다는 성인기에 접어든 장애인에 대한 직업훈련과 취업알선에만 관심을 가져온 것이 현실이었다. 장애인의 경우 생애주기별로 나타나는 문제의 특성이 다르며, 각 단계별 시기에 필요한 재활노력과 직업재활이 이루어질 때 안정적인 고용으로 연결될 수 있을 것으로 기대할 수 있다. 특히, 청소년기는 전 생애주기 가운데 투철한 직업의식과 인격 형성, 건강한 자아상을 확보하기 위한 준비 시기이며, 동시에 직업적성을 개발하는 시기이다. 발달장애청소년의 경우에도 마찬가지로 청소년기에 나타나는 모든 특성을 고려해야 하는 동시에 장애라는 특성도 함께 고려하여 이들이 가지고 있는 잠재력을 발굴하고 개발하여 미래 직업인으로서 성장할 수 있도록 도와야 할 것이다.

청소년기는 아동기에서 성인기로 전환하는 과도기이다. 연령적으로 대략 12~22세까지 지속되며, 이것은 12~18세의 청소년 전기와 18~22세 청소년 후기로 구분할 수 있다. 청소년 전기에는 급속한 신체적 변화와 인지적 발달을 경험하며, 청소년 후기는 자아정체감 확립과 더불어 성인생활을 준비하기 위한 여러 과제에 집중한다. 청소년은 신체발육이나 인지적 성숙, 사회적 행동양식 등에서 아동기를 벗어났지만 인지적 성숙과 사회화가 더욱 요구되며, 아동과 성인의 이중적인 성격을 보이므로 이들을 주변인 또는 중간인으로 부르기도 한다.

### 1) 신체발달

청소년기 신체적 변화의 특징은 급속한 성장과 생식능력의 획득이다. 사람의 생애에서 가장 빠른 신체적 성장이 일어나는 시기는 출생 후 1~2년이지만, 청소년기에 일어나는 성장 또한 다른 단계들에 비해서 매우 급속하다. 구체적으로 신장과 체중이 급격히 늘어나고 동시에 생식기관의 성숙과 2차 성징의 출현을 보인다. 소화기·폐·심장과 같은 내부기관도 급속히 성장한다.

청소년기에 나타나는 빠른 발달에 대해 두 가지 반응을 보인다. 첫째, 신체적 성장은 대개 운동능력의 발달을 동반하는데 이것은 부모와 선생님, 친구로부터 가치 있는 것으로 여겨지는 변화로서 청소년 자신도 긍정적으로 받아들인다. 둘째, 급속한 성장이 신체의 모든 부분에서 균등하게 일어나는 것이 아니므로 다소 어색하고 균형이 잘 잡히지 않은 상태에 놓이게 된다. 이 시기에 나타나는 키의 성장과 근육의 발달 간의 시간적 격차는 청소년에게 어딘가 어색한 신체적 모습을 갖게 하며, 이것이 청소년의 자부심에 부정적인 영향을 미치기도 한다.

발달장애청소년의 경우 대체로 같은 연령의 청소년에 비해 신체적 발달이 늦은 경우가 대부분이다. 이는 이들이 심리적으로 부담을 경험하고 부정적인 자아상(self-image)을 갖게 하는 원인이 된다. 대체로 신체적 발달이 지체된 청소년은 실제보다 어리게 대접받으며, 친구들로부터 고립되는 경향이 있다.

청소년기의 신체적 발달과 함께 나타나는 또 다른 특징은 성적 성숙이다. 이 시기에는 호르몬의 생성과 분비가 일어나며, 그 결과로 성징이 발달한다. 이 시기의 청소년은 학교와 가정으로부터 성교육을 받게 되고, 이성과의 자연스러운 접촉을 통해 앞으로 전개될 이성교제나 결혼을 위한 준비 등 기초적인 과정을 경험하게 된다.

그러나 대부분의 발달장애청소년은 부모와 학교로부터 성적 성숙에 대하여 충분히 교육받지 않은 상태에서 이러한 경험을 하며, 당황하고 두려워하는 반응을 보인다. 새로운 경험에 대해 적극적인 관심과 반응을 보이기보다는 고립적인 태도로 회피하는 경우가 대부분이기 때문에 앞으로 전개될 이성교제나 결혼에 대해서도 소극적 태도를 보이는 원인이 된다. 즉, 청소년기의 성적 성숙으로 인한 변화 때문에 겪는 불편함과 당황스러움에 대해 적절한 대처능력이 부족하고 부정적 감정도 경험한다.

### 2) 인지발달

청소년기에는 육체적 성숙과 더불어 인지적 능력도 확대된다. 더 추상적으로 사고할 수 있게 되며, 경험해 본 적이 없는 사건에 대해 인과관계를 추론할 수도 있게 된다. 피아제(Piaget, 1952)는 이와 같은 청소년기의 사고 수준을 형식적 조작사고라고 불렀다. 그리고 청소년기의 사고는 인식이나 경험보다는 논리적인 원리에 의해서 더 많이 지배를 받는다고 지적하였다. 형식적 조작사고는 자신의 사고를 비판적으로 검토할 수 있고, 한 변수가 다른 변수에 미치는 영향에 대하여 가설을 세울 수 있는 능력을 포함한다.

청소년기 사고의 발달은 여러 가지 환경적 요소에 의하여 촉진되며, 그 결과 청소년기의 특징인 자기중심적 사고의 감소를 가져온다. 이러한 현상을 세 가지 측면에서 설명할 수 있다.

첫째, 청소년기에 들어서면 더 다양한 역할에서 기능하는데 이러한 여러 가지 역할에서 부과되는 요구들은 서로 양립하거나 갈등관계에 놓이는 것들이다. 청소년은 이 요구들 사이에서 균형을 취하고 조정할 수 있어야 하는데 이것의 성공적인 발달을 위해서는 동시에 둘 이상의 변수를 정신적으로 다루는 것을 배워야 한다.

둘째, 이 시기의 인지적 발달은 청소년의 다양하고 이질적인 또래집단에 대한 참여에 의해 촉진된다. 즉, 초등학교에서 중 · 고등학교로 넘어가면 가족배경이나 사회적 지위가 서로 다른 이질적인 학생들과 사귀면서 미래에 대한 기대나 가치관이 자기와 다르다는 것을 알게 되고 자신의 현재 가치관이 자기가 속한 가족이나 지역사회에 의해 형성된 것임을 깨닫게 된다.

셋째, 과학 · 수학 · 어학 등의 중 · 고등학교 교과과정은 논리적 사고를 촉진하며, 예술이나 인문과학은 상상능력을 발달시킨다. 한마디로 청소년기에 증진되는 개념적 능력은 이와 같이 복잡하고 분화된 환경에 대한 적극적 참여의 결과로 이루어진다.

발달장애청소년의 경우에는 사고의 발달에 영향을 미치는 다양한 사회적 · 환경적인 자극으로부터 격리되어 있는 경우가 대부분이고 지금까지 발달장애청소년의 교육이 일반 교육체계와 분리되어 이루어진 경우가 대부분이어서, 다양한 또래집단 활동에 참여하는 기회도 제한적인 경우가 많다. 이러한 결과 후천적으로 인지적인 발달 기회가 줄어들어 인지발달이 충분히 이루어지지 못하고 다양한 집단과의 관계형성과 유지에 필요한 기술능력 등이 뒤떨어져 사회성을 키워나가는 데도 제약이 된다. 이러한 인지발달이 늦어지면서 청소년기 이후 사회생활이나 직업활동에 있어서도 다양한 특성을 가지고 있는 사회 구성원과의 교류와 협동활동에 어려움으로 나타나기도 한다.

### 3) 심리사회적 발달

청소년기에 나타나는 심리사회적인 발달로 또래집단과의 관계, 이성친구들과의 관계, 가족 · 형제간의 관계를 통한 사회성을 습득할 수 있다.

청소년기는 또래집단의 인정을 받고자 하는 욕구가 매우 강하다. 청소년은 심리적으로 어떤 집단의 구성원이 되기를 추구하는 경향이 있으며, 자기가 속한 집단에 의하여 자신을 정의하고자 한다. 또한, 이 시기 또래집단의 특징은 보다 더 조직적이며, 그 구성원들은 이질적이라는 것이다. 아동기에도 친구의 존재는 필요하였으나 한 집단의 구성원이 된다는 것이 중요한 관심사는 아니었다. 그리고 아동기의 친구들은 동질적이며, 흔히 같은 동네, 같은 반 친구들이다. 그러나 중 · 고등학교는 더 이질적인 환경이며, 친구들도 다양한 배경을 갖고 있다. 또래집단이 청소년에게 미치는 영향력은 매우 큰데, 이것은 이 시기가 되면 집에서 떨어져 밖에서 많은 시간을 보내며, 친구들과의 대화가 일상활동이 되기 때문이다.

첫째, 청소년이 특정한 또래집단을 선택하는 것은 사회 경제적 계층, 부모로부터 물려받은 가치관, 거주 지역과 학교의 성격, 특수한 능력이나 자질, 자신의 성격 등 여러 가지 요인에 의하여 결정되는 경우가 많다. 일단 한 집단에 속하면, 그 집단의 구성원들은 사회적 활동, 공부 방식, 이성교제, 취미활동 등 삶의 다양한 측면에서 서로 영향을 미치게 된다. 또한, 청소년기에 또래집단의 경험은 성인의 집단활동의 전초적 경험이라고 볼 수 있다. 또래집단의 경험을 통해서 청소년은 집단의 조직을 평가하고 조직 내에서 자신의 위치를 평가하는 기술을 배우게 된다. 이러한 사회기술이 후에 사회적 집단 내에서의 기능을 수행하는 것에 기초가 되는 것이다.

둘째, 청소년기에는 아직도 동성의 친구관계가 중요하다. 그러나 이 시기에 이성관계가 새로운 관심의 대상이 되기 시작한다. 이와 같은 이성관계에 대한 관심의 증가는 성적인 성숙과 사회적 기대의 결과이다. 다시 말해서, 청소년 이성교제의 시작은 실질적인 성숙의 정도 이상으로 가족이나 학교, 친구들로부터 오는 사회적 기대의 영향을 받는다. 요컨대, 청소년기는 이성과의 관계에서 자기가 어떻게 기능해야 하는지를 실험하는 단계이며, 이를 통해 성인으로서의 성 역할과 성적 행동에 대한 기본적 태도를 형성한다고 볼 수 있다. 한편, 발달장애청소년의 경우에는 분리된 교육환경과 사회환경으로 인해 장애청소년 간의 또래집단을 형성하는 경우가 많은데, 이들의 집단활동 내용은 제한적이다. 또한, 이들이 성인이 되었을 때, 이들의 기능 향상을 위해 상호 지원해 줄 수 있는 지지환경도 매우 빈약한 경우가 대부분이다. 발달장애청소년은 이성관계를 형성하는 문제에 있어서도 비장애청소년에 비해 개별적으로나 집단모임을 통해 이루어지고 있는 이성과의 교류 기회가 제한되어 있다. 이러한 제한이 성인기에 접어들어 이성교제로 이어질 때, 더 큰 어려움으로 나타날 수 있다.

셋째, 정서적 발달 측면에서, 초기 청소년기에는 감정이 격하고 기복이 심하다. 낙관적 · 비관적 감정이 교차하기도 하고 자부심과 수치심을 강하게 경험하기도 한다. 또한, 부모와 형제 그리고 친구들과 공유할 수 없는 감정의 경험을 통해서 고립감을 느끼기도 한다. 다양한 감정 중에서 강한 수치심, 죄의식, 우울, 분노, 수줍음 등은 문제가 될 수 있다. 발달장애청소년의 경우에도 정서적 측면에서 많은 갈등과 불안이나 긴장을 경험하게 되는데 이를 도와줄 수 있는 청소년 상담기관이나 청소년 집단활동 프로그램이 비장애청소년을 대상으로 하는 것이 대부분이며, 발달장애청소년을 위한 개별상담이나 집단활동은 매우 미흡한 수준이다.

### 4) 독립 · 자율성 확립

청소년 후기가 되면 사고와 행동이 점점 더 자율적으로 되며, 부모로부터 독립하기 시작한다. 이 시기까지 이루어진 신체적 성숙과 심리사회적 발달은 이와 같은 부모로부터의 독립을 위해 준비하는 과정으로 볼 수 있다. 즉, 독자적인 생존을 위한 힘과 신체적 통합능력이 어느 정도 완성되었으며, 문제해결이나 미래에 대한 계획을 세우는 것과 같은 활동을 혼자서 다룰 수 있을 정도로 인지적 성숙도 이루어진다. 그 외에 청소년 후기에는 개인적 가치관의 내면화, 또래집단 참여 등을 통해 사회적 측면에서도 자주적으로 활동할 수 있을 만큼 성숙하게 된다. 따라서 이제는 부모에 대한 의존에서 벗어나야 할 시기가 왔다고 할 수 있다. 청소년의 자율성 획득에는 가족, 특히 부모의 역할이 중요하다. 청소년이 자신의 정체감을 추구하기 위해서는 가족이라는 경계 내에서 청소년이 자신의 독자성을 표현할 기회를 가질 수 있어야 한다.

다시 말해서, 청소년이 자신의 고유한 견해와 관념을 가지고자 하는 욕구를 부모가 받아주고 이해해 준다고 느껴야 한다. 그러므로 독립성은 부모와 청소년 간의 상호 관심과 정서적 지지 안에서 성취될 수 있다. 부모가 청소년 자녀에게 집안일의 결정에 같이 참여하도록 격려해 주고 자신이 세워 놓은 한계에 대해서 충분히 설명해 주는 상황이라면 이 시기의 청소년은 자연스럽게 자신의 독립성을 경험하게 된다. 따라서 빈번한 대화와 함께 어느 정도의 통제를 합리적으로 하는 부모의 경우에 자주적인 자녀를 갖게 될 가능성이 크다. 부모가 너무 제한적이거나 너무 관용적인 경우에 청소년은 부모로부터 자신의 가치체계를 분화할 능력을 방해받는 것으로 보인다. 자립은 부모에 대한 거부나 소외, 또는 부모로부터의 분리와 다른 것으로 부모와 자녀가 서로 상대방의 고유성을 받아들이는 자주적인 심리상태인 것이다. 물론, 성인기에 이르기까지 부모와 자녀 간에 친근하고 지지적 관계를 지속시켜 주는 여러 가지 삶의 측면이 있다. 부모로부터 자율성을 획득한 청소년은 부모의 정체감에 전적으로 흡수되거나 부모의 사랑으로부터 전적으로 소외되지 않으면서 자신과 부모 간의 상이성과 유사성을 확인하고 그것을 받아들일 수 있다.

그러나 발달장애청소년의 경우 부모로부터의 독립을 계획하기에는 많은 어려움이 따른다. 스스로 독립적으로 살아갈 수 있는 사회적 환경이 마련되어 있지 못한 상황에서 지금까지의 교육과 재활 프로그램을 통해서도 자립생활의 기술을 적절히 교육받지 못한 이유이다. 가장 중요한 것은 스스로의 삶을 책임지는 독립적인 생활은 부모로부터의 자립이 우선적으로 이루어져야 하는데, 가정에 있는 발달장애청소년이나 시설에 있는 청소년 모두 자신의 고유한 견해를 표현하고 부모의 관심과 지지를 얻어내지 못 하는 경우가 많다. 이처럼 자립능력이 부족한 발달장애청소년은 부모로부터의 독립보다 부모에게 성인자녀를 부양해야 하는 또 다른 부담을 안겨 준다.

특히, 장애인은 성인기의 시작이라 할 수 있는 청년 후기가 될 때 자신이 가지고 있는 장애로 인해 많은 도전을 받게 된다. 이 시기에 대부분의 사람은 가족으로부터 독립한다. 이 시기는 일차적인 친밀한 관계가 이전의 가족관계에서 사랑하는 사람과의 새로운 가족관계로 이동하는 때이다. 사람은 전 인생을 통해 중대한 사건들이 있다. 탄생, 취직, 결혼, 죽음이 그것이다. 그중에 취직과 결혼은 청년기 후기에 찾아온다. 취직은 생애에서 매우 중요한 것이기 때문에 보다 좋은 자리를 구하기 위해 노력을 한다. 그러나 발달장애인의 경우, 이 시기까지 취업을 위한 훈련과 준비가 되어 있지 않은 경우가 대부분이다. 특수학교를 졸업하여 가정에 머물면서 가족의 보호를 받거나, 시설로 옮겨져 사회복지 대상자가 되는 경우가 대부분이며, 이들을 사회의 부랑자로 생각해 사회에서 격리하거나 소외시킨다. 젊은 성인이 성공적으로 이 시기의 삶의 도전을 맞이하는 것은 그 가족이 얼마나 잘 준비하여 독립적인 삶으로 내어 보내는가에 달렸다. 그러나 성인으로 인정받지 못하는 장애인은 시민으로서의 자립심이나 자존심이 길러지지 않는다. 발달장애인은 이성과의 만남도 매우 제한적이다. 시설에서 이성과의 사랑은 금기로 되어 있으며, 시설 입소자가 다른 사람과 친밀한 관계를 맺는 것은 대단히 어려운 일이다. 최근 시설 중심의 복지에서 지역생활 중심의 사회복지로 이행해 가고 있다. 지역복지가 충분히 발달되어 있지 못한 상황에서 지역 내에서 장애인이 살아가는 일은 또 다른 도전이다.

성인기에는 부모의 정년이나 죽음을 맞는 경우가 많아진다. 부모가 정년을 맞게 되면 경제적으로 어렵고 체력도 떨어지기 때문에 계속 도움을 줄 수 없게 된다. 더구나 국가나 지역으로부터 원조도 없으므로 그 가족은 쉽게 그 사회에서 고립되기 쉽다.

### 5) 성 정체감

아동기에서 청소년 후기에 이르기까지 자신의 성에 대한 정체감이 재개념화되고 확고해지는데, 이것은 대략 네 가지 중요한 경험에 입각하여 이루어진다.

첫째, 아동기에 이루어지는 친밀한 동성친구와의 경험은 적절한 성 역할 행동에 대한 친구 간의 규범을 알게 해 준다.

둘째, 청소년 초기에 일어나는 신체적 변화를 자신의 성 역할에 대한 정체감에 통합하게 된다. 다시 말해서, 청소년은 자신의 자아개념에 남자 또는 여자로서의 신체를 통합하여야 한다.

셋째, 청소년기의 호르몬 변화가 생식능력과 더불어 성적 충동을 갖게 한다.

넷째, 청소년 후기를 통과하면서 성인 남녀에게 주어지는 성 역할 행동에 대한 사회적 기대를 접하게 된다. 예를 들면, 남녀 구분 없이 기대되는 성 역할 행동은 안정된 직업은 갖는 것, 가족을 부양하는 것, 가족을 돌보는 것, 집안일 등이다.

이러한 네 가지 경험을 통해서 확고한 성 정체감(gender identity)을 형성하게 된다. 그러므로 자신의 성에 대한 정체감과 성 역할에 대한 개념은 사춘기 이전부터 발달이 이루어지고 있으나, 청소년기에는 성에 대한 새로운 관심이나 더불어 성적 충동을 자신의 성격에 통합하게 되는 것이 중요한 변화이다.

이와 같이 청소년기에 성 정체감이 확고해지는 과정을 성적 사회화(sexual socialization)라고도 하며, 여러 가지 요소로 구성되어 있다. 이러한 요소는 구체적으로 좋아하는 성적 대상을 선택하는 것, 성 정체감을 확립하는 것, 성행위에 대해서 이해하고 그에 대한 지식을 습득하는 것 등이다.

### 6) 직업에 대한 준비

직업은 성인의 삶의 상태를 결정하는 요인이다. 성인에게 직업은 일상생활의 거의 모든 것을 지배하며, 사회적 지위를 결정할 뿐만 아니라 그 사람의 가치관도 표현하게 해 주는 것이기 때문이다. 청소년 후기는 직업선택에 대한 준비를 하는 시기이다. 직업을 선택하는 과정은 여러 가지 요인의 영향을 받지만 개인적 능력, 관심, 자신에 대한 부모나 중요한 사람들의 기대와 같은 개인적 요소가 가장 중요한 결정요인이다.

성 역할에 대한 정체감은 직업에 대한 자신의 능력을 평가하는 데에 영향을 미친다. 특정한 직업에서 자신의 능력에 대한 기대는 직업선택의 중요한 요인이다. 다시 말해서, 자신이 어떤 직업에 필요한 교육과정 및 그 직업에서 요구되는 직무를 성공적으로 완수할 수 있다는 기대가 전공과 직업선택에 매우 중요한 역할을 한다.

어떤 청소년은 직업을 선택하는 데 있어서 상황적 요인의 영향을 받는다. 예를 들면, 고등학교를 중퇴한 사람은 선택할 수 있는 직업의 범위가 매우 제한되며, 여성의 경우에는 결혼과 자녀양육에 가치를 부여하는 정도에 따라 직업의 선택 및 그에 대한 헌신의 정도가 결정된다. 이러한 상황적 요인은 장애인의 경우 더욱 중요한 요인이 된다. 장애인은 자신이 가지고 있는 장애로 인해 고용환경에 제약을 받아 직업선택의 폭이 제한적일 수밖에 없다.

### 7) 자아정체감 확립

청소년기, 특히 청소년 후기에는 자신의 본질적인 인격에 대한 의문에 사로잡히게 된다. 에릭슨(Erikson)은 이 시기에 제시되는 의문들(나는 누구인가? 나는 무엇을 할 것인가? 나는 미래에 어떻게 될 것인가?)이 자아정체감을 형성하기 위한 과정이라고 하였다. 자아정체감을 정의하기는 어렵지만 확고한 자아정체감을 지닌 사람은 개별성, 통합성, 지속성을 경험한다. 개별성은 가치나 동기, 관심을 타인과 공유하더라도 자신은 타인과 구별되는 고유한 존재라는 인식을 말하며, 통합성은 자신의 욕구, 태도, 동기, 행동양식 등이 전체적으로 통합되어 있다는 느낌이며, 지속성은 과거, 현재 그리고 미래로 시간이 경과해도 자신은 동일한 사람이라는 인식을 가리킨다.

자아정체감의 형성은 아동기의 동일시의 경험에서 시작된다고 볼 수 있다. 즉, 부모나 선생님, 친구들의 감정, 태도, 가치관, 행동을 자신의 것으로 받아들여 그것을 자기만의 독특한 총체로 통합함으로써 정체감이 형성되어 간다. 그러므로 정체감 형성은 부분적으로 어린 시절의 부모에 대한 의존으로부터 정서적인 분리를 포함한다. 청소년은 자기의 행동에 대해 자주적인 선택을 하기 위하여 부모의 가치와 규범을 점점 더 나름대로 재평가하게 된다. 따라서 정체감 형성의 과정은 아동기에 그 뿌리를 두고 청소년기를 거쳐 성인기까지 지속되지만, 특히 청소년 후기에 가장 중요한 이슈로 등장한다. 자아정체감을 형성한 사람은 신념, 가치관, 정치적 견해, 직업 등에서 스스로 의사결정을 할 수 있다.

자아정체감 형성을 위해서는 자신의 신념, 가치관 등에 대한 고통스러운 의문제시가 선행되어야 하며, 인종의 위기를 경험한다. 자신이 경험한 많은 요소를 모아서 통합된 명확한 자기정의를 내리는 것은 어려운 일이므로 정체감을 형성하는 과정에서 누구나 일시적인 혼동이나 우울증을 경험할 수 있다.

발달장애청소년도 비장애청소년과 같은 변화를 갖지만, 때로 그 발달은 사회적 환경에 의해 어려움을 겪게 된다. 일반적인 청소년의 발달과제는 가족으로부터 독립하는 것과 독특한 자신의 정체성을 확립하는 일이다.

에릭슨에 의하면 자아정체성의 감각은 개인의 기본적 동기, 자성기회를 포함한 자아통합에서 비롯된 것이며, 동시에 자아정체성은 그때까지 자기가 형성하여 온 생활

양식, 이데올로기, 욕망 등이 통합된 것이다. 발달장애를 가진 사람에게 정체성의 발달은 장애와 동반되는 문제로 인하여 곤란을 겪게 된다. 어떤 이는 여분의 시간과 노력으로 그들이 할 수 있는 정열을 고갈시킬 수 있다. 그렇지 않다면 연령에 적절한 활동에 소비할 수 있을 것이다. 동료와의 관계와 장애에 대한 역할방식, 장애를 가진 사람의 무능한 역할, 그리고 그들의 장애를 판단하는 환경 등에 대한 상황은 자신의 이미지에 대해 장애를 확신하게 하고 수치심에 기반하여 정체성을 거부하게 한다.

긍정적인 자아정체감은 장애를 가진 청소년이 사회적으로 부여된 능력주의를 받아들이는 것보다 불합리함을 인식하게 도와준다. 발달장애를 가진 청년은 특수학교를 졸업하면서 사회에서 격리된 성인사회복지시설로 옮겨가게 되거나, 지역사회 장애인복지기관의 재활 프로그램에 참여하게 된다. 이와 같은 제도적 격리에 의해 발달장애 청소년은 불안전한 정체성 속으로 강제로 밀어 넣어져 기본적 동기나 기회를 갖지 못하는 것은 물론 자신의 천성을 빈약하고 가치 없고, 쓸모없는 것으로 생각하기 때문에 자아 통합을 획득할 수 없게 된다. 따라서 이들의 부정적인 자아정체성은 건강한 성장을 보장받지 못하게 되고, 이들은 필요에 의해 집단 정체성을 자유롭게 선택하는 것이 아니라 교육 정도나 경제적 차별에 의해 나누어진 장애의 종류에 따라 강제적으로 장애인이라고 불리는 사회적 집단 정체성을 형성하게 된다.

그리고 그들은 발달장애인의 외면적인 인간 모습과 마찬가지인 개인의 내면적 인격까지 장애인이라는 굴레 속으로 강제적으로 자신을 몰아넣으며, 동시에 사회의 구성원으로부터 분리되고 사회 밖으로 내몰려지게 된다. 이와 같은 처지의 발달장애청소년은 인생을 나누어 가질 수 있는 친한 친구를 사귀기도 곤란하여 실로 고독한 상황에 처하게 되며, 부모도 아이를 다루는 데 있어 아이의 성장을 인정하려고 하지 않는다. 이러한 불리한 상황에서 장애청소년은 부정적인 이미지의 정체성을 짊어지고 있다. 그러므로 이 시기에 형성되는 차별적인 정체성으로부터 해방되어야 하며, 사회복지실천은 서로 협력하여 내적으로 억압되어 있는 장애를 가진 청년을 도와주는 프로그램의 제공이 필요하다.

## 2. 발달장애청소년의 사회 경제적 특성

### 1) 발달장애청소년의 환경

환경이란 사전적인 의미로 생활체를 둘러싸고 직간접으로 영향을 주는 자연, 또는 사회의 조건이나 형편으로 정의된다. 특히, 청소년기는 급격한 신체적 변화와 심리적·사회적 변화를 경험하는 시기로서 성장하는 단계에 있기 때문에 환경의 영향을 더욱 민감하게 받는다. 또한, 세상을 살아가면서 그 사람을 좌우하는 신념이나 가치관, 인성, 사회생활능력 등이 발달되는 사회화의 과정에 있기 때문에 그 중요성이 더욱 크다.

발달장애청소년은 장애로 인해 일상활동에서 불편함을 느낀다. 이들은 교육, 치료, 진로문제, 친구관계 등의 생활문제로 인해 다른 계층보다 적절한 지원과 재활을 위한 방향을 설정하는 일이 중요하다. 자신의 장애문제를 포함한 신변상 문제의 의논 상대는 부모, 형제자매, 친척 등의 가족 구성원이 가장 많으며, 마땅한 대상이 없는 경우도 있다. 따라서 대부분의 발달장애청소년에게 발생하는 문제는 가족의 테두리 내에서 해결하고자 한다. 이는 가족의 기능을 중시하는 우리나라의 전통이기 때문이며, 전문적인 진로지도나 상담 등의 체계가 미비하여 나타난 결과로도 볼 수 있다.

### 2) 가정환경

가정 안에서는 발달장애청소년을 있는 그대로 수용하는 과정에서 갈등이 일어날 수 있으며, 가족 구성원 안에서도 이견을 보일 수 있다. 부모의 경우 청소년기가 기성세대에 대한 반항심이 커지는 시기인 만큼 관계가 어려울 수 있다. 많은 발달장애청소년의 경우 어렸을 때부터 복지관과 재활센터를 오가는 조기교육을 통해 자녀와 생활의 많은 시간을 같이 보내던 주 양육자의 경우 청소년기에 변화하는 행동에 당황하면서 갈등이 생겨난다.

청소년기가 자신의 자아정체성이 확립되는 시기인 만큼 갈등과 극복은 당연한 생애과정으로 받아들일 수 있겠지만 발달장애청소년에게 어려움이 되는 문제는 긍정적인 자아관을 가져야 하는 이 시기에 주변에서 자신을 바라보는 부정적인 시선으로 인해 긍정적인 자아정체성을 확립하는 데 악영향을 미치며, 가족과의 유대관계마저 어렵게 한다. 형제와 친인척도 대부분 발달장애청소년이 느끼는 고민과 문제에 도움을 줄 수 있는 정보가 부족해 조언을 하기 어려우며, 그나마 가까운 사이가 어렵게 된다.

가족 안에서의 어려움을 잘 극복하기 위해서 발달장애청소년 가족옹호 프로그램이 필요하다. 현재 복지관과 청소년수련관, 종교시설에서는 발달장애청소년과 그 가족을 위한 다양한 가족지원 프로그램이 운영되고 있는데 대부분이 발달장애청소년으로 인해 힘든 다른 가족들의 쉼을 위한 분리형 캠프나 발달장애청소년과 함께하는 레포츠 활동 또는 지역체험 위주의 프로그램이다. 가족끼리 여행을 가거나 체험활동에 참여하기 어렵기에 이러한 부분을 보완하기 위한 목적으로 보인다.

일상에서 벗어난 활동과 체험, 쉼의 시간을 통해 활력을 얻고 재충전의 시간을 갖는 것도 좋으나 이해가 부족하고 관계가 어긋난 가족을 위해서는 그 관계를 회복시키고 더 나아가 대비할 수 있는 프로그램과 교육이 필요하다. 가족공동체에 장애아동이 처음 함께할 때 많은 부모는 여러 기관에서 실시하는 부모교육을 통해서 발달장애에 대해 이해하고, 어떻게 가족의 울타리를 탄탄하게 만들어서 이 아이를 보호하고 지지할지에 대해 고민하고 배운다. 청소년기는 발달장애청소년이든 비장애청소년이든 방황하고 가족과 관계가 어긋나기 쉬운 때이다. 이때에도 장애청소년이 긍정적인 자아정체성을 확립할 수 있도록 가족 구성원이 어떻게 지지하고 함께 동반해야 할지에 대해서 함께 고민하고 알려 주는 지지 시스템이 필요하다.

### 3) 학교환경

입학부터 졸업까지 발달장애청소년이 겪는 어려움은 크다. 많은 장애 부모와 관련 종사자들의 적극적인 노력으로 「장애인특수교육법」을 통해 장애아동, 청소년이 일반학교에 입학을 하는 일이 쉬워졌고 이제는 당연시되었다. 하지만 장애청소년은 학교 안에서 초등학교에서 시작되는 학구적인 실패의 어려움과 학교 공동체의 구성원들에 대한 친밀하지 못한 관계의 어려움을 겪을 수 있다. 학구적 실패의 경우 반드시 능력이 부족해서가 아닌 실패에 대한 경험 자체로 학습에 대한 부정적 인식을 통해 학구적 실패의 결과를 맺는 경우가 많다. 특수학교 재학생들의 인원수를 보면 초등학교에는 일반학교 특수학급에서 학습을 하던 학생이 중·고등학생이 되면서 특수학교로 진학하는 경우가 있다. 많은 부분에서 장애청소년이 일반학교로 진학하는 것이 쉽지는 않겠지만 일반학교에서 각 장애학생의 장애특성에 적절한 효율적이고 개별적인 특수교육이 이루어지지 않고 있는 것이 현실이기에 각 장애 특성화 학교로 진학하는 것이다. 하지만 특수학교는 대부분이 가정에서 접근성이 떨어져 기숙사 생활을 하거나 등하교에 많은 시간을 소비해야 하는 어려움이 있다.

### 4) 또래집단과 소속공동체

또래집단 안에서는 문제행동을 하는 친구, 장애청소년에게 호의적이지 못한 친구로 인해 겪게 되는 어려움이 존재한다. 문제행동을 하는 친구와 어울릴 경우 똑같은 문제행동을 할 가능성이 크다.

청소년기의 특징 중 하나로 행동의 옳고 그름, 자신의 의지와는 상관없이 또래집단에서 리더 격의 힘을 지닌 학생의 행동과 말을 동일시하는 것인데 이로 인해 문제행동을 하는 친구가 발달장애청소년에게 호의적이지 못한 행동을 할 때 주변의 다른 학생들도 똑같은 문제행동을 할 가능성이 크다.

「학교폭력예방 및 대책에 관한 법률」을 보면 장애학생의 보호와 폭력예방을 위한 조항이 따로 분리되어 있을 만큼 학교 안에서 장애를 이유로 교우들에게 따돌림이나 폭력을 당하는 일이 많다는 것을 역설적으로 보여 준다.

청소년기 학생은 자발적이든 비자발적이든 많은 공동체에 속해서 활동을 한다. 청소년 단체에 가입하거나 종교활동을 하거나 운동클럽에 가입하기도 하고 단기적인 봉사단 활동을 가기도 한다. 청소년 단체에서 활동하는 발달장애청소년은 보기 드물다. 그리고 그 청소년이 활동을 하는 과정과 참여 프로그램 역시 평범하지는 않다. 청소년 단체와 공동체에 속하기 위해서는 많은 홍보 매체를 통해서 접해야 하는데 대부분의 청소년 단체는 장애청소년이 속해 있는 특수학교나 복지관 혹은 치료실에 홍보물을 전시할 생각을 하지 않는다. 이는 장애청소년이 가입이나 신청을 할 경우 장애청소년과 동반할 전문가가 없기 때문에, 즉 준비가 되어 있지 않아서일 수도 있지만 청소년 자치위원회가 유행처럼 번져 나간 것이 10여 년 전 일인 것을 생각해 보면 먼저 나서서 발달장애청소년을 찾는 청소년 단체나 지도자를 보기 힘들다는 것은 아쉬운 부분이다.

### 5) 교육 및 직업교육

청소년기의 상당 부분은 학교교육 등 교육활동에 해당한다. 결국, 교육이 주는 영향이 절대적일 수 있다는 점에서 청소년기의 장애인에게 대한 교육지원은 매우 중요하다. 장애의 특성에 따른 적절한 교육은 이들의 사회참여 및 취업 등과 관련하여 더욱 그렇다. 특히, 발달장애청소년의 교육에 있어 통학, 학교적응 등의 문제가 비장애청소년에 비해 심각하므로 교육을 받기 위한 제반 토대가 갖추어져 있지 않은 경우 학교를 그만두거나 상급학교 진학을 포기하는 예가 많다.

장애인복지정책의 가장 큰 문제점은 사회의 편견으로, 우리나라에서는 장애인에 대한 편견이 사회통합이나 장애인 정책의 걸림돌로 작용하고 있다. 따라서 정부에서 우선적으로 실시해야 할 발달장애청소년 지원정책 역시 지역사회를 대상으로 하는 인식개선 프로그램이라고 판단된다.

장애학생의 사회적 · 경제적 자립을 위한 직업교육의 심화방안으로 전공과의 설치 · 운영을 위한 법적 근거가 마련되었다. 대부분의 특수학교에서는 전공과를 설치 · 운영하고 있으나, 장애학생의 교육적 요구를 충족시키기에는 그 수가 절대적으로 부족한 상황이다. 특히, 이미 설치된 전공과 운영에도 많은 문제점이 나타나고 있다. 전공과의 설치 · 운영에 필요한 시설 · 설비를 갖추기 위해서는 재정적 지원이 수반되어야 하나, 현재 그 지원체제가 미약한 실정이다. 그리고 전공과의 효율적인 운영을 위해서는 지역사회와의 긴밀한 협력관계가 필요하나, 그 협력체제가 활성화되지 못하다. 나아가 전공과 졸업생의 취업을 확대하기 위하여 보건복지부와 노동부 등 관련부처와의 긴밀한 협조체제가 요구되며, 지역사회 관계 인사들의 장애학생에 대한 인식도 시급히 개선되어야 할 것이다.

## ● 장애인교육

장애인(아동과 성인)은 주류교육의 기회에서 배제되어 왔다. 대부분의 국가에서 장애인의 교육훈련을 위한 초기 노력은 시각장애인 학교처럼 특정 장애유형별로 특수교육을 별도로 두고 그곳에서 장애인을 교육하는 것이다. 그러나 이러한 교육기관의 수는 턱없이 부족하고 비용 면에서도 효율적이지 않다. 도시의 경우에는 대개 장애학생을 가족이나 지역사회로부터 격리시키는 경향도 있다. 한편, 법률을 통해 장애아동을 제도권 교육에 포함시키는 것이 의무화되면서 상황은 바뀌기 시작했다.

통합적인 교육환경(inclusive environment)을 조성하고 장애아동에게 양질의 교육을 제공하는 것이 모든 국가의 우선사항이 되어야 한다. 국제연합 장애인권리협약(UN CRPD)에서는 일반교육제도를 통한 교육권과 장애인 당사자의 요청에 따른 개별학습지원 권리를 모두 인정하고 있다. 장벽을 제거하고 합리적인 편의를 제공하고 지원 서비스를 제공하는 제도적 변화는 장애아동이 주류화 교육기회로부터 배제되지 않도록 하기 위한 선결조건이다.

장애아동에 대한 교육은 다음과 같은 측면에서 중요하다.

- 교육은 인적 자원 형성에 기여하며, 따라서 개인의 안정적인 삶의 복지를 결정짓는 핵심요소이다.
- 장애아동을 교육 및 고용의 기회로부터 배제하면 그에 따른 사회적·경제적 비용이 높다. 예를 들어, 장애인 성인은 비장애인보다 경제력이 낮은 경향이 있으나, 이는 교육수준과 관계가 있다.
- 장애아동의 교육접근권을 보장하지 않은 상태에서, '전 국민 의무교육 이상 학력 달성'이라는 '모두를 위한 교육'의 목표를 달성할 수 없다.
- 장애아동의 교육접근권 보장 없이 장애인권리협약의 의무사항을 이행할 수 없다.
- 장애아동에게 그리고 사실상 모든 아동에게 교육은 그 자체로 중대하며, 이후 고용과 그밖의 사회생활을 영위하는 데 있어 도움이 된다.
- 사회적 관계가 어떻게 형성되느냐에 따라 장애인의 사회적 지위는 달라질 수 있으며, 이들의 권리도 보장될 수 있다.
- 통합교육환경에서 장애아동과 장기간 접촉하는 비장애아동일수록 장애인에 대한 친근감이 높고 편견도 덜하다.
- 통합교육은 배려하고 포용하는 평등한 사회 도모에 아주 중요하다.

## 교육과 장애 이해하기

무엇을 장애 혹은 특수교육에 대한 욕구로 볼 것인가, 그리고 그것은 아동이 학습하면서 경험하는 어려움과 어떤 관계가 있는가는 정책입안자와 연구자뿐만 아니라 광범위한 부문에서 크게 논쟁이 되고 있는 주제이다.

- 특수교육이 필요한 장애아동에 관한 통계자료는 정의, 분류, 범주화의 차이로 인해 정확한 수치를 얻기가 힘들다.
- 장애의 정의, 장애판정 및 등급방식은 나라별로 다양하며, 이는 인간의 차이와 장애에 대한 가정에 따라 또 장애의 여러 가지 측면, 예를 들어 손상, 활동제한, 참여제약, 관련 건강 상태, 환경요인 등의 측면들에 대해 각각 어느 정도 중요성을 부여하는가에 따라 다양하게 나타난다. 분류체계와 관련 범주화의 목적과 핵심의도는 판정, 수급자격 여부 결정, 행정적인 이유 및 개입에 대한 지도와 모니터링 등 아주 다양하다. 많은 국가에서 개인적 요소인 건강 상태 및 손상을 파악하는 의료 모델에서 벗어나, ICF에 부합되는 환경요소인 교육 측면에서의 상호작용적 접근 모델을 채택하고 있다.

특수교육(special needs education)

- 특수교육(특별한 도움이 필요한 교육), 특수교육욕구, 특수교육의 범주는 장애아동교육보다 포괄적이다. 이러한 용어들은 다른 욕구를 가진 아이들, 예를 들어 성별, 인종, 빈곤, 전쟁의 상흔, 고아 등 다른 이유로 특수교육을 받는 교육까지 포괄하기 때문이다. 그러나 장애인 모두가 특수교육이 필요한 것은 아니다.

통합교육(Inclusive education)

- 특수교육이란, 넓게 보면, 장애아동을 포함한 모든 아동의 교육이 교육부와 기타 관련 부처에 의해 관할되며, 공통의 규범과 절차를 통해 진행되는 것을 뜻한다. 통합교육은 다양한 조건과 환경이 요구된다. 예를 들어, 최소제약환경(the least restrictive environment)의 원칙에 따른다는 전제하에 특수학교나 특수센터, 통합학교 내의 특수학급, 주류학교 내의 일반교실 등이 모두 교육제공의 장이 될 수 있다. 이러한 해석은 모든 아동이 교육을 받을 수 있고, 물리적 환경개조의 필요 여부와 무관하게 어떤 교육환경에서든 모든 학생이 실질적인 성과를 보일 수 있는 교과과정에 접근할 수 있음을 전제로 하고 있다.
- 협의의 통합교육은 모든 장애아동이 동년배와 함께 일반학급에서 교육받는 것을 뜻한다. 이러한 접근법은 학교 전체 시스템의 변화를 강조한다. 통합교육의 장벽 파악 및 제거, 합리적 편의제공, 모든 학습자의 주류환경 참여와 주류환경에서의 성취보장 등을 필요로 한다.

통합적인 교육제도를 발전시켜야 할 이유

- 교육적 측면: 모든 학생을 함께 교육해야 한다는 통합학교의 요구는 모든 아동이 혜택을 받을 수 있도록 학교가 개인의 차이에 부응하는 교수법을 발전시켜야 함을 의미한다.
- 사회적 측면: 통합학교는 모든 아동을 함께 교육함으로써 어떤 형태로든 다른 이들에 대한 태도를 변화시킬 수 있다. 이를 통해 차별 없는 정의사회를 구현하는 데 이바지할 수 있다.
- 경제적 측면: 모든 아동이 함께 교육받는 학교를 설립하고 운영하게 되면 각기 다른 그룹의 학생들을 위해 전문화된 학교의 복잡한 체계를 만드는 것보다 비용효율적일 가능성이 크다.

### 6) 청소년기 수련활동과 인성교육

인성교육이라 함은 각 개인이 가지는 사고와 행동 특성, 태도 등에 대한 교육을 통해 자존감을 높이고 타인을 존중하며 배려하는 사람이 되도록 가르치는 것을 말한다. 청소년기는 자신과 이웃 그리고 사회를 향한 관심이 많아지고, 자신의 가치관을 확립하는 시기이다. 긍정적인 자아정체감 확립과 타인을 존중하고 소통할 줄 하는 시민으로 성장하기 위해서는 다양한 활동과 경험이 필요하다.

현재 우리나라에서는 「청소년활동 진흥법」과 「청소년복지 지원법」이라는 두 개의 축을 기준으로 하여 청소년활동이 이루어지고 있다. 「청소년활동 진흥법」의 경우, 청소년 활동시설에서 다양한 수련활동을 통해 청소년이 활동에 주체적이고 자발적으로 참여하여 자신의 꿈과 희망을 실현할 충분한 기회와 지원을 받도록 지원한다. 「청소년복지 지원법」 역시 청소년의 활동과 육성을 위한 지원법이다. 「청소년 복지지원법」에서는 사각지대의 청소년에게 더 많은 관심을 보인다. 「청소년활동 진흥법」은 대다수의 청소년에게 관심이 있기 때문에 발달장애청소년에 대한 특별한 지원이 없다면 「청소년복지 지원법」에서는 발달장애청소년이 이미 특수교육이나 장애인, 발달장애인 등 다수의 법에 연결되어 있기 때문에 특별한 관심을 받고 있지 못하다는 면에서 안타까운 부분이 있다. 실제로 대부분의 청소년 수련시설에서 장애청소년을 보기 드물다.

인성교육이나 인권교육을 하고 있는 단체나 기관에서도 발달장애청소년을 대상으로 하는 프로그램이나 학교 수업교재를 발간하고 있는 곳도 드물다. 특수교육이라는 차별화된 교육이 더 효과적인 만큼 장애청소년을 위한 프로그램과 교육 프로그램의 개발이 시급하다.

## 3. 발달장애청소년기 인력개발을 위한 지원방안

### 1) 개별상담

청소년 개별상담은 개별 청소년과 상담자가 중심이 되어 행해지는 방법 중 하나로 실제 청소년복지의 실천에 있어 가장 보편적으로 활용되고 있는 접근방법이다. 또한, 청소년상담은 발달단계상 청소년기에 속해 있는 청소년과 이와 관련이 있는 사람이나 기관을 대상으로 청소년기에 갖는 특정한 문제를 해결하도록 하는 조력활동이라고 규정할 수 있다. 청소년 개별상담은 도움을 필요로 하는 청소년과 전문적 훈련을 받은 상담사와 개별적인 관계를 통해 자신과 주위 환경에 대한 이해를 촉진함으로써 적응과 발달을 위한 변화를 가져오는 조력활동이라고 볼 수 있다.

개별상담의 효과와 목표는 다음과 같다.

첫째, 행동변화의 촉진이다. 청소년으로 하여금 좀 더 생산적이고 만족스러운 삶을 살 수 있도록 청소년의 행동변화를 가져오는 것이 필요하다.

둘째, 적응기술의 증진이다. 청소년의 가장 중요한 발달과업은 청소년기에 일어나는 신체의 변화, 인지능력의 변화, 역할의 변화, 부모나 사회에서의 기대의 변화 등과 같은 다양한 변화에 대해 슬기롭게 대처함으로써 건강한 성인으로 성장할 수 있도록 하는 것이다. 따라서 다양한 환경으로부터의 요구와 자신의 욕구를 어떻게 조율해서 원만한 사회적 기능을 수행하도록 하는 적응기술을 습득하느냐가 청소년 개별상담의 중요한 목표이다.

셋째, 의사결정기술의 함양이다. 부모에 의해 제시된 것을 단순히 수용하던 아동기와는 달리 청소년기부터는 다양한 선택의 기로에 서게 된다. 따라서 합리적인 의사결정은 매우 중요한 삶의 기술임에도 불구하고 대부분의 청소년은 합리적인 의사결정에 익숙하지 않고 즉각적으로 충동적 결정을 내리는 경우가 많다. 따라서 상담을 통해 청소년은 자연스럽게 합리적인 의사결정 과정을 체험하고 학습할 수 있어야 한다.

넷째, 인간관계의 개선이다. 청소년기는 아동기에 비해 대인관계가 확대되고 대인관계에 의해 자아정체감을 형성하기도 하고 사회생활의 적응력도 높다. 따라서 인간관계를 원만히 할 수 있도록 하는 것은 청소년상담의 중요한 목표가 된다.

다섯째, 청소년의 잠재력 개발이다. 청소년은 성장과정에 있으며, 오늘의 청소년과 내일의 청소년은 얼마든지 변화 가능한 무한한 잠재력을 가지고 있다. 따라서 청소년이 자신의 능력을 바르게 인식하고 잘못 인식하고 있던 자신의 특성이나 미처 발견하지 못한 자신의 잠재력을 새롭게 발견하도록 하는 것은 중요한 청소년상담의 목표가 된다.

여섯째, 자아정체감 확립과 긍정적 자아개념 형성이다. 자아정체감의 확립은 청소년기의 가장 중요한 발달과업으로 자아정체감을 확립하지 못하면 정체위기를 경험하게 된다. 또한, 긍정적인 자아상과 자아개념을 갖게 되면 자신감을 가지고 행동할 수 있으나 부정적인 자아상과 자아개념을 갖게 되면 자기 자신에 대해서 열등감을 갖게 되고 원만한 인간관계를 형성하기도 어렵다. 따라서 청소년에게 자아정체감 확립과 긍정적 자아개념 형성은 중요한 청소년상담의 목표가 된다.

대부분의 발달장애청소년은 유아기의 발달단계부터 적절한 교육적 · 사회적 경험이 부족한 경우가 많다. 발달장애청소년을 위한 개별상담은 발달장애청소년이 가지고 있는 장점과 약점을 사정하여 장점을 확대 적용하고 약점을 극복해 가기 위해 자신의 잠재력을 개발하는 데 초점을 맞추며, 이를 위해 필요한 인적 · 물적 자원을 청소년과 청소년이 속한 지역사회 내에서 개발하여 연결시켜 주는 역할을 수행하는 것을 목적으로 한다.

### 2) 집단상담

청소년 집단상담은 청소년으로 이루어진 집단과 집단상담가가 집단과정을 통해 접근하는 방법으로 청소년기가 또래와의 상호작용이 증가하고 성인보다는 또래를 통해 더 많이 영향을 받는다는 측면에서 널리 사용되고 있는 접근법이다.

청소년기는 다른 어느 세대보다도 주변 환경에 민감한 반응을 보이고 특히 중요한 타인, 즉 친구, 부모, 교사 등으로부터 많은 영향을 받으면서 성장한다. 그중에서도 청소년은 기성세대의 충고나 개입보다는 동료집단 속에서 영향을 주고받는 것을 선호한다. 또래집단은 사회적 기술과 전략을 배우고 습득할 수 있는 사회적 배경으로 청소년에게 매우 중요한 역할을 하므로 청소년 개개인의 행동과 인격에 많은 영향을 준다. 또한, 또래집단은 준거집단의 기능을 가지고 있기 때문에 청소년이 접하는 일체의 정보가 개인에게 중요한 준거집단에 의해서 타당성과 적합성이 검토된 후에 수용되거나 배제된다. 따라서 이러한 또래들의 집단화는 청소년의 지지와 격려, 나아가 건강한 행동을 촉진하는 긍정적 자아개념의 형성에도 크게 기여한다.

특히, 발달장애청소년의 사회적응과 사회훈련을 가능하게 하기 위해서는 청소년을 둘러싼 부모, 가족, 학교 등 환경의 영향이 매우 크다. 만약, 장애청소년을 둘러싼 환경이 적절한 기능을 수행하지 못할 때는 청소년의 환경을 개선하고 조정하는 일이 절대적으로 중요하다. 그러나 이러한 환경조정은 막대한 자원과 긴 시간과 적극적인 정책적 배려, 환경의 능동적인 참여 등이 수반되지 않으면 충분한 효과를 얻기 어렵다.

집단상담과 유사하게 사용되는 용어로는 집단지도, 집단훈련, 집단심리치료 등이 있다.

① 집단지도(group guidance)는 주로 교육적 · 직업적 · 사회적 정보를 제공하는 형식으로 이루어진다. 집단지도의 내용은 진학지도, 취업지도, 성교육, 학습방법, 수험요령, 여가선용 등의 프로그램이다. 이와 같이, 집단지도는 각 연령별 발달단계에서 요구되는 발달과업상의 정보와 지식을 제공하는 형식을 취한다. 그리고 내용과 정보제공의 방식은 주로 집단을 인도하는 교사가 임의로 결정하여 제시한다.

② 집단훈련(group training)은 어떤 특정한 영역에 대한 기술을 익히는 과정으로 창의성 훈련, 발표력 훈련, 사회성 훈련, 감수성 훈련, T-집단 등이 있다. 집단훈련에서는 그 모임에서 기대하는 목적이 뚜렷하고 집단의 흐름이 잘 구조화되어

있다. 집단훈련은 집단지도와 집단상담의 중간 지점에 위치하면서 양자의 특성을 공유한다.

③ 집단심리치료(group psychotherapy)는 구성원의 성격구조의 변화나 부정응적 행동 내지 이상행동의 수정에 초점을 맞춘다. 치료자는 집단 구성원의 무의식적 동기에 관심을 기울이며, 집단상담에 비해 과거의 탐색, 즉 부적응 행동의 원인 규명에 강조점을 두고 환자의 문제에 따라 분석적이거나 지시적인 방법으로 치료를 한다.

④ 집단상담(group counseling)은 집단 구성원에게 일반적인 정보를 제공하는 것에 그치지 않고 집단 구성원 각자가 고민이나 어려운 점을 집단 속에 표출하면 집단상담자와 구성원 간에 상호작용적인 문제해결 과정을 거쳐서 자기이해, 자기수용과 태도와 행동의 변화를 성취할 수 있도록 원조하는 것에 초점을 둔다.

특별히 발달장애청소년에게 집단상담이 어떤 장점을 가지는지를 제시해 보면 다음과 같다.

첫째, 집단은 집단 구성원으로 하여금 성장 · 발달할 수 있는 경험을 제공한다. 발달장애청소년은 집단상담을 통해 다양한 사람들의 자아개념의 증진, 사회관계의 개선, 좀 더 생산적인 삶을 영위하는 것과 같은 공통적인 목표를 달성하기 위해 참여하게 되는데 집단상담에 참여하는 것만으로도 발달장애청소년의 성장 · 발달을 촉진할 수 있다.

둘째, 집단상담은 발달장애청소년의 소속감, 수용, 부정적 감정의 발산, 자아탐색이 격려되는 수용적인 분위기에 참여하는 것과 같은 개인의 특정한 심리적 욕구를 충족할 수 있다.

셋째, 집단상담은 현실 검증의 기회를 제공한다. 발달장애청소년 개인이 갖는 문제영역의 대부분은 본질적으로 사회적 문제이며, 동시에 개인이 가지고 있는 장애로 인한 기능수행의 문제이다. 집단상담은 개인으로 하여금 자신의 문제를 이야기하게 할 뿐만 아니라 실제 상황에 대해서 사실 검증도 하게 한다. 집단에서 참여자는 자신의 행동과 사고가 어떻게 평가되고 수용되는가에 의해서 집단 밖의 실제 사회에서 어떻게 평가될 것인지를 판단하게 된다. 따라서 참여자는 집단상담 과정을 통해서 취한 행동을 집단 밖의 상황에서도 계속해서 취할 수 있게 된다.

넷째, 집단상담을 통해 자신과 타인에 대한 책임감을 발달시킬 수 있다. 집단이 제대로 제 기능을 발휘하기 위해서는 집단 구성원들 사이에 신뢰감이 형성되어야 하는데 이 신뢰감은 집단의 목적과 목표를 달성할 수 있도록 각자가 맡은 책임을 다 수행하는 것이다. 이런 책임감의 인정은 집단 밖의 실제 생활에까지 연장될 수 있다.

이상 집단상담은 장애, 비장애청소년 구분 없이 많은 장점이 있으나 발달장애청소년의 경우, 자신의 감정과 자아탐색을 또래집단 구성원들과 함께 익혀 갈 수 있는 장점이 더 크다.

### 3) 지역사회 적응훈련

첫째, 지역사회 적응훈련은 일반 환경에서 교육이 이루어져야 한다. 미국의 경우 중증장애를 위한 전통적 교육방법은 또래와 분리된 교실에서 교육이 이루어졌으나 미국 공법(PL 94-142) 통과 후에는 일반 또래 사이에서 최소한으로 제한된 환경 안에서 교육하게 되었다.

많은 학자들이 중증장애인의 통합 효과성에 대해 연구하였으며, 특히 또래와의 통합을 통해서 의사소통, 사회성, 레크레이션 기술, 가사기술에 많은 진보가 있었다고 보고하였다. 그리고 통합환경에 있던 비장애청소년의 학습에도 저하를 보이지 않았다. 지역사회 적응 프로그램을 통해서 중증 발달장애청소년은 훈련되지 않은 환경에서도 가능한 일반화 기술과 비장애청소년과 통합할 수 있는 기회가 증가한다고 하였다. 그러나 중증 발달장애청소년이 효과적으로 통합이 되려면 조심스러운 교육계획이 필요하다. 교사는 발달장애청소년과 비장애청소년 간의 상호작용을 위해서 잘 구조화된 교육계획을 준비해야 한다.

둘째, 지역사회 적응을 위해 나이에 알맞은 교육이 이루어져야 한다. 많은 교사들이 발달장애청소년은 발달연령에 맞추어서 지도해야 한다고 생각하였다. 대부분의 경우 아동이 청소년기가 되어도 발달연령이 낮으면 어린 아동처럼 취급되었다. 나이에 알맞은 활동은 비장애인에 대한 낙인과 부적절한 장애편견을 감소시키고 사회적인 통합과 장애인 수용에 많은 도움을 준다. 나이에 맞는 과제나 자료 사용이 중증장애인에게 문제가 되는 기본 기술들을 무시하는 것이 아니고 나이에 알맞은 과제를 사용해서 부족한 기본 기술을 지도하는 것이다. 예를 들어, 학생에게 필요한 언어를 가르칠 때 처음 아기가 말을 배울 때 사용하는 기본 어휘를 가르치는 것보다는 학생의 연령에서 필요한 가정, 레저, 직업현장에 필요한 어휘를 가르치는 것이 좋다.

중증 발달장애청소년의 교육과정은 지역사회환경에서 기능적이고 나이에 알맞은 기술을 가르치는 데 중점을 두어야 한다. 생활연령에 기초로 한 교육과정은 가정이나 지역사회에서 현재 필요로 하는 기술이 포함되어야 하며, 또래 청소년과 통합된 환경 안에서 이루어질 때 더욱 효과적이다.

셋째, 지역사회 적응을 위해 기능적 기술훈련이 요구된다. 기능적 기술이란 가정, 학교, 지역사회에서 독립적 · 생산적으로 수행할 수 있는 능력을 가르치는 것이다. 예를 들어, 색깔, 이름을 말로 표현할 수 있는 능력보다는 실생활에 직접 적용할 수 있는 비상구 표지판, 화장실 남녀 구분, 자동판매기 음료수 표시 구별하기 등이 더욱 기능적이다. 기능적 기술은 가정, 지역사회, 직업현장뿐만 아니라 오락 및 레저활동에서도 필요하다. 그러므로 교사는 전체 학령기 나이에 자연환경 안에서 아동에게 필요한 기능적 기술에 대한 계획을 세워 지속적으로 지도해야 한다. 예를 들어, 초등학교에서는 아동이 교실에서 집까지 독립적으로 걸어서 갈 수 있는 것을 훈련시키며, 고등학교에서는 독립적으로 집에서 작업장으로 통근할 수 있는 것 등을 훈련시켜야 한다.

넷째, 지역사회 적응훈련 방법으로 통합치료방식이 있다. 전통적인 서비스 방법은 언어, 작업, 물리치료를 청소년의 치료 스케줄에 따라서 치료실에 가서 서비스를 받아왔었다. 그러나 특수한 치료자료, 기자재로 특정 장소에서 하는 치료는 아동이 생활하는 실제 환경과 다르기 때문에 실제로 자연환경에서 습득해야 할 기능을 습득할 수 없었다. 그리고 아동도 치료실과 실제 환경이 다르기 때문에 혼란이 일어났다. 1980년대 초부터 통합치료접근(integrated therapy approach)이 중증장애인의 기능적 기술을 위해서 시도되었다. 통합치료는 팀 접근(team approach)이 기본으로 되어 있어서 매일 활동 안에서 필요한 기능을 교사와 함께 계획을 세워서 따로 치료실에 가서 치료를 하는 것이 아니고 치료사가 매일 활동 안에서 훈련을 시킨다. 예를 들어, 소근육에 문제가 있는 아동의 경우에는 매일 식사 시간에 수저 사용법을 작업치료사가 교사와 함께 교실 또는 학교 식당에 와서 지도하는 것이다. 중증장애아동을 위해서는 매일 반복되는 생활(routine)에서의 통합치료접근이 매우 효과적이다.

위에서 설명된 중증장애를 위한 통합치료(integrated therapy), 일반 환경에서의 교육(inclusion settings), 나이에 알맞은 기술(age appropriate skills), 기능적 기술(functional skills)은 분리된 환경에서보다는 자연환경인 지역사회 안에서 지도되어야 한다. 지역사회 안에서의 훈련을 통해 새로운 환경에서의 일반화 기술(generalization skills)이 증가되며, 또래와 자연스러운 통합의 기회가 이루어진다.

지역사회 안에서의 적절한 기능훈련(예: 우체국/도서실 이용하기, 자판기/공중전화 이용하기 등)이 이루어져야만 통합환경에서의 적응이 가능하다. 현재 장애인의 일반통합이 증가하면서 지역사회 적응훈련에 대한 욕구가 더욱더 증가하고 있다.

지역사회 적응훈련의 장점을 살펴보면 학교환경에서 지역사회환경으로 전이됨으로써 일반화 기능이 증가되고 습득한 기술을 지속(maintenance)시키는 데 효과적이다. 또한, 단순히 한 기술만 지도하는 것이 아니라 그 기술과 관계된 기술들을 연관해서 지도하게 된다. 예를 들어, 지역사회 프로그램 중 하나로 가게에서 물건 사기를 가르칠 때 가게에 가기 위해서 버스 타기, 길 건너기 지도가 부수적으로 필요하며, 물건에 가격이 명시되지 않은 경우 어떻게 할 것인지, 종업원과의 상호작용 방법들을 지도하게 된다.

중증장애인의 교육은 나이가 들수록 수업 비율이 학교중심 교육(school-based instruction)에서 지역사회 적응훈련으로 전이되어야 한다. 특히, 중 · 고등부에서는 성인의 준비 과정으로서 지역사회 안에서 직업현장 기술, 독립적인 일상생활 기술, 레저 기술 등이 요구된다. 그러므로 학교 중심의 전통적인 교육방법에서 나이에 알맞은 기능적 기술을 가르치기에 합당한 지역사회중심 교육이 가능하도록 교육과정의 수정과 보완이 필요하다.

지역사회 적응훈련 교육이 현장에서 활발히 이루어지기 위해서는 교사와 부모를 위한 지역사회 적응훈련 연수교육이 필요하다. 대학의 관련 학과는 지역사회 적응훈련 발달을 위해서 함께 연구해 나가야 하며, 실습 과정의 학생은 지역사회 적응훈련 이론을 실제에 적용시키기 위해서 현장실습에 더 많은 시간을 할애하여야 한다.

지역사회 적응훈련 적용에 여러 가지 어려운 조건이 있다. 특수교육현장의 한 교사당 학생의 비율이 많고 교육부에 공식적인 보조교사제도가 이루어지지 않고 있어 한 학생에게 많은 시간을 할애해야 하는 지역사회 적응훈련 실행에 어려움이 있다. 그리고 일반 교사가 학생의 개인 차이를 수용하고 각 아동의 수준을 고려하여 교육하기보다는 상급학교 진학을 위하여 우수학생 중심으로 수업을 이끌어 가는 형편이어서 발달장애를 위한 지역사회 적응훈련 시행을 위한 협조에 어려움이 많다. 또한, 지역사회 주민의 장애인에 대한 부정적인 견해도 지역사회 적응훈련 발달에 어려움을 준다.

### 4) 전환교육

전환교육이란 발달장애학생을 위한 진로교육이다. 장애학생은 직업선택의 제한, 직업기술 전이의 제한, 전직이나 직종의 제한, 높은 상호 의존성 등의 특성 때문에 진로 선택에 어려움이 많을 뿐만 아니라, 관련 기관과의 협력이 잘 되지 않으므로 장애 특성 및 능력, 개개 학생의 요구와 결과 중심 과정으로 고안된 학생을 위한 교육활동으로서 성인교육, 직업교육, 통합된 취업활동과 계속적인 성인교육, 성인 서비스, 독립생활, 또는 사회참여를 포함한 학교에서 사회로의 전환을 촉진시키고자 하는 통합적인 교육활동이다.

발달장애청소년이 학교를 졸업하면 경쟁세계로 들어가게 된다. 학교를 졸업하고 사회에 나가는 시기를 전환기(transition period)라고 한다. 이때 발달장애학생은 특수학교에서 아무리 좋은 진로교육을 받고 학교를 졸업하더라도 곧 불확실한 미래에 직면하게 된다. 장애인의 낮은 취업률, 장애인과 비장애인과의 차별, 비장애인에 비하여 대단히 낮은 고용의 기회와 임금 수준 등이 이를 잘 나타내 주고 있다.

대부분의 발달장애학생은 학교에서 직업현장으로의 원활한 전환에 관한 인식의 부족, 전환을 성공적으로 이루기 위한 훈련 프로그램의 미비로 인하여 대부분 가정에 머물러 있거나 보호수용시설에 배치, 불완전한 고용 상태, 비고용 상태로서 열악한 환경에 처해 있거나 지역사회와 격리된 상황에 놓이는 경우가 많다.

청소년을 대상으로 한 진로교육은 인생의 삶과 연결된 선택의 과정에서 보다 올바르게 삶을 영위해 나갈 수 있도록 도움을 주는 생애교육의 일부로 볼 수도 있다. 진로발달의 단계는 진로인식, 진로탐색, 진로준비, 직업배치의 단계로 설명된다. 진로인식은 유치부와 초등학교 단계에서, 그리고 직업배치는 고등학교 졸업이나 전공과 수료 시에 주로 이루어지며, 그 단계에 따라 진로교육의 내용과 방법이 달라질 수 있다. 장애학생은 일반적인 진로발달 단계인 진로인식, 진로탐색, 진로준비, 직업배치가 순차적이고 계열적으로 이루어지지 못하는 경우가 많다.

전환교육을 계획하는 데 있어서의 기본은 장애학생과 그들 가족, 학교, 서비스전문가, 지역사회 대표자, 고용주, 이웃을 포함한 협동체제를 구성하는 것이다. 협동체제를 구축하는 목적은 학생이 자신이 원하는 삶의 생활환경을 선택하는 것을 돕고 고등학교를 졸업하기 전에 확실하게 사회생활에 적응할 수 있는 기술을 습득하도록 돕기 위함이다.

전환교육계획이 효과적이기 위해서는 발달장애학생의 개별화 교육프로그램(IEP)에 한 부분으로 반드시 삽입되어야 한다. 학교는 학생이 졸업 후 사회생활을 할 때 필요로 할 기술들에 대비하여 전 교과과정을 통해 제공해야 한다. 이것은 전환교육이 하나의 교과목으로 지정되고 그 지정된 시간에 전환교육을 하는 것이 아니라 학생이 주체가 되어 전환계획을 세우고 현재 학교에서 실시하는 모든 교과목에서 전환교육 목표에 관련된 내용을 포함하여 교육을 실시해야 하는 것을 의미한다.

학교생활에서 성인사회생활로의 전환은 누구에게나 어렵다. 특히, 발달장애청소년에게는 더욱더 그러하다. 전환교육은 장애인의 의존도를 줄이고 지역사회 서비스에 참여할 수 있는 중요한 요인인 자립생활능력과 사회생활, 직업생활 모두를 고려함과 동시에 학교, 지역사회 서비스기관, 민간단체, 가족의 효율적인 협조체제를 유도함으로써 지역사회 통합 및 개인적인 삶의 질 개선에 중요한 역할을 할 수 있다.

또한, 전환교육은 장애학생이 졸업 이후의 성인생활을 좀 더 만족스럽게 참여할 수 있도록 학령기 전체를 통하여 삶의 전 공간, 가정생활, 학교생활, 지역사회생활, 직업생활, 여가/오락생활 등에서의 가족 구성원, 시민 및 직업인으로서의 취미 생활의 참여자로서 다양한 역할수행을 준비시키는 것을 중시하기 때문에 '전인격적 접근'으로 부르기도 한다.

### 5) 직업교육

직업교육은 인간교육의 핵심과정이 되어야 하며, 사회의 변화와 요구에 대처할 수 있어야 한다. 직업은 사람에게 생계수단 이상의 의미가 있기 때문에 자신의 생존에 대한 자부심과 자기성취 및 현대문명의 발달을 도모하고 있다. 그러므로 장애인의 직업재활은 가장 인도주의적인 사업이며, 의존적인 생활에서 독립의 생활로 변화시킴으로써 자기비하나 사회적 멸시로부터 자존과 존엄을 찾게 한다.

직업재활은 심신의 결함을 지닌 장애인의 신체적 · 정신적 · 사회적 · 직업적 · 경제적 능력을 최대한으로 찾고 길러 줌으로써 일할 권리와 의무를 정상인과 똑같이 갖게 하는 것이다. 장애인의 성공적인 사회통합을 위한 최대 과제인 자립생활을 영위하도록 하는 것을 장애인 재활사업 중 가장 중요하고 핵심적인 과제로 삼는다.

직업교육의 원칙은 다음과 같다.

- 평생교육의 이념과 차원에서 추진되어야 한다.
- 특수한 입장에 있는 사람의 교육적 요구를 반영하여야 한다.
- 모든 사람을 위한 것이 되어야 하고 각 개인의 취업에 공헌이 있어야 한다.
- 모든 교육과정과 프로그램 속에서 이루어져야 하고 계속성과 연계성이 고려되어야 한다.
- 인간의 존엄성이 우선되어야 하고 사회의 요구를 충분히 반영하여야 한다.
- 사회의 모든 인적 자원과 인사를 제대로 활용하여야 하고 추수지도활동이 필수불가결한 요소이다.
- 실생활에 의한 생활 및 경험 교육과정이어야 한다.
- 성적 편견과 성 역할의 고정화를 배제하여야 하고 직업기초기능, 즉 안전교육이 선행되어야 한다.
- 직업교육을 통해 긍정적 · 적극적 · 자율적 직업윤리가 함양되어야 하고 산학협동이 중요한 방법의 하나가 되어야 한다.
- 직업교육의 목적 달성은 개인적 · 정서적 안정과 사회의 적응, 경제적 자립에 초점을 두되 산업현장에서의 직무경험이 교육에 수반되어야 한다.
- 직업교육은 진로지도의 필수요소이고 계속적인 평가활동이 이루어져야 한다.

### 6) 직업훈련

직업재활의 핵심은 무엇보다도 직업훈련에 있다. 직업훈련은 기본적으로 적합한 직종에 대한 취업의 준비단계이다. 장애인의 직업능력을 평가과정을 통해 파악했다면 훈련을 통해 이를 길러 직업인으로서의 제반 기능을 갖도록 해야 한다. 직업훈련에 있어서 단순한 직업적 기능의 훈련만으로는 실효를 거둘 수 없고 직업인으로서의 전인적 훈련이 필요하다. 이를 위해서 직업적응훈련 같은 직업준비훈련과 일의 기능을 익히기 위한 직업훈련이 필요하다.

#### (1) 직업준비훈련

① 직업준비훈련은 직업 전 훈련 또는 직업적응훈련이라고도 말해지는데, 잃어버린 자신감의 회복, 의욕이나 자신감의 개발, 좋은 직업습관의 강화, 작업내성 증강 등을 목적으로 한다. 그러나 직업 전 훈련은 모든 직업세계에서 통용하는 근로자로서의 자질, 즉 체력, 내구성, 근로습관, 기초지식, 직업인으로서의 몸가짐, 직장에서의 인간관계와 역할인식에 이르는 기초적인 현실의 욕구를 체험적으로 수용하게 하는 학습과정이다. 직업준비훈련은 학교교육 중심으로 이루어지는 경우가 대부분이다. 따라서 장애인의 특수학교는 직업진로교육을 위한 직업준비 프로그램을 중심으로 교과목이 짜여져야 한다.

② 직업진로교육이란 개인생활의 일부 혹은 생활수단으로 일을 배우고 일에 종사하기 위하여 준비하는 경험의 총체이며, 개개인 모두가 일에 근거된 사회의 가치관에 친숙하고 이런 가치관이 개인의 인성적 가치체계에 통합되고 이러한 가치체계는 일이 개인에게 가능하고 보람 있고 만족될 수 있다는 방식으로 생활화하도록 협조해 주는 학교와 지역사회 간의 노력의 총체라 할 수 있다. 따라서 특수학교에서는 직업진로교육에 초점을 두고 장애인이 자기의 적성, 흥미, 능력에 알맞은 일을 인식하고 탐색하여 나아가 선택 및 준비, 유지하여 생업에 종사할 수 있는 능력을 갖추어 고용될 수 있도록 학습시키는 학교와 지역사회의 모든 교육적 활동과 경험의 제공이 이루어져야 한다. 학교중심 직업진로교육의 본질적인 요소로는 직업결정을 위한 선행적인 경험을 강조하고 모든 교과과정

을 직업교육에 통합시키며, 직업진로학습에 대해 체계적인 접근을 하고, 초보 단계에서 최소한의 직업숙련이 되도록 지도하는 데 있으며, 학교와 지역사회의 관계를 긴밀하게 한다.

직업준비 교육과정을 단계별로 구분하면 직업에 대한 인식, 직업탐색, 직업준비, 직업전문화의 단계로 설명할 수 있다.

① 직업에 대한 인식은 유아기부터 초등교육과정에서 이루어진다. 이 기간에 학생에게는 가능한 한 여러 가지 직업의 종류를 이해하도록 하고, 잠재적 생업에서 직업과 관련된 자아의 인식을 개발하여, 일과 사회에 대하여 수용적인 태도를 함양하기 위한 기반을 준비시킨다. 또한, 모든 분야에서 직업에 대한 존경과 시인의 태도를 기르고 학교수업을 통하여 직업군을 이해하고 잠재적으로 선택할 수 있는 기회를 갖도록 도와주는 것 등을 교육의 목표로 할 수 있다.

② 직업탐색은 중등과정 초기부터 고등과정 1학년까지의 기간 동안에 학생으로 하여금 중요한 직업 분야를 탐구하여 자신의 능력을 발휘하도록 하고, 직업의 분류와 직업군에 익숙하도록 하며, 자기의 의사결정에 관련된 요소를 인식하도록 개발시키고 의미 있는 의사결정의 경험과 기회를 갖도록 하여 실질적으로 직업계획을 발전시키고 선택할 수 있는 경험을 갖도록 해야 한다.

③ 직업준비란 고등과정 2~3학년 과정에 해당하며, 이 기간에 학생은 직업기술과 고용 수준에 도달할 수 있는 지식과 기술을 습득하고 직업훈련 계획을 향상시키며, 고등학교 교육경험의 대부분을 보편화된 직업의 목표와 관련을 갖게 된다.

④ 직업전문화란 고등학교 졸업 이후부터 대학 졸업까지의 교육으로서 전문대학, 직업학교, 4년제 대학에서 실시하는 교육을 통하여 직업전문화교육이 이루어지는데 이 기간에는 학생에게 전문직 직업 분야에서 직업의 지식과 특수기술을 준비·개발시키고 피고용인으로서의 의미 있는 관계를 형성할 수 있는 기회를 갖게 하며, 필요한 재교육과 승진을 위한 훈련을 받게 한다.

이상 발달장애청소년을 위한 직업교육은 초등부 수준에서부터 시작하여 본격적인 직업준비교육은 중·고등학교와 대학 기간에 실시하는 것으로 이러한 단계는 구체적인 특수기능훈련과 함께 가치관, 태도, 습관, 인간관계 및 매일의 생활기능 등 중요영역에서 장애인도 동등하게 훈련받도록 계획되어야 한다.

(2) 직업적응훈련

직업적응훈련이란 기능 향상, 양성 등을 주된 목적으로 하는 직업훈련과 달리 장애인에 대해 작업환경에 쉽게 적응하는 것을 목적으로 하여 행해지는 것이다. 즉, 장애의 종류 및 정도에 따라 그 능력에 적합한 작업을 내용으로 하는 직종과 기능을 필요로 하는 것에 대해 장애인에게 자기의 능력에 대한 자각 및 작업에 대한 관심과 이해를 높히는 것을 목적으로 한다. 작업 및 근무에 관한 지식 부여와 함께 근무생활에 익숙해지기 위한 지도, 작업환경, 설비 보조구 등에 대한 고안을 행하는 준비훈련 및 준비훈련을 완료한 장애인에게 기계·기구의 사용방법, 작업 절차 등 해당 직종에 필요한 기능을 습득하게 하고 비장애인 근로자와 함께 작업할 수 있는 능력을 제공하는 실무훈련을 행하며, 그 과정을 통해 장애인의 작업환경에 대한 심리적 적응성을 높이기 위한 직장상담을 행하는 것이다.

직업적응 훈련기관은 장애로 인해 구체화된 문제와 가능성을 대상으로 치료, 조치 및 적응훈련을 실시하고 장애인 개인의 취업결정과 동시에 고용의무 사업체의 취업조건 개선을 위한 상담, 지도 및 기술지원을 통해서 전인적 직업적응을 시도하는 훈련기관이다.

직업준비 훈련시설로서 발달장애인 교육재활센터가 필요하다. 발달장애청소년이 고용재활센터 내에 설치된 작업장에서의 실제적 작입을 통해서 개개의 장애인이 안정된 취업에 연결되는 적직 등에 대해 평가함과 동시에 취직에 필요한 기초적 직업능력의 개발과 자신감의 회복 등을 꾀하는 것을 목적으로 한다. 고용재활센터에서의 서비스 결과 더욱 전문적인 기능훈련을 받는 것이 적당하다고 판단된 장애인에 대해서는 기능센터, 특별훈련시설, 혹은 각종 학교 등에서의 직업훈련을 받게 된다.

### (3) 직업훈련기관에서의 훈련

장애인의 직업훈련은 일정한 직종에서 기능 근로자로서의 능력을 발견하고 발휘하는 것에 의해 훈련직종 또는 유사직종으로 취업을 가능하게 하는 전문 교육훈련으로, 양성훈련, 향상훈련, 전직훈련, 재훈련 등 필요한 시기와 목적에 따라 실시되어야 한다.

국제노동기구(ILO)의 직업재활의 기본 원칙에서는 가능하면 건강한 사람과 함께 같은 조건하에서 훈련을 받아야 한다고 지적하고 있을 뿐만 아니라 장애의 성질에 따라 비장애인과 함께 훈련을 받을 수 없는 사람의 경우에는 특별한 훈련이 준비되어야 한다고 명시되어 있다. 이는 장애인도 가능한 한 일반 직업훈련에서의 훈련이 바람직하다고 되어 있는 것이고 그 훈련도 학력, 적성, 성향 등의 여러 수준에 따라 받아야 한다. 따라서 일반대학, 공업대학, 상업대학, 모든 종류의 학교, 훈련센터 특별작업장 및 기업체 등에서도 훈련이 가능하여야 한다. 특히, 이러한 훈련은 장애인의 요구나 노동시장의 동향을 보면서 매우 다양하고 탄력적인 방법으로 행해져야 할 것이다.

장애인 직업훈련기관은 장애정도와 다양한 특징에 따라 훈련방법도 다르다. 경증장애인에 대한 기능훈련으로 동일 훈련종목을 동일 훈련조건에서 일률적으로 실시하는 일률적 훈련과 장애정도와 특성에 따라 훈련 조건을 개별화하여 개인의 작업적 능력을 최대화하는 훈련방법으로써 인간관계를 위해 소집단으로 실시하는 개별 훈련방법이 있다.

장애정도나 특징 때문에 특정 단위 직업에 한정된 훈련이 가능한 중증장애인에게 실시하는 개별화된 단위작업 중심의 소집단 훈련방법으로 충분한 직무분석이 전제되는 모듈(module, 훈련) 등을 포괄해야 하며, 이를 위해서는 다양한 훈련 조건과 전문 직업훈련교사의 확보가 선행되어야 한다.

#### 1 일반직업훈련기관, 실업계 전문학교, 전문대학 등에서의 직업훈련

직장에서 장애인의 통합화가 추진됨에 따라 직업훈련이 필요한 장애인 가운데 특별한 대상자라든가 재활훈련을 받고 있는 사람을 제외하고 일반고용을 목적으로 하는 장애인은 정상인과 통합교육을 실시하는 추세를 보인다.

일반직업훈련기관에서의 장애인 직업훈련은 일관된 상담원의 지도방침에 따라 직업평가의 결과와 본인의 의사 확인 속에서 개인의 목적을 발견하고 실행된다. 직업훈련은 전문직, 기술직, 숙련직, 비숙련직 가사작업 등 어느 것이라도 그 목적에 가장 유효하게 공헌할 수 있는 교육, 훈련으로 모든 교육적 · 복지적 · 기업적인 조직 중에서 재활의 목적을 실현하고 능력개발의 장으로 협력하도록 하여야 한다. 또한, 일반직업훈련기관의 공동 이용에 의한 장애인 소집단 훈련이나 개인의 특성에 맞춰 훈련을 실시하는 개별 훈련제도 등을 발전시켜 나가야 한다.

외국의 경우, 단과대학, 종합대학, 대학원 등을 선택하여 장애 학생을 진학시켜 전문직 종사자로서의 준비가 되도록 하는데 그 과정에서 지원이 필요하다면 그들에 대한 지원을 철저히 함으로써 사회발전 또는 사회의 편견을 타파하는 데 기여하는 장애인 전문가나 지도자를 양성하고 있다. 한편, 기술이나 일정 기간의 취업 경험을 가졌다고 해도 그것만으로는 일생을 지탱해 나갈 수 없는 초 · 중등자에게 생활자립 재활훈련을 철저히 하여 최소한의 심신자립 수준을 높여 충실한 거택생활자로 자립생활이 가능하도록 이끄는 데 목적이 있다.

### 2 지역사회산업체

훈련원 외의 직업훈련 형태로는 지역사회 산업체에서의 직업훈련을 들 수 있다. 이는 일반 기업체에 취업을 목표로 하는 장애청소년을 기업체에서 위탁훈련을 통해 훈련 중 혹은 후에 동일 기업체 또는 동일 직종의 타 기업체에 취업 가능하게 하는 제도이다. 이러한 제도의 정착화를 위해서는 위탁훈련을 받아들이는 기업체의 장애인 직업훈련과 고용에 대한 인식 개선이 선행되어야 하며, 기업체의 기술 수준과 훈련 대상자의 기내 수준이 직접 반영된 현실적 훈련이 인재양성을 위해 훈련된 지도자와 환경 속에서 행해지는 것이 바람직하다.

궁극적으로는 장애인 고용의 통합화가 이루어져야 하므로 현실적 방안의 제시 차원에서, 대기업은 장애유형별 특성을 고려하여 장애인 전용작업장의 설치를 위하여 노력하고 이 작업장을 활용한 직업훈련이 선행되어야 한다.

한편, 장애인 직업훈련을 기업이 구체적으로 해 나갈 경우 많은 장애인을 훈련할 필요와 훈련 대상 장애인이 점차 중증화되어 가는 경향을 고려하면 종래와 같이 고정적으로 생각할 수 있는 직업영역에서 장애인을 훈련 · 교육 · 배치시켜야 하는 점만으로는 한계가 있음을 알 수 있다.

이러한 점에서 장애인의 직업훈련을 위하여 기업 내에 독자적인 제도와 방법을 마련함과 동시에 새로운 시각에서 장애인의 적직에 맞는 직무영역의 개발을 검토하고 구체화해야 한다.

이러한 노력으로 장애인의 직업훈련과 고용을 대폭으로 진전시키며 확대해 나갈 수 있다. 산업체에서의 장애인 직업훈련의 활성화를 위해서는 지역사회 지도자, 산업체 대표, 장애인단체 및 학계 관련자, 장애인 직업 관련 공무원 등으로 구성된 전문위원회를 갖추어 기업체 내의 장애인 직업훈련의 적극적인 참여노력 방안뿐만 아니라 직업영역의 확대에 필요한 내용 및 산업체에서의 직업훈련 계획에 관한 토의가 필요하다.

### 3 발달장애인을 비롯한 중증장애인을 위한 보호작업장에서의 직업훈련

중증장애인을 위한 직업훈련은 산업현장 또는 직업훈련소에서도 그 필요성을 느끼지만 그 대책이 미약한 형편이다. 중증장애인에게 일반적인 직업훈련이라는 개념으로 선별하거나 교육을 실시하기는 매우 어렵기 때문에 중증장애인을 위한 보호작업장 내에서의 직업훈련 교육방안을 마련해야 한다.

보호작업장에서의 장애인 직업훈련 대상자는 장애급수에 의한 대상자 선별도 중요하지만 그에 앞서서 각 개인에 대한 직능평가에 의한 선별이 이루어져야 한다.

또한, 수리력, 판별력, 지적 능력 평가와 지체장애 정도인 사지능력을 고려하여 이에 따른 훈련 계획을 세워서 각 장애인의 작업능력평가를 통해 향상되어 가는 작업능력을 수시로 재평가하며, 작업 공정에 따른 세분화된 작업 지시계획을 수립한 후 각 장애인에게 맞는 작업을 제공하여 단순 기능훈련에 임할 수 있도록 해야 한다.

특히, 취업희망 중증장애인의 경우, 작업능력에 한계가 있는 경우가 많으므로 각 기업체에서 실제로 행해지는 작업 실태에 맞춘 훈련을 실시하는 것이 효과적이다. 이 훈련을 실시함에 있어서 고용예약을 받아 기업체의 직장환경이나 공정작업기능 등 수준에 맞는 기능훈련을 실시하는 동시에 기업체와 연대하여 훈련의 일부를 기업에 위탁 또는 기업체로부터 위탁받은 훈련에 관해서 적극적으로 연구 검토하는 것이 실효를 거둘 수 있는 방법이 될 것이다.

정리하면, 인간의 행동발달이론에 의하면 정상적인 발달은 이전 단계의 과업이 성공적으로 수행되었을 때 뒤따르는 것이라고 생각하였다. 따라서 어떤 영역에서 장애가 있으면 다음 단계로의 변화에 문제가 생길 수 있다. 이러한 영향의 결과로 건강한 자아상을 확보하는 데 어려움이 따르게 된다. 더구나 다음 단계로의 발전은 이전 단계의 성과에 의해 영향을 받으므로 계속되는 삶의 도전적 과제에 접근하는 데 지속적인 어려움을 가지게 된다. 다시 말해, 유아기, 아동기, 청소년기 등 생애 초기에 충분한 인지적 · 교육적 자극을 받지 못한 채 성인기로 옮겨 가는 경우, 성인기에 사회가 기대하는 사회적 능력 혹은 직업적 능력을 제대로 발휘할 수 없음을 뜻하는 것이다.

청소년기는 자아형성의 출발점이다. 자아는 그 사회의 환경과 문화적인 특성, 사회 구성원들의 가치관과 사고체계에 많은 영향을 받는다. 그러나 우리 사회는 발달장애 청소년이 건강한 자아정체성을 확립하는 데 부정적인 영향을 미치는 사회적 · 환경적인 조건으로 이루어져 있다 해도 과언이 아니다. 이러한 상황에서 발달장애청소년이 겪는 정체성의 혼란은 발달장애청소년의 사회적응이나 통합은 물론 이들의 내부의 힘과 같은 잠재능력이나 직업인으로서의 능력을 개발하는 일을 더욱 어렵게 한다. 장애인에게 청소년기는 아동도 성인도 아닌 중간기로서 지금까지 이들에 대한 교육적 지원, 사회복지정책, 사회적 지원 노력이 미흡한 상태였던 것이 사실이다.

따라서 이들 장애청소년이 처한 문제를 파악하고, 이들의 건강한 정체성 확립을 돕고, 이들이 성인기에 이르러 직업인으로서의 능력을 발휘하는 데 필요한 기술과 능력을 개발하기 위한 지원 방안을 마련하는 일이 필요하다.

## ● 청소년기 장애의 특성과 프로그램

청소년기는 일반학급 혹은 특수학급에서 교육을 받는 시기이다. 따라서 이들에 대한 프로그램의 중심은 학교를 통한 특수교육과 사회교육, 그리고 전환교육 등으로 구분할 수 있다. 이들에 대한 교육은 대체로 생활중심 진로교육으로 진행된다. 생활중심 진로교육은 일상생활기능과 개인 · 사회적 기능, 직업적 기능을 동시에 다루며, 이를 일상생활 속에서 생활을 통해 이루어 가는 교육을 의미한다.

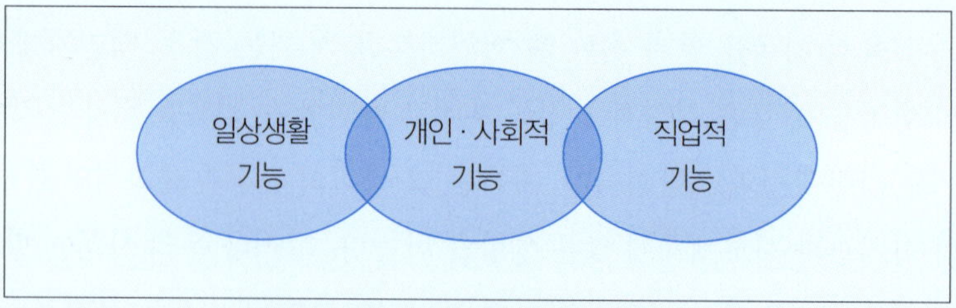


[그림 1] 생활중심 진로교육의 주요 개념

생활중심 진로교육(Life Centered Career Education)은 일상생활기능, 개인 · 사회적 기능, 직업적 기능을 기반으로 성공적인 직업생활의 기본이 되는 주요 수행능력과 이것을 구체화한 하위 수행기능으로 체계화한 생활중심 진로교육 모형이다.

이 모형은 장애학생에게 직업교육의 목표와 긴밀하게 관련된 학습경험의 구성을 강조하고 있으며, 진로인식, 진로탐색, 진로준비, 배치와 사후지도 4단계로 구분하여 접근할 것을 제시하고 있다. 또한, 생활중심 진로교육 프로그램은 교사에게 장애학생을 학교에서 직업에 성공적으로 뛰어들 수 있도록 하는 효과적이고 기능적인 커리큘럼의 골격을 제공한다.

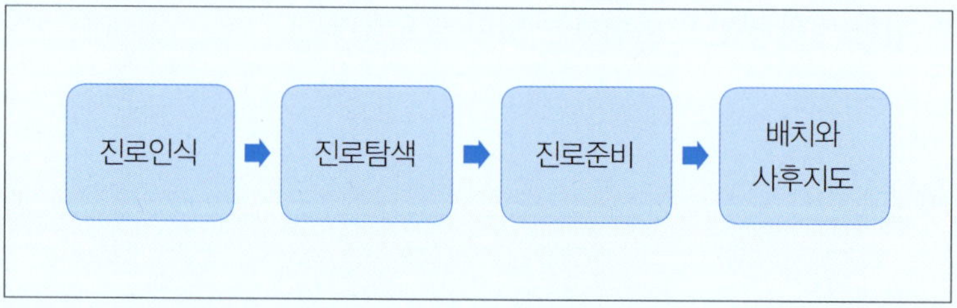


[그림 2] 생활중심 진로교육의 4단계

### ■ 생활중심 진로교육의 발달단계

다음의 〈표 1〉은 생활중심 진로교육의 주요 수행기능과 진로발달의 단계가 어떻게 관련되는지 설명하고 있다. 이 모델은 통합적인 모델로서 생활중심 진로교육의 수행에 있어 누가 함께 참여해야 하는지 보여 주고 있다. 학령기에는 특수교사가 주 책임을 담당하고 학령기 이후에는 직업재활사가 책임을 담당해야 하며, 학부모와 지역사회 공동체가 함께 참여하도록 구성되어 있다. 이와 같이, 성공적인 진로 개발과 전환교육은 학교, 학부모, 기업, 산업, 장애인 개개인을 위한 직업 안내를 제공하는 공공기관 사이의 능동적인 유대관계를 필요로 하며, 생활중심 진로교육 모형에서는 이러한 유대관계가 고등학교 과정에서 끝나는 것이 아니라 이후에도 지속되어야 하는 것임을 나타낸다.

### 1) 청소년기 욕구

- 발달장애인을 위한 치료나 개별 프로그램을 확대
- 운동 프로그램의 강화
- 성교육 프로그램의 정규화
- 일상생활훈련 프로그램 강화
- 지역사회시설 이용 및 현장체험 증대
- 진로나 자립을 위한 프로그램 강화

### 2) 장애청소년기 프로그램

#### (1) 개인 관련 프로그램

- 진단 및 평가: 접수상담 · 초기면접, 사회환경평가, 교육능력평가, 심리능력평가, 직업능력평가
- 개별행동치료: 주의집중력훈련, 부적응 행동에 대한 체계적 조절능력향상, 강화계획에 따른 적응행동교육, 기초 학습능력 배양, 강화물 소거전략 수립
- 개별훈련: 주의집중력훈련, 일상생활기술(지역사회이용기술, 여가기술, 학습, 사회성기술)
- 사회생활향상 프로그램: 일상생활훈련, 집단활동, 지역사회시설 이용, 외부활동
- 사회성개발 프로그램: 대인관계기술 능력향상, 일상생활기술 능력향상, 지역시설 이용능력향상
- 사회적응훈련 프로그램: 일상생활기술훈련, 지역사회시설 이용훈련, 여가활동, 집단활동, 학습, 또래문화체험
- 소질개발 프로그램: 리듬 익히기와 노래 부르기, 율동과 레크리에이션을 통한 긴장 완화, 그림을 통한 자기표현, 체육활동과 수영을 통한 스트레스 대처와 대 · 소근육 발달
- 집단미술치료: 감정이완, 매체를 통한 자기감정의 표출, 미술작업을 통한 의사소통 증진, 올바른 대상관계 설정, 미해결된 무의식적인 과제해결
- 학교적응력향상 프로그램: 집단소속감 형성, 사회적 기술의 습득
- 계절학교: 개별학습지도, 집단활동, 여가활동, 레크리에이션, 현장학습, 상황극을 통한 사회성기술 익히기, 직업탐색
- 중 · 고등 동합캠프: 공동체 활동, 특별활동

(2) 가족 관련 프로그램

- 부모간담회 및 부모상담
- 부모교육
- 가족초청모임
- 장애형제 자조모임
- 부모회 조직화

(3) 지역사회 관련 및 기타 프로그램

- 지역자원개발
- 지역사회시설 이용
- 학교방문 및 교사상담
- 통합프로그램
- 구청과의 연계사업
- 자원봉사자 발굴 및 조직화
- 지역 내 일반학교에 대한 인식개선사업
- 학교지원 사업을 위한 교육청 연계사업
- 장애청소년 재활방향 모색을 위한 워크숍

(4) 특수학교 전공과 교육과정의 내용

전공과의 설치 근거는 「초·중등교육법」(2001. 1. 29. 타법개정) 제55조(특수학교)에는 "특수학교는 신체적·정신적·지적장애 등으로 인하여 특수교육이 필요한 사람에게 초등학교·중학교 또는 고등학교에 준하는 교육과 실생활에 필요한 지식·기능 및 사회적응 교육을 하는 것을 목적으로 한다."라고 규정하고 있다. 또한, 제54조(고등기술학교)에서는 "고등학교를 졸업한 사람 또는 법령에 따라 이와 같은 수준 이상의 학력이 있다고 인정된 사람에게 특수한 전문기술교육을 하기 위하여 수업연한이 1년 이상인 전공과를 둘 수 있다."라고 규정하고 있다. 특수학교나 학급의 당해 학년에 고등학교 과정을 마친 특수교육대상자에게 졸업 후 사회 적응을 위해 필요한 취업을 할 수 있도록 현장에서 요구되는 다양한 전문기술교육을 집중적으로 실시하기 위해 설치한 교육과정이라고 할 수 있다.

교육과정의 내용은 졸업 후 사회생활적응 및 취업을 통한 자립생활의 기초를 마련하는 데 중점을 두고 고등부 교육과정의 연장선에서 그에 준한 이론 및 실습과정을 장애정도와 학생들의 취업과 연결되는 내용을 구성하여 교양교과와 전문교과, 재량활동, 특별활동 등의 교육과정을 편성하여 운영하고 있으며, 학생의 취업지도를 위한 교육을 직업기능교육 중 교내 및 현장실습 형태로 운영하고 있다.

첫째, 교양교과는 전공과 학생이 학교 졸업 이후에 성인기의 지역사회생활을 보다 만족스럽게 참여할 수 있도록 주거생활, 직업생활, 여가생활 등을 통해 가족 구성원·시민·직업인으로서, 취미생활의 능동적인 참여자로서, 다양한 역할을 수행하도록 하는 데 중점을 두고 있다. 운영형태는 기본교육과정을 그대로 운영하는 학교와 직업에 초점을 두고 재구성한 형태로 운영하는 경우가 있는데, 직업에 초점을 두고 재구성한 형태가 많아지고 있는 추세이다.

둘째, 전문교과로서, 사회생활기능을 갖추어 지역사회 내에서 직업과 관련된 생활의 수행능력을 신장하고 직업생활과 관련된 직업준비 기능 강화 및 직업탐색능력을 높인다. 또한, 직무에 대한 기본 소양과 태도를 형성하며, 직업에 대한 올바른 이해와 직무에 관한 기본 소양의 증진을 목적으로 이론과 실습을 병행하여 지도한다.

셋째, 직업교과 공예(도자기, 목공예, 금속공예, 섬유공예), 포장 · 운반 · 조립, 농업(재배, 원예, 사육), 제과제빵, 가사, 용역(세탁, 세차), 재봉 등의 영역을 직업교과로 선택해서 운영하고 있다.

■ 장애인복지관, 특수학교 전공과 교육과정

〈표 1〉 생활중심 진로교육, 복지관 및 학교 전공과 교육과정

| 세부내용 | 생활중심 진로교육 | 복지관 및 학교 전공과 | | |
|---|---|---|---|---|
| 일상생활기능 | • 자기금전관리<br>• 가사도구의 선택과 관리, 유지<br>• 식료품의 구입, 요리<br>• 자기 욕구의 충족과 관리<br>• 자녀양육(결혼 책임 인식)<br>• 의복의 구입, 관리<br>• 책임 있는 시민적 활동 이행<br>• 오락과 여가 활용<br>• 지역에서의 이동과 주변 익히기 | • 기초학습<br>• 요리활동<br>• 위생 및 청결 관리<br>• 식습관 지도<br>• 성교육 | • 지역사회시설 이용<br>• 재해예방훈련<br>• 건강검진<br>• 일상생활정보 교육<br>• 용돈관리 | • 응급처치교육<br>• 청소<br>• 대중교통 이용 훈련<br>• 조리실습<br>• 성교육<br>• 봉사활동 |
| 개인 · 사회적 기능 | • 자아 인식하기<br>• 자신감 획득하기<br>• 사회적 책임 행동 수행<br>• 좋은 인간관계 유지하기<br>• 독립심 배양하기<br>• 문제해결 기능 배양<br>• 타인과의 의사소통 | • 자기옹호훈련<br>• 예절교육<br>• 절기행사<br>• 연극치료 | • 캠프<br>• 자치회의<br>• 대인관계기술<br>• 컴퓨터 및 인터넷 활용능력 | |
| 직업 지도와 준비 | • 직업적성 인식과 탐색하기<br>• 직업선택과 직업계획<br>• 직장을 찾고 유지하기<br>• 적절한 작업습관<br>• 행동표현하기<br>• 적절한 신체적 조작 기능<br>• 특정 직업기능 습득 | • 직업인식 · 탐색<br>• 취업준비<br>• 현장견학<br>• 외주임가공<br>• 소근육 증진 활동<br>• 기초체력강화 활동<br>• 바리스타 직종훈련 | • 방역사업 직종훈련<br>• 지시이행기술<br>• 근력강화운동<br>• 직업태도 및 기초 기능<br>• 진로교육 | • 교내실습<br>• 현장실습<br>• 세차<br>• 제과제빵<br>• 운동화 세탁<br>• 원예<br>• 조립 |

## ● 발달장애인의 직업훈련사업- 직업훈련 프로그램과 특수학교 전공과 교육과정

■ 직업적응훈련의 내용

### 1) 개인 · 사회생활 적응훈련

〈표 2〉 개인 · 사회생활 적응훈련 세부내용

| 영역 | 하위영역 |
|---|---|
| 신변관리 | • 개인위생, 의복 착탈의, 면도하기, 화장하기, 개인 소지품 관리 등 |
| 가정관리 | • 집안일: 청소하기, 문단속하기, 열쇠 사용하기, 가스 점검하기, 가전제품 사용법 알기 등<br>• 음식준비: 요리하기, 주방 정리하기, 설거지하기 등<br>• 의복관리: 세탁하기(손빨래, 드라이클리닝 구분하기), 계절별 옷 보관하기, 다림질하기, 정리하기 등 |
| 금전관리 | • 금액 알기, 가격표 보기, 계산하기, 거스름돈 계산하기, 용돈관리하기, 저축하기, 급여(훈련수당) 관리하기 등 |
| 기초학습 | • 시간 개념: 시간 알기, 시계 보기, 작업 및 휴식 시간 알기, 출퇴근 시간 알기, 달력 보기 등<br>• 수 개념: 수 쓰고 읽기, 개수 세기, 셈하기, 전자계산기 사용하기 등<br>• 비교 · 위치개념: 크기, 길이, 양, 무게 등 비교하기, 위 · 아래 · 좌 · 우 · 앞 · 뒤 · 안 · 밖 알고 구분하기 등<br>• 변별: 색 인지 및 구분하기, 형태 인지 및 구분하기 등<br>• 언어 개념: 일상용어 사용하기, 자기소개하기, 쓰기(이름, 전화번호, 주소 등), 말하기, 읽기 등 |
| 지역사회 이용 | • 약도 보기, 대중교통 이용하기, 지역사회기관별 기능 알기, 지역사회 내 다양한 시설(관공서, 병원, 은행, 영화관 등) 이용하기 등 |
| 대인관계 기술 | • 자기소개하기, 친구 사귀기, 이웃 및 동료와 함께 지내기, 인사하기, 도움 요청하기, 가족이나 친구의 기념일 기억하기, 의견 존중하기 등 |
| 출퇴근 | • 도보 이동하기, 대중교통(버스, 전철) 이용하기, 출퇴근 시간 지키기 등 |
| 성교육 | • 성에 대한 개념 알기, 신체구조 이해하기, 자신에 대한 이해하기, 감정표현하기, 성희롱/성폭력의 개념과 대처방법 알기, 사회적으로 허용될 수 있는 사회적 행동 알기, 친밀감 표시하기, 지켜야 할 예절 알기, 이성교제하기, 성인으로서의 책임 알기, 결혼생활 알기, 부모의 역할 알기 등 |
| 여가활동 | • 여가시설 이용하기, 동아리 활동하기, 교양강좌 수강하기 등 |

2) 직업준비 · 직업수행 적응훈련

〈표 3〉 직업준비 · 직업수행 적응훈련 세부내용

| 영역 | 하위영역 |
|---|---|
| 자기인식 | • 생애주기 알기, 신상 소개하기, 나의 첫인상 알기, 내가 좋아하는 것 알기, 내가 싫어하는 것 알기, 자신의 꿈과 생활 계획하기, 잘 할 수 있는 것 알기 등 |
| 직업인식 | • 직업의 개념 알기, 직업을 통해 충족되는 개인적 · 사회적 가치 확인하기, 직업 이해하기, 직업의 필요성 알기, 직업생활태도 알기, 직업정보 알기, 취업 신청절차 알기, 직업현장 견학하기, 직업별 업무 수행하기, 급여 이해하기, 보수형태 알기, 4대 보험 알기, 월급명세표 이해하기, 상여금 알기 등 |
| 직업탐색 | • 직업흥미 확인하기(흥미가 직업에 미치는 영향 이해, 개인별 흥미검사, 내가 하고 싶은 일), 적성 확인하기(적성에 대한 이해, 개인별 적성검사), 관심 있는 직업 범주 알아보기, 직업실습하기, 특정 직업 요구조건 파악하기, 자신에게 가능한 직업 탐색하기, 실제적인 직업선택하기 등 |
| 구직행동 | • 직업목표 설정하기, 이력서 작성하기, 자기소개서 작성하기, 이력서 제출하기, 면접 준비하기 등 |
| 구직기술 | • 취업정보 습득하기, 구인광고 이해와 찾아보기, 직업의 종류 알기, 취업 가능한 직업 조사하기 등 |
| 작업습관 형성 | • 안전수칙 알기, 직장 내 규칙 준수하기, 과제나 작업 기억하기, 지속적인 작업 수행하기, 지속적인 올바른 작업 자세 유지하기, 집중하기, 생산성 높이기, 작업의 질 높이기, 반복 작업을 통해 수행력 향상하기 등 |
| 작업환경 적응 | • 지시 따르기, 책임 준수하기, 자발적인 작업 수행하기, 작업수정에 대해 수용하기, 스트레스 조절하기, 충동성 조절하기, 작업 분위기에 적응하기 등 |

3) 직무능력향상 · 직업유지 적응훈련

〈표 4〉 직무능력향상 · 직업유지 적응훈련 세부내용

| 영역 | 하위영역 |
|---|---|
| 신체능력 향상 | • 기초체력 강화하기, 건강관리하기, 손가락 기민성 높이기, 작업유형별(선 작업/앉은 작업) 지속 시간 준수하기, 운반하기, 적재하기, 신체 균형 잡기, 감각기능 높이기 등 |
| 직무능력 향상 | • 기초변별능력 · 조립기능 · 포장기능 · 청소 · 운반 · 적재 · 사무 · 정리 · 손님 응대 · 판매 · 배달 · 음료제조 · 주방보조 · 간병 등 모의 작업환경이나 실제 작업환경에서의 구체적인 작업수행력 높이기 등 |
| 작업유지능력 향상 | • 경쟁적인 작업기준(생산성과 작업의 질) 이해하기, 끈기와 인내심 높이기, 작업환경과 직무의 변화에 적응하기, 욕구에 적절한 표현과 동료와의 관계성 유지하기, 자신의 일에 대해 만족하기 등<br>• 작업습관 형성, 작업환경 적응방법 알고 준수하기 등 |

〈표 5〉 생활중심 진로교육의 발달단계

<table>
<tr><th>단계</th><th>초등</th><th>중등</th><th>고등</th><th>고등부 이후</th><th>성인기</th></tr>
<tr><td rowspan="2">교육과정</td><td colspan="2">기본적인 학습기술을<br>습득하도록 교육함</td><td rowspan="2">직업준비</td><td colspan="2" rowspan="2">취업지도<br>사후지도<br>계속교육</td></tr>
<tr><td>직업인식</td><td>직업탐색</td></tr>
<tr><td>직업<br>교육의<br>책임소재</td><td colspan="2">특수교육이 1차 책임,<br>상담, 일반교육이 2차 책임,<br>부모, 기업, 산업기관,<br>지역사회기관</td><td>특수교육<br>(1차 책임), 직업<br>교육, 일반교육,<br>상담, 부모,<br>기업, 산업,<br>지역사회기관</td><td colspan="2">직업재활(1차 책임),<br>독립생활 프로그램,<br>재활기관, 부모, 기업, 산업체</td></tr>
</table>

4) 생활중심 진로교육영역

〈표 6〉 생활중심 진로교육의 영역

<table>
<tr><th>영역</th><th colspan="2">하위영역</th></tr>
<tr><td>일상생활<br>기능</td><td>• 자기금전 관리<br>• 가사도구의 선택과 관리, 유지<br>• 자기 욕구의 충족과 관리<br>• 자녀양육(결혼 책임 인식하기)<br>• 식료품의 구입, 요리</td><td>• 의복의 구입, 관리<br>• 책임 있는 시민적 활동 이행<br>• 오락과 여가 활용<br>• 지역에서의 이동과 주변 익히기</td></tr>
<tr><td>개인 · 사회적<br>기능</td><td>• 자아 인식하기<br>• 자신감 획득하기<br>• 사회적 책임행동 수행 기능<br>• 좋은 인간관계기능 유지하기</td><td>• 독립심 배양하기<br>• 문제해결기능 배양<br>• 타인과의 의사소통</td></tr>
<tr><td>직업지도와<br>준비</td><td>• 직업적성 인식과 탐색하기<br>• 직업선택과 직업계획 세우기<br>• 적절한 작업습관과 행동 표현하기</td><td>• 직장을 찾고 유지하기<br>• 적절한 신체적 및 조작 기능하기<br>• 특정 직업기능 습득</td></tr>
</table>

〈표 7〉 장애인복지관 직업적응훈련 교육과정

| 세부내용 | 복지관 교육내용 | | |
|---|---|---|---|
| 개인 · 사회적응 훈련 | • 위생 및 청결관리<br>• 식습관 지도<br>• 기초학습<br>• 지역사회시설 이용<br>• 성교육<br>• 요리활동 | • 연극치료<br>• 건강검진<br>• 절기행사<br>• 예절교육<br>• 보건교육<br>• 지역사회시설 이용 | • 식당이용 지도<br>• 생일파티<br>• 음악치료<br>• 원예치료<br>• 미술치료 |
| 직업준비 · 수행적응훈련 | • 외주임가공<br>• 직업인식 · 탐색<br>• 현장견학<br>• 취업준비<br>• 재해예방훈련<br>• 바리스타 직종훈련 | • 방역 직종훈련<br>• 직업인식<br>• 현장견학<br>• 취업준비<br>• 직장 예절<br>• 작업태도 | • 세차 관리<br>• 정보화교육<br>• 직업인식 · 탐색<br>• 대인관계기술 |
| 직무능력향상 · 직무유지훈련 | • 기초체력강화활동<br>• 소근육증진활동<br>• 자기옹호훈련<br>• 자치회의 | • 스트레칭<br>• 등산<br>• 캠프<br>• 태권도 | • 자치회의<br>• 파크골프<br>• 우수 훈련생 선정 |

5) 특수학교 전공과 교육과정

〈표 8〉 특수학교 전공과 교육과정

| 세부내용 | 학교 전공과 교육 | | |
|---|---|---|---|
| 직업생활 | • 단정한 옷차림<br>• 적절한 대인관계<br>• 금전관리<br>• 지역사회 이동<br>• 청소 및 정리정돈 | • 여가생활<br>• 생활체육<br>• 대인관계기술<br>• 지시이행기술<br>• 일상생활정보교육 | • 용돈관리<br>• 근력강화운동<br>• 응급처치교육<br>• 청소<br>• 대중교통 이용훈련 |
| 직업준비 | • 컴퓨터와 정보통신<br>• 직무 관련 기초기능<br>• 직업탐색 및 태도<br>• 컴퓨터 및 인터넷 활용능력<br>• 조리실습 | • 직업태도 및 기초 기능<br>• 성교육<br>• 봉사활동<br>• 진로교육 | |
| 직업기능 | • 가정생활기능 | • 교내실습 | |
| 직업전문 | • 조립<br>• 공예<br>• 포장 | • 세차<br>• 제과제빵<br>• 운동화 세탁 | • 원예<br>• 조립 |

# 09 발달장애인과 자기결정, 성교육

## 1. 발달장애인 발달단계별 특징

「장애인복지법 시행령」에서는 발달장애인을 "정신발육이 항구적으로 지체되어 지적 능력의 발달이 불충분하거나 불완전하고 자신의 일을 처리하는 것과 사회생활에의 적응하는 것이 상당히 곤란한 사람"으로 정의하고 있는 데 반해 「장애인 등에 대한 특수교육법」에서는 특수교육대상자가 되는 발달장애인을 "지능검사 결과 지능지수가 75 이하이며, 적응행동에 결함을 지닌 자"로 정의하고 있다. 그러나 이런 특징도 발달장애인의 연령별 발달단계에 따라 다르게 나타나기 때문에 각 시기에 따른 특징을 살펴볼 필요가 있다.

### 1) 유아기(출생~7세까지)

유아기 발달장애아동의 경우, 자신의 장애를 인식할 수 있는 인지능력을 갖기 이전에 장애를 갖게 된다. 그러므로 이 시기에는 자신의 장애를 이해하는 것이 우선과제이다. 더불어 부모는 자녀의 장애로 인해 비장애 부모가 직면하지 않은 특수한 경험을 하게 된다. 보통 발달장애영아는 비장애영아보다 양육자에게 더 많은 보호를 요구하게 되고, 이로 인해 부모는 자녀에게 낮은 기대를 하게 되며, 자신이 처한 환경에 대해 부정적으로 된다. 그러나 또 한편으로 발달장애영아의 경우는 아직 발달적인 측면이나 인지적인 측면에서 비장애영아와 비교할 때 그 차이가 뚜렷하게 드러나지 않기 때문에 장애 여부를 모른 채 가족 안에서 평범하게 자라나기도 한다.

그러나 나이가 들고 유아기에 도달하면, 발달장애아동은 여러 측면에서 정체를 경험한다. 가령, 3세 무렵이 되면 아동은 상징세계에 대해 이해력이 급속도로 증가하지만 발달장애유아의 경우는 인지적 · 언어적 측면에서 정체를 경험하고 상징세계에 대한 이해력도 떨어진다. 따라서 발달장애아동을 책임져 줄 부모의 보살핌이 적극적으로 필요하게 되며, 발달장애아동의 욕구를 충족시켜줄 수 있는 치료 및 교육, 재활과 관련된 프로그램이 요구된다.

### 2) 학령기(8~13세까지)

보편적으로 이 시기의 아동은 가장 왕성한 활동을 하며 성장한다. 새롭게 경험하는 학교와 또래집단과의 관계를 통해 사회적 · 지리적으로 그들의 세계를 확장시켜 나간다. 비장애아동과 마찬가지로 발달장애아동 역시 특수학교나 일반학교에 입학하고 또래의 수도 증가하면서 한층 확장된 세상을 경험하며, 이 안에서 구체적으로 문제를 풀어가는 기술을 필요로 하게 된다.

그러나 발달장애아동은 비장애아동과 비교할 때, 신체발달 측면에서 2~4년 정도의 지체를 보이며, 소근육 운동은 대근육 운동의 발달보다 그 속도가 더욱 느려지는 특징을 보인다. 또한, 인지적인 측면에서도 적절한 자극에 대한 주의반응 및 주의집중 시간이 짧고 단기 기억력도 비장애아동보다 부족하기 때문에 학습 속도가 더딜 수밖에 없다. 따라서 학령기 발달장애아동은 급격한 변화 상황에서 위축되거나 적응상의 어려움을 겪어 쉽게 부모에게 의존하게 되는데, 그런 이유 때문에 학교환경에서의 발달장애아동의 적응력을 키워 주는 노력과 함께 발달장애아동에 대한 개별교육이 요구된다.

### 3) 청소년기(14~20세까지)

청소년기는 다른 말로 사춘기라고 할 수 있다. 따라서 이 시기에는 신체적 · 감정적 · 사회적 변화와 마주하게 되며, 특히 성적 발달과 느낌이 싹트기 시작하여 청소년 사신에게 영향을 미친다. 그러나 발달장애청소년은 환경과의 상호작용이 양적 · 질적으로 급격하게 증가한 사회적 환경 앞에서 여전히 사회적 · 대인관계능력에 대한 기술이 부족하기 때문에 다시금 무력해진다. 그렇기 때문에 부모와의 독립적인 영역을 구축하기 위해 노력하는 비장애청소년과 달리 발달장애청소년은 부모와의 독립적인 관계를 마련하지 못하고 신체적으로나 정신적으로 의존적 관계를 지속해 나간다. 따라서 부모는 비장애청소년과 달리 성인생활로의 전환을 꿈꾸는 시점에서 어려움을 겪는 발달장애자녀를 보며 강도 높은 스트레스를 받게 된다. 이에 발달장애청소년의 긍정적인 사회적 관계와 대인 간 능력향상을 위해서는 이들에게 적절한 사고, 판단, 사회적 기술을 지도할 필요가 있다.

그리고 이 시기에는 기본적으로 교육에 대한 욕구는 물론 지역사회 접근에 대한 욕구가 나타나며, 또래와의 상호작용 및 직업에 대한 욕구 또한 증대하므로 이런 욕구를 충족시켜 줄 수 있는 기반이 마련되어야 한다.

### 4) 성인기(20세 이후)

일반적으로 성인기는 가족으로부터 독립하여 생활하는 단계이다. 그러므로 성인 발달장애인의 주요한 발달과제 역시 고용을 통해 경제적 독립을 이루고 타인과 관계를 맺고 친밀감을 형성하여 부모로부터 심리적·사회적인 독립을 하는 것이다. 그러나 이런 발달과제는 보통의 성인에게는 매우 자연스러운 경험이지만 만성적인 발달장애인의 경우는 지능 수준이 낮아 발달상 과제를 수행하는 데 있어 해결능력이 지체되고 더불어 적응능력이 낮아지므로 큰 혼란으로 다가올 수 있다. 그렇기 때문에 성인 발달장애인은 독립생활영역에서의 기능수행, 친밀관계 형성과 유지 등의 과제를 다루는 과정에서 타인의 도움을 필요로 하는 정도도 높아지고 많은 위기에 직면하게 된다.

더욱이 삶의 전환을 맞이하는 성인 발달장애인의 다양하고 특별한 욕구와 장기간의 의존성으로 말미암아 성인 발달장애인을 돌보는 가족의 어려움이 크게 증가할 수밖에 없다. 따라서 성인 발달장애인의 가족, 특히 부모를 위한 서비스 마련이 필요하다.

# 2. 발달장애인의 자기결정

## 1) 자기결정의 이해

탈현대성에 비추어 볼 때, 자기결정은 발달장애인의 질적 삶과 완전사회 및 교육통합을 성취하기 위한 기본 요소이며, 발달장애인이 완전한 시민으로 살아가기 위한 심리적 행동의 기본 요소라고 볼 수 있다. 그러므로 자기결정능력은 교육현장 및 기타 기관의 서비스현장에서 중요한 성취과제로 인정되어야 하며, 이를 위해 교수전략 및 서비스 개발 등에 대해 발전시켜 나가야 한다. 또한, 발달장애인의 자기결정 신장을 위해서는 모델링이나 부모와 자식 간의 상호작용 등과 같은 가족의 역할이 아주 중요하다.

자기결정이란 자기주도적 목표설정, 자기규칙, 자율적 행동이 이루어지도록 하는 믿음, 지식, 기술의 조화이며, 자신의 능력과 가치에 대한 믿음을 가지고 자신의 강점과 약점을 이해하는 것이 자기결정의 근본이다. 또한, 이 태도와 기술에 토대하여 행동할 때 삶을 통제할 수 있는 더 큰 능력을 가지며, 성인으로서 사회에서 성공적인 역할을 할 수 있다.

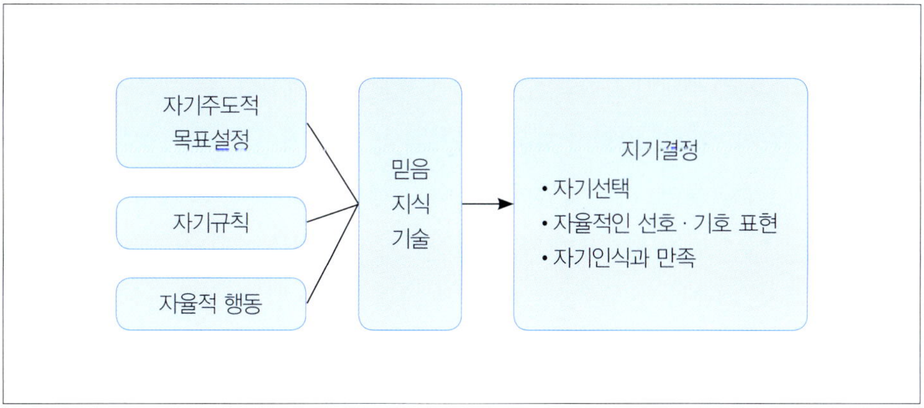


[그림 9-1] 자기결정 모형

발달장애인의 자기결정에 대한 관심이 높아지는 이유로 몇 가지 요소를 들 수 있다.

첫째, 독립생활, 정상화, 자기권리 주장운동의 활발한 전개로 인한 발달장애인에 대한 인식 변화와 발달장애인을 사회에 완전통합시켜야 한다는 패러다임의 변화 때문이다.

둘째, 이와 같은 발달장애인에 대한 인식 변화가 그들의 시민 권리를 향상시키는 법적 문제로 확산되고 있기 때문이다.

자기결정에 관한 것을 표현하는 능력은 가족과 전문가(교사)가 조기교육에서부터 다루어야 하는 중요한 과정이 되어야 한다. 그러므로 가족의 참여는 발달장애인의 자기결정능력의 신장과 자기표현에 중요한 역할을 한다. 그 이유는 자기결정능력의 습득은 모델링에 의한 관찰학습으로 이루어질 수 있으며, 가족 간의 모델링은 발달장애인의 자기결정기술 발전에 강력히 작용할 수 있기 때문이다. 가족체계에 관한 문헌들은 가족 구성원의 역할과 행동은 상호 관계가 깊다고 주장한다. 그러므로 자기결정 행동을 위해 제공되는 강화와 자기표현 기회도 가족 모두의 힘에 의해 많은 영향을 받을 것이다.

1980년대에 들어오면서, 장애인복지는 완전한 참여와 평등, 장애인 본인 참가와 자기결정, 장애인 본인이 주체가 되는 사회 만들기 등의 주제로 등장하였다. 이러한 표현은 장애인이 주체가 된다는 것을 의미하며, 장애인복지 종사자에게는 지도, 교육, 훈련에서 장애인이 주체성 확립원조를 위한 것으로 업무개혁이 요구된다.

오늘날 자립의 개념은 사회에 도움이 되도록 만드는 것이 아니라, 어떠한 원조를 받고 있든지 (예를 들어, 시설에 들어와 있다고 해도) 자신의 일은 자신이 결정하고 책임진다는 생각으로 변화하고 있다. 발달장애인과 관계를 맺고 있는 사람들(부모, 형제자매, 동료, 전문가 등)은 "발달장애인은 자기결정을 할 수 없다.", "책임감 같은 것은 질 수 없다."라고 말하기 전에 자신이 발달장애인의 감정에 대해 이야기를 들어줄 자세나 태도를 갖고 있었는지, 또한 장애인이 자기표현을 할 수 있도록 지원해왔는지 반성해야 할 것이다.

### 2) 탈현대사회에서 발달장애인의 자기결정

탈현대는 탈구조주의, 탈패러다임 등으로 그 의미를 표현하고 있지만, 교육적 함의로서는 차이성, 특정성, 비규칙성을 들 수 있으며, 이것은 개체성과 혼돈의 속성을 내포하고 있다. 또 주관적이고 거시적 속성을 지니고 있다고 보아야 한다.

자기결정은 자신의 목표를 정의하고 이 목표에 도달하기 위해 시도하는 태도, 능력, 기술로서 이해할 수 있다. 자기결정이 된 사람은 자신이 원하는 것이 무엇인지 알고 그것을 획득하는 방법을 알며, 그들의 흥미와 관심을 충족시키기 위해 주장하는 사람이다. 자기결정의 문제는 선택의 경험에 참여하는 역할을 하는 인간의 질적 문제로서 원인 내적 귀인이며, 환경적 요소에 의해 좌우될 수 있다.

자기결정은 자신의 삶의 이유를 알고 그에 의해서 행동하는 것이며, 외부 영향이나 간섭에서 벗어난 자신의 주관에 따라 선택하고 결정하는 것이라고 정의할 수 있다. 또한, 자기결정을 환경의 조건뿐만 아니라 지식, 기술 그리고 자신에 대한 신뢰를 기초로 해서 발전한다.

자기결정에 대한 정의의 몇 가지 공동 요소는 다음과 같다.

첫째, 자기결정은 자신의 삶 위의 개인의 통제와 관련이 있다.
둘째, 자신의 삶을 조절하기 위한 어떤 태도, 성격, 능력을 가지는 것이 필요하다.
셋째, 자기결정을 위해 적절한 방법 내에서 환경과 상호작용을 필요로 한다.
넷째, 자유와 자립을 지녀야 한다.
다섯째, 성숙한 성인으로서 목표설정과 목표성취를 할 수 있어야 한다.
여섯째, 자기결정은 한 사람의 삶의 증거이며, 생명력이라고 할 수 있다.

탈현대성은 개체의 생명력과 적절한 환경의 조화 속에서 자연스럽고, 아름답고, 창의적이고, 다른 사람과 협력하면서 살아가는 주체성과 자율성이 강조된다.

### 3) 발달장애인의 자기결정과 삶의 질

패러다임의 변화는 발달장애인에 대한 인식의 변화를 가져왔으며, 그 변화로 인해 나타나는 많은 연구와 운동 가운데 자기결정은 가장 기본적인 권리를 찾고자 하는 것이다. 자기결정은 발달장애인의 삶의 질(quality of life)을 결정하는 데 중요한 역할을 한다.

삶의 질을 향상시키기 위해 자기결정을 개념화하는 이유는 무엇을 입고 먹을 것인가, 또는 오늘 여가 시간을 어떻게 보낼 것인가와 같은 일상의 생활 선택과 입학, 직업, 결혼, 이사 등과 같은 특별한 전환기의 선택과 같은 두 가지 모두에 중요성을 두고 있기 때문이다. 이 결정은 자신이 살아 있음을 아는 증거가 되며, 자신의 인식을 통한 결정은 자신이 원한 삶, 즉 질적 삶을 살아갈 수 있는 원동력이 된다.

삶의 질과 자기결정의 측정에는 중복되는 중요한 것들이 있다. 둘 다 선택의 문제, 다양한 활동에의 접근, 경험과 기대에 대한 개인의 인식과 자기보고(self-report) 등을 강조한다. 삶의 질과 자기결정은 자신의 의식, 즉 생명과 관계되며, 이는 자아(self)를 통해 이루어진다.

「발달장애인 권리보장 및 지원에 관한 법률」은 우리 사회에서 장애인에 대한 인식 변화와 장애인의 역할을 설명하고 있다. 이 법은 "장애는 인간 경험의 자연스러운 부분이다."라고 말한다. 장애인에 대한 이러한 인식은 장애를 연속선상의 한 부분으로 보며, 분리되지 않는 것으로 보는 것이다. 또한, 장애인의 삶에 대해 독립적으로 살기 위해 개인의 권리를 줄이지 않고 자기결정을 즐기고 선택하고 사회에 기여하며, 의미 있는 직업 추구와 경제적 · 정치적 · 사회적 · 문화적 그리고 주류교육에의 통합을 누림이라고 한다.

자기결정의 구성요소인 자기주장이 사회운동으로서 활발하게 전개되는 성과를 거두고 있는 이유는 발달장애인의 의식의 변화와 그에 따른 완전한 인간으로서의 대우를 주장하며, 완전통합을 이루고자 하는 것이기 때문이다. 그것은 발달장애인에게 배울 기회와 그 기술을 활동에 투입할 기회를 제공함으로써 가능한 한 최대로 그들이 필요한 기술을 독립적으로, 평등하게 통합되어 성취할 수 있도록 하는 것이다. 이런 결과 발달장애인은 선택과 통제능력을 갖게 되는 것이다.

이와 같은 발달장애인의 자기결정은 발달장애인의 질적인 삶과 완전통합을 성취하기 위한 기본적 요소라고 할 수 있다. 성숙한 인간으로서 직업을 선택하고 동등한 대우를 받으며 살아 나갈 수 있는 사회완전통합을 이루는 것은 이 시대 우리 사회가 해결해야 할 과제이다.

## 4) 자기결정 역량강화를 위한 교육적 접근

### (1) 특수교육에서의 자기결정

자기결정과 관련된 많은 지식과 기술이 적용되어야 하지만, 자기결정은 교육의 한 가지 영역만을 의미하고 있는 것은 아니다. 선택, 기호의 표현, 자기인식과 만족과 같은 자기결정 요소들은 전 생애 경험과 평생교육을 통해 이루어진다. 자기결정과 관계에 대한 효율성은 발달장애인의 특성과 관련하여 대부분 발전적인 변화를 보인다.

교사는 자기결정훈련을 시작하도록 지원하고, 선택의 기회를 줌으로써 자율성을 향상시켜야 한다. 발달장애인은 자신의 삶의 이유를 스스로 알아야 할 필요가 있다. 발달장애인은 자신의 기호를 표현하고 선택을 할 기회를 가져야 하며, 그로 인하여 성취를 경험한다. 이것은 더 중요한 결정에는 물론이고, 일상의 생활에도 적용된다.

특수교육에서 우선과제로 내세울 수 있는 가장 강력한 이유는 인간존중, 평등성 보장, 교육과 삶의 질 보장, 완전사회통합의 기초가 된다는 점이다. 발달장애인이 자기결정자가 되어야 한다는 인식은 인간의 가치에 대한 깨달음인 것이다.

### (2) 자기결정능력 신장을 위한 교수전략

자기결정과 관련된 기술들은 어린 시절과 그 이후의 삶을 통해 경험할 수 있는 기회를 통하여 습득된다. 자기결정을 지원하고 촉진하기 위한 교육전략으로는 자기결정향상을 위한 프로그램 개발과 그 프로그램을 효율적으로 활용하기 위한 교수전략이 우선과제이다.

자기결정능력을 발전시키기 위한 효율적 전략으로 일상생활에서의 교수, 실질적 활동지원, 우발학습, 계약, 의사소통, 사회적 능력, 활동중심 수업 등을 들 수 있다.

#### 1 일상생활에서의 교수를 통한 자기결정 향상

일상생활에서 교수 혹은 자연적인 시도, 선택, 문제해결, 자기결정을 위한 기본적인 행동적 기술들을 발전시키기 위한 기회는 현장에서 별로 이루어지지 않는다. 예를 들면, 미술 수업 내용이 미리 색깔을 세 가지 정해 주고 또 추가해서 다른 세 가지의 색깔을 정해 주는 식의 수업을 수행하는 것이다. 이와 같은 선택은 다른 상황에도 적용할 수 있다. 예컨대, "스스로 색깔을 선택해서 사용해 보고 마음에 드는 색깔을 세 가지 이상 적어 보세요."라든지, "크레파스, 그림물감, 파스텔 등 여러 가지 그림 도구 중에 마음에 드는 것을 선택해서 그림을 그리세요."와 같은 유도를 통해 발달장애인이 선택할 수 있도록 하는 것이다. 이와 같은 미술 시간의 형태를 일상생활에서도 적용시킬 수 있다. 간식, 음악, 식사, 옷, 직업, 여가활동 등의 선택을 그들 스스로 할 수 있도록 하는 것이다.

시도, 문제해결, 종료, 질의 조정과 같은 확장기술과 의사소통, 선택, 사회성과 같은 첨가기술이 요구되는 이 기술은 일상생활에서도 쉽게 훈련할 수 있다고 주장했으며, 일상생활에서 선택의 몇 가지 방법은 활동하는 동안 또는 활동 간의 선택, 활동을 할 사람, 장소, 시간의 선택, 참여활동에서 참여에 대한 거절 또는 참여의 종결시기결정 등이다.

### 2 실질적 활동 지원을 통해 발달장애인의 자기결정능력을 향상시킬 수 있다.

오늘날 조건강화, 타임아웃, 소거 등과 같은 전략의 제한성에서 벗어나고 있는 행동적 접근들은 선행사건과 생활양식의 변인이 어떻게 문제행동의 해결에 기여하는가에 더 큰 강조점을 두고 있다. 이 새로운 초점들은 자기결정의 요소와 직접적인 관련이 있다. 학습활동을 발달장애인 스스로 선택함으로써 발전하는 발달장애인의 참여의식은 시도, 독립성, 결정능력과 강화를 촉진할 것이다.

### 3 우발학습을 통한 자기결정권 향상

우발학습은 장애인의 언어교육에 많은 영향을 주었으며, 의사소통을 위한 말하기나 신호언어의 조기교육에 영향을 주고 있다. 우발학습절차는 발달장애아동의 언어교육을 위한 행동 프로그램에 이용되고 있다.

이를 위한 교수는 첫째, 자연스러운 상황 안에서 성인과 아동의 상호 관계 구조로 구성되며, 둘째, 아동의 관심에 관해 생각하고, 셋째, 아동의 동기를 이끌어 내야 한다. 그것은 환경중심교육이나 자연주의적 접근보다 더 확대된 전략의 하나이다.

이 교수법은 장애인의 관심에 초점을 두며, 상호 활동을 촉진하고 활동에 장애인을 참여시키며, 장애인의 동기화에 성인이 맞추어 가는 것이다. 이 교수법은 자기결정의 조기발전을 지원하는 데 매우 적합하다.

### 4 계약

계약(engagement)은 일반적으로 발전적이며, 전후 상황에 적절한 활동에 관심을 지지하기 위해 사용되거나 참여에 초점을 두기 위해 사용되는 개념이다. 계약은 학습을 향상시키도록 하는 것뿐만 아니라 영속성과 관계된 자기결정의 요소로 여겨지는 것이다. 또한, 영속성은 비장애아동이나 발달장애아동 모두의 동기화 습득과 관련된다.

### 5 의사소통기술

의사소통 중재에서 발전하고 있는 중요한 성과는 환경을 극복하는 능력을 기르는 것이다. 발달장애아동은 그들의 환경을 효율적으로 통제할 수 있는 경험을 가질 기회가 부족했기 때문에 인과의 내적 귀인이 부족하고 도전적 행동을 통해 자신을 표현한다. 이와 같이, 환경적 요인을 통제하는 수단으로서 의사소통기술의 조기 도입은 자기결정의 기초를 구축하게 할 것이다.

### 6 사회적 능력

사회적 능력이란 자신의 개인 간의 목표를 성공적으로 그리고 적절히 선택하고 실행하기 위한 능력이라고 말할 수 있다. 협상능력과 재해결과 문제해결을 다루는 여러 가지 방법은 사회적 능력을 기르는 데 매우 중요하다. 이런 기술의 습득을 위한 발전적 단계들은 비록 심한 장애를 가지고 있더라도 통합환경에서 협동적 역할을 통해 길러질 수 있다. 사회적 능력의 초점은 자기결정능력 발달과 거의 일치되는 견해이며, 사회적 기술은 자기결정의 기본요소를 발전시키고 유지할 수 있는 기술이다.

### 7 활동중심의 수업(activity based instruction)

자연스러운 상황에서 일상적인 활동을 하면서 수업을 진행하는 이 방법은 자기결정영역을 구축하는 많은 요소와 일치한다. 발달장애인의 자발적 활동, 주도적 상호활동, 규칙 등은 자기결정적 요소가 많이 포함되어 있는 것이다. 활동중심 수업은 발달장애인이 변화하는 상황에 대처할 수 있는 레퍼토리가 일반화되고 적절한 반응이 될 수 있도록 촉진한다. 적절한 반응 레퍼토리의 촉진은 사회적 능력과 문제해결능력을 증진시킬 수 있다.

위와 같은 자기결정능력의 신장을 위한 교수방법은 발달장애인의 자기결정의 기초를 구축하고 행동적 특성들을 발전시키는 데 유용한 전략 중의 일부이다. 자기결정훈련은 그 자체 독립된 프로그램으로 구성할 수 있지만, 모든 학습상황에서 자기결정훈련이 가능하며, 모든 학습전략은 자기결정에 토대하여야 할 것이다. 무엇보다도 학습이 자율적이고 자기주도적으로 되는 것이 교수전략의 필요 요소가 된다.

### 5) 자기결정 역량강화와 가족참여의 의미

가족 구성원, 특히 부모는 자식의 자기결정능력의 신장과 표현에 중요한 역할을 한다. 첫째는 자기결정요소에 대한 지식, 기술 그리고 믿음을 발전시키는 것을 지원하는 방법을 제공하며, 둘째, 자기결정태도로 활동할 수 있도록 기회를 제공하며 강화하고, 부모와 자녀 간의 상호작용의 역할을 한다. 자기결정에서 지지되고 활성화되고 있는 부모의 역할은 모든 사람에게 중요하지만, 이 문제는 발달장애인의 가족에게 좀 더 어렵고 영속적인 문제가 될지 모른다.

#### (1) 모델로서 가족의 역할

모델링은 발달장애인의 자기결정훈련에 가장 효율적인 전략이다. 부모는 자녀의 자기결정능력 신장이 그들의 교육과 삶의 질을 제고하고 생명력을 활성화한다는 믿음과 지식을 습득할 수 있도록 자식에게 모델을 보여 주는 역할을 한다. 발달장애인의 부모는 그들의 자녀를 양육하는 동안 습득한 자기결정훈련기술을 발전시켜 나갈 수도 있다.

발달장애인의 부모는 그들의 자녀를 위한 주장 활동을 많이 해 왔다. 그들은 교육과 개인 서비스 체제에 대한 법안을 통과시키기 위해 인내뿐만 아니라 의사소통기술과 협상기술들을 발전시켰다.

발달장애인 부모의 보호자적 역할과 함께 성공적인 모델역할은 가족의 중요한 특성이다. 발달장애인의 강점과 약점을 평가하고 그들의 약점으로부터 강점을 발견하거나 역경에서 긍정적인 성장을 성취하게 하는 것은 자기결정능력이 기초가 된다. 부모의 역할은 발달장애인에게 긍정적인 측면에서 개인적 성장이 가능하게 만든다. 특히, 부모의 다른 사람에 대한 이해, 동정, 융통성, 인내의 증가, 그리고 이기심의 감소 등에 중요하게 작용한다.

발달장애인 부모에게 나타난 대처기술 극복은 자기결정에 매우 중요하다. 이런 기술과 태도를 발전시킨 부모는 삶의 도전에 긍정적인 반응을 나타냄으로써 발달장애인(아동)을 위한 중요한 모델역할자로서 많은 도움을 줄 수 있다.

### (2) 부모와 아동 간의 상호작용

탐구, 선택, 위험, 권고, 통제를 위해 제공되는 기회를 주는 가정환경은 자기결정능력 신장에 중요한 역할을 한다. 자기결정을 향상시키는 특별한 가족 상호작용은 선택, 의사표현, 잠재적인 선택들의 탐구, 적절한 위기대처, 그리고 결과로부터의 학습을 위해 가족 구성원에게 기회를 제공하는 것이다.

그리고 자율성을 발전시키는 개인적 시간을 허용하며, 직접적 긍정적인 피드백을 제공하고, 적절한 의사소통과 협상 그리고 문제해결과 같은 사회적 기술의 발전을 위해 기회를 제공하는 것이다.

자기결정 역량강화에 영향을 주는 가족의 특징적인 면은 다음과 같다.

첫째, 문화적 가치, 믿음과 기대, 그리고 대처 스타일과 같은 가족적 특성

둘째, 역할기대, 상호 관계, 결속력, 적응력과 같은 가족 상호작용

셋째, 경제적 · 일상적 생활, 여가, 사회화 그리고 자기 정의요구와 같은 기능

넷째, 계속되는 가족 상호작용과 기능의 발전적 단계, 가족특성, 구성, 결속력 그리고 기능 내의 전환 또는 변화와 같은 가족 일생의 문제 등

발달장애인은 전 생애에 걸친 발전단계에서 가족 구성원과의 상호작용에서 발달하게 되므로 자기결정을 어떻게 가족이 지원하고 양육하는가에 따라 영향을 미친다. 효율적인 부모역할은 자식이 성장함에 따라 변화하는 요구와 책임성에 영향을 미친다. 발달장애 부모 역시 아이가 성장함에 따라 변화하는 요구와 책임성에 영향을 미친다고 말한다. 발달장애 부모는 자녀가 성장함에 따라 독립성을 키워주기 위한 부모의 지원이 증가하고 있음을 발견했다.

이와 같이, 자기결정능력을 신장시키기 위한 적절한 적응성을 기르기 위해서는 발달장애인 가족의 전 생애에 걸친 지원이 필요하다. 발달장애인의 자기결정능력 신장에 가족적 역할은 매우 중요하다. 가족의 역할은 크게 두 가지로 생각할 수 있다. 하나는 자기결정에 대한 믿음, 지식, 기술을 발전시키기 위한 모델링의 역할로서 이는 이미 부모의 여러 가지 권리주장운동을 통해 모델이 형성되어 있어서 더욱 효과적이라고 본다. 또 하나는 자기결정 기회 확대와 긍정적 강화를 통해서 스스로 학습하고 살아가는 능력을 기르게 하는 부모와의 상호작용의 역할이다.

### 6) 자기결정, 자기선택을 위한 실천

자기결정, 자기선택은 물론 구체적인 하나하나의 사건에 대한 의사표현으로 받아들여야만 한다. 그러나 그 기본 전제는 인간으로서, 개인으로서의 이해와 존중이라고 할 수 있다. 아무리 장애가 심하거나 구체적인 의사소통 혹은 의사표현이 곤란하더라도 항상 그 사람의 의사를 물어보는 자세, 그 사람의 상태나 반응 속에서 의견을 받아들일 수 있는 관계성을 보장하는 것이 이른바 자기결정, 자기선택을 돕는 것이다.

장애인의 바람직한 자기결정, 자기선택을 위해서는 다음과 같은 시도가 필요하다.

첫째, 원조에 있어서 설명과 동의의 실천이다. 일상적인 지원에 있어서도 무엇을 어떤 방법으로 행할 것인가 등에 대해 명확하게 설명하고, 납득 혹은 이해를 얻는다. 본인의 의사 확인이 어려운 경우에는 가족에게 기본적인 사항에 대해 설명하고 납득을 얻는다.

둘째, 이상적이고 계속적인 대화 시도 및 위험을 받아들일 권리의 보장이다. 커뮤니케이션이나 의사 확인이 어려운 사람일수록 어떤 사건에 대해 이해를 얻기 위해서 무엇보다도 매일 대화를 시도하고 지속하는 것이 필요하다. 보통 생활을 보장한다는 것 자체가 위험을 동반하는 것이며, 위험은 귀중한 경험이다. 그 경험에 의해 본인이 필요한 선택이나 의사표시에 관한 필요성을 느끼게 되고 직원은 받아들이기 위한 수단을 얻기 때문이다.

셋째, 경험과 관계성의 보장이다. 자기결정, 자기선택이라고 해도 그 내용은 지금까지의 생활경험이나 학습에 의해 형성된다. 그러므로 그 경험이나 학습이 부족하면

결정이나 선택의 폭은 매우 제한된다. 현재의 상태만을 보고 본인이 좋아하는 것, 즉 스스로 결정한 것대로 방치하는 것은 자기결정의 존중이라고 할 수 없다. 일반 사람들이 보통 그 연배에서 경험하는 사회생활 속에서의 다양한 정보, 경험 등의 기회를 제공받을 수 있도록 함으로써 결정이나 선택의 내용을 풍부하게 할 수 있다. 또한, 클라이언트가 직원을 받아들일 수 있는 관계성 성립이 이루어져야 한다. 이야기를 듣고 이야기를 나누고 요구사항에 응하며 먼저 대화를 시도하는 일상적인 교류를 통해 얻어지는 관계성이야말로 클라이언트의 솔직한 자기표현을 받아들이는 전제가 된다.

넷째, 그 사람의 장애나 상태를 이해한 후 구체적인 의사소통방식을 강구하는 것이 필요하다. 그 사람을 위한 기술을 몸에 익히는 것이 전문가에 있어서 하나의 전문성이라고 할 수 있다.

## 3. 발달장애인 성교육

### 1) 발달장애인의 성적 특성

발달장애인의 성적 발달은 비장애인처럼 높은 수준에서부터 낮은 수준의 성적인 관심과 욕구 그리고 생식능력을 가지고 있으며, 성적 발달은 비장애인과 거의 비슷한 속도로 발달한다. 발달장애인 남녀 모두 십대 초반부터 이성에게 관심을 나타내기 시작하고 성적 관심의 대상은 주로 주변에서 늘 대하는 사람이며, 비교적 단순하고 직접적인 행동으로 표현한다. 또한, 발달장애인은 생식체계의 복잡한 생리구조를 이해하거나 잘못된 성행위의 결과를 알지 못하지만 성적인 사진을 볼 때 많은 발달장애 소년도 성적으로 충동을 느끼고 또한 지체된 여아도 마찬가지로 유혹적인 대화로 자극을 받기도 한다.

발달장애인은 대부분 성에 대한 흥미가 있으며, 신경 · 생리학적 면에서 성 기능에 아무런 장애가 없는 것이 보통이다. 그러므로 발달장애인의 성문제는 많은 경우 발달장애를 잘못 인식하는 데에서 비롯된다. 일반적으로 발달장애 자체의 문제보다는 오히려 주위 사회의 환경적인 성억압이 문제시된다. 즉, 우생학적인 면에서 발달장애인에게 성적 억압을 하지 않으면 무한히 생식할 것이라는 우려와 함께, 발달장애인은 성적 충동의 억제가 곤란하기 때문에 성에 대해 눈을 뜨게 되면 무절제하게 성욕을 발휘하고 성폭력의 위험성마저 있다는 막연한 추측이 이들의 성문제를 더욱 폐쇄적으로 몰고 있다. 다시 말하면, '발달장애인은 자위행위를 지나치게 한다'거나 '성에 대한 관심이 없다', 또는 '충동적이고 자기제어능력에 결함이 있다'는 등의 잘못된 사회인식이 그들의 성문제의 해결을 더욱 어렵게 한다. 그러므로 어떤 의미에서 발달장애인은 자신의 성적 권리를 가정이나 사회에 맡기고 살고 있다고도 볼 수 있다.

성적인 특징은 발달장애인의 수준에 따라 받아들일 수 있는 수행능력이 다양하다.

### (1) 경도 발달장애인의 경우

- 사회에 있어서 보통 수준 또는 정상적인 심리사회적 성적 행동과 유사하다.
- 대부분의 사회인과 유사한 방법으로 탐구하고 적응하고 성적 충동이나 자극을 조절한다.
- 성교육, 성상담, 성치료에 대한 언어적 방법에 반응할 수 있다.
- 현재의 성교육, 성상담, 성치료 방법으로 적절하게 적응할 수 있는 기술을 발달시킬 수 있다.
- 지역사회 자원을 활용하는 그들의 개인적 · 심리사회적 및 성적 욕구를 처리하는 방법에 대해서 배우기 위한 적절한 기술이 부족하다.

### (2) 중증도 발달장애인의 경우

- 이차적 성적 특성이 지연될 수 있다.
- 적응적이고 심리사회적 성적 행동은 개인적으로 쉽게 받아들이지 못한다.
- 일차적인 보상이나 초보적인 상황체계 수준에서 보다 기능한다.
- 보다 적절한 적응행동을 발달시키기 위해 성교육, 성상담의 언어적 방법에 반응할 수도 있다. 그러나 효과적인 행동수정체계의 기법을 필요로 한다.
- 자위행위, 비식별적인 동성이나 이성과의 행동이 나타날 수 있다.

### (3) 중도 발달장애인의 경우

- 성적 충동에 대한 조절이 매우 어렵다.
- 적응적이고 심리사회적 성적 행동의 적절한 발달이 부족하다.
- 관능적 혹은 성적 행동의 결과를 예측하거나 예견할 능력이 제한적이다.
- 사회적 규칙, 특히 사적인 것과 공적인 것을 이해하고 이러한 영역에서 적절한 행동을 발달시키는 데 문제가 있다.
- 이러한 집단에서 변화를 나타나게 하기 위해서는 행동수정기법이 가장 효과적인 것이 될 수 있다.

### (4) 최중도 발달장애인의 경우

- 기본적 욕구충족에 따라서 기능한다.
- 적응행동이 거의 없다.
- 주된 반응이 충동적이다.
- 성적 행동의 결과를 예측하거나 예견하는 능력이 제한적이다.
- 최소한의 적응기술을 인지할 수 있다.
- 주로 자기 자극 방법으로 쾌락을 추구한다.
- 종종 지나치게 해로운 방법으로 자위행위를 한다.
- 변화를 주기 위해서는 반드시 행동수정의 기법이 필요하다.

발달장애인의 성적인 문제에 관하여 비장애인은 발달장애인의 성에 대한 표현을 기대하지 않기 때문에 발달장애인의 바람직하지 못한 성행위가 나타나면 상당히 당황한다. 따라서 일반사회는 정상적인 사람에게는 묵인될 수 있는 일임에도, 발달장애인의 경우 반사회적이라는 것으로 과장되어 표현한다.

발달장애인 재활기관에 소속되어 양육된 발달장애인은 좀 더 어려움이 있고 성인장애인의 경우는 여러 질병의 위험을 인식해야 하고 특별히 어떤 생활 · 거주시설에 남겨지는 경우 드문 상황이긴 하지만 동성연애의 문제를 지닐 수도 있으므로 이에 대한 내책도 필요하다. 성적 행동은 신체적인 성숙과 행동발달에 따라 나타나는 현상으로 발달장애인의 성적 행동이 정상 범위에 속하는 행동인지, 일탈행동인지 잘 구분해야 하며, 성적 이상행동이라고 보이는 행동이 어떤 상황에서 얼마나 자주 일어나며, 유발원인과 자극이 무엇인지 알아야 한다. 또한, 이차적으로 얻어지는 육체적 · 심리적 보상과 기능이 무엇인지 살펴서 성적 이상행동의 종류와 원인에 따라서 구체적이고 계획적이며 적절한 교정을 받아야 한다.

발달장애인을 위한 성교육 프로그램 개발 시 고려해야 할 점은 다음과 같다.

첫째, 발달장애인을 위한 프로그램은 유아기에는 남을 사랑하고 사랑받는 것에 대한 의미, 남을 신뢰하고 또 신뢰받는다는 의미를 배우며, 성장하면서 성적 · 인간관계의 기초를 만들어 가는 것을 중시한다. 학령기에는 비장애인인 경우는 동료끼리 서로 배우지만 발달장애아동은 그와 같은 것이 대단히 한정되어 있고, 주위에서 엄한 감독을 받는 경우가 많다.

둘째, 이외 지역사회에서 발달장애인이 공동생활을 하고 있는 그룹 홈, 보호작업장 또는 부모회가 지원주체가 되는 클럽 등을 활용하는 데이트 훈련을 통해 사교의 기회가 생기면 결혼하고 싶은 욕망이 생기지만 현재로서 발달장애인이 살아갈 권리, 자유는 경제적 자립과 밀접하게 관련되어 있기 때문에 쉬운 일이 아니다. 그러므로 발달장애인이 지역사회 안에서 어떤 형태로든 생활보호를 받는 것이 필요하다.

셋째, 발달장애인에게 성교육을 하는 것은 중요하지만 주위 사람들의 교육 또한 중요시된다. 예를 들면, 다음과 같다.

① 콤플렉스의 제거: 발달장애아의 성에 관한 도피반응을 제거하도록 노력하는 과정
② 정보교환: 참가자끼리의 정보교환, 성에 관한 정보, 결혼 허락의 여부, 결혼의 조건이란 어떤 것인지.
③ 기능발달: 대화 발달기능의 목적은 부모가 발달장애아에게 성에 관한 개념을 어떻게 효과적으로 설명하고 이해시키면 좋은가에 대한 훈련을 하는 것

넷째, 장애인의 재활은 크게 의료, 교육, 직업 · 사회재활 분야로 나뉜다. 그중 교육재활 분야는 어느 정도 접근하고 있지만 사회재활 분야, 특히 인간의 가장 기본적이

고도 원초적인 욕구라 할 수 있는 성에 관한 문제에 대한 접근은 매우 미흡하다. 이를 위한 해결방안으로는 국민 및 인식 개선을 위한 홍보가 절대적으로 요구되며, 장애인에 대한 성교육 상담과 결혼에 대한 단계적 교육이 실시되어야 한다. 그뿐만 아니라, 장애인의 성에 어떻게 접근해야 하며, 장애인의 만족스러운 성생활을 위한 지속적인 연구와 구체적 접근방법이 모색되어야 한다.

### 2) 발달장애인의 성적 권리

발달장애인이 잘못된 자위행위(마스터베이션)로 인한 외상과 성폭력 피해자로 혹은 원치 않은 임신으로 병원을 찾는 경우, 의료진은 눈에 보이는 외상만을 치료하며, 이들이 성적인 행위를 하거나 성적 상황(성폭력)에 노출되는 상황에만 문제를 제기해왔다. 대체로 발달장애인을 성적 권리를 가진 주체로 인식하고 그들도 모두 인간에게 주어진 성적 쾌락을 원하고 또한 누려야 하며, 성적으로 존중받아야 할 존재라는 것을 이해하고 제대로 된 성교육 프로그램 개발이 시급하다고 여기는 것에 소홀했던 것이 사실이다.

오늘날 성에 관련된 문제가 보편화되고 급증하면서 사회는 더 이상 성문제를 은폐하거나 기피할 수 없음을 인식하게 되었다. 모든 인간은 성에 대한 권리를 가지고 있으며, 이 권리는 장애인 역시 누릴 수 있어야 한다. 성은 단순한 육체적 또는 생리적 행위가 아니라 인간관계를 포함하는 사회적 행동이기 때문이다.

과거에 발달장애인은 결혼과 출산과는 상관없는 존재라는 편견에 사로잡혀 있었다. 또한, 발달장애인이 출산한 아이도 발달장애인이 된다거나 발달장애인에게 성교육을 시킬 경우 아무것도 모르던 그들이 임신과 같은 문제에 연루될 것으로 믿어왔기에 발달장애인을 위한 성교육을 불필요한 것으로 생각하기도 했다. 물론, 지적 기능이 비장애인보다 떨어진다고는 하지만 지적 수준이 낮다고 해서 결혼과 임신, 출산 등 인간으로서 당연히 누릴 수 있는 권리를 가진 주체로서 받아들이지 않는다면 그것은 강자의 횡포에 지나지 않는다. 또한, 발달장애인 모두가 사회적 기능을 전혀 하지 못할 정도로 지적 수준이 낮은 것도 아니다. 이들의 대다수는 일상생활에 별문제가 없다. 또한, 부모가 발달장애인이라고 해서 모든 자녀가 발달장애인으로 태어나는 것도 아니다. 비장애인 부부 사이에서 태어난 아이가 발달장애인이 되기도 한다. 게다가 발달장애인이라고 해서 성적으로 성숙하지 않은 것도 아니고, 성욕도 비장애인과 다르지 않다. 20세기 후반에 접어들면서 이러한 인식이 확산되고, 그들의 성적 권리, 부모가 될 권리를 보장해야 한다는 목소리가 높아지면서 결과적으로 그들의 성적 권리보장을 위한 서비스 제공이 법제화되었으며, 체계적인 성교육 프로그램의 개발과 함께 성교육이 실시되고 있다.

사람들은 발달장애인은 여러 면에서 가능성이 없다고 생각하는 경향이 있다. 발달장애의 정도는 다양하지만 발달장애인도 생식능력과 섹스에 대해 관심이 있고 성적인 행동을 취할 수 있다. 다시 말해, 발달장애인의 성적 반응 역시 비장애인과 같은 범위 내에 있다. 즉, 어떤 사람이 지능이 낮다고 해도 그 사람의 성은 다른 사람들과 하등 다른 점이 없다는 사실을 인식해야 한다.

대체로 사람들은 발달장애인이 성을 알아차리지 않기를 바라며, 성적인 존재로 행동하는 것은 바람직하지 않으므로 비성적 존재로 행동하기를 기대한다. 발달장애인이 경제적으로 독립적인 생활을 할 수 없다는 것과 비성적인 존재로 살아야 한다는 것에는 관련이 없다. 발달장애인도 비발달장애인과 동일한 방식으로 성적 요구충족에 접근해야 한다.

부모의 역할을 해낼 수 없는 발달장애인 부부에게 불임화를 논하기 전에 그들이 배워야 할 성적 문제를 가르쳐야 하며, 기꺼이 피임법을 가르쳐서 성생활을 즐겁고 충족된 행동이 될 수 있도록 도와주어야 하며, 성상담을 제공할 책임이 있다. 이를 위해서는 자격을 갖춘 성교육 담당 프로그래머가 필요하다. 프로그래머는 발달장애인의 사생활 보호에 대한 권리를 우선적으로 발달시킬 수 있도록 여러 가지 방법을 제공해야 한다. 그렇지 않으면 발달장애인은 성적으로 충족되지 못하고 무의미하며 은폐적인 성적 행동을 계속하게 될 것이다.

발달장애인은 자신의 성을 개방적이고 자유롭게 표현할 권리를 가지고 있다. 발달장애인을 지원하고자 하는 전문가는 그들이 성적 행동을 즐길 수 있는 방법을 개발하도록 허용하고 도와야 할 것이며, 타인과 스스로에게 해롭지 않은 성적 생활을 영위할 수 있도록 가르쳐야 한다.

## ● 발달장애인의 성적 권리

- 성관계를 포함하여 인간관계를 형성하고 유지시킬 수 있어야 하며, 성적인 표현을 할 수 있는 권리를 가진다.
- 가치와 기술발달영역도 포함된 상태에서 인간관계 및 성에 관한 교육을 받을 권리를 지닌다.
- 그들을 위한 교육은 개인의 학습능력을 최대화시킬 수 있는 상태로 이루어져야 하며, 연령이나 문화적 요소를 고려하여 적절하게 실시되어야 한다.
- 자신의 가치를 선택할 수 있음은 물론 사적인 생활을 보호받을 권리를 지닌다.
- 자신의 결혼을 선택할 수 있음과 동시에 자녀를 갖거나 그렇지 않을 것에 대한 결정을 할 수 있는 권리를 지닌다.
- 성적으로 착취나 이용, 학대, 희롱을 당하지 않을 것을 포함하여 성적인 건강을 유지하기 위한 예방이나 치료를 받을 권리가 있다.
- 임신이나 피임, 부모역할, 성적인 상호작용을 통해 전달된 질병 감염이나 신체를 위협하는 질환의 발생 등에 관한 의료보호, 유전적인 상담, 성상담 등에 관한 교육이나 상담 등과 같은 필요한 서비스에 접근할 수 있는 권리를 지닌다.
- 성적으로 어려운 문제가 발생할 경우(예: 생리를 처리하는 문제나 부적절한 자위행위에 관한 문제) 적절하게 실험적으로 훈련을 받을 수 있어야 한다.
- 자신이 결정하고 협상이나 토의를 통해서 동의를 할 수 있고 또 자신의 잠재 가능성을 개발시킬 수 있는 권리가 있다.
- 자신이 동의를 한 상태에서 결정을 할 수 없는 상황이라면(예: 유전적인 결정, 불임 등), 법적인 후견인이 그 결정의 책임을 진다.
- 발달장애인이 아동일 경우, 부모와 직원이 함께 관계 형성이나 성교육에 참여하며, 가족은 대부분의 경우 성적 가치나 지식의 주요한 제공자여야 한다.
- 친교관계를 형성하거나 유지할 경우에는 항상 자신의 책임이 수반되는 것을 배워야 할 권리가 있다.
- 발달장애인이 이용하는 시설이나 기관에서는 발달장애인의 자아상이나 자존심을 긍정적으로 발달시키도록 도와야 한다.

● 발달장애인이 이용하는 시설 및 기관 종사자가 고려해야 할 사항

- 발달장애인과 관련된 시설이나 기관에서 종사하는 사람은 인간관계 및 성에 대한 교육을 받아야 한다.
- 발달장애인에게 적절한 성교육을 실시하여 자신의 권리를 행사하도록 도우면서 책임을 다한다.
- 발달장애인이 어느 상황에서나 성관계나 결혼을 포함한 친밀한 인간관계의 발달을 고양시키는 등 그들의 사회적 기술을 발달시키도록 도와준다.
- 발달장애인이 성적으로 착취당하는 경우가 없도록 환경개선 등을 통한 예방노력에 최선을 다한다.
- 피임이나 생리에 대한 처치나 의료행위 등은 개인의 연령이나 병력, 생활양식 등을 고려하여 이루어져야 한다.
- 상기의 문제를 다룰 때 가능하면 발달장애인 당사자로부터 동의를 받아야 하며, 만약 그렇게 하기 어려울 경우 장애인의 법적 후견인 동의를 필요로 한다.
- 발달장애인의 권리보호 차원에서 오해가 발생하지 않도록 하거나 학대의 발생 여부 및 학대의 형태 등을 쉽게 확인할 수 있기 위해서는 발달장애인과의 의사교환을 하는 방법에 대한 훈련을 받아야 한다.

### 3) 성과 성교육의 의미

#### (1) 성

성(sexuality)은 개인 요구 중의 하나이며, 신체를 통해서 자기 자신을 표현하는 것이다. 성욕은 타인과의 관계 충족의 욕구를 자극하는 것이며, 개인의 만족과 행복에 대한 욕구이다. 또한, 그것은 개인의 정체성의 핵심 내에 있는 것이며, 자신의 정체성과 자기인식의 발달과 성정체성의 핵심 내에 있는 것이며, 자신의 정체성과 자기인식의 발달과 성정체성을 포함하고 있다.

#### (2) 성교육

대체로 성이라 하면 매우 협의로 해석해서 남녀의 성생활만을 강조하는 경향이 있다. 성문제는 남녀관계에 대한 문제라기보다는 그 이전에 남성 또는 여성 각각의 성

에 관한 문제라고 본다. 왜냐하면, 각각의 성이 바르게 발달하지 않으면 남녀관계의 성문제는 정상적인 발달을 가져올 수 없기 때문이다. 또한, 성문제는 결코 성이라는 단일한 문제만으로 그치는 것이 아니다. 이것은 인격 형성에도 직접적인 영향을 주어 개인의 인생에 영향을 미친다. 그래서 과거의 성교육은 주로 성의 생물학적 측면에 관한 지식과 기술에 초점을 두었지만 오늘날은 전체적이고 일상의 인간관계를 영위하기 위해서 필요한 것, 말하자면 이성에 대한 호감, 방황, 3차 성징에 대한 불안, 부끄러움, 데이트 등에 대한 문제로 확대된다. 즉, 성에 대한 생물학적 지식과 기술과 아울러 성에서 파생되는 인간관계와 그에 관한 문제에 대한 원조가 필요하다.

성교육의 목적은 성에 대한 올바른 지식을 가르쳐서 성에 대한 올바른 태도와 가치관을 가지며, 개인적으로는 성에 관련된 여러 가지 문제를 합리적으로 해결하는 능력을 길러 주는 것이다. 성교육은 성인이 되기 위한 교육의 일부이면서 타인을 소중히 여기며 인간관계 속에서 책임감을 완수하도록 하려는 것이다.

### (3) 발달장애인 성교육에 대한 잘못된 믿음

#### 1 성교육 실시로 장애인이 섹스를 즐기게 된다는 믿음

이러한 믿음은 비장애인 아동이나 청소년을 상대로 한 성교육에 대해 반대하는 부모의 입장과 유사하다. 오히려 교육을 통하여 성에 대한 개념을 정확하게 전달받은 사람일수록 성욕을 스스로 조절할 수 있는 능력도 생기게 된다.

#### 2 성교육 실시로 성에 대한 관심이 커진다는 믿음

오히려 적절한 성교육이 이루어지지 못할 때 그리고 성교육에 관한 적절한 정보에 대한 접근이 제한될 때, 정보가 왜곡된 것인가 그렇지 않은가를 분간할 수 있는 능력이 부족하여 문제가 생길 수 있다. 적절한 정보의 제한 자체가 바로 그들의 성적 표현을 무시하고 방해하는 것에 해당된다. 장애인은 공식적인 성교육 부재 상황에서도 다양한 경로를 통하여 여러 가지 형태의 정보를 받아들일 수밖에 없다. 그런데 그들의 또래도 정보를 제대로 전달받지 못했기 때문에 성에 대한 부정적 견해나 왜곡된 견해를 지니고 살아가게 된다. 그러므로 또래나 성인용 매체 등을 통해서 전달되고 있는 정보 대부분이 부정확한 정보일 가능성이 크다.

### 3 학습내용을 소화할 수 있는 능력이 없다는 믿음

발달장애인의 지적 수준은 매우 다양하여 그들의 상당수가 비장애인과 구분이 되지 않을 정도의 수준을 보이기도 한다. 아울러 지적 수준이 낮은 장애인이라고 하더라도 그들도 알아야 할 권리가 있다.

### 4 부적절한 행동은 무시해 버리면 사라진다는 믿음

부적절한 행동을 무시해 버리는 이유는 흔히 두 가지로 나뉜다. 하나는 행동수정의 접근방법을 잘 모르기 때문이고, 다른 하나는 심혈을 기울여서 가르쳐 줄지라도 별다른 변화가 나타나지 않을 것이라고 잘못 믿고 있는 고정관념 때문이다. 그렇지만 그들의 부적절한 행동을 그대로 방치하면 문제가 더 커질 수 있으며, 또 끊임없는 도전으로 그러한 행동이 수정될 수 있다. 역시 가장 타당하다고 여겨지는 행동수정의 기법을 적용했다고 하더라도 곧바로 변화를 보이는 경우보다는 그렇지 않은 경우가 더 일반적이다. 생각보다 장기적인 노력을 해야 변화가 보이므로 교육자의 인내가 요구된다.

### (4) 발달장애인의 성교육 필요성

성 전문가와 장애아를 자녀로 둔 대부분의 부모는 장애인의 성적 요구는 충족되어야 한다고 생각한다. 「발달장애인 권리보장 및 지원에 관한 법률」, 「장애인복지법」, 「특수교육법」 등에서는 정상화 원리를 채택하여 학교에서 주류화 옹호와 시설보호에서 지역사회로 이동하자는 운동은 장애인의 성적 권리를 확대하는 데 영향을 주고 있으며, 특히 기본권을 보호하고자 하는 철학과 정상화의 원리는 장애인의 권리를 성취하는 데 근본적인 힘이 되고 있다.

장애인이 정상적인 생활을 하기 위해서는 정상화 내용 속에 성적 발달이 포함되어야 한다. 사회는 성에 대하여 보다 허용적인 방향으로 나아가고 있지만 아직도 사회가 가지고 있는 사회적 금기와 법적 문제로 인해 장애인의 개인적 요구에 적절한 프로그램의 개발은 방해를 받고 있다. 성교육의 개별화는 상당히 진보하여 장애인의 다양한 요구를 충족시킬 수 있는 교육과정 가이드가 있다. 그러나 장애인의 성을 부정하는 부모와 교사 및 기타 지도자는 사실 장애아동이 사춘기에 들어서면 매우 복잡한 심경에 빠지게 된다고 본다. 특히, 발달장애아를 자녀로 둔 부모는 더욱 불안해할 것이다.

발달장애인의 낮은 인지능력과 학습능력, 주의집중 기간의 짧음, 감각·신체·정서 혹은 행동 등의 이차적 장애와 같은 요소 때문에 성교육 목적을 설정하는 데도 많은 제한점이 있어 발달장애인을 위한 성교육 프로그램에 관한 연구는 과학적 자료보다는 주로 이론적인 것에 치중하고 있다. 그러므로 성교육의 필요성과 효율성을 입증하기 위해서는 성교육 대상자의 성에 대한 실제적 자료 및 분석이 요구된다.

### (5) 발달장애인을 위한 성교육 내용

발달장애인의 성교육자는 그 개인의 장애 수준과 학습 스타일을 이해하고 프로그램은 가능한 한 개별화하고 기본적 정보는 대상자의 지체 수준과 언어 수준을 고려하여 이해시켜야 한다. 발달장애인이 이용하는 시설이나 기관의 직원과 아동의 부모를 위한 성교육 훈련 프로그램이나 발달장애인을 위한 성교육 내용은 다음과 같다.

〈표 9-1〉 발달장애인의 성교육 내용

| 구분 | 교육 내용 |
|---|---|
| 해부학과 생리학 | 남자와 여자에 대한 간단한 그림을 사용하여 남자와 여자의 유사성과 차이점을 지적한다. 남자 발달장애인에게는 여자의 해부학을, 여자 발달장애인에게는 남자의 해부학을 이해시킨다. 그리고 모든 사람은 동일한 신체를 가지고 있으나 형태, 크기 등은 다양하다는 것을 이해시키며, 성기에 대한 개념은 사적으로 다루어야 함을 가르친다. |
| 성숙과 신체의 변화 | 발달장애인에게 출생부터 성숙할 때까지의 신체의 발달을 보여 준다. 그리고 남자와 여자의 신체변화에 따라 필요한 행동과 신변처리능력을 가르친다. 또한, 성숙과 신체변화에 수반하는 느낌을 토의하고 성적인 감정을 다루는 것에 대한 책임성을 강조한다. 남자는 여자의 성숙과정을, 여자는 남자의 성숙과정을 알게 한다. |
| 가족계획 | 아이가 어떻게 형성되는가를 설명하며, 피임법에 대한 기초적인 정보를 제공한다. 실제 피임기구를 보여 주고, 남자와 여자 양자가 그 방법을 알게 하고 그에 대한 책임성을 강조한다. 가족계획진료서 같은 지역사회 자원에 대한 정보를 제공하고 구체적인 피임방법과 어떤 피임방법이 발달장애인에게 효과적인지를 강조한다. |
| 성병 | 일반적인 성병 증상에 대한 정보를 제공하고 의학적 검사가 필요한 증세를 설명하며, 검사를 어디서 어떻게 받는가를 설명한다. 그리고 성병의 일반적인 치료 방법과 예방에 대한 정보를 제공한다. |

| 구분 | 교육 내용 |
|---|---|
| 자위행위 | 자위행위를 정의하고 무해한 방법과 해로운 방법의 자위행위를 설명한다. 자위행위의 적절한 장소를 토의하고 이것은 사적인 행위임을 강조하고, 상호 자위행위를 통해서 임신할 수도 있음을 설명한다. |
| 성적 존재로서의 책임성 | 사람은 누구나 자신의 몸에 책임이 있음을 알게 하고 성행동에 대한 책임성을 강조한다. 그리고 성행동을 지배하는 사회의 규칙과 법률에 따르는 책임성을 설명하고 그 환경에 적응할 수 있도록 한다. |
| 동성과 이성행동 | 성의 선호와 성의 선택은 대부분의 경우 만들어지는 것이 아님을 알게 하며, 이성행동과 동성행동을 구별하게 한다. |
| 심리사회적 성적 행동 | 많은 다양한 환경과 관련하여 적절한 행동과 부적절한 행동을 설명한다. 사회적 요구에 적응하기 위하여 상담과 도움을 얻는 장소와 방법을 제공하고 그 사회가 부적절한 사회 성적 행동을 통제하는 방법, 즉 부적절한 행동의 결과를 알도록 한다. |
| 친자관계와 결혼 | 친자관계와 결혼에 대한 책임성과 실제적인 결과를 이야기한다. 그리고 친자관계가 없는 결혼, 즉 불임수술을 하고 결혼하는 것과 결혼하지 않고서도 행복한 사람이 될 수 있다는 등의 인식을 발달시킨다. |

〈표 9-2〉 발달장애인의 성교육 도구

| 구분 | 내용 |
|---|---|
| 점토 모델링 | • 신체기관의 부분을 만들고 그 부분을 느껴본다. |
| 남녀해부학 모델 이용 | • 신체기관의 부분을 분리하고 그다음 형태와 위치를 재배치한다. |
| 그림 그리기 | • 옷을 입은 남녀와 옷을 입지 않은 남녀를 설명한다.<br>• 남녀의 신체에 대한 정보를 알게 하기 위하여 성적 모델과 동일시하게 한다. |
| 시청각자료 이용 | • 성적 활동과 생리현상에 사용되는 물품을 직접 다룰 수 있게 한다.<br>• 사회적 발달을 개발하고 대인관계기술을 발달시키기 위하여 사회적 활동과 레크리에이션 활동을 실시한다.<br>• 드라마의 활용, 인형극, 역할극, 판토마임, 즉석에서 연기하기 등 |
| 도덕성 발달 지도 방법 | • 학습자가 어떤 성적 행동에 포함된 문제를 알게 하려는 것이다. 지도자는 여러 가지 문장을 크게 읽고 학습자는 손을 올리거나 끄떡이거나 말로 그 진술된 문장에 동의하는지, 그렇지 않은지를 표현한다(문장의 예: 자위행위는 나쁘다).<br>• 도덕성 발달의 또 다른 방법은 일어난 갈등상황을 학습자에게 제시하고 해결안을 찾게 한 다음 교사는 다음과 같이 질문한다(그 상황에서 그렇게 한 것이 제대로 한 것인가? 제대로 한 것이 아니라면 다른 방법은 없는가?). |

### (6) 성교육 지도자

#### 1 발달장애인의 성교육은 누가 적합할 것인가?

발달장애아동의 경우에는 자연적 환경에서 가장 쉽게 학습이 일어나므로 대개 그 환경에 있는 양육자가 지도하게 된다. 성장, 신체변화, 성숙, 감정에 대해 이야기하는 데 가장 적당한 사람은 그 개인의 일상생활에서 가장 가까운 사람이 되어야 할 것이다. 실제로 성교육은 교실에서 이루어진다기보다는 일상생활 중에 성인과 아동 간의 상호작용에서 일어난다. 그러므로 교실이나 인위적 환경에서 성교육을 하기 전에 먼저 그 개인의 자연적 생활환경에서 나타나는 섹슈얼리티를 조사해야 한다. 이러한 상호작용을 보다 편안하게 정보를 제공하기 위해 전문가는 양육자나 부모에게 원조 시스템을 제공하고 교실에서 성교육을 하게 된다면 그 개인이 배운 지식을 다른 환경에서도 사용할 수 있도록 일반화된 기술을 가르쳐야 한다.

#### 2 양육자를 위한 오리엔테이션

발달장애인의 양육자에게 발달장애인을 위한 성교육 프로그램을 실시할 때 우선 성에 대한 매우 기본적인 태도부터 시작하여 점차 복잡한 지식을 다루게 된다. 성교육 프로그램은 대상자의 인지적 · 적응적 · 의사소통의 제한점을 고려하고, 실제생활에 전이할 수 있는 자료를 제공하기 위해서 대상자의 능력을 평가해야 한다. 예를 들면, 최중도 발달장애 여성에게 나팔관 결찰수술에 대하여 말로 설명하는 것은 불필요한 일이다.

그러나 그녀의 독특한 요구를 충족시키기 위해 무해하고 위생적인 방법으로 자신의 생리를 처리할 수 있도록 정보와 기술을 제공해야 한다. 한편, 경도 발달장애인은 남자든 여자든 간에 임신, 피임법, 지역사회 자원, 성병, 친자관계, 결혼, 성폭행 · 성추행 행동에 대한 정보 등이 필요하다. 발달장애인에게 섹슈얼리티를 가르치는 것은 비발달장애인과는 상당히 다를 것이다. 시간이 더 많이 걸리고 더 구체적이며, 정보전달의 반복적인 체제가 필요하다.

#### 3 발달장애인의 성교육자

발달장애인에게 성교육을 여러 사람이 실시할 수 있나. 난시, 주의해야 할 것은 교육대상자에게 일관성 있고 의미 있게 하기 위하여 동일한 자료를 동일한 언어나 의사소통 시스템으로 전달해야 한다는 점이다.

성교육을 실시하는 사람은 교직원, 일반 직원, 부모 혹은 주위의 중요한 성인일 수 있다. 이 중에서 중요한 팀 구성원 중 한 명은 발달장애에 관해서는 물론 성교육 성상담에 있어 자격을 갖춘 프로그래머이다. 그런데 대체로 한쪽 분야에만 전문적인 프로그래머는 많이 있으나 양 분야, 즉 발달장애인과 성교육을 결합하는 방법을 하는 프로그래머는 드물다.

전문가가 사용하는 효과적인 방법 중의 하나는 직원과 부모를 대상으로 하는 프로그램 동영상을 사용하는 것이다. 동영상으로 정보를 제공함으로써 전 훈련과정에서 일관성 있게 자료를 제공할 수 있고, 필요할 때면 언제든지 자료를 재이용할 수 있는 장점이 있다. 훈련 1회 과정으로는 한 시간 정도가 좋다. 30분은 토의, 역할극 또는 기타 활동으로 할당한다. 여기에서 섹슈얼리티와 발달장애인에 대한 사전 태도검사와 사후검사는 훈련과정 동안 효과적인 의사소통과 대상자 자신의 인식에 성장이 있었다는 것을 알게 하기 위해서 실시된다.

### 4 직원 성교육 훈련

직원 성교육 훈련은 발달장애인과 접촉한 모든 사람을 대상으로 하여 발달장애인의 일상생활에 기초하여 섹슈얼리티를 다룬다는 가정에 기초한다. 그리고 자료의 이용성, 실용성, 일관성을 유지하기 위하여 동영상을 이용하는 것이 좋은데 매일 2시간 정도가 좋다. 그리고 정보를 충분히 소화하기 위하여 중간에 하루 정도를 쉴 수도 있다. 직원들에게 성교육 훈련을 해야 할 내용은 다음과 같다.

- 섹슈얼리티와 발달장애인, 해부와 생리학의 개관
- 동성애, 마스터베이션, 몽정, 성적 환상, 성병, 데이트
- 성범죄와 발달장애인
- 발달장애인의 친자관계와 결혼

이상의 내용을 담은 동영상을 보고 난 후에 참석자 각각에 대하여 집단토의를 실시하고 역할극을 해 보게 한다. 이러한 직원 성교육을 실시하는 목적은 발달장애인을

성교육하는 사람이 우선 자기 자신의 섹슈얼리티에 대해 편안하게 생각할 수 있도록 하는 것이다. 성교육을 하는 사람이 섹슈얼리티를 편안하게 느낄 수 있을 때만이 발달장애인이나 그밖의 다른 사람들을 효과적으로 도울 수 있다.

### 5 행정적 지원

발달장애인과 함께 지내는 직원들에게 장애인의 성에 대한 적당한 가이던스나 정보를 제공하면 그들의 성에 대한 편견을 제거할 수 있다. 따라서 행정가는 직원들에게 재훈련과정을 권장하고 지원해야 한다. 직원훈련과정에서 가장 중요한 것은 훈련 참석자는 그 시설이나 기관에 근무하는 수위부터 의사에 이르기까지 전 직원을 대상으로 해야 한다는 것이다. 왜냐하면, 발달장애인은 성에 대한 정보를 얻기 위하여 자기가 가장 편안하게 느끼는 사람을 찾아가게 되기 때문이다. 그가 찾는 사람이 항상 간호사, 양육자 교사 혹은 친부모인 것은 아니다. 직원 성교육 프로그램이 성공을 거두기 위해서는 그 발달장애인의 일상생활에 개입하고 있는 모든 사람이 적당한 정보를 받을 준비가 되어 있어야만 한다. 그리고 모든 직원은 일관성 있게 정보를 전달하고 정해진 규칙을 수행해야 한다.

### 6 발달장애인 성교육 고려사항

- 성교육은 관계를 포함한다. 가족, 친구, 사랑하는 사람들, 배우자 등과의 관계에서 우리는 어떻게 느끼는가? 그리고 이러한 느낌에 따라서 어떻게 행동하는가?
- 성교육은 신체의 생리학을 학습하는 것이다. 인간의 생식작용과 그것이 개입된 활동에 있어서의 남녀 각각의 역할을 학습한다.
- 성교육은 성충동이나 신체의 에로틱한 느낌에 대한 이해와 어떻게 그러한 느낌이 일어나며 통제하는가에 대하여 교육한다.
- 느낌과 정보를 구별한다.

정리하면, 기본적으로 발달장애인을 위한 성교육 및 훈련 프로그램을 기획하는 데 있어서 다음 몇 가지를 고려해야 한다.

- 정책은 발달장애인과 함께 일하는 모든 직원과 부모와 의사소통하며 개발되어야 한다.

- 발달장애인과 관련된 모든 사람은 다른 사람들의 성문제를 다룰 수 있도록 적어도 자기 자신의 성적인 문제에 대해서 충분히 편안하게 느낄 수 있어야 한다.
- 성교육에 개입된 모든 사람은 적절한 사회적 행동으로 기대되는 이성교제 규칙이나 표준에 대해 서로 분명하게 의사소통하고 실행해야 한다.
- 자료의 일관성을 유지하기 위하여 재교육 훈련과정은 영상녹화를 사용하는 것이 좋다. 그리고 사정 후 그 느낌에 대해 개인적인 상호 교환과 역할놀이를 하게 한다.
- 성교육 프로그램은 성교육, 성상담과 발달장애인 양 방면에 경험이 있는 사람이 실시하는 것이 중요하다.
- 행정적 지원과 정보를 기꺼이 수용하는 직원과 부모, 자격을 갖춘 프로그램 기획자 없이는 발달장애인 성교육 프로그램은 효과를 거두기 어렵다.

### ●「장애인 차별금지 및 권리구제 등에 관한 법률」 강제불임과 관련된 주요 내용

제1조(목적)

이 법은 모든 생활영역에서 장애를 이유로 한 차별을 금지하고 장애를 이유로 차별받은 사람의 권익을 효과적으로 구제함으로써 장애인의 완전한 사회참여와 평등권 실현을 통하여 인간으로서의 존엄과 가치를 구현함을 목적으로 한다.

제7조(자기결정권 및 선택권)

① 장애인은 자신의 생활 전반에 관하여 자신의 의사에 따라 스스로 선택하고 결정할 권리를 가진다.

② 장애인은 장애인 아닌 사람과 동등한 선택권을 보장받기 위하여 필요한 서비스와 정보를 제공 받을 권리를 가진다.

제22조(개인정보보호)

① 장애인의 개인정보는 반드시 본인의 동의하에 수집되어야 하고, 당해 개인정보에 대한 무단접근이나 오·남용으로부터 안전하여야 한다.

② 제1항을 적용함에 있어서 「개인정보 보호법」, 「정보통신망 이용촉진 및 정보보호 등에 관한 법률」 등 관련 법률의 규정을 준용한다. 〈개정 2011.3.29.〉

③ 장애아동이나 정신장애인 등 본인의 동의를 얻기 어려운 장애인에 있어서 당해 장애인의 개인정보의 수집·이용·제공 등에 관련된 동의행위를 대리하는 자는 「민법」의 규정을 준용한다.

제28조(모 · 부성권의 차별금지)

① 누구든지 장애인의 임신, 출산, 양육 등 모 · 부성권에 있어 장애를 이유로 제한 · 배제 · 분리 · 거부하여서는 아니 된다.

② 입양기관은 장애인이 입양하고자 할 때 장애를 이유로 입양할 수 있는 자격을 제한하여서는 아니 된다.

③ 교육책임자 및 「영유아보육법」에 따른 어린이집 및 그 보육교직원와 「아동복지법」에 따른 아동복지시설 및 그 종사자 등은 부모가 장애인이라는 이유로 그 자녀를 구분하거나 불이익을 주어서는 아니 된다. 〈개정 2011. 6. 7.〉

④ 국가 및 지방자치단체에서 직접 운영하거나 그로부터 위탁 혹은 지원을 받아 운영하는 기관은 장애인의 피임 및 임신 · 출산 · 양육 등에 있어서의 실질적인 평등을 보장하기 위하여 관계 법령으로 정하는 바에 따라 장애유형 및 정도에 적합한 정보 · 활동보조 서비스 등의 제공 및 보조기기 · 도구 등의 개발 등 필요한 지원책을 마련하여야 한다.

⑤ 국가 및 지방자치단체는 임신 · 출산 · 양육 등의 서비스 제공과 관련하여 이 법에서 정한 차별행위를 하지 아니하도록 홍보 · 교육 · 지원 · 감독하여야 한다.

제29조(성에서의 차별금지)

① 모든 장애인의 성에 관한 권리는 존중되어야 하며, 장애인은 이를 주체적으로 표현하고 향유할 수 있는 성적 자기결정권을 가진다.

② 가족 · 가정 및 복지시설 등의 구성원은 장애인에 대하여 장애를 이유로 성생활을 향유할 공간 및 기타 도구의 사용을 제한하는 등 장애인이 성생활을 향유할 기회를 제한하거나 박탈하여서는 아니 된다.

③ 국가 및 지방자치단체는 장애인이 성을 향유할 권리를 보장하기 위하여 관계 법령에서 정하는 바에 따라 필요한 지원책을 강구하고, 장애를 이유로 한 성에 대한 편견 · 관습, 그밖의 모든 차별적 관행을 없애기 위한 홍보 · 교육을 하여야 한다.

10

# 성인기 이후, 발달장애인 서비스

## 1. 발달장애인의 성인기 이후(중·장년 및 노년기) 특성과 서비스 대책

발달장애자녀를 둔 많은 부모가 직면하는 가장 큰 문제는 부모가 더 이상 자녀를 돌볼 수 없게 되거나 또는 죽었을 때 내 자식이 어디에서 살 것인지, 누가 돌봐 줄 것인지, 어떻게 삶의 질이 유지될 것인지, 다른 형제자매가 일상생활을 돌봐 줄 수 있을지 하는 문제이다. 이러한 질문들은 근본적으로 타인의 도움 없이는 평생 동안 생활이 어려운 발달장애인의 장애 특성에서 비롯된다. 더불어 이 문제는 장애를 가진 자녀뿐만 아니라 발달장애자녀를 둔 부모와 형제, 그리고 휴먼 서비스기관 종사자들과 서비스 체계에도 영향을 미친다.

지난 20년 전만 하더라도 발달장애 중 · 장년 및 노년기에 대한 사회적 관심이 전무한 실정이었다. 일반적으로 발달장애인의 수명이 짧았고, 또한 생활시설에 수용되는 경우가 많기 때문이다. 그러나 최근 의학의 발달과 의료 서비스의 개선으로 전반적인 건강 상태가 향상되면서 이들의 수명이 30년 이상 증가하였다. 또한, 탈시설화의 노력으로 지역사회의 시설 및 자원 이용이 용이해졌고 지역사회생활을 위한 다양한 지원 프로그램이 개발되었다. 이러한 변화로 인해 지금까지 주로 아동과 성인 중심이었던 발달장애인에 대한 복지가 이들의 전 생애적인 관점에서 관심을 가지게 되었다. 최근 우리나라도 노인인구의 증가 추세로 노인의 건강, 생활비, 고용, 주거 등 전반적인 노인복지에 대해 국가적 관심이 고조되고 있다. 보건복지부 통계에 의하면 한국인의 평균수명은 1960년에는 55세였지만 2000년에는 70.6세(남), 78.1세(여)로 크게 증가하였다. 이에 따라 노인인구의 비율도 점차 증가하였는데, 1960년대 65세 이상의 노인인구는 726,450명으로 전체인구의 2.9%에 불과했지만 2002년 현재 전체인구의 7.9%로 집계되었다. 또한, 앞으로 2050년에는 전체인구의 약 34.4%로 증가할 전망이다. 이런 평균수명의 증가와 노인인구의 증가는 발달장애인에게도 유사하게 적용된다.

일반적으로 발달장애인은 결혼을 하지 못하여 지원을 받을 수 있는 자녀나 배우자가 없는 경우가 대부분이다. 주로 부모가 이들의 일상생활을 지원해 주며 살게 되는데 이 경우 노령의 부모가 발달장애인 노인 자녀를 돌보는 '두 세대의 노인가족' 형태의 가족 유형이 된다. 간혹 형제자매가 돌보는 경우도 있으나 대부분은 노령의 부모가 유일한 지원자 역할을 하고 있다. 발달장애인은 대부분이 미혼이므로 배우자나 자녀가 없기 때문에 비장애노인에 비해 비공식적 지원체계가 약하다. 미국의 경우 비장애노인인구 중에서도 아주 허약노인을 제외하고는 약 80% 정도가 비공식적 지원체계, 즉 배우자나 자녀의 보호를 받는다(Malin, 2001).

발달장애인이 노령기에 접어들면 자신의 부모 또한 평균 80세 이상의 노인이므로 자녀를 보호하고 돌봐주기가 힘들고 오히려 부모가 다른 보호자를 필요로 하게 된다. 즉, 보호받아야 하는 노인 두 세대가 함께 사는 경우가 발생하는 것이다. 다음으로 배우자나 자녀가 없는 상태에서 만약 부모가 사망하거나 질병이나 사고를 당한다면 새로운 보호자가 필요하지만 비공식적 지원체계(형제, 친척, 이웃, 친구 등) 내에서 보호자를 찾는 데 어려움이 발생한다. 이처럼 발달장애노인은 다른 장애노인이나 비장애노인에 비해 공식적인 지원체계의 도움이 절실함을 시사한다.

발달장애노인이 부모 사망이나 건강상의 이유로 가족보호 이후 택할 수 있는 공식적인 지원체계는 대개 생활시설이나 요양시설, 장애인시설에 입소하는 것이다. 그러나 실제로 대부분의 발달장애 부모는 자녀가 시설보호를 받는 것을 원치 않으며, 그들이 더 이상 보호할 수 없게 되었을 때 다른 형제자매가 보호해 주는 것보다는 시설보호를 더 원한다고 하였다. 이것은 결국 다른 대안이 없기 때문에 어쩔 수 없이 시설보호를 택할 수밖에 없는 현실을 단적으로 보여 주는 예이다. 현재로서 중 · 장년기 이후 노년기 발달장애인의 개별적인 욕구나 선택권을 보장해 주는 적절한 대안이 턱없이 부족한 실정이다.

그리고 이러한 시설도 장차 노년기 발달장애인의 인구가 크게 증가할 경우 이들을 수용할 수 있는 데 한계가 있을 것이라 전망된다. 그러므로 증가하는 발달장애 노인 인구에 비해 턱없이 부족한 시설을 생각할 때 노인에 대한 정책 및 프로그램의 신속한 변화와 대응책이 마련되어야 한다. 또한, 이들의 각 생애주기별 욕구, 즉 사랑, 성, 결혼, 가족, 자녀, 노후생활에 대한 연구와 서비스가 이들의 평생대책의 일환으로 구축되어야 할 것이다.

### 1) 발달장애 중 · 장년기 이후 노인은 누구인가?

학자들은 노인(old age)을 생활연령과 사람이 늙어가면서 겪게 되는 기능적인 변화에 의해 정의하고 있다. 일반적으로 젊은 노인을 65세 이상, 늙은 노인(old-old age)을 75세 이상, 가장 늙은 노인을 85세 이상으로 구분하기도 하고 제3의 나이, 제4의 나이라는 용어를 사용하기도 한다. 발달장애노인에 대한 일치된 정의는 없지만 일반적으로 비장애노인인구보다는 더 낮은 연령이 적용된다. 예컨대, 발달장애노인의 연령대를 40세에서 75세까지로 보는 폭넓은 기준이 적용되고 있다.

우리나라의 경우 법적으로 노인에 대한 구체적인 규정을 두지 않고 있다. 다만, 복지조치의 개별조항에 65세 이상이라고 일률적으로 규정한다. 최근 조사연구에 의하면 발달장애노인을 정의하는 데 55~60세의 나이가 가장 광범위하게 적용되고 있으나, 학자들 간에 합의가 이루어지지 않고 있다.

이러한 점에도 불구하고 노인학이나 발달장애에 대해 말린(Malin, 2001)은 55세 이상을 발달장애노인으로 규정하고 있다. 55세를 노령기준 연령으로 적용하면 신체적 · 심리적 · 사회적 기능이 '노령'으로 속하지 않는 표본(sample)을 포함시킬 수도 있으며, 또 다른 한편으로는 다운증후군과 같은 조로(premature aging) 현상을 보이는 특정 발달장애인 집단이 제외되는 오류를 범할 수 있다. 따라서 발달장애인의 노령을 정의하는 데 있어서 어떤 생활연령을 사용하더라도 위의 오류를 범할 수 있으나 이러한 오류를 최소화하기 위한 최적의 연령이 55세로 제시된다.

### 2) 발달장애 성인기 이후 중 · 장년기 노인인구 현황

지난 100년 동안 의료기술의 발달과 다양한 사회적 서비스의 개발, 공중보건 실천의 극적인 발전에 힘입어 조기사망의 감소와 더불어 인간의 수명이 상당히 연장되었다. 이러한 경향은 발달장애인에게도 비슷하게 나타났고 그 결과 발달장애인의 수명도 증가하였다. 따라서 노화는 발달장애인이 당면한 새로운 현상이다. 발달장애인의 평균수명은 점차 증가해 왔고 앞으로도 증가할 전망이며, 더불어 발달장애인의 전체 인구에서 차지하는 비율도 계속 증가하고 있다. 하지만 선진국들도 발달장애 노인인구에 대한 정확한 수치를 파악하지 못하고 있는 것을 발견할 수 있다. 노년기의 발달장애인인구를 정확하게 파악하기 어려운 이유는 다음과 같다. 첫째, 발달장애노인을 위한 지역사회 프로그램이 다양하지 않기 때문에 공식적인 서비스에 노출되지 않고 대부분의 발달장애 중 · 장년 노인이 지역사회에 숨어 있기 때문이다. 둘째, 다양한 출연율이 이용되고 있기 때문이다. 셋째, 발달장애노인에 대한 정의가 일치하지 않기 때문이다.

### 3) 발달장애 중 · 장년기 이후 노인의 특성

노년기 발달장애인의 전반적인 특성과 비장애노인의 특성을 파악하는 것은 발달장애노인을 위한 다양한 프로그램 개발과 함께 비장애노인 프로그램과의 통합을 결정하는 데 중요하다.

#### (1) 인구학적 특성

비장애노인과는 달리 중 · 장년 및 노년 발달장애인은 의지할 수 있는 배우자나 자녀가 없다. 대개 노부모가 주 보호자 역할을 하며, 이들의 가족체계로 가까운 친인척-형제나 형제의 자녀, 또는 친구를 들 수 있다. 하지만 중 · 장년 및 노년 발달장애인은 장기간 가정 또는 시설에서 생활했기 때문에 친구나 이웃과 사회적 관계를 맺을 기회가 없어 친구가 거의 없다.

발달장애인은 일상생활의 대부분을 타인에게 의존하게 되는데 이들의 주 보호자는 부모인 것으로 나타났다. 또 이들은 사회적으로 고립되어 있는 것으로 나타나는데 이는 많은 보호자가 발달장애자녀를 집에만 방치하거나 통제적인 태도로 과잉보호하였기 때문인 것으로 생각된다. 따라서 사회적으로 외부인과 상당히 고립되어 있고, 보호자와 갈등관계에 있거나 분노와 욕구불만이 내재되어 있는 경우가 많으며, 이는 정신건강에 해로운 영향을 줄 수 있다. 그리고 비장애인구에서와 마찬가지로 남성보다는 여성의 수명이 길다.

### (2) 신체적 노화와 건강

체력의 감소, 청력 감퇴와 시력 저하 등의 감각기관의 변화, 뼈가 약해지면서 생기는 골근육의 변화, 증가된 만성질병의 위험과 의료문제, 관절염, 고혈압과 뇌혈관의 질병이 성인기보다 노년기에 더욱 일반적으로 나타난다.

대부분의 발달장애인도 생리적 노화과정은 비장애인과 비슷하다. 그러나 특정 하위 집단은 신체적 노화를 매우 다르게 경험한다. 예를 들어, 다운증후군은 조로를 경험하며, 알츠하이머병의 조기 발병률이 높고 따라서 비장애인에 비해 수명이 상당히 짧다. 일반인의 평균수명이 70.1세인데 비해 다운증후군의 평균수명은 55.8세이다. 또한, 일반적으로 다운증후군은 50세가 넘으면 적응기술을 상실한 위험이 매우 높다. 비장애인구에 비해 발달장애인은 갑상샘 부전증, 뇌혈과 질병, 간질, 파킨슨병에 걸릴 확률이 높다(Malin, 2001).

### (3) 기능 및 심리적 특성

인간의 학습능력은 나이에 따라 크게 영향을 받지 않는다. 발달장애노인도 지적 기능과 적응행동에 있어서 비장애노인과 유사한 경향을 보인다. 하지만 감각기능(언어, 청각, 시각, 통증, 맛, 후각), 근육기능, 피부 탄력, 신장기능, 신경전달능력에 있어서는 비장애인보다 훨씬 빨리 노화가 나타나기 시작한다. 다운증후군을 포함하지 않는 65세 이상의 발달장애인에 대한 종단적 연구에 의하면 읽기, 쓰기, 말하기, 식사능력은 대략 5~10%의 감소를 보였지만 다른 일상생활 활동능력은 20~30%의 기능 감소를 보였다. 따라서 일상생활에서 필요한 기초적인 기술, 즉 목욕, 옷 입기, 화장실 사용, 이동, 식사 등에 일반인보다 더 많은 도움을 필요로 한다.

그리고 심리적인 특성에 있어서는 정확하게 진단하기 어렵다는 한계가 있어 뚜렷이 밝혀진 바는 없으나, 다운증후군을 갖지 않은 사람과 비교했을 때 다운증후군을 가진 사람은 노년기에 우울, 치매, 성격장애에 걸릴 확률이 더 높게 나타난다고 한다. 이는 하위집단별로 노년기에 들어서면서 심리적으로 경험하는 문제가 다를 수 있음을 시사한다(Malin, 2001).

## 2. 보호자로부터 전이(轉移)를 위한 계획

가족의 보호는 발달장애 및 발달장애인을 위한 중요한 주거지원연계망이다. 대부분의 발달장애인이 평생을 가족과 함께 살고 있다. 이렇게 발달장애인 대부분이 가정에서 가족보호자(family caregivers)의 보호를 받기 때문에 공식적인 서비스에 노출되는 경향이 매우 적다. 이들이 원가정을 언제 떠날지는 일정하지 않지만 나이든 여성, 특히 어머니가 장애를 입거나 사망할 때까지는 어머니의 보호 아래 생활하게 된다. 그러나 이후에 대한 대비는 제대로 이루어지지 않고 있는 실정이다.

성인기의 발달장애인 대부분은 자신의 미래에 대한 준비가 전혀 마련되어 있지 못한 것이 현실이다. 이들의 미래에 대한 준비요인은 부모의 연령과 사회 경제적 위치, 부모의 과보호, 부모와 장애자녀 간의 상호 의존도와 부모의 죄책감 등으로 밝히고 있다. 특히, 장애자녀로부터 도구적인 도움을 얻거나 자녀가 부모에게 말동무 역할을 한다면 전이계획은 더욱 연기되는 경향이 있다.

이러한 준비 부족을 중요한 문제로 지적하는 것은 보호의 전이문제가 갑작스럽게 발생하는 경우가 많기 때문이다. 긴급하게 새로운 주거지를 찾아야 하는 상황이 발생하고 공식적인 서비스 연계망에 접근했을 때 선택할 수 있는 대안이 별로 없다. 그리고 장애인 본인도 사전에 전이에 대비한 준비 없이 주거를 옮길 경우 정신적 큰 상처를 입을 수 있다. 이러한 문제점을 줄이고 최대한 발달장애자녀의 복지를 보장하기 위해서는 사전에 전이에 대한 준비와 계획이 필요하다.

### 1) 전이계획

부모의 죽음이나 건강상의 문제로 결국 언제인지 정확한 시기는 몰라도 부모보호로부터 전이는 불가피하다. 따라서 발달장애자녀의 장애보호를 위해 부모가 건강할 때 사전에 전이계획을 세우는 일은 매우 중요하다.

적절한 계획 수립은 부모보호로부터 갑작스러운 전이에 따른 위험요인을 예방할 수 있고, 발달장애자녀의 장기적인 안전과 평안을 보장할 수 있고, 장차 필요한 서비스 욕구를 예측하여 적절한 대처를 하는 데 도움이 될 수 있다.

합리적인 전이계획 수립은 재정, 후견인 선정, 적절한 배치를 미리 결정하는 것이다. 장래계획을 조기에 세우는 것은 발달장애자녀의 안전과 최고의 삶의 질을 장기간 보장하고 부모보호로부터 전이에 대한 적절한 대체기능을 가진다. 장애자녀를 위한 장래계획은 발달장애 성인, 부모, 전문가가 함께 참여하여 장차 장애자녀 보호에 드는 비용을 부모와 정부가 서로 분담하는 적절한 방안을 수립하는 것이 바람직하다.

일반적으로 발달장애자녀를 둔 부모는 장래계획을 세우는 데 있어서 회피형, 양립감정형, 적극적으로 계획을 세우는 형의 세 가지 유형으로 분류된다. 그중 회피형이 가장 일반적이다. 조기 장래계획 수립의 이점에도 불구하고 많은 부모가 계획 수립을 회피하는 이유는 부모의 정보 부족과 공식적인 서비스에 대한 불신과 불만족 때문이다. 또 다른 이유는 계획을 수립한다는 것 자체가 부모에게는 자신의 노화와 죽음을 받아들여야만 한다는 정서적인 도전을 느끼기 때문이며, 논리적으로도 복잡하기 때문이다.

일반적으로 부모의 계획은 장애자녀의 성장기회를 제공하기보다는 과잉보호에 초점이 맞춰지는 경향이 있으며, 영구적이면서 가정에서 부모가 제공했던 보호와 옹호를 그대로 재현할 수 있는 주거시설을 선호하는 것으로 나타났다. 한편, 발달장애인에 대한 부모의 최대 관심은 서비스 제공이나 재정적인 욕구보다는 자녀의 사회적·정서적 안녕에 더 많은 관심을 갖고 있으며, 이를 위한 서비스에 초점을 맞춰야 할 것이다. 결국, 가장 중요한 것은 부모의 욕구와 바람, 그리고 성인 자녀의 욕구와 권리가 균형을 이루는 장래계획이 수립되어야 한다.

### 2) 부모보호로부터 전이

부모가 나이가 들어 더 이상 자녀를 돌볼 수 없는 상황이 되어도 부모가 장애자녀를 돌보는 것이 일반적이다. 이런 가족이 당면하는 중대한 관심은 '가능한 한 집에서 계속 보호할 수는 없을지', 또는 '부모가 더 이상 돌볼 수 없게 되었을 때 부모의 책임을 친인척 중에서 누군가 대신할 수는 없을지' 등이다. 일반적으로 부모보호로부터의 전이가 갑작스럽게 이루어지기보다는 가족에 의해 점진적으로 이루어지는 것이 장애인에게도, 장차 장애형제를 돌봐야 하는 형제에게도 적응하기가 쉽다. 위기 상황이 오기 전에 전이를 실행함으로써 부모가 자녀를 강력하게 옹호할 수 있으며, 모든 가족 구성원의 선택권도 넓어지게 된다.

말린(Malin, 2001)의 연구에 의하면 장애자녀가 부모의 보호를 떠나는 평균 나이는 52세였으며, 전이의 시기는 50% 이상이 55세 이하, 75%가 60세 이하 나이에 부모 곁을 떠난 것으로 보고되고 있다. 자녀의 주 보호자의 역할을 중단했을 때 부모의 평균 나이는 86세였으며, 이들 부모 중 10%만이 건강이 양호했던 것으로 밝혀졌다. 부모보호로부터의 전이 후 거주상황을 살펴보면 21%는 노인보호시설, 18%는 장애인 생활시설로 옮겼고, 50% 이상이 개인 집에서 계속 살고 있는 것으로 보고되었다. 부모보호로부터 전이 후 42%의 발달장애자녀가 형제나 다른 친척 또는 친구와 살았으며, 형제나 다른 친척, 친구가 이들의 주 보호자 역할을 했다. 혼자 개인 집에서 살 경우는 가까이에 친인척이 살고 있으면서 이들의 주 보호자 역할을 담당하였다. 부모보호로부터 전이 후 절반 이상이 직접적인 비공식적 주 보호는 대개 형제자매가 됨을 알 수 있다.

### 3) 전이의 과정

대다수의 노령부모는 발달장애 성인자녀를 일생동안 집에 보호하기를 바라며, 자녀 역시 부모와 같이 살기를 원한다. 사실, 가정에서 가족과 함께 일생을 보낼 수 있다면 가장 바람직하겠지만 두 부모 중 한 부모가 사망했을 때, 노부모의 노쇠현상으로 더 이상 발달장애자녀를 돌볼 수 없을 때 부모보호로부터의 전이는 필연적이다. 자녀의 연령이 성인기가 시작되는 21세 이전에 전이가 이루어지는 경우는 가정의 특성보다는 자녀의 발달장애 수준이 심하거나 문제행동이 주원인이 되지만 중 · 장년기에 전이가 이루어질 경우 자녀의 특성보다는 가족환경과 더욱 밀접한 관계가 있다.

전이의 과정은 급작스럽게 이루어지기보다는 부모님이 살아있을 때, 점진적으로 이루어져야 한다. 집 근처에 부모 및 친인척이 살면서 이들의 안녕을 책임지고 돌봐주는 것이다. 특히, 장애자녀의 서비스를 결정하고 이들에 대한 중요한 결정을 내리는 일이 부모에게부터 점진적으로 다른 사람에게 맡겨진다.

갑작스러운 전이는 전이에 대한 사전계획이 없는 상태에서 가족 구성원에 의해 장애자녀가 관리되거나, 가족에 의해 공적 시설로 주거를 변경하거나 부모가 살던 집에 돌볼 사람이 들어와서 살면서 돌볼 수도 있다.

부분적 전이는 부모가 직접적인 보호는 그만두었지만 자녀의 안녕에 대한 전체적인 책임을 갖고 긴 기간 동안 이들의 삶에 상당한 개입을 하는 경우이다. 부분적 전이는 영구 그룹 홈에서 생활하면서 매주 또는 2주마다 혹은 휴가기간 동안 집에 와서 부모와 함께 지내되 그룹 홈 교사와 밀접한 관계를 유지하면서 자녀의 보호에 대한 모든 결정에 부모가 관여하는 경우이다.

일반적으로 전이는 비공식적 지원연계망의 구성원인 형제가 63%, 부모가 16%, 기타 먼 친척이나 전문 서비스 제공자가 관리하는 것으로 보고되었다(Malin, 2001). 형제 중 남자형제보다는 여자형제가, 특히 마지막까지 보호를 책임진 여자형제가 전이를 관리하는 것이 일반적이다. 하지만 형제가 없는 경우 또는 형제가 여러 명 있더라도 장애형제의 보호책임에 전혀 무관심한 경우는 부모가 생전에 후견인을 지정하여 부모의 장래계획에 따라 지명된 후견인이 전이를 관리하도록 하는 것이 바람직하다.

〈표 10-1〉 발달장애인의 전이과정

| 단계 | 제1단계<br>상황 · 환경에 대한 인식 | 제2단계<br>목표 및 계획 수립 | 제3단계<br>실제활동과 행동의 수행 | 제4단계<br>전이 후 변화 |
|---|---|---|---|---|
| 내용 | • 자신에 대한 인식과 자신의 가치 인정<br>• 환경과 상호작용에 대한 인식 | • 목표설정<br>• 목표성취를 위한 활동계획<br>• 결과에 대한 기대<br>• 창의성 | • 위기극복<br>• 의사소통<br>• 자원과 지원 획득<br>• 협상<br>• 혼란과 비판 대처<br>• 지속성 | • 결과에 대한 평가와 반성 |

### 4) 부모보호로부터 전이 후 발달장애노인이 겪는 변화

일반인과 마찬가지로 발달장애인도 중·장년기에 부모로부터 전이를 경험하며, 이 시기 동안 많은 인생의 변화를 경험한다. 물론, 이러한 변화는 새로운 발전의 기회가 되기도 하지만 비공식적 지원을 상실하게 되는 등의 예상치 못한 일도 다양하게 발생하기도 한다.

#### (1) 주거환경의 변화

미국의 경우 부모보호 이후 발달장애인이 택할 수 있는 주거환경은 부모가 살던 집, 친척과 함께 사는 개인 집, 혼자 사는 개인 집, 노인호스텔, 보호주거 서비스, 노인요양원, 장애인호스텔, 그룹 홈, 장애인요양원, 요양병원, 정신과 병원 등이 있다. 우리나라의 경우는 대체로 혼자 사는 개인 집, 형제와 함께 하는 집, 친척과 함께 사는 집, 발달장애인 생활시설, 노인요양원, 장애인요양원 등이 있다.

주거를 옮기는 이유의 절반이 노년기 발달장애인의 개인적인 특성보다는 서비스의 문제나 보호자의 환경 변화와 관련이 있다.

첫째, 비공식적인 주 보호자의 죽음이나 건강 악화 또는 도저히 더 이상 돌볼 의사가 없기 때문이다. 둘째, 노년기 발달장애인의 건강이나 기능적인 능력의 변화로 인해서 이들의 욕구를 더 이상 충족시킬 수 없을 때 시설보호의 필요에 의하여 주거를 옮기거나, 셋째, 발달장애인의 신체적 장애가 심해져서 개인적인 보호욕구가 많아져서 주거를 옮기거나, 넷째, 시설의 위치가 불편하고 음식이나 보호의 질이 떨어지고 개별적 공간의 부족 등 서비스의 질적 문제로 옮기는 것이 주된 이유이다.

주거 변동의 경향은 비공식적인 생활환경에서 공식적인 생활환경으로 옮기는 경우가 대다수이다. 발달장애의 특성상 나이를 먹을수록 많은 지원이 필요하기 때문에 아무리 친한 친인척이라도 계속 보호하는 데에는 한계가 있다.

#### (2) 주 보호자의 변화

인생의 후기에 주 보호자의 변화는 일반적으로 주거지 변화와 관련이 있다. 그러므로 주 보호자의 수는 항상 주거 이동의 수와 비례하나 어떤 경우에는 그 수보다 훨씬 많을 수 있다. 부모전이 이후 비공식적인 주 보호자는 형제, 사촌, 이모, 고모 또는 교회 사람들이 될 수 있으며, 공식적인 주 보호자는 주거시설의 직원이나 일반노인복지관의 사회복지사나 장애인을 위한 아웃리치 서비스 제공자 등이다. 그러나 발달장애인이 노령화될수록 비공식적인 보호자의 수는 자신의 특성 때문에 점차 줄어들며, 이들이 제공하는 비공식적인 보호의 기간은 적게는 몇 주에서부터 최대 수십 년간 지속되는 경우도 있다. 대개 부모로부터의 전이 이후 부모를 대신하는 비공식적인 주 보호자의 보호역할은 줄어들고 이후 공식적인 지원에 더욱 의존하게 된다.

#### (3) 주거지역, 주간 프로그램 이용과 건강변화

부모보호 이후 소재지의 이동은 지역사회와의 연대와 아는 사람들을 잃어버리는 결과를 초래한다. 일반적으로 사람들이 집을 옮길 때 이웃과의 사회적인 접촉을 잃어버리게 되고 장애인복지관의 주간활동 프로그램도 중단하게 됨으로써 오랫동안 알고 지내던 친구나 가까운 사람들을 잃게 된다. 또한, 발달장애인의 생리적인 노화가 시작되면 건강과 신체적 적응기능의 상실을 경험한다.

부모보호 이후 겪는 새 주거환경에서의 여러 경험, 새로운 주 보호자의 태도 또는 이들의 안녕을 관리하게 될 사람들과 장애인의 건강상의 변화는 노년기 발달장애인의 개인적 발달 및 사회적 지원연계망과 지역사회연계망에 많은 변화를 초래한다.

#### (4) 노년기 발달장애인의 지지자원

대부분의 중 · 장년 발달장애인은 부모와 같이 살고 있으며, 비공식적 자원으로부터 많은 지원을 받고 있다. 그러나 발달장애인이 나이가 들어 늙어감과 동시에 이들의 부모와 주위의 형제 및 친척도 노령기에 접어들게 되어 가족관계와 비공식적 지원연계망의 변화는 불가피하다. 일반적으로 비공식적 보호는 애정을 바탕으로 특별히 가까운 사람들로부터 제공되는 보호를 말한다.

### 5) 발달장애인의 비공식적 지원연계망

#### (1) 발달장애인의 비공식적 지원연계망의 특징

발달장애인의 비공식적 지원연계망의 특징은 세 가지로 나누어 생각할 수 있다.

첫째, 발달장애인의 대부분은 결혼을 하지 않아서 배우자나 자녀가 없으며, 이웃이나 주변 사람들과 친분을 유지하면서 지역사회에 통합된 삶을 살지 않았기 때문에 비공식적 지원망이 거의 없는 노년집단이다.

둘째, 발달장애인의 평생의 안녕을 감독해야 하는 주요 인물(key person)이 반드시 필요하다. 만약, 부모가 사망했거나 노쇠하여 더 이상 자녀의 주 보호자 역할을 할 수 없어 생활시설이나 요양원 또는 그룹 홈과 같은 시설에 배치할 경우 형제, 친인척 등 비공식 지원연계망이 지속적으로 이들을 옹호하거나 사례관리를 해야 한다.

셋째, 연계망의 제한성이다. 연계망 구성원의 대부분이 가족이기 때문에 정서적 지지가 중요한 지원 내용이고 정서적 지지 이상을 기대하기는 어렵다.

#### (2) 비공식적 연계망 구조와 구성

발달장애인의 비공식적 연계망은 가족, 친구, 주요 인물, 비공식적 부 보호자와 교회 관계자 등으로 구성되어 있다. 주요 인물이라는 용어는 발달장애노인의 안녕을 두루 관리하며, 앞에서 서술한 세 가지 이상의 도구적 과제를 수행하기도 한다.

주요 인물은 부모가 사망하거나 건강이 악화되어 발달장애노인 자녀를 돌 볼 수 없어 부모보호로부터 다른 보호 대안을 찾을 때 발생한다. 주요 인물은 부모와는 달리 보호의 전적인 책임을 지지는 않지만 서비스 제공자와의 조정역할, 서비스 질에 대한 감독 등 이들의 안녕을 보살피는 주 보호자적인 역할을 수행한다.

연계망 구성원의 크기는 생활환경에 따라 다르다. 많게는 20명 정도까지 구성되어 있기도 하나, 한 명도 없는 경우도 있다. 일반적으로 친인척과 같이 사는 경우는 비공식적 지지자가 많으며, 노인시설에 거주할 경우는 친구가 많으며, 친척과 살면서 주간 프로그램을 이용하는 사람은 친척과 친구 등 비공식적 지지자가 많다.

부모는 장래계획 수립 시 발달장애노인을 돌봐 줄 사람을 여러 명 우선순위를 정해서 앞사람이 더 이상 돌볼 수 없을 때 다음 사람이 보호책임을 맡게 함으로써 지속적인 개입을 확실시해야 한다.

### 6) 발달장애인의 공식적인 지원연계망

발달장애인이 나이를 먹을수록 비공식적인 지원연계망보다는 공식적 서비스에 더욱 의존하게 된다. 그러나 노령부모가 공식적인 서비스를 대체로 이용하지 않는다. 그 이유는 다음과 같다.

- 대부분의 지역사회는 중·장년 및 노년 발달장애인이 일생을 통해 이용할 수 있는 서비스가 매우 부족하다.
- 탈시설화 이전과 성인 발달장애인과 그 가족을 위한 가족 지지 프로그램 개발 이전에는 성인 발달장애인과 그 가족의 선택권은 생활시설에 입소하든지 아니면 친인척, 이웃, 친구로부터의 비공식적 지원에만 의존한다든지 양자택일하는 아주 극단적인 결정을 내려야만 한다.
- 전문가와 과거의 좋지 못한 관계 때문에 신뢰와 믿음이 없기 때문이기도 하다.
- 노모의 건강 상태가 나쁘고 교육 정도가 낮을수록 공식적 지원연계망을 이용하지 않는 경향이 높았는데 이는 이용 정도 접근성이 낮기 때문인 것으로 해석된다.
- 우리나라의 경우 발달장애인을 위한 공식적 지원연계망은 거의 체계화되지 못하고 있는 상황이라 할 수 있다. 다만, 「장애인복지법」, 「국민기초생활보장법」, 「노인복지법」 등을 근거로 장애인으로서, 수급권자로서, 노인으로서 개별적인 해당 지원 서비스를 받고 있을 뿐 발달장애노인을 대상으로 하는 공식적인 체계가 별도로 정해져 있지는 않다.

발달장애인을 위한 공식지원체계는 다음과 같다.

- 보호고용
- 단기보호
- 여가 서비스
- 재가 및 아웃리치 서비스

- 비장애인 이용 목적의 노인복지관에서의 주간활동 서비스
- 생활시설
- 사례관리 서비스
- 후견인 제도

발달장애인의 지원 네트워크에서 공식적 서비스는 매우 중요하다. 이러한 공식적 서비스의 성격과 질에 대한 문제가 항상 주요 쟁점이 되고 있다. 특히, 발달장애인이 나이를 먹음에 따른 욕구의 변화를 수용하려는 발달장애 서비스에 대한 체계적 연구와 관심과 노력 없이 발달장애인의 질적 삶은 이루어지기 힘들다. 따라서 공식적인 서비스의 주된 역할은 비공식적 보호자의 연계망을 강화하고 지원하는 것이다. 이는 발달장애노인의 노년기 생활을 위해서는 비공식적 혹은 공식적 보호의 연계망이 서로 보완적 역할을 해야 한다는 것과 같은 맥락으로 해석할 수 있다.

## 3. 발달장애인의 서비스 욕구와 지역사회중심 프로그램

### 1) 중 · 장년 및 노년 발달장애인의 서비스 욕구

발달장애 중 · 장년기 이후 노인인구는 개별적으로 다양한 욕구를 가지고 있는 이질적인 집단이다. 이들을 위한 서비스 개발은 이들의 다양한 욕구가 반영되어야 한다. 노인의 일반적 욕구인 건강의 욕구, 사회적 욕구, 심리적 욕구, 지지 서비스의 욕구 등은 성인 발달장애인의 욕구나 발달장애노인의 욕구와 비슷하다.

발달장애노인은 비장애노인과 성인기 발달장애인의 서비스 욕구와 대체로 비슷한 수준이다. 그러나 이렇게 비슷한 욕구에 의해 필요한 서비스 유형이 같을지라도 서비스를 제공하는 방식이나 구조는 달라야 한다. 발달장애노인이 비장애노인 서비스 체계 내에서 받을 수 있는 서비스도 부분적으로 있지만 보다 전문적인 서비스를 받아야 하는 욕구가 있음을 서비스 제공자는 알 필요가 있다. 발달장애노인의 서비스 욕구는 주거보호 서비스, 주간 프로그램 서비스, 건강 서비스, 지원 서비스 욕구 등으로 요약할 수 있다.

(1) 주거보호

지역사회에 거주하는 발달장애노인의 경우, 주거보호 계획과 지지 서비스는 매우 중요하다. 노령의 부모가 질병에 걸리거나 사망했을 경우에는 다른 장소나 시설에 입소하게 되며, 특별 서비스가 필요하다. 대표적으로 아래와 같다.

- 단기간동안 재가지원 서비스를 받거나 혹은 친척 집이나 위탁가정 또는 다른 가정에 가 있도록 할 수 있다.
- 무방비 상태에서 부모의 사망 등 위기 상황이 왔을 때는 시설로 거주지를 옮기는 것이 일반적이다.
- 병든 부모에게 도움이 필요할 때 특별재가 서비스와 개인보호 서비스가 가정생활을 유지하는 데 필요한 여러 가지 도움을 제공한다.

노인부모와 발달장애인 가정을 위한 가정지원 서비스(재가보호 서비스)는 노화로 인한 손상에 초점을 맞추어 장기적으로 제공되어야 하는데, 서비스가 단기간만 제공되고 끝나는 것이 문제점으로 지적되고 있다.

(2) 주간활동 서비스

성인을 위한 주간활동 서비스는 교육과 훈련, 레크레이션과 직업 관련 활동에 초점을 맞춘 종일 프로그램이다. 이와 관련해서 두 가지가 논의되고 있다. 첫째, 발달장애노인이 계속해서 이러한 주간활동이나 프로그램에 참여할 수 있느냐에 문제이다. 둘째, 언제 이러한 활동의 은퇴 시기를 정하는가의 문제이다.

우리나라 지역사회 내에서도 발달장애인을 위한 주간활동 서비스가 진행되고 있다. 하지만 주로 아동이나 청소년, 성인을 대상으로 하고 있다. 비장애노인을 위한 주간보호 프로그램도 많은 노인복지회관에서 운영되며, 허약노인이나 치매노인을 위한 특별 프로그램도 실시되고 있다. 하지만 장애인을 위한 주간활동 프로그램 중 아직까지 발달장애노인을 대상으로 실시되지 않고 있으며, 프로그램 내용도 주로 교육과 훈련에 치중되어 있어서 발달장애노인이 이용하기에 적절하지 않다. 또한, 비장애노인을 위한 주간보호 프로그램을 발달장애노인이 이용하는 데도 큰 장벽이 있다. 구체적으로 직원들이 발달장애노인에 대해 훈련을 받거나 충분한 지식과 이해를 갖추지 못하였고, 또 비장애노인이 발달장애노인에 대해 편견과 선입견을 가지고 있다는 점이다. 반면, 장애정도가 심한 발달장애인이 거주하는 생활·요양시설은 전문인력의 부족으로 주간 프로그램과 활동이 활발하게 진행되지 못하고 있는 실정이다.

과거에 노인대상 프로그램에 적용된 모델은 활동치료적 방법이었다. 이 모델은 노인으로 하여금 신체적·지적·사회적·직업적 기능을 향상시키기보다는 기능을 유지·보호하는 차원에 역점을 두고 있다. 발달장애노인의 주간보호 서비스는 후자가 더욱 적합하다.

### (3) 건강 서비스

발달장애노인의 경우 의료보호는 중요하게 고려되어야 할 점이다. 특히, 시설에서 지역사회로 이동하는 인구가 많아지기 때문에 점차 시설의료 서비스에서 지역사회 건강보호체계에 의존하는 비율이 높아지고 있다.

발달장애인은 이질적인 인구집단이며, 만성적인 질병을 경험하는 위험집단이 될 것이다. 이들은 나이가 들면서 중요한 감각기능과 거동능력, 자기보호기능 등이 약해지므로 건강 및 임상적 서비스의 이용이 증가한다. 반면, 특별 의료 서비스나 물리치료는 모든 발달장애인구에게 필수적으로 필요한 의료 서비스이다.

기본 건강 서비스는 신체적 건강 상태, 기능 등을 살피고 개입하는 것을 포함한다. 약물을 복용하는 발달장애인의 수가 증가하므로 약물복용을 지도하고 약물에 대한 반응을 지속적으로 관찰해야 한다. 특히, 혈압이나 건강 상태, 감기, 배변습관, 이상출혈, 운동신경 등 기본 건강 서비스는 신체적 건강 상태, 기능 등을 살피고 적절한 치료를 제공해야 한다.

요약하자면, 건강 서비스는 어떤 노인에게든 중요하게 제공되는 요소이다. 하지만 발달장애노인은 특별히 기본 건강과 치과 보호가 필요하며, 영양이나 물리치료, 안과, 청각 등과 관련하여 특별한 서비스가 필요하다.

#### (4) 지원 서비스

지원 서비스는 발달장애인이 최대한 정상적인 활동을 수행할 수 있도록 돕는 것이다. 대표적인 서비스는 사례관리, 경제적 원조, 가족지원, 이동 및 교통이용 원조, 상담과 정신건강 서비스 등이다. 특히, 사례관리, 클라이언트 옹호와 지속적으로 서비스를 제공하는 목적은 개인이 원하는 다양한 보호와 서비스를 받기 위해서 매우 중요하다.

발달장애노인이 노령의 부모나 나이든 보호자와 함께 생활할 경우 이들에게 가정내 보호 및 지원 서비스를 제공할 필요가 있다. 특히, 노령부모의 지원과 함께 노인발달장애인에 대한 지원이 동시에 이루어져야 한다. 가사도우미를 파견하여 집안일을 돌봐준다든지, 반찬 서비스 및 노령부모의 말벗이 되는 등 다양한 서비스가 제공되나 특히 중요한 것은 부모가 자녀를 잘 보호하고 지도할 수 있도록 도와주고, 더 나아가 부모 사후에도 계속해서 지역사회에 거주할 수 있는 대안 등 다양한 정보를 제공하여 부모 사후계획을 도와주어 부모의 심리적 불안을 덜어 주는 역할을 하게 된다.

#### (5) 지역사회중심 주간활동 프로그램

발달장애아동이나 청소년 및 성인을 위한 주간 프로그램이 최근에 많이 개발되어 이용되고 있다. 장애인복지관을 비롯하여 일반 종합사회복지관과 청소년 수련관 등 일반체육시설에서도 조기교육, 방과후 교실, 직업재활과 다양한 체육 프로그램과 치료 프로그램이 실시되고 있다. 그러나 노인 발달장애인을 위한 주간 프로그램은 전무한 실정이다. 즉, 중 · 장년 및 노년 발달장애인을 위한 프로그램 개발은 장애인복지의 당면 과제라 할 수 있다.

### 2) 성인 발달장애인 프로그램에 참여하는 방안

미국의 경우는 발달장애인을 위한 서비스기관이 많기 때문에 이들에게 서비스 연한을 두지 않으므로 작업장에서 다양한 연령대의 발달장애인이 함께 일하면서 프로그램에 참여하고 있다. 그러나 우리나라의 경우는 발달장애인 수에 비하여 이용시설이 턱없이 부족한 실정이므로 서비스 연한을 평균 2~3년으로 정한다. 고등학교 졸업 후 서비스 연한의 제한 때문에 몇 기관을 전전하다 보면 나이가 많아지고 복지관 입장에서는 복지관 입소를 위해 오랫동안 기다려온 대기자를 선발하게 되므로 35세 이상 발달장애인이 장애인복지관에서 서비스를 받기는 어려운 실정이다. 현재 서울 지역 직업재활시설에 근무하는 발달장애인 중 40세 이상의 비율은 매우 낮은 수준이며, 이는 다음과 같은 이유로 추정할 수 있다.

첫째, 현재 40세 이상 발달장애인 대부분은 체계적인 특수교육 및 직업재활훈련을 받지 못한 사람이 대부분이므로 직업생활을 할 수 있다는 가능성 자체를 가족이나 본인이 인식하지 못한 상태에서 생활해 왔다. 둘째, 직업재활 관련 정보에의 접근성이 낮은 상태이다. 셋째, 직업재활시설(작업활동시설, 보호작업시설, 근로시설)의 수가 적은 관계로 근로자 선발 시 경증 위주로 대상자를 선정하다 보면, 근로능력이 미약한 40세 이상의 발달장애인이 참여하여 일할 수 있는 기회가 거의 없기 때문이다. 현재 규정에 의하면 보호작업시설이나 근로시설의 경우는 일정 수준 이상의 임금선을 정하여 놓고 있어, 이 임금선을 맞추기 위해서는 경도의 장애인을 우선 채용할 수밖에 없다.

따라서 장기적인 직업재활방향을 고려할 때, 근로능력이 미약한 발달장애인이 일을 할 수 있는 작업활동시설을 계속 확대해 나가야 하며, 이들의 기능적인 능력과 건강의 쇠퇴로 양로시설 또는 노인시설로 입소하기 전까지 발달장애노인이 이용할 수 있도록 해야 한다.

### 3) 발달장애노인을 위한 특별 프로그램에 참여하는 방안

발달장애노인을 위한 주간 · 단기 보호시설의 신설, 현재 장애인 주간 · 단기 보호시설의 대부분의 주 이용자는 아동과 성인이며, 발달장애노인을 위한 주간 · 단기 보호시설은 전무한 실정이다. 장애인을 위한 주간 · 단기 보호사업은 정부와 각 지방자치에서 해마다 시설을 늘리고 있지만 아직 크게 부족하다. 아동이나 성인 대상의 시설도 더욱 늘려 가야 하겠지만 발달장애노인을 위한 주간 · 단기 보호시설의 신설이 시급하다.

### (1) 노인공동생활 가정 신설

그룹 홈은 장애인의 사회통합과 사회적 자립을 목표로 장애인이 지역사회 안에서 가정과 같은 주거환경에 거주하면서 각종 서비스와 지원을 받으며 생활하는 공동가정이다. 특별히 연령기준은 없으나 낮 시간 동안 근로, 고용훈련, 교육 및 재활훈련 등에 참여하고 있으며, 이를 통해 일정 소득이 있는 자로 규정한다. 그룹 홈의 이용인 대부분은 성인이다. 입주 기간은 6개월로 하되 필요시 연장할 수 있도록 되어 있다.

이상에서 발달장애노인 그룹 홈의 신설은 발달장애노인대상 주간활동 프로그램(day activity program)의 개발과 함께 동시에 이루어져야 할 것이다. 발달장애노인이 낮 동안은 복지관의 직업활동 프로그램에 참여하지 않을 경우는 사회재활 교사가 24시간 보호를 해야 하는 소규모 생활시설로 분류되어야 하기 때문에 그룹 홈의 원래 목적인 사회적 통합과 사회적 자립에 위배된다.

### (2) 사회통합을 위하여 비장애노인 프로그램 참여

구미 선진국에서는 발달장애노인의 비장애노인 네트워크 내의 서비스 이용이 일반화되어 있으며, 앞으로 더욱 증가할 것으로 전망한다. 이는 발달장애노인도 비장애노인과 같이 동일한 서비스를 받을 자격이 있으며, 계속 교육을 받을 권리가 있다는 장애인복지의 정상화와 탈시설화 이념에 기초한 것이다. 우리나라도 발달장애노인인구의 증가와 평균수명의 증가라는 두 가지 요인으로 인해 서비스를 필요로 하는 또 하나의 새로운 집단의 탄생으로 공공정책의 큰 틀 안에서 관심을 가져야 한다.

발달장애노인의 비장애노인과의 통합의 당위성은 다음과 같다.

첫째, 장애인 통합개념에 의하여 발달장애아동이 공립학교에 통합되어 교육을 받고 있고, 발달장애 성인이 지역사회 주거환경에서 생활하고 있기 때문에 발달장애노인 역시 비장애노인과의 통합은 당연하다.

둘째, 발달장애노인은 제한된 비공식적 자원을 갖고 있다는 점이다. 발달장애인은 일반적으로 결혼을 하지 않았으므로 돌봐 줄 배우자나 자녀가 없다. 이들의 가족네트워크는 나이 든 고령의 부모, 나이든 형제 또는 조카들뿐이다. 이러한 이유 때문에 발달장애노인은 비장애노인과 비교할 때 지원받을 수 있는 공식적인 자원이 상당히 제한되어 있다. 따라서 발달장애노인은 비장애노인인구보다 공식적인 서비스의 이용이 더욱 필요하다. 발달장애노인과 비장애노인을 비교한다면 비장애노인도 심한 만성적 질병이나 인지적 · 기능적 제한점을 갖고 있을 수 있다. 그러므로 발달장애라는 진단만으로 비장애노인 서비스의 이용이 장애로 여겨서는 안 되며, 발달장애인의 기능적인 능력, 관심, 그리고 서비스 욕구와 비장애노인기관의 수용능력에 따라 비장애노인 서비스와의 통합이 결정되어야 한다.

셋째, 발달장애노인은 장애와 고령화라는 이중의 문제를 가지고 있기 때문에 서비스 제공자는 서비스를 제공하는 방법에 있어서 특별히 주의를 기울여야 한다. 이들의 성공적인 사회통합을 증진시키기 위해서는 서비스 제공자와 관련 종사자에게 발달장애인에 대한 교육과 훈련이 실시되어야 한다.

정리하면, 일반인구의 노령화와 더불어 발달장애노인의 증가와 이들의 평균수명의 증가는 사회적으로 발달장애인과 발달장애인의 노령화에 새로운 관심을 갖게 하는 계기가 되었다. 이는 우리 사회에 서비스를 필요로 하는 발달장애노인이라는 새로운 인구집단의 탄생에 대한 관심이라 할 수 있다.

어떤 새로운 집단을 위하여 계획을 수립하고 적절한 서비스를 제공하기 위해서는 정책적 · 행정적 측면과 서비스 전달체계의 관점에서 접근이 이루어져야 하며, 또한 발달장애인 개인의 전 생애를 통해서 노령화 과정을 이해할 필요가 있다. 따라서 정부나 서비스 제공자들은 새로운 과제에 적극적으로 대처해야 한다.

발달장애노인도 비장애노인 서비스 체계에 통합해야 한다는 대원칙과 국가의 장기보호와 지역사회의 지원체계의 지지가 필요한 두 세대 노인가정의 질적인 삶을 위해 비장애노인 복지 서비스 전문가와 복지행정가에게 몇 가지 제언을 하면 다음과 같다.

첫째, 우리 사회에서 발견되지 않고 숨어 있는 중 · 장년 및 노년 발달장애인을 찾아내어 공식적인 서비스 체계와 연계하는 방안을 마련한다.

둘째, 노년기 발달장애인의 연령을 외국처럼 55세로 하향 조정하여 노인복지 혜택 수급자격과 이들의 사회통합을 위한 비장애노인복지 프로그램의 참여 자격을 얻도록 공론화한다. 이와 같은 조치가 이루어진다면 노인 발달장애인의 공식적인 서비스의 노출과 함께 인구 파악에 상당한 도움이 되리라 생각한다.

셋째, 노령부모와 노년기 발달장애자녀와 함께 동거하고 있는 두 세대 노인가정을 위한 정부의 제도적 지원과 함께 다양한 가정지원 서비스 개발을 제안한다. 최근 비장애노인의 복지를 위하여 노인부모를 모시는 가정을 위해 소득공제, 소규모 아파트 우선 분양 등 다양한 제도적 지원이 주어지듯 두 세대 발달장애노인 가정에도 제도적인 지원이 이루어진다면 시설보다는 지역사회에 거주하는 발달장애노인의 수가 증가할 것이며, 이 또한 발달장애노인의 인구 파악에 상당한 도움이 되리라 믿는다.

넷째, 노년기 발달장애인 부모 사후나 부모의 질병 등으로 인해 부모보호로부터 전이가 불가피할 때, 지역사회 내에서 이들의 거주 문제를 해결해 주기 위한 다양한 방안이 강구되어야 한다. 구체적으로 발달장애노인을 위한 주간 · 단기 보호시설과 그룹 홈을 신설하여 부모를 대신할 수 있는 보호자의 짐을 경감시킴으로써 형제자매 또는 친인척의 작은 지원 아래서도 지역사회 내에서 생활할 수 있는 방안을 생각해 볼 수 있다. 또한, 영구임대주택에 혼자 거주하게 될 노년기 발달장애인이 2~3인씩 공동으로 거주하면서 복지관의 재가지원 서비스를 이용하는 방안도 생각해 볼 수 있을 것이다.

다섯째, 우리나라 비장애노인복지의 현황 및 지원체계를 근거로 발달장애노인의 복지정책 수립을 인식하고 이들에 대한 적절한 정책적 방향을 정하는 데 함께 노력해야 할 것이다.

## 4. 발달장애인 평생대책

발달장애인의 평생대책은 지금 시작해야 한다. 많은 경우, 부모 사후의 일로 간주하여 부모가 늙고 자녀가 성인이 되었을 때 생각할 문제라고 간과하기도 한다. 왜 지금 시작해야 하는가.

첫째, 부모의 이혼이나 예기치 못한 사망이 있을 수 있다.
둘째, 비장애자녀 결혼과 관련한 내적 · 외적 갈등을 최소화할 수 있다.
셋째, 발달장애자녀를 위한 계획성 있는 준비가 가능해진다.

### 1) 평생대책의 내용

평생대책은 발달장애자녀가 최선의 질적인 삶을 누릴 수 있는 장치 마련이다. 평생대책을 논하다 보면 가진 재산이 없는데 무슨 대책이냐고 반문하는 부모가 있다. 그러나 질적 삶이 돈으로만 이루어지는 것은 아니다.

① 평생대책에 포함되는 요소: 생활양식, 거주 형태, 의료 교육 등의 수준, 경제 관련 사항, 기호 관련 사항, 자녀의 임종 등이다.

② 발달장애자녀에 대한 객관적인 정보 수집: 발달장애인의 부모는 자신의 자녀에 대해 알고 있다지만 정작 자녀에 대한 정확한 정보를 갖고 있지 못해 자녀를 과소평가나 과대평가하는 경우가 많다. 자녀의 정보는 연령과 변화에 따라 달라진다. 10세에 수집하여 정리한 정보가 30세에 그대로 적용될 수 없다. 따라서 이 정보는 정기적으로 수정·보완되어야 한다.

③ 수집해야 하는 정보: 발달장애자녀의 자기결정능력, 성격, 흥미, 적성, 행동의 유형, 자녀의 응급 시 대처능력, 건강정보, 자녀의 사회성, 대인관계능력, 직업능력 등이 있으며, 이 모든 정보는 부모 단독으로 결정하기보다는 교사 형제, 관련 복지사 또는 자녀가 자주 만나는 사람들과 상의해서 결정하도록 한다.

④ 발달장애자녀와 가장 가까운 인적 자원 점검: 자녀와 가장 가까운 사람은 대부분 어머니이다. 어머니는 발달장애자녀의 모든 것을 책임질 수 있다고 착각하고 동분서주하지만 어머니의 역할이 언제나 지속될 수는 없을 것이다. 이에 대비해 가족 구성원이 함께 정례적으로 상의할 필요가 있다.

⑤ 재산 점검: 어느 정도의 재산이 수반되지 않는 평생대책은 없다. 발달장애인 실태조사(서울시복지재단, 2011)에 의하면 발달장애자녀를 둔 부모의 42%는 자녀를 위해 계속 저축을 하고 있고, 48%는 계획하고 있다고 반응하였다. 가족 간에도 발달장애자녀의 몫이 있음을 공유할 때 불안이 적어지고 협력하게 된다. 발달장애자녀에 대한 막연한 피해 의식에서 벗어나 이들의 몫을 정하자.

⑥ 국가의 몫: 국가와 지방자치단체는 장애인의 복지에 관한 정책의 결정과 그 실시에 있어서 장애인의 부모 및 배우자, 그밖에 장애인을 보호하는 자의 의견을 수렴해야 한다. 이는 부모 사후에도 장애인의 생활에 관하여 근심하는 일이 없

도록 배려해야 하는 것까지 포함됨을 의미한다(「장애인복지법」 제5조).

⑦ 발달장애자녀의 평생대책은 부모와 당사자와 국가가 함께 나아가야 한다: 체계적인 준비를 통해 자녀는 자기역량을 키우고, 국가는 실현 가능한 지원 대책을 세워야 한다. 장애자녀의 형태와 상태가 매우 다양하여 각종 부모교육이 이루어지고 있으나 매우 한시적이고 일회성이어서 종합적인 대책을 수립하기에는 역부족이다. 부모교육도 한걸음 앞서 나가 발달장애자녀의 평생대책을 단계적 · 실제적으로 작성해 보는 것도 좋다. 비장애인과 장애인이라는 차별적 대립 속에서 장애인 당사자 사이에서도 가장 열악하고 복지의 사각지대에 있는 발달장애인의 권리획득과 복지의 보장은 정말로 시급하고 구체적인 지원이 요구된다. 발달장애 장애인의 생애주기별(영유아기, 학령기, 청년기, 성인기, 노년기)에 따른 발달장애인과 부모의 욕구를 충족시킬 수 있는 시책이 일관성 있게 추진되어야 할 것이다.

⑧ 발달장애인의 평생대책에 대한 논의가 성인이 되기 전부터 가급적 속히 시작되어야 한다: 많은 발달장애인의 경우, 발달장애인의 평생대책은 부모 사후의 일로 간주하고 부모가 늙고 자녀가 성인이 되었을 때 생각할 문제라고 간과하기도 한다. 그러나 발달장애인의 평생대책은 가급적 하루라도 일찍 시작되어야 한다. 이처럼 일찍 준비가 되었을 때, 발달장애자녀를 위한 계획성 있는 준비가 가능해진다. 평생대책을 정부의 지원대책에만 비중을 두고 기대하는 부모도 있다. 그러나 정부가 아무리 훌륭한 제도를 마련하더라도 부모의 충분한 준비가 없으면 발달장애자녀의 질적 삶은 보장되지 않음을 명심해야 한다.

## 후견인 제도

### 성년 발달장애인을 위한 후견인 제도의 활성화 필요

현행 한정치산 금치산 제도는 장애인의 재산관리, 요양 간호, 개호 등 보호기능은 미약한 반면 결혼을 제외한 재산권, 계약권, 직장 취업, 참정권 등의 권리를 정지시켜 오히려 인권을 침해하는 피해가 있다는 문제점을 지적하고 개정 방안을 제시하고 있다. 한정치산이나 금치산 선고를 받을 경우 정신과 의사의 감정과 적지 않은 비용, 선고 시 관보에 기재되고 호적에 기재되어 프라이버시 보호의 관점 등에서 많은 심리적 저항과 문제를 가지고 있다. 현행법의 개정이든 새로운 후견법의 제정이든 후견의 근본정신이 경직된 형식이 아니라 발달장애인의 자기결정권을 백분 발휘할 수 있도록 세분화된 판단능력을 인정하고 질적 삶을 영위하는 데 기여하는 내용을 담고 있어야 한다.

**1. 법정 후견기관 설립과 관련**

발달장애자녀의 평생대책은 경제적 측면 외의 자녀의 인권이 보장되고, 자녀가 가지고 있는 능력을 최대화시켜 질적 삶을 영위하게 할 것인가에 초점을 맞추고 있다. 개개인의 가정이 해결할 수 없는 부분을 충족시킬 수 있는 대안은 법정 후견기관을 설립하는 것이다. 발달장애를 수반한 장애자녀 부모의 50% 이상이 법적 대리인(후견인)제도가 매우 필요하다고 응답하였다. 우리나라에 이와 같은 제도의 실상이 없기 때문에 매우 막연하지만 발달장애자녀에게는 가족 외에 이들을 대변할 사람이 필요하다는 뜻이다.

**2. 법정후견기관의 역할**

재산관리 자격이 있는 전문가를 두고 발달장애자녀의 재산을 관리할 수 있다. 이때, 발달장애자녀의 능력을 평가하고 잘 지도할 수 있는 전문가를 두고 주요 사항을 결정할 때 발달장애자녀의 자기결정권을 충분히 발휘하도록 한다. 또한, 정부정책을 잘 이해하고 활용할 수 있는 전문가를 두고 기본 서비스는 정부지원으로, 부모 재산은 좀 더 나은 서비스를 위해 활용한다. 시설, 그룹 홈, 직업장 등에서 받는 서비스에서 질적 서비스를 받을 수 있도록 분석하고 격려하고 부모의 역할을 한다. 중요한 사항, 수술, 임종 등에 부모의 심정을 대한다. 부모가 생존해 있으나 발달장애자녀를 학대하거나 정부지원금을 남용하는 등 부모역할을 못하는 경우에는 후견을 대행한다. 개인 후견인이 있는 경우에도 개인 후견과 기관 후견을 이용할 수 있다. 재산이 없는 발달장애인은 정부지원에 의해 모든 서비스를 받도록 주선한다.

다음은 중 · 고령 발달장애인을 보호하고 있는 가족의 어려움을 알 수 있는 인터뷰 내용이다.

## ● 중장년 발달장애인 사례 심층면접

사례(장○○ 씨, 40세, 여)

장 씨는 고등학교(특수학교) 졸업 후 지난 15년간 그룹 홈을 3~4곳에서 지냈고, 현재는 장애인거주시설에서 생활하고 있다. 그룹 홈에서 거주하는 동안, 제과제빵 작업장 직업재활 프로그램에 참여하였다. 현재 거주하고 있는 시설은 매주 주말(금요일 오후부터 일요일 오후까지) 원 가정에 돌아가서 주말을 보내는 것을 원칙으로 하고 있다. 시설의 직원 대부분이 주말에 일을 하지 않기 때문에 주말에 시설에서 거주하는 것을 불허하고 있다. 시설 입소 시에 이에 대한 보호자 동의서를 작성하였다. 따라서 현재의 시설 거주 장애인은 전원 원가정의 보호자가 있는 장애인만을 입소시키는 시설이다. 사설로 영리목적과 공공의 목적을 동시에 갖춘 기관으로 판단된다.

질문: 자녀가 성장하며 새롭게 생겨난 당면한 문제는?

응답: 자녀의 자립문제에 대해서 걱정을 많이 하는 편은 아니나, 궁극적으로 조부모 및 부모 사후에 장애자녀가 누구와 살게 될 것인가, 즉 가정으로부터 거주시설로의 전이 문제이다. (중략) 자립대책으로 경제문제, 주택문제, 사회생활문제, 그리고 부모(보호자)의 노후대비 등이다. 현재 가장 고민되는 문제는 장애자녀의 주거문제, 즉 어디에서 살게 할 것인가, 즉 전이문제이다. 시설로의 복귀가 바람직한 것인지, 언제까지 부모가 보호를 해야 할 것인지, 문제는 부모(보호자)의 연령이 높아짐에 따라 장애자녀를 돌보는 것이 힘에 부치고, 경제적인 면에서도 부양의무를 다하는 것에 어려움을 느끼는 것이다.

질문: 보호자가 현재 당면한 문제는 무엇인가?

응답: 보호자인 부모의 나이가 곧 70대에 이를 것이다. 중 · 고령의 장애인을 돌보는 일에 육체적인 부담이 느껴진다. 이에 더불어 정신, 건강 등 문제도 심각하다. 가장 고민되는 문제로는 보호자의 고령화로 인한 보호자 자신의 노후대책이 전혀 되어 있지 않은 상황에서 장애자녀의 노후대책을 동시에 고민해야 하는 경제적 · 심리적인 부담이 가장 큰 것으로 나타났다.

질문: 앞으로 장애자녀의 주거문제에 대한 생각 혹은 바람이 있다면?

응답: 장애자녀와 함께 살기를 바란다. (중략) 부모의 생각으론 장애인에게 익숙한 지역사회 내에서 지역공동체에서 함께하는 것이 고령장애인의 삶의 질에 중요한 요인이라 생각하고 있다. 현재로서 부모 사후, 장애인에 대한 돌봄 문제에 대해서는 생각하고

있지 않다. (중략) 만약, 부모 사후, 자녀 나이 50~60대가 될 때, 자연스럽게 장애인거주시설에서 살게 될 것이라고 생각한다. 물론, 인간적인 시설, 투명하며, 인권을 고려한 좋은 시설에서 살았으면 좋겠다.

질문: 이외 관련 사항에 관한 의견은?

응답: 건강문제, 장애자녀의 보호자로서 건강이 좋지 않다. 보호자의 연령이 이미 60대 중반이다 (중략). 경제적 문제로는 현재 자녀가 장애란 이유로 교통비, 체력단련비, 여가활동비 등의 비용이 특별히 많이 소요된다는 것이다. 주택문제는 현재 고령장애인의 부모 입장에서 가장 원하는 복지대책 중 하나이다. 주거는 믿을 만한 시설을 원한다. 그리고 평생 머물 수 있는 시설을 원한다. 지금까지 부모와 함께 원가정에서만 살아왔기 때문에 부모 사후 장애인 거주시설에 살게 된다면, 새로운 경험으로 당황스럽게 생각할 것이다. 그래서 앞으로도 현재 살고 있는 집에서 부모와 함께 사는 방법을 심각하게 고려하고 있다. 이를 지원해 주는 제도 마련과 함께 공적 서비스가 절실하다. (중략) 예컨대, 개인주거시설을 장애인거주시설로 전환할 경우, 필요한 조치 및 공적 서비스 지원 등 앞으로 구체적으로 개인주거시설을 장애인 그룹 홈으로 변화시킬 수 있는지 등에 대한 정보를 파악하고 또한 구체적인 계획을 세워보고자 한다. 장애인거주시설 중 민간이 운영하는 개인시설의 경우, 믿음이 가나, 금전적인 부담이 크다. 현재 고민 1순위는 자녀의 자립을 누가 지속적으로 도울 것인가, 2순위는 부모 사후에 누가 함께 살 것인가, 즉 주거문제이다. 3순위 고민은 건강문제이다. 장애자녀도 40대에 들어서면서 면역성이 약화되고, 비만 등 성인병, 간장애, 고혈압약을 복용하고 있다. 때로 정신과에서 처방받은 약으로 우울과 불안 및 분노 및 충동조절 약이 필요한 경우 복용하고 있다. (중략) 다음 순위 문제는 사회생활, 인간관계, 즉 인간 네트워크가 매우 미흡하다. 자녀가 성인이고 장애인이기 때문에 사회생활을 혼자서 전혀 할 수 없다. (생략)

질문: 자녀의 자립계획에 대해서는?

응답: 자립계획을 세우지 못하고 있다. (중략) 가족이 함께 살 수 있는 가족 그룹 홈 운영을 희망하고 있다. (생략)

질문: 현재 가족이 직면하고 있는 당면한 문제는 무엇인가?

응답: 부모의 당면문제는 보호자의 건강문제이다. (중략) 다음은 경제적 문제이다. 1~2년 안에 부모 모두 퇴직할 것이다. 자녀의 사회생활은 온 가족의 사회생활이 제약을 받는다. (중략) 이밖에도 자녀가 성장함에 따라 주변 사람들과의 비교에서 받는 스트레스는 더 크다.

※ 위의 내용은 저자가 중장년기 발달장애인 보호자와 직접 면담한 내용을 요약한 것임.

11

# 발달장애인 직업재활과 고용정책

## 1. 직업재활

### 1) 직업재활 및 장애인 고용 관련 용어 정의

직업재활은 장애인의 신체적 · 정신적 · 직업적 · 사회적 · 경제적 가용능력을 최대한으로 찾고 길러줌으로써, 소득이 있는 직업을 가질 수 있게 하여 일할 권리와 일할 의무를 비장애인과 똑같이 갖게 하는 것이다. 이러한 직업재활은 장애인 개인의 존엄성을 높이는 효과와 더불어 사회적 부담을 줄여 주는 효과도 아울러 가져오게 된다. 따라서 직업재활이란, 장애인이 직업에 종사하고 또 그것을 유지시킬 수 있게 하는 직업상의 제 원조, 즉 직업지도, 직업훈련, 취업알선 등을 포함하는 계속적이고 종합적인 재활과정이다.

#### (1) 직업재활의 대상

신체적 · 정신적 손상의 결과, 적당한 직업에 취업하여 그것을 유지할 가망이 상당한 정도로 감퇴된 개인, 즉 장애를 보강하여 노동권을 지킬 자세를 나타내고 있다.

#### (2) 직업재활의 실시원칙(ILO가 제시한 6가지 원칙)

① 장애인이 갖는 모든 문제에 조직적 · 전면적으로 착수해야 한다.

② 적절한 시기에 신속하게 해당 장애인이 필요로 하는 모든 서비스가 전문가에 의하여 제공되어야 한다.

③ 장애인이 갖는 직업적 재활의 욕구가 무엇인가를 명확하게 파악한다.
④ 의료적 조언은 장애인에게 직업적 재활의 어느 단계에 상관없이 주어져야 한다.
⑤ 직업적 재활은 되도록 빠른 시기부터 개시되어야 한다.
⑥ 재취업의 가능성이 있는 대로 가능한 한 속히 다음 단계로 진행시킨다.

### (3) 직업훈련의 원칙

전술한 장애인 직업재활의 이념을 살리기 위하여 장애인에 대하여 직업훈련을 실시함에 있어 비장애인과의 공동체험을 전개함으로써 일반 근로자와의 취로의 영역으로 끌어들이는 합류화(main-streaming)와 일반 비장애 근로자에게로 한데 모으는 통합화(integration)에 원칙을 두고 있다.

직업훈련과 관련한 몇 가지 기본원칙은 다음과 같다.

① 준비성의 원칙이란, 직업훈련에 앞서 필요한 사항으로서 장애인이 직접 고용됨에 적합한 준비성을 갖춰야 함을 뜻한다.
② 정상준거 원칙이란, 장애인의 훈련에 적용되는 제 원칙, 대책 및 방법은 의학적 교육적 견지에서 허용되는 한 비장애인과 동등한 것에 준함을 뜻한다.
③ 동등조건의 원칙이란, 가능한 한 장애인은 비장애인과 함께 동등한 조건 아래에서 훈련을 받을 수 있음을 뜻한다.
④ 통합과 특수성의 원칙이란, 장애의 성질에 따라 비장애인과 별도로 훈련을 받을 필요가 있는 사람들에 한하여 장애인에 적합한 훈련을 준비할 수도 있지만 원칙적으로는 통합형식이 바람직함을 뜻한다.
⑤ 개별성 존중의 원칙이란, 훈련은 장애인이 비장애인과 대등한 입장에서 정규로 취업할 수 있는 기능이 몸에 익기까지 계속될 수 있도록 하는 것을 뜻한다.
⑥ 훈련직종 취업의 원칙이란, 훈련이 훈련직종 또는 유사직종에의 취업에 이르지 않는 경우는 무의미하며, 반드시 훈련을 통해 직업을 갖게 될 수 있어야 함을 뜻한다.

### (4) 장애인 고용형태

① 일반고용은 일반기업에 취업해서 근로환경의 큰 개조나 조작을 가함이 없이 일반노동자와 동등한 조건하에서 능력을 발휘할 수 있는 장애인에 적합한 고용형태이다.

② 보호고용은 기관의 경영, 설비 인사관리 등에 복지적 배려를 겸비하고 평균적 생활 수준을 유지시킬 수 있을 만큼을 보장하는 취로 형태를 의미한다. 보호고용직장(Sheltered workshop)은 기업의 이미지를 강조하는 형태에서 재활의 기능을 중시하는 형태까지 다양한 유형이 있다.

③ 선별고용은 공동자립작업장(Work Activity Center)에서 취로하는 형태로서, 생산성보다는 중증장애인의 취로에 의한 발달의 내적 욕구를 받아들여 취로에 의한 체력의 유지, 사회성의 육성, 지역조직화 추진의 의의를 중시한다. 지역단위에 바탕을 둔 공동작업장은 발달장애인과 같은 최중도 장애인의 작업활동의 욕구를 받아들이는 취로 형태를 의미한다.

### (5) 직업재활 서비스

직업재활 서비스란, 직업에 대한 욕구를 지닌 장애인에게 직업생활상 갖추어야 할 모든 상황을 준비 · 제공해 주는 것을 말하며, 이것은 광의적 의미의 직업재활 서비스라 할 수 있다. 직업재활 서비스에서 직업상담이란 서비스가 합리적인 직업을 선택할 수 있도록 지도와 조언을 해 주는 것을 말한다. 상담과 직업훈련, 직업알선이 직업재활 서비스의 일차적 과정이다.

### (6) 직업재활상담가

전문적인 재활상담가가 되기 위한 필수 요건은 인간관계에 관한 지식, 인간의 성격형성 과정에 대한 이해이다. 전문가가 인간관계에 대한 지식을 알아야 하는 이유는 사람들은 상호 간에 다른 영향을 미치기 때문이다. 상담기법은 직업재활상담가와 장애인과의 관계를 형성하기 위해 필요한 방법이다. 상담기법은 보호(care), 온정, 허용성, 관심, 수용성, 승인, 관련성의 촉진, 비지배, 무비판성, 존중성, 솔직성, 순수성, 감정이입, 긍정적, 이해력, 주의력, 지지력, 클라이언트(내담자) 중심 등의 기법을 사용하여 관계를 형성하며 상담을 진행한다.

### (7) 재활상담의 목적

직업재활상담의 목적은 다음과 같다.

첫째, 사실을 아는 것이며, 이는 재활상담에 있어 무엇보다도 장애인 자신과 그의 생활환경에 대한 사실을 알 필요가 있다. 장애인 자신은 구체적 원조의 실마리를 얻을 수 있고 무엇보다도 장애인에 대한 객관적이고 주관적인 사실을 아는 것이 중요하다. 장애인이 지금 놓여 있는 생활환경을 어떻게 받아들이고 느끼고 있는가의 심리적 반응과 감정과 정동을 아는 것이 중요하다.

둘째, 사실을 알리는 것이다. 이는 일반적으로 장애인이 곤란 상황에 빠져 있기 때문에 감정이 혼란하고 이로 인해 사실을 객관화하는 능력이 저하되어 있다. 상담의 목적을 장애인에게 알리는 것은 상담의 목적을 달성하기 위한 중요한 과정이다.

이와 같은 재활의 목적을 달성하기 위해서는 장애인 클라이언트의 말을 들음으로써 클라이언트의 욕구를 파악해야 한다. 상담에서는 장애인의 말을 우선 듣고 나서 이것을 실마리로 문제를 상호 연구한다. 이외에도, 장애인의 생각과 태도를 아는 것이 중요하다. 장애인과의 상담 도중 장애인이 나타내는 협력적 또는 비협력적이며 저항적인 태도 혹은 비언어적 태도를 통해 장애인 클라이언트의 상태를 알 수 있다. 대체로 초기 첫 상담에서 거의 모든 클라이언트가 불만, 불안정, 양가감정, 저항 등과 같은 초기감정을 느끼게 된다. 이 같은 태도를 관찰하는 일은 상담의 효과를 높이기 위해 중요하다.

셋째, 클라이언트의 감정을 표현시키는 것이다. 이는 장애인 클라이언트의 이해를 촉진시킬 수 있으며, 이러한 방법은 치료적 효과도 가져온다. 뿐만 아니라, 클라이언트에게 자기 이해를 시키는 일이 중요하다. 장애인 클라이언트는 상담의 각 과정에서 실시되는 어떤 것에 대해서도 그 의의를 스스로 이해해야 한다. 그러기 위해서는 감정표현을 시켜야 한다. 그래서 내적 자기이해를 심화시키고 상담자와의 관계를 선명히 할 수 있게 된다. 또한, 클라이언트로 하여금 행동에의 결정을 내리게 하는 것, 결정을 하기 위해 클라이언트에게 선택적인 대안을 제시해 주는 일 등이 반드시 필요하다. 그러나 장애인 클라이언트 자신이 스스로 결정하도록 하는 클라이언트 자기결정의 원칙을 지켜야 한다.

(8) 직업재활의 원조과정

직업재활을 담당하는 재활상담가는 직업 장애인의 발견에서부터 사후지도(follow-up)까지의 전 과정에 등장하는 몇 가지 원조 프로그램에서 스스로의 장래를 개척하는 주체인 재활이 요구되는 장애인 당사자 한 사람, 한 사람에게 지원자이기도 하다. 직업상담가는 장애인 클라이언트 스스로의 동기에 의하여 납득이 가는 방침에 따라 문제를 해결하는 재활과정에서 클라이언트와 함께 해결해가는 지지자(supporter)이기 때문에다양한 원조업무가 포함된다.

직업재활상담 원조업무는 다음과 같다.

- 면접
- 장애인 클라이언트의 배경 이해(조사과정)
- 의사(재활의학과 전문의 외), 물리치료사(PT), 작업치료사(OT), 사회복지사(social worker) 등으로부터 제출된 의학적 · 사회적 정보의 수집과 분석
- 직능평가의 실시
- 평가결과를 분석하고 해석하여 상담전문가 과정에 채용
- 심리 직능 테스트의 실시
- 재활 계획안 작성
- 사회자원의 활용
- 노동시장 정보의 제공
- 직무분석
- 고용알선기관과의 협력
- 타 기관이나 장애인 클라이언트를 둘러싸고 있는 다른 전문직에의 조언과 협조 체제 구축
- 고용주나 지역사회 사람들에게 고용이해를 높이기 위한 조언과 원조

- 직업자립의 지원요소가 되는 가족의 협력과 지지의 육성
- 이상의 업무의 전부 혹은 일부를 수행함에 있어서 사무처리 기록 작성, 자기개발, 연구 등 다각적인 활동이 포함됨

이상의 재활상담 업무는 상담자가 인간과 사회에 대해 갖는 철학에 따라 접근의 차이를 가져온다. 그러나 이것은 어디까지나 심리치료가 아니라 현실의 사회기관에서 유한의 시간 내에 실시되는 서비스이기 때문에 구체적인 정보제공 등도 포함된다. 특히, 대상이 장애인인 점을 감안하여 심리적으로 지지적인 상담기법의 적용이 바람직하다.

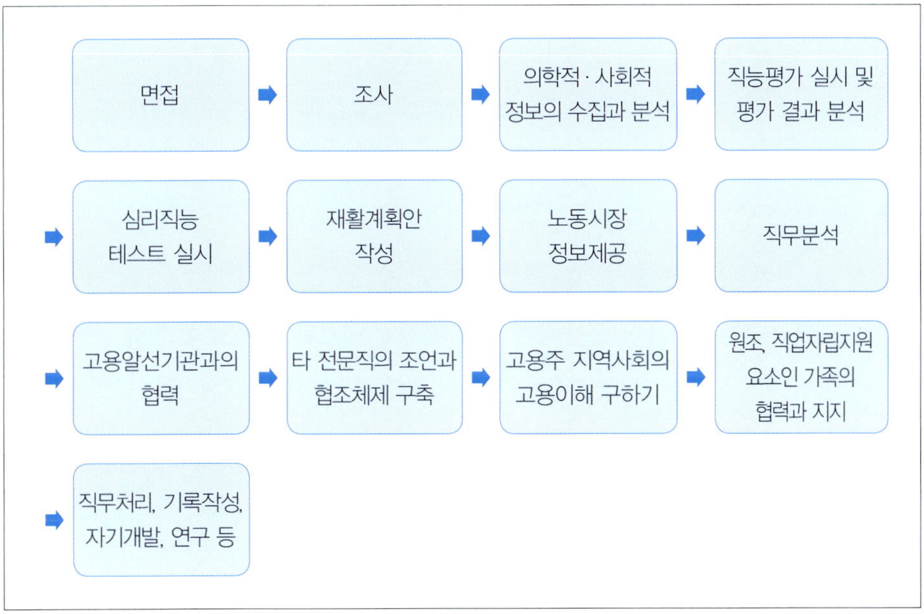


[그림 11-1] 직업재활 원조과정

(9) 직업능력평가

사람이 사람을 평가하고 판단하는 일은 어려운 일이다. 특히, 장애인 개인에게 내재된 직업적 능력을 알아내는 것은 대단히 어렵다. 장애인에 대한 선입견은 우리 눈을 가리게 하여 장애인의 직업적 능력을 보지 못하게 한다. 직능평가 또는 직업 전 평

가는 재활센터, 직업상담센터 등의 주요 업무 중 하나이다. 일반적으로 직능평가자의 역할은 심리담당자나 상담전문가 등의 주요업무 중 하나이다. 평가내용은 '사람이 직업을 갖기 위해서는 직업을 수행할 수 있는 직업능력이 있어야 한다'., '정서적 · 심리적 안정이 있어야 하며, 직업이 요구하는 기술을 갖고 있어야 한다.' 등이 있다. 직업평가란 이러한 것들을 알아보는 것이다.

### 1 신체적 능력의 평가

직업을 수행할 수 있는 일반적인 건강 상태를 의미하며, 질병의 유무, 영양 상태, 신체적 활동력 등 전문의사의 판단이 필요하다. 신체 각 기능의 평가란 사람의 서는 힘, 잡는 힘, 당기는 힘, 미는 힘, 견디는 힘, 시력, 청력 및 정신력 등을 보다 과학적으로 평가하는 일을 의미한다. 따라서 재활의학, 안과, 정신의학과를 비롯한 각 전문의의 진찰이 필요하다. 신체적 기능의 평가에 있어서 장애인의 결함이 어떠한 직업적 장애를 가져오며, 현재의 신체적 기능이 어떻게 직업을 갖는 데 유용하게 쓰일 수 있는지를 평가하게 된다.

### 2 심리적 평가

지능 정도, 정서 상태, 흥미, 적성 및 성격 등 직종을 선택하는 데 중요한 자료가 되는 것으로서, 장애인이 자신의 장애에 대하여 어떤 태도를 가지고 있으며, 또한 일에 대하여 어떤 태도를 갖고 있는지를 평가해서 장애인 자신이 자신을 알 수 있도록 해주는 것이다.

### 3 사회적 평가

장애인이 현재에 이르기까지 무엇을 어떻게 경험해 왔는가에 대한 것이며, 장애인의 자아개념을 형성하는 중요한 자료가 된다. 즉, 장애인과 그가 속한 환경과의 역동적인 관계를 파악하는 것이다. 특히, 친지 · 이웃 · 가족들과의 관계, 종교적 · 문화적 · 환경적 · 사회 경제적 배경 등은 장애인의 재활동기와 장애인의 행동에 영향을 준다.

### 4 직업적 평가

직업적 기능의 평가를 의미하며, 직업기능의 정도, 일의 습관, 일에 대한 태도, 동기, 일의 학습력, 이해력, 순응력, 지구력, 책임감, 자신감, 창의력, 성실성, 대인관계, 신체적 적응력, 민첩도, 취업에 이겨낼 수 있는 내구성, 직업에 대한 마음가짐과 동기 설정, 직업에 대한 준비, 취로생활과 습관, 자신의 흥미와 적성과 어울리는 직업영역, 직장 집단 내의 인간관계와 적응도 등에 관한 평가를 포함한다.

이상에서 제시한 직능평가가 그 후의 직장생활의 지도에 필요불가결하다고 하는 것은 직장생활에 나서는 발달장애인의 심신 기능을 포함한 전인상의 종합적 파악을 가능케 하며, 직업생활에서 곤란영역의 발견, 그 후의 지도 방침이나 목표를 예견케 한다. 그뿐만 아니라, 취로에 필요한 자조구, 공구, 작업용 보장구, 시설, 설비를 각 개인에게 적합하게 개발하는 데의 구체적 지시가 가능해지는 것과 같은 결과를 도출하기 때문이다.

### (10) 직업능력 평가과정

첫째, 초기평가과정을 들 수 있다. 이 단계에서의 평가와 일차적 목적은 클라이언트의 직업 잠재력이 정확하게 평가되기 전에 다루어져야 하는 신체적 · 정서적 · 심리적인 문제를 파악하는 것이다.

둘째, 적절한 직업선택을 위한 평가과정을 들 수 있다. 이 평가과정의 일차적 목적은 클라이언트의 흥미, 능력, 기능상의 제한성뿐만 아니라 전체적 혹은 지역적인 고용시장의 동향을 고려하여 클라이언트가 최적의 직업선택을 할 수 있도록 돕는 것이다.

셋째, 직업적응을 돕기 위한 구체적인 평가과정에서는 구체적인 직업의 방향이 설정되어야 한다. 따라서 평가자의 일차적인 목적은 클라이언트나 그 외 상담자에게 예견된 직업생활의 성공을 제시해 주어야 한다.

### (11) 직업능력 평가방법

#### 1 상담(counseling)

클라이언트의 초기의 불안하고 위협적인 상황을 극복하기 위해 평가 프로그램을 최대한 활용할 수 있게 하기 위해서 요구되는 과정이다.

### 2 필기 테스트(paper and pencil tests)

심리검사, 직업적성검사에 의한 평가방법은 주로 연필과 종이를 사용하여 인식, 정신운동, 정동적 특성 및 일반적이고 구체적인 직업 수행에 관련된 특성을 추상적인 과제를 통해 밝혀내는 것이다. 이 검사는 다른 평가기술을 보충하기 위한 평가도구로 활용된다.

### 3 작업표본평가(occupational sample tests)

실제 직업 혹은 직업군과 동일하거나 유사한 과제, 물체 혹은 도구들을 사용하는 잘 명시된 작업활동이다. 실제 근로현장에서 생산 공정의 일부를 소재로 하여 측정기준을 표준화한 테스트이다. 직업분석에 기초한 표본작업평가로 심리학적 평가보다는 실제적인 작업에 가깝다. 대표적인 몇 가지 직종을 선택한 후 그 직종이 해야 할 일들의 표본을 마련하여 발달장애인이 직접 그 일을 하도록 함으로써 직업평가에서 알아야 할 내용을 평가하는 것이다.

### 4 직업분석

직업 자체를 분석하는 일인데, 특정 직업의 기술적 · 환경적 요소와 더불어 그 직업이 요구하는 바가 무엇인지를 분석하는 일이다. 예를 들면, 일하는 조건이 실내인지 실외인지, 서서 하는 일인지 앉아서 하는 일인지, 근무 시간은 어떠한가 등 일의 조건을 파악하는 일이다. 즉, 그러한 업무를 수행하기 위해서는 신체적 기능이 어느 정도 필요하며, 지적 · 정서적 안정 상태는 어느 수준이 되어야 하는가 등을 분석하는 것이다.

예를 들면, TOWER(Testing, Orientation and Work Evaluation Rehabilitation), ICD(Institute Crippled Disabled), Micro-Tower법(손가락 기능을 파악하기 위함)이 있다. 예를 들면, 우편직 표본작업인 경우, 우편함 개봉, 일자스탬프 찍기, 우편물 분류, 모으기, 집어넣기, 소인 찍기, 우편물 등급 정하기, 우푯값 계산하기, 저울 보기 등과 같은 우편업무에 필요한 모든 동작수행을 파악하는 것이다. 이러한 동작 분석방법은 직업적성 검사법과 인간공학의 동작분석을 장애인용으로 꾸며서 만든 것을 이용하고 있다.

### 5 현직평가 혹은 작업상태 관찰법

실제로 직업현장에 보내서 일을 시켜 보는 현실적 직능평가방법이다. 이 방법은 장애인의 태도, 동기, 창의력, 지시에 따르는 능력, 일의 양과 질 등 고용을 결정하는 데 필요한 요소를 알아볼 수 있는 장점이 있다. 현직평가의 내용은 실제 작업상황에서 개인의 기능적인 능력, 즉 인성, 태도, 적성, 작업특성, 작업기술, 신체능력 등을 포함한다.

### 6 작업평가법

작업치료실(OT실)의 기능을 제1차 산업부터 제6차 산업까지 넓이를 확대시켜서 농림업, 옥외 작업 등 하드웨어의 작업평가를 포함하여 원직 복귀가 가능한가, 혹은 다른 직업에 재정착시켜야 하는가, 혹은 어떤 직업영역에 진출시키는 것이 바람직한가 하는 지침을 얻으려는 방법이다. 평가는 이렇게 해서 다음 단계의 훈련이나 취로준비로 향하기 위한 전체적 과정이기 때문에 평가결과는 재활의 자기지각을 높이기 위해 충분한 상담이 이루어진 가운데서 평가의 결과를 제시하는 것이 바람직하다. 평가에 있어 중요시되어야 할 점은 이것의 포괄적인 접근이다. 이는 개인의 신체적 · 지적 · 성격적 요소뿐만 아니라 장애를 지닌 개인에게 미친 환경적 요소까지도 고려하여야 한다.

## (12) 직업 전 훈련(pre-vocational training)

직업훈련이 특정 직종, 종목의 기능을 높이기 위한 교육인 것에 반해 직업 전 훈련은 모든 직업영역에 공통적으로 필요한 노동자로서의 기초능력과 태도를 쌓아 올려 특정 직종의 훈련에 들어간 경우의 바탕이 되는 경험을 얻게 하는 것이다. 따라서 모든 직업세계에 적용되는 근로자로서의 자질, 즉 체계, 내구성, 근로습관, 기초지식, 직업인으로서의 몸가짐, 직장에서의 인간관계와 역할인식에 이르는 기초적인 현실요구의 체험적 수용에 이르는 학습과정이다.

이런 종류의 훈련은 취로경험이 없는 발달장애인이나 장기간 병상에 누워 있어서 자립의욕을 상실한 동기 없는 사람, 정상적인 사회생활의 결여로 인해 사회적으로 고립되어 있는 사람에게 필요하며, 직업 전 훈련 담당 종사자가 심리 부문의 전문가의 협력을 얻어 교육적 취업이라는 의미에서 실시한다.

이외에도 직업적응의 욕구는 다음의 세 가지 이유에서 나온다. 첫째, 청년기에 바람직한 행동양식을 학습하는 데 실패한 경우이다. 둘째, 장애로 인해 상실한 기술 혹은 기능의 회복욕구이다. 그리고 실제적인 행동 외 수정이 요구되는 직종으로 직업을 바꾸고자 할 때 등과 같은 원인에 기인하고 있다.

### (13) 직업적응훈련

직업적응훈련 프로그램의 의의로서, 원만한 직업적응이 용이하지 못한 발달장애인의 고용을 획득하고 장기간의 안정된 직업생활을 할 수 있도록 돕는 직업재활 서비스이다. 기관에 따라 이러한 서비스 프로그램을 작업습관훈련, 직업준비훈련, 직업강화훈련 혹은 직업 전 훈련으로 지칭하기도 한다. 고용이 결정되기 위해서는 직업수행에 따른 직업요건(job demands)을 충족할 수 있어야 한다. 여기에는 경제상황 고용주의 가치관, 자동화 및 기술적인 진보뿐만 아니라 장애인에게 특별히 고려될 수 있는 물리적 작업환경 혹은 사회적 편견 등이 포함될 수 있다. 그러나 고용의 일차적인 조건은 일반적인 작업능력 수준 외에 어느 수준의 작업수행능력을 가지고 있는가 하는 것이다.

직업적응 프로그램은 발달장애인이 직업적 역할을 성공적으로 수행함에 있어 문제가 되는 요소를 해결하거나 수정·보완시키기 위해 개인이나 환경을 변화시키는 과정이다. 따라서 직업적응훈련은 직업상으로 긍정적인 기능을 강화시키고 부적응적인 행동을 수정하려는 행동수정의 접근으로 설명할 수 있으며, 이 과정의 궁극적인 목표는 클라이언트의 행동이 실제 작업수행 장면에서 요구되는 것과 일치하도록 하는 데 초점을 둔다.

직업적응훈련의 접근영역과 대상문제는 직업적 역할수행에 있어 요구되는 직업의 의미, 가치 및 직업적 욕구의 이해, 태도나 개인적 특성과 직업행동의 수정과 개발, 대인관계 개선 전략, 적응행동기술, 잠재능력 개발, 긴장대응기법, 자기표현(주장)기법 등으로 볼 수 있다.

직업적응훈련의 방법으로 일반적으로 활용되는 기술은 교육, 상담 및 조작적 조건화(operated conditioning)이다. 교육영역으로는 개인의 위생, 몸치장, 교통수단 이용지도, 면접기술, 긴박상황에 대처하는 능력 등이 있다. 직업적응에 있어 상담가는 발달장애인에게 직업이 요구하는 역할, 직장 동료나 상사와 관계하는 방법 및 기타 문제를 효과적으로 해결할 수 있는 방법들을 다룬다.

교육훈련 장소로는 작업현장 외의 장소에서 이루어지는 강의, 개별상담, 집단상담, 소집단 토의, 묘사, 영화, 비디오 촬영 및 감상, 모델링, 역할극, 상황극 등이 가능하다. 작업현장에서 이루어지는 교육은 현지 환경 적응훈련, 교통수단 이용하기 등과 같은 훈련 내용을 들 수 있다.

현재 활성화되어 있지는 않지만 발달장애인이나 정신장애인을 위한 직업적응훈련의 방법으로 중간의 집(Half-Way House)이라는 프로그램을 실시하고 있다. 이는 어느 정도 기능훈련이 된 장애인인 경우 취업을 시키고 시설에서 퇴원시켜 직장이 있는 지역사회에 별도로 집을 마련, 일정 기간 관계 직원(사회복지사)의 감독하에 생활하면서 직장과 사회와 자기 개인적 생활에 적응력을 길러 가도록 하는 것이다. 이곳에서 실시하고 있는 훈련 내용은 직장까지 교통기관으로 혼자 출근하기, 은행 이용하기, 시장에서 물건 사기 등이 있다. 이외에도 직장에서 일어나는 문제를 사회복지사와 개인상담을 하든지, 집단상담을 통해 풀어나가도록 돕는 프로그램이다.

### (14) 직업훈련(vocational training)

직업훈련이란 특정 직업을 가질 수 있는 능력을 키우도록 훈련하는 것이다. 훈련방법으로는 일반교육훈련기관을 활용하는 방법, 특수직업 및 훈련기관을 활용하는 방법, 사업주에게 위탁해서 훈련하는 방법 등이 있다.

직업훈련의 방법은 다음과 같다.

첫째, 취업훈련은 유급으로 취업시켜, 취업시키는 사람과 사업주가 긴밀한 관계를 유지하고 발달장애인의 적응 상태를 지켜봐야 한다. 또한, 적절한 상담 서비스를 장애인이나 사업주가 받을 수 있어야 한다.

둘째, 임금조정제 훈련은 발달장애인이 취업능력이 미숙하여 일정 기간 사업주의 훈련 감독이 필요할 때 사업주의 임금지불은 점차 늘고, 위탁자의 부탁은 점차 줄어드는 방법이다. 이 방법은 위탁자와 사업주 사이에 서로 합의된 합의서가 문서로 마련되어야 한다. 또한, 임금조정제 훈련은 장애인이 취업능력이 없어 사업주의 훈련감독이 필요할 때까지 위탁자가 장애인과 고용주 양측에 금전급부를 다 하는 방법을 택하고 있다. 각 지역 장애인 직업알선기관에서 사업주에게 위탁훈련을 시키고자 할 경우 장애인에게 사업주에게도 해 주는 동시에 사업주에게도 매월 정액의 훈련 수당을 지급하고 있다.

셋째, 무보수 훈련을 들 수 있다. 이는 훈련 위탁기관이 사업주에게 훈련에 대한 금전급부를 하고 장애인에게 생계비 지원만 하여 훈련과정에서 제공하는 장애인의 노력에 대하여서는 보수 없이 하는 것이다.

(15) 직업 · 선별배치

선별배치(selective placement)에서는 발달장애인 당사자 측의 평가와 함께 고용환경과 직무기대를 확인하는 직무분석이 행해질 필요가 있다. 나아가서 고용주 측에 대하여는 고용능력의 평가와 발달장애인에 대한 태도 개선 및 향상을 위한 조언을 고용원호 배치 차원에서 병행시켜 나감이 중요하다.

이상 살펴본 내용을 정리하면 발달장애인의 직업재활과 고용을 위해 고려해야 할 내용이 많다. 특히, 재활상담이 반드시 우선되어야 한다.

재활상담은 세 가지 형태로 진행될 수 있다. 장애인에게 필요한 정보를 제공하는 일, 상담자가 필요한 정보를 얻기 위한 상담, 장애인이 지닌 문제를 해결하기 위한 상담 등이 있다. 이러한 상담이 이루어지기 위해서는 상담기법의 활용 외에도 상담자로서 다음 사항을 주의해야 한다.

- 너무 지나치게 발달장애인을 특별한 존재로 이해하려 하지 않는다.
- 상담과정에서 장애인이 보이는 아주 작은 반응이라도 놓치지 말고 관찰하여 그 의미를 찾는다. 예를 들면, 발달장애인이 아무 말도 하지 않을 경우, 침묵의 의미까지도 파악할 수 있도록 한다.
- 서두르지 말고 장애인 클라이언트의 보조를 맞춰 상담을 진행한다.

- 장애인 중심의 상담이 이루어질 수 있도록 한다.
- 장애인도 한 인간으로서 존중되어야 하며, 개별화되어야 한다.
- 장애인이 상담자와 인간관계를 경험할 수 있도록 관계를 형성하는 일이 중요하다.
- 장애인의 신체와 정서적인 면을 병리적인 결함이나 사회적 핸디캡(handicap)으로 보지 말고 기능적 장애(functional disability)로 인식하도록 한다.
- 발달장애인 사이에서도 장애의 정도, 장애의 내용 등이 다르듯이 직업재활의 욕구도 개별화하여 다루어야 한다.

## 2. 발달장애인 직업재활시설의 성립과 활성화

### 1) 발달장애인 직업재활

장애인의 다양한 욕구 가운데 직업을 갖는다는 것은 직접적으로 자신과 가족의 생계와 관련이 있을 뿐만 아니라, 궁극적으로는 완전한 사회적 통합의 전제조건이 된다. 이러한 직업재활(vocational rehabilitation)의 궁극적인 목표는 장애인이 지니고 있는 잔존능력을 개발하고 결함을 지닌 영역을 보완할 수 있도록 보상능력을 발달시켜서 자립할 수 있게 도와주는 것이다. 그럼으로써 장애인도 이 사회의 전반적인 부분에서 특별한 삶이 아닌, 자신의 능력을 최대한 발휘하며, 일반인과 함께 통합되어 살아가도록 하는 것이다.

그러나 우리나라의 현실적 상황을 보면 아무리 경미한 장애를 가진 사람이라 하더라도 우리 사회에서 아무런 차별 없이 자신의 능력과 적성에 맞는 직업을 가지고 바람직한 역할을 수행하면서 정상적인 사회의 주류에 통합되어 직업을 갖고 살아가는 일이 쉽지 않다. 특히, 발달장애인의 경우, 대부분이 불행하게도 비고용 또는 불안전 고용의 상태에 있다. 아무리 중도의 발달장애인이라고 해도 모두가 똑같은 인격을 가진 인간이라는 사실을 직시하며, 장애인복지제도의 개혁적 발상이 필요하다.

### ● 한국의 장애인 직업재활제도와 변천 과정

1913년 맹학교 직업교육

1948년 중앙각심원 설립(정신박약자 수용시설)

1954년 한국불구자협회(현 한국장애인재활협회)

1961년「군사원호대상자 고용법」제정

1963년「산업재해보상보험법」제정

1977년「특수교육진흥법」제정

1982년「직업안정법」개정 내용 중 신체장애인 고용촉진을 위한 조항 신설(제17조 2), 국립재활원 개원, 장애인 취업알선 사업 확대(시각 및 청각장애자복지회), 장애인수용시설에 22개 보호작업장 설치

1986년「산업재해보상법」개정 내용 중 신체장애인고용권고 조항 신설(제28조 3), 국립재활원 개원, 장애인취업알선사업 확대(시각 및 청각장애자복지회), 장애인수용시설에 22개 보호작업장 설치

1989년「심신장애자복지법」전문 개정(현「장애인복지법」)

1990년「장애인고용촉진 등에 관한 법률」제정, 한국장애인 고용촉진공단 설립

1994년「특수교육진흥법」개정

1997년「장애인, 노인, 임산부 등의 편의증진 보장에 관한 법률」제정, 장애인 고용촉진 5개년계획 수립(1998~2000)

2000년「장애인고용촉진 및 직업재활법」개정

2007년「장애인복지법」개정, 우선구매 이외 수의계약제도, 장애인생산품 인증에 대한 규정을 추가하여 장애인생산품 우선구매제도의 정착에 기여함

2008년「중증장애인생산품 우선구매 특별법」제정

2014년「중증장애인생산품 우선구매 특별법 시행령」개정

2015년「중증장애인생산품 우선구매 특별법」제7조(공공기관의 구매촉진)에 의거 구매 적용기관은 국가 54개소, 지방자치단체 243개소, 교육청 193개소, 공공기관 320개소, 기타 특별법인 6개소, 지방공기업 139개소 등 총 933개소가 중증장애인생산품 우선구매 대상 기관

2015년「중증장애인생산품 우선구매 특별법」에서 규정하는 기준을 충족하여 중증장애인생산품 생산시설로 지정된 곳은 2015년 8월 현재, 418개소로 특별법이 시행된 2008년에 비해 5배 이상 확대됨. 또한, 중증장애인생산품 생산시설의 장애인 근로자 수는 2008년 1,912명에서 2014년 9,292명으로 386% 증가하였고, 중증장애인 근로자 수 역시 369.6% 증가함

출처: 보건복지부 · 중증장애인생산품우선구매촉진위원회 (2015); 장애인개발원 (2015).

1985년 세계보건기구(WHO)의 제38차 총회는 회원국에 훈련과 고용, 그리고 물리적 · 법률적 장벽을 제거함으로써 장애인의 지역사회 참여기회를 높이도록 촉구하여 한국에서 지역사회재활 프로그램을 정부 주도로 시작하는 계기를 마련하기도 하였다. 이처럼 1980년대에 민간 주도로 이루어진 생활보호활동이 1990년대에 들어와서는 단순복지보다는 직업을 통한 재활에 관심이 높아졌다.

1990년 1월 13일 국회는 「장애인고용촉진 등에 관한 법률」을 제정 공포하여 국가, 지방자치단체 및 300인 이상 기업체를 대상으로 하여 2%의 의무고용률을 지정하였다. 즉, 장애인 고용을 통한 직업재활을 위한 제도적 노력은 1990년 제정된 「장애인고용촉진 등에 관한 법률」에 의해 시작되었다고 볼 수 있다.

이처럼 우리나라 장애정책은 초기에 사회복지의 이념적 바탕을 토대로 두었으며, 체계적이지 못하고 통합되어 있지 않아 재활입법의 형태를 갖추지 못하였다. 재활은 그 동기와 방법의 측면에서 사회복지와는 다소 구분되며, 국가 고용정책과도 차이가 있다.

장애인 직업재활이 사회적 관심을 받게 된 것은 생산적 복지의 이념만을 가지고 장애인의 직업문제를 근본적으로 해결하기는 어렵다는 인식이 생겨나면서부터이다. 노동시장에 나타나는 장애인 소외 문제는 노동정책으로 접근해야 하고 장애인이 지역사회에서 요구하는 고도의 직업기술을 지니기 위해서는 효과적인 교육과 재활체계가 필요하다. 예컨대, 훌륭한 인적 자원을 양성하여 사회에 배출함으로써 궁극적으로 경제성장을 이끌도록 하는 질 높은 생산적 복지가 가능하게 된다는 것이다. 따라서 정책의 우선순위를 생산성 향상에 도움이 되느냐에 초점을 두고 복지제도는 경제성장을 위한 안전망으로 작용하고 있다.

## 2) 발달장애인 직업재활시설의 정체성

### (1) 직업재활시설의 이념적 가치

직업재활시설의 설립 이념은 발달장애인이 사회의 다른 구성원과 동일해지고 그 사람의 능력에 따라 동등한 권리를 가지며, 고용기회를 갖도록 준비시키는 데 있다. 또한, 경쟁적인 노동시장에서 정상적인 조건으로 적절한 임무를 부여하지 못할 경우에는 보호고용을 통해서라도 고용기회를 제공하는 데 있다.

보호고용의 대상은 학령기 이상의 어느 정도 노동능력을 가진 사람으로 신체적·정신적 또는 다른 장애로 인해 특별한 도움이 없는 한 경쟁노동 시장에서 고용을 확보하기 어려운 사람이며, 주요 목적은 장애인에게 일거리를 제공하는 것이다. 그러나 장애인을 보호고용에 취업시키는 경우에는 그 사람의 개인적·직업적 적성과 지역 특성에 충분한 주의를 기울여야 한다. 그래야만 장애인은 노동능력을 가지고 취업을 통해 삶을 증진시킬 수 있으며, 노동력을 가진 인간으로서 건설적인 분위기와 능력에 비해 높은 생산성을 자기 것으로 획득할 수 있게 된다.

그리고 국가는 보호고용에 대한 기본적인 책임을 져야 한다. 만약, 국가가 주도하지 못한다면 국가는 책임을 대행할 수 있는 전담기관을 지정하여 돕도록 해야 하며, 이를 위해 국가는 보호고용의 국가계획, 연락조정, 조직, 행정 및 발전을 지지하고 실천해야 하고 설치기준이나 필요한 법제의 정비, 그리고 조사를 해야 함을 명시하고 있다.

보호고용은 일반고용이 어려운 발달장애인을 위해 보호적인 조건하에서 행해지는 훈련 및 고용으로 발달장애인을 수용시설에서 그 생애를 마치게 하는 것보다 고용과 사회활동을 통해 그들이 사회에 통합되도록 하는 것을 말한다. 결론적으로 보호고용의 기본이념은 고용에 있어 장애인의 노동기본권 확보, 즉 고용에 있어 시민권 이념과 일반화 이념, 즉 사회적 역할가치부여를 위한 장애인의 역량강화이념이 직업재활시설의 이념적 가치라고 볼 수 있다.

### (2) 직업재활시설의 역할과 기능

장애인 직업재활시설은 일반 작업환경에서는 일하기 어려운 발달장애인이 특별히 준비된 작업환경에서 직업훈련을 받거나 직업생활을 할 수 있도록 하는 시설로서, 장애인이 자신의 능력과 적성에 맞는 직업생활을 통하여 인간다운 생활을 할 수 있도록 장애인 직업재활과 관련된 제반 서비스를 제공하고 취업기회를 제공함으로써 직업을 통한 장애인의 자활·자립을 도모하는 데 목적이 있다.

장애인 직업재활시설은 2007년 「장애인복지법」 개정으로 장애인보호작업장과 장애인근로사업장 등 2개 시설로 개편되었으며, 시설 운영으로 발생한 수익금은 근로장애인에게 보다 많은 임금을 지급하거나 복리후생을 개선하는 데 우선 사용하여야 하며, 수익금은 장애인 직업재활시설의 운영과 관련 없이 법인의 운영을 위한 비용으로 사용되어서는 안 된다.

직업재활시설의 역할과 기능은 유형에 따라 조금씩 다르게 나타나고 시대 흐름 속에서 조금씩 변화하고 있기 때문에 단정적으로 규정하기는 어렵다. 직업재활시설의 역할과 기능은 진로지도를 비롯한 다음 사항을 포함하며, 장애인 고용의 기회를 극대화시킬 수 있는 직업재활 서비스를 직접적으로 제공하는 것을 의미한다.

- 통합된 체계 내에서 제공되는 의료적 · 정신적 · 심리적 · 사회적 · 직업적 서비스
- 재활보조기기의 사용을 위한 훈련이나 검사 · 제작
- 레크리에이션 치료
- 물리치료 및 작업치료
- 음성, 언어 및 청각치료
- 긍정적인 행동 강화를 포함한 정신적 · 심리적 · 사회적 서비스
- 직업재활욕구와 적격성 결정을 위한 사정
- 재활공학
- 직무개발, 배치 및 사후지도 서비스
- 특수장애의 평가
- 확대 고용(expanded employment)
- 심리 · 사회재활 서비스
- 지원고용 서비스 및 확대 서비스
- 직업재활을 위한 필요시 가족을 위한 서비스
- 대인지원 서비스(personal assistance service) 및 기타 서비스

이후 직업재활시설 운영에 대한 개선의 목소리가 커지면서 직업재활시설의 비용/효과, 영리 추구, 발달장애인 등 중증장애인의 직업준비도 향상, 임금의 향상을 위해 역할과 기능에서 경영마인드의 이용과 개발, 분석과 계획에 기초한 마케팅의 강조,

가격 경쟁, 조달 확대, 생산과 계약에 있어서 정보기술의 활용, 자동화의 증설, 업무 혁신 및 지속적인 개혁, 비장애인 근로자와의 통합, 근로 시간의 확대, 실질적인 관리 기술의 활용과 직원들의 적절한 피드백(feed back)과 같은 역할이 강조되고 있다.

또한, 많은 발달장애인을 포함한 중증장애인에게 고용의 기회를 제공하고 장애인의 직업 준비도를 향상시키기 위하여 다음과 같은 기능의 확대 필요성이 요구된다.

- 아동집단 모델이나 서비스 직종의 확대 및 활용
- 틈새시장공략 방법의 개발
- 전환업무의 강조
- 지역사회 기반 공용 프로그램의 활성화
- 직무나 생산품목의 다양화 추구
- 동료 근로자와의 관계 향상
- 직업 현장에서의 관리자와 동료 근로자와의 상호작용 촉진
- 작업장에서의 여가활동 프로그램의 개발 및 활성화
- 생산성 향상과 임금향상방안 지속적 연구
- 직원들의 장애인 훈련 및 지원활동의 강화
- 작업의 질을 개선하기 위한 지속적인 활동 등

즉, 초기 보호작업장 역할과 기능은 중증장애인에게 고용과 훈련 기타 재활편의를 부여하고 그들이 자력으로 일을 해서 적절한 임금을 받고 개개인에 대한 작업목표를 설정, 적응력을 키우도록 하는 것이었다면 최근에는 생산성을 갖춘 고용의 기회를 제공하는 작업장으로서 생산성과 임금 상승, 자연스러운 지역사회 통합에 대한 역할과 기능이 점차 강조되고 있는 추세라고 볼 수 있다.

〈표 11-1〉 외국의 대표적인 보호작업장 예

| 국명(설립년도) | 미국(1902년) | 영국(1945년) | 스웨덴(1980년) | 일본(1975년) |
|---|---|---|---|---|
| 사업체명 | 굿윌산업<br>(Goodwill idustries) | 렘프로이<br>(Remploy) 공사 | 삼할 작업장<br>(Samhall) | 수산장, 복지공장,<br>공동작업장 |
| 주요사업 | 조립, 포장,<br>공원 관리 | 부품 조립,<br>가구, 의류 | 서비스, 조립,<br>부품 관리 | 환경 관리, 서비스 |

발달장애인 등 중증장애인을 위한 직업재활시설의 역할과 기능은 다음과 같다.

- 교육, 훈련사업
- 일상생활 및 가사생활훈련
- 사회적응훈련, 직업훈련, 통합훈련, 취미 및 여가활동 등의 재활 서비스
- 보호고용
- 직업평가 및 직업 전 훈련
- 취업알선 등

그러나 직업재활기금사업과 직업재활시설 평가에서 직업재활시설의 역할과 기능이 재조명되어야 할 필요성이 있음을 제안하고 있다. 직업재활시설은 유형에 따라 차이가 있지만 장애인의 잠재능력을 개발하고 고용의 기회를 제공하는 역할을 수행해야 하며, 이것을 위해 장애인의 직업준비도 기능의 향성과 생산성, 임금 향상을 위한 기능이 확대되어야 할 것이다.

정리하면, 직업재활시설의 역할과 기능은 초기에는 보호고용의 기능보다는 장애인의 잠재능력을 개발하는 기능에 초점이 맞추어졌으나 최근에는 이 기능뿐만 아니라 생산성 향상과 장애인 근로자의 임금확대가 전제된 보호고용의 기능이 강조되고 있는 추세이다. 따라서 직업재활시설의 역할과 기능은 장애인의 잠재능력을 개발하기 위한 직업준비도 향상과 고용의 기회를 제공하기 위한 생산성과 적절한 임금제공이라 할 수 있다.

### (3) 직업재활시설의 유형 구분

직업재활시설의 유형 구분은 시설이 고용의 기회를 제공하기 위한 시설(business)인지, 직업능력의 향상을 위한 재활 서비스 제공을 위한 시설(human service agency)인지에 따라 분류하는 방법과 장애유형과 정도, 지역사회에서 활용할 수 있는 작업의 성격과 유형에 따라 분류하는 방법이 있다.

미국에서 공식적이고 가장 일반적인 분류방법은 미국 노동부 임금국이 최저임금과 장애정도에 따라 정규작업장, 작업활동센터, 평가 및 훈련작업장으로 나눈 분류인데,

정규작업장(regular program)은 최저임금의 1/2 이상의 생산력을 발휘할 수 있는 장애인을 위해 설립된 작업장이며, 작업활동센터(work activity center)는 심신의 장애가 너무 심하여 최소한의 작업생산성만 기대할 수 있는 장애인을 위해 마련된 작업장으로 최저임금에 대한 보장은 없으나 어떠한 객관적인 자격기준을 충족하는 치료적 활동을 제공하는 작업장이다.

직무평가 및 훈련작업장은 장애인의 직업 혹은 작업잠재력을 결정하는 데 있어서 작업을 매개체로 활용하는 작업장으로 최저임금에 대한 보장은 없으나 최저임금의 50% 미만을 받을 경우는 노동부의 사전 허가를 받아야 한다. 이 유형 구분의 기준은 최저임금과 장애정도, 즉 직업적 능력이 직업재활시설 유형을 구분하는 기준이 되고 있다. 그러나 초기의 이와 같은 유형 구분은 1992년 '재활법' 개정과 함께 작업활동센터를 제외하고 모든 작업장은 지역사회재활 프로그램(CRPs)으로 통합되었으나 아직까지 보호작업장, 작업활동센터라는 명칭을 사용하고 있다. 실제 미국의 직업재활시설 유형은 보호작업장과 작업활동센터이며, 보호작업장은 노동부 임금국 분류의 정규작업장이다.

한국의 발달장애인 등 중증장애인을 위한 직업재활시설은 다음과 같다.

### 1 장애인보호작업장

장애인보호작업장은 직업능력이 낮은 장애인에게 직업적응능력 및 직무기능 향상훈련 등 직업재활훈련 프로그램을 제공하고 보호가 가능한 조건에서 근로의 기회를 제공하며, 이에 상응하는 노동의 대가로 임금을 지급하며, 장애인근로작업장이나 그 밖의 경쟁적인 고용시장으로 옮겨갈 수 있도록 돕는 역할을 하는 시설을 말한다. 장애인보호작업장은 기능과 역할을 이행하기 위하여 수익성이 높은 사업을 개발・추진하여야 하고, 근로장애인에게 보호적인 환경에서 유상적인 작업을 제공하여야 하며, 작업에 대한 보수가 제공되어야 한다.

또한, 근로장애인의 욕구와 능력을 이해하고 필요한 서비스와 프로그램을 효과적으로 전달하기 위하여 개별고용계획(Individualized Plan for Employment)을 수립하고 장애유형, 장애정도, 연령별 특성과 당해 시설에서 수행 중인 업종의 특성을 반영하여 재활 프로그램을 진행해야 한다. 장애인보호작업장의 최소인원은 10명 이상이며, 근로장애인의 비율에 있어 재가장애인이 50% 이상이 되도록 하고 장애인생활시설 내 입소장애인의 경우 공동생활가정 등을 통해 사회에 복귀하도록 유도하고 있다.

### 2 장애인근로작업장

장애인근로작업장은 직업능력은 있으나 이동 및 접근성이나 사회적 제약 등으로 취업이 어려운 장애인에게 근로의 기회를 제공하고 최저임금 이상의 임금을 지급하며, 경쟁적인 고용시장으로 옮겨갈 수 있도록 돕는 역할을 하는 시설을 말한다. 이에 따라 장애인근로사업장의 고용 최소인원은 30명으로 하고 장애3급 이상인 장애인이 장애인근로자의 60% 이상이 유지되도록 해야 한다. 장애인근로사업장은 최소설비기준은 부대시설을 포함하여 일정 규모(대략 430㎡) 이상이어야 하며, 근로장애인의 2/3 이상에게 최저임금 이상을 지급하도록 유도하고 있다.

〈표 11-2〉 장애인근로사업장의 운영기준

| 운영기준 | 내용 |
|---|---|
| 장애인근로사업장의 사업성 강화 | 근로장애인에게 최저임금을 지급하기 위하여 수입성이 높은 사업을 개발·추진해야 함 |
| 재활 프로그램 운영 | 장애유형, 장애정도, 연령별 특성과 수행 중인 업종의 특성에 따라 재활 프로그램을 계획하며, 동시에 일반고용으로의 전이 내용도 포함되어야 함. (예: 사회적응훈련 직무기능 향상훈련, 작업태도 및 기술훈련, 직무개발 및 경쟁적인 고용시장으로의 전이를 위한 조치 등) |
| 개별고용계획 수립 | 근로장애인의 욕구와 능력을 이해하고 이들에게 필요한 서비스와 프로그램을 효과적으로 전달하기 위해 개별고용계획(Individualized Plan for employment)을 수립해 실시해야 함 |
| 생계보호비 신청 | 장애인근로사업장에서 작업하는 근로장애인이 기초생활보장제도 생계급여대상에 해당하는 경우 재가장애인으로서 생계급여를 받아야 함 |
| 인력배치 및 조직 | 종사자 배치기준에 따라 인력을 배치하고 개별시설의 특성을 고려하여 장애인직업재활의 효과를 극대화할 수 있도록 인력을 융통성 있게 운영할 수 있음 |
| 급여체계 | 근로장애인의 2/3 이상에게 최저임금 이상을 지급하기 위해 최선의 노력을 다하여야 함 |
| 보호작업장으로서의 전환 | 당해 연도 근로장애인의 개인별 평균임금을 확인한 결과, 시설 설치·운영 1년이 경과 후 이후에도 근로장애인의 급여기준을 충족시키지 못하는 사업장은 다음 연도부터 장애인보호작업장으로 전환하여 지원하도록 함 |

출처: 보건복지부 (2015).

〈표 11-3〉 직업재활사업 현황

| 구분 | 중증장애인 직업재활지원 사업 | 장애인복지관 | 직업재활시설 |
|---|---|---|---|
| 근거법 | 「장애인복지법」 제21조 | 「장애인복지법」 제21조 | 「장애인복지법」 제21조 |
| 예산지원 | 보건복지부 | 각 지방자치단체 | 각 지방자치단체 |
| 사업관리 주체 | 보건복지부, 한국장애인개발원 | 각 지방자치단체 | 각 지방자치단체 |

〈표 11-4〉 직업재활시설 설치기준 및 사업내용

| 구분 | 설치기준 | 사업내용 |
|---|---|---|
| 장애인 보호작업장 | • 국가와 지방자치단체에서 운영 가능<br>• 시설입지조건, 근로장애인 수, 시설의 구조와 설비, 직원배치, 관리 및 운영요원 자격기준, 수익금 및 임금관리, 근로기준 및 이용자 권리, 보건 및 안전관리, 생산 및 품질 관리, 운영규정, 장부 등의 비치 등을 규정 | 개별고용계획 수립, 재활 프로그램 실시, 보호고용, 직업활동 프로그램 운영 등 |
| 장애인 근로사업장 | • 국가와 지방자치단체에서 운영 가능<br>• 시설입지조건, 근로장애인 수, 시설의 구조와 설비, 직원배치, 관리 및 운영요원 자격기준, 수익금 및 임금관리, 근로기준 및 이용자 권리, 보건 및 안전관리, 생산 및 품질 관리, 운영규정, 장부 등의 비치 등을 규정 | 개별고용계획 수립, 재활 프로그램 실시, 통근지원, 작업활동 프로그램 또는 보호직업 프로그램 운영 등 |

### (4) 장애인 직업평가 및 직업평가사

정보산업 및 과학기술의 발달과 급변하는 사회환경적 변화에 맞춰 장애인 직업재활과 고용 분야의 체제와 프로그램 개선이 요구되고 있다. 최근 장애인 사이에 새로운 요구로 볼 수 있는 이동권 보장, 활동보조인 서비스, 「장애인차별금지법」 제정, 교육권 보장 등이 빠르고 다양하게 등장하고 있다. 특히, 장애인의 고용이나 소득보장, 교육에서의 요구가 높게 나타나고 있다. 이에 따라 발달장애인을 비롯한 중증장애인을 중심으로 노동권 확보와 적절한 직업재활 및 고용에 대한 당사자의 요구가 지속적으로 높아질 것으로 예상된다.

장애인 고용에 관한 당사자의 요구와 사회적 관심이 높아짐에 따라 직업재활과 고용에서의 양적 · 질적 성장이 우선적인 과제로 떠오르고 있다. 직업재활은 장애인이 직업영역에서 의사결정을 지원하는 세 단계로 이루어진다.

첫 번째 단계는 장애인의 기술, 적성, 능력, 흥미와 욕구를 확인하는 단계로 여기에서 직업평가가 실시된다.

두 번째 단계는 실제 노동시장의 다양한 직업의 수요와 보상을 확인하는 단계이다.

세 번째 단계는 장애인과 직업을 연결하기 위하여 첫 번째 단계와 두 번째 단계에서 얻은 정보를 통합하는 단계이다. 이러한 일련의 과정을 거쳐 직업재활 서비스가 제공된다.

직업재활 서비스의 첫 번째 단계인 직업평가는 앞으로의 직업재활 서비스의 방향을 설정하는 중요한 과정이다. 직업평가를 통해 얻은 정보는 직업재활에 필요한 서비스를 효과적으로 선택하고 훈련할 수 있도록 하며, 보조적 재활기술, 교육 프로그램 선정의 기반이 된다. 또한, 장애인에 대한 직업평가 결과와 현실적인 직업정보의 결합을 통해 보다 구체적인 재활계획을 수립할 수 있도록 하여 직업재활 서비스 및 고용을 위한 최적의 결과를 산출할 수 있도록 돕기 때문에 직업평가의 중요성은 아무리 강조해도 지나치지 않다. 결과적으로 직업재활을 통하여 장애인이 사회에서 고용을 달성할 수 있도록 하기 위해서는 직업평가의 기능과 역할 및 전문적인 체계의 구축이 필연적으로 요구되어지고 있다.

직업평가는 직업재활에서 내담자의 직업 흥미, 능력, 강점과 제한점, 적성, 기능 수준을 종합적이고 체계적으로 평가하여 내담자의 잠재력을 찾아내고 직업재활계획을 세우며, 성공적인 직업배치와 만족을 위해 요구되는 서비스를 제공하는 것을 말한다. 최근 장애인 고용의 형태가 지역사회에 기반을 둔 통합고용을 지향함에 따라 지역사회에서 필요한 직무를 장애인이 수행하기 위해 필요한 지원이 무엇인지를 알아보고 적절한 지원을 제공하기 위한 직업평가의 수요가 점차 증가하고 있다. 직업평가를 체계적이고 효과적으로 실시하기 위해서는 법적 · 제도적 장치 마련, 충분한 재원의 마련, 전문인력의 확보 등이 필요하다. 이 중 전문인력의 확보는 직업평가, 나아가 직업재활 서비스의 질과 직접적 연관이 있는 중요한 요소라 할 수 있다.

## 3. 중증장애인생산품 우선구매제도

### 1) 개요

지난 1989년 「장애인복지법」 전면 개정 시 제31조(제작품의 판매)에서는 "장애인복지시설 등에서 장애인이 제작한 물품의 구매 요구가 있을 때에는 최대한 그 요구에 응하도록 노력해야 한다."라고 규정하였고, 1999년 「장애인복지법」을 다시 한번 전면 개정하여 동법 제40조(상산품의 구매)에서 국가의 우선구매 및 수의계약을 규정함으로 사실상 장애인생산품 우선구매제도를 도입하였다. 동 법률은 2007년 전면 개정되면서 제44조와 제45조에서 우선구매와 수의계약제도 외에 생산품인증제도를 규정하였다.

2012년 1월 「장애인복지법」 개정으로 동법 제44조(생산품 구매)에서는 "국가, 지방자치단체 및 그밖의 공공단체는 장애인복지시설과 장애인복지단체에서 생산한 물품의 우선구매에 필요한 조치를 마련하여야 한다."라고 규정하고 있다. 국가, 지방자치단체 및 그밖에 공공단체의 범위는 정부, 지방자치단체, 교육청, 공공기관 등이 해당한다.

이와 같이 「장애인복지법」에 장애인생산품 우선구매제도를 규정하고 있기는 하지만 중소기업이나 여성단체, 보훈단체에 비해 제도의 적용과 운영 현황이 극히 미진하여 법 형식이나 우선구매적용사업장의 실효성을 담보할 수 있는 특별법 제정의 필요성이 꾸준히 제기되었다.

이에 2008년 「중증장애인생산품 우선구매 특별법」(이하 「중증장애인생산품법」)이 제정되었다. 이 법률의 제정 목적은 "경쟁고용이 이려운 중증장애인을 고용하는 직업재활시설 등의 생산품에 대한 우선구매를 지원함으로써 중증장애인의 직업재활을 돕고 국민경제발전에 기여하는 것"이다.

동 법률은 우선구매를 촉진하기 위한 방안으로 제4조(중증장애인생산품 우선구매 촉진에 관한 계획의 수립)와 제6조(중증장애인생산품 우선구매지원), 제7조(공공기관의 구매촉진), 제20조(다른 법률과의 관계)에서 관련 사항을 규정하고 있다.

먼저 제4조는 보건복지부장관은 매년 초에 이 법률 제5조에 따른 중증장애인생산품우선구매촉진위원회의 심의를 거쳐 중증장애인생산품의 우선구매촉진을 위한 계획(이하, '우선구매촉진계획'이라고 함)을 수립하고 이를 추진할 것을 규정하였다.

「중증장애인생산품법」에 위한 중증장애인생산품시설은 「장애인복지법」 제58조 제1항 제3호에 따른 장애인 직업재활시설과 동법 제63조에 따른 장애인복지단체 중 대통령령으로 정하는 시설의 기준과 중증장애인의 고용비율 및 품질요건 등을 갖추어 보건복지부장관의 지정을 받은 시설이다.

중증장애인생산품 생산시설로 지정받기 위해서는 기본적으로 직업재활시설 또는 장애인복지단체이어야 하며, 장애인근로자 수는 5인 이상이어야 하고, 장애인 근로자는 70% 이상이어야 하며, 장애인근로자 중 60% 이상은 중증장애인이어야 한다. 또한, 장애인근로자의 참여 시간은 근로 시간의 50% 이상이어야 하며, 직접생산을 하는 것을 지정조건으로 하고 있다. 이후 「중증장애인생산품법」 개정을 통해 장애인 근로자 수를 단계적으로 확대하여 2015년부터는 최소 10인 이상이어야 생산시설로 지정받을 수 있도록 하였다.

### 2) 장애인생산품에 대한 우선구매 계획

2011년 우선구매 지정품목이 없어지고 구매기관에 해당되는 정부, 모든 공공기관 등은 연간 총 구매액의 1%를 구매하도록 법률로 지정되었다. 따라서 직업재활시설에서 구매기관의 욕구를 충족시키고 매출을 확대시키기 위해서는 장애인생산품 품목별 협의체를 통한 공동브랜드 개발, 생산 품질관리 기술공유, 공동마케팅 전략수립, 장애인생산품 우선구매제도에 대한 공동대응 등 장애인생산품 판매 및 판로 확대를 위한 체계적인 지원과 정책개발이 필요하다.

## 4. 발달장애인 등 중증장애인 일자리 사업

2007년부터 시작된 장애인 일자리사업은 장애인 행정도우미 사업과 장애인복지일자리 사업의 두 가지 유형으로 실시되었고 2010년부터는 시각장애인이 참여할 수 있도록 시각장애인 안마사 파견사업을 추가하여 현재 세 가지 사업유형으로 운영되고 있다.

장애인행정도우미 사업은 읍·면·동 주민센터, 시·군·구 및 시도 본청, 보건소, 산하공공기관 등에 장애인이 배치되어 지역사회 복지행정 업무 등을 보조 수행하는 일자리이다. 장애인복지일자리 사업은 직업적 중증장애인이 업무가 있는 일에 종사하면서 사회참여 경험을 갖도록 하는 사업으로 장애유형과 정도에 따라 다양하게 개발된 복지적 일자리에 참여하도록 하는 사회참여형 공공일자리이다. 시각장애인 안마사 파견사업은 안마사 자격과 기술을 가지고 있으나 미취업 상태로 어려움을 겪고 있는 시각장애인 안마사에게 취업의 기회를 제공하기 위한 일자리이다.

장애인이 안정된 일자리를 확보하고 그 일자리를 유지할 가능성을 키우기 위해서는 무엇보다 직업재활 서비스가 필요하다. 장애인의 직업재활은 직업상담, 직업적응 훈련, 취업알선 및 배치, 사후지도에 이르기까지 안정된 고용을 확보하고 유지하기 위해 이루어지는 제반 서비스를 총칭하는 것으로 장애인의 독립생활과 사회통합을 위해 반드시 필요하다.

### 1) 제도적 측면

장애인 직업재활사업은 보건복지부를 중심으로 각 지방자치단체와 함께 이루어지고 있다. 법적 근거는 사실상 「장애인복지법」 제21조(직업)이며, 이외에는 「장애인고용촉진 및 직업재활법」에서 직업재활과정별 서비스를 규정하고 있는 것에 근거하여 사업을 수행하고 있다.

장애인의 직업재활은 종합적·전문적·체계적으로 수행되어야 한다. 그러나 「장애인복지법」은 물론 「장애인고용촉진 및 직업재활법」에서도 전문적이고 세부적이며 체계적으로 수행되어야 함에도 그렇지 못하고 있다. 장애인 직업재활의 확대를 위해서는 「장애인복지법」의 정비가 우선적으로 이루어져야 한다. 「장애인복지법」 상에서 직업재활과정 및 세부 서비스를 규정하고 서비스 제공기관의 역할과 의무, 관련 전문가의 자격과 역할 등에 대한 기준을 마련하여 중증장애인을 위한 직업재활사업이 보다 전문적이고 효과적으로 제공될 수 있도록 하여야 한다.

### 2) 장애인 일자리의 질적 확대

장애인 일자리사업의 참여자나 보호고용정책인 직업재활시설 이용자의 대부분은 발달장애인 등 중증장애인으로 이들의 고용확대를 위해 여러 제반 서비스와 예산이 투입되고 있다. 그러나 장애인 일자리 사업의 경우 단기간으로 제공되어 일자리의 연속성이 떨어지고 최저임금에도 미치지 못하는 수준으로 중증장애인의 궁극적 일자리 확대를 위한 대안이 되지 못한다. 직업재활시설 역시 사회통합의 차원에서 볼 때, 보호고용 환경에서 일반 경쟁고용으로의 전이가 활발하게 이루어져야 함이 마땅하나, 직업재활시설의 여건이나 사회 물리적 장벽으로 인해 사실상 전이가 이루어지지 못하고 있다.

괜찮은 일자리(decent job)라는 개념은 국제노동기구(ILO)의 통계지표를 활용한 '괜찮은 일자리 측정'이라는 보고서를 통해 고용의 질적 측면을 판단하는 구체적 기준을 제시하였다. 그 기준은 고용기회, 적합하지 않은 노동의 제외, 적절한 임금과 생산적 노동, 적절한 시간, 노동의 보장과 지속성, 노동과 가족생활의 결합, 고용에 있어서의 공평한 처우, 안전한 노동환경, 사회적 타협과 작업장의 관계 등이다.

따라서 장애인 일자리 사업과 고용보호 정책을 수행함에 있어 중증장애인, 여성장애인, 발달장애인과 정신적 장애인 등 중증장애인의 욕구와 특성에 맞는 적합한 일자리를 개발함으로써 안정적이고 지속적으로 일할 수 있는 괜찮은 일자리 확대에 초점을 두어야 할 것이다.

### 3) 일원화된 전달체계 구축

장애인의 직업재활은 보건복지부를 중심으로 고용노동부, 교육인적자원부 그리고 여러 다른 부처에서 함께 시행되고 있다. 직업재활 서비스의 초점은 단순히 장애인을 적합한 일자리에 배치시키는 데 초점을 두는 것이 아니라 적합한 일자리를 얻기 위해 필요한 제반 서비스, 장애인과 그 가족이나 보호인을 위한 서비스까지 포함하고 있다.

보건복지부에서는 보호고용 위주로, 고용노동부에서는 의무고용과 사업주 지원을 위주로, 교육인적자원부에서는 교육 후 전이를 위한 훈련(고용연계 서비스)을 위주로 서비스를 제공하면서 내용이나 과정상으로 중복되는 경우가 있고, 각각의 전달체계를 갖추고 있어 예산지원과 이력 측면에서 자원이 낭비되고 있는 실정이다.

직업재활 서비스 전달체계의 일원화의 필요성은 장애인은 어디에 있든지 원하는 서비스를 충분히 필요할 때 동등하게 제공받을 권리가 있으며, 국가 또한 그러한 장애인의 권리를 충족시켜야 할 의무를 가지는 것에서 찾을 수 있다.

보건복지부의 중증장애인 직업재활지원 사업, 지방자치단체에서 수행되는 직업재활서업, 고용노동부의 취업알선 및 사업주 지원, 그리고 여러 취업알선 서비스 등 다양한 내용과 과정의 서비스를 통합하여 효율적으로 제공될 수 있는 시스템과 전달체계가 마련되어야 한다. 이러한 전달체계는 반드시 전문성을 갖추고 여러 부처에서 수행되는 사업을 통합하고 조정하여 직업재활 서비스가 장애인에게 적절하게 필요할 때 재분배하는 기능을 가져야 할 것이다.

## 5. 「장애인고용촉진 및 직업재활법」 이해

「장애인고용촉진 및 직업재활법」은 "장애인이 그 능력에 맞는 직업생활을 통하여 인간다운 생활을 할 수 있도록 장애인의 고용촉진 및 직업재활을 꾀하기 위하여" 제정된 법률이다. 2000년 7월에 전면 개정되어 법률 제6166호로 공포되었으며, 2004년 1월에 3차 개정, 2017년 4월 18일에 일부 개정되었다.

장애인의 직업재활에 관한 특별법이라고 할 수 있는 「장애인고용촉진 및 직업재활법」에서는 직업재활에 관하여 구체적인 규정을 하고 있다.

- 국가와 지방자치단체는 장애인의 고용촉진 및 직업재활에 관하여 사업주 및 국민 일반의 이해를 높이기 위하여 교육 · 홍보 및 장애인 고용촉진 운동을 지속적으로 추진하여야 하며, 사업주 · 장애인, 그밖의 관계자에 대한 지원과 장애인의 특성을 고려한 직업재활 조치를 강구하여야 하고, 장애인의 고용촉진을 꾀하기 위하여 필요한 시책을 종합적이고 효과적으로 추진하여야 한다. 이 경우 중증장애인과 여성장애인에 대한 고용촉진 및 직업재활을 중요시하여야 한다.

- 이를 구체화하기 위하여 「장애인고용촉진 및 직업재활법」은 장애인에 대한 직업적응훈련 및 직업능력개발훈련을 실시하여야 한다.
- 지원고용 및 보호고용제의 실시, 취업알선, 취업 후 적응지도, 사업주에 대한 장애인 고용지도, 자영업 장애인 및 장애인 근로자에 대한 지원, 국가, 지방자치단체 및 사업주의 장애인 고용의무 등도 규정하고 있다.

전문 6장 87조로 구성된 이 법률은 장애인 고용 의무사업장 확대(상시근로자 100명 이상 300명 미만)와 중소기업 부담을 고려하여 일정 기간 부담금 면제조치, 장애인 의무고용률 초과 시 지급하는 고용장려금 지급기준 제정, 장애인 고용률이 낮은 사업장은 고용이행률에 따라 부담금 조정, 장애인고용장려금의 부정 수급 시 지급제한 및 환수조치 규정, 장애인 고용촉진 및 직업재활사업에 소요되는 비용의 일부를 일반회계에서 부담 등의 내용을 담고 있다.

「장애인고용촉진 및 직업재활법」의 주요 내용은 다음과 같다.

- 장애유형과 정도, 장애인의 희망, 적성, 직업경험 등을 고려한 장애인 중심의 직업재활정책 실시
- 의학적 관점에서 탈피한 직업적 중증장애인 개념 도입
- 장애인 직업재활 실시기관의 사업평가 및 예산 반영
- 장애인 직업재활과 관련 노동부, 보건복지부, 교육인적자원부의 협력
- 장애인 직업재활과정을 직접 제공하고 다양한 직업재활사업을 실시하는 기관을 장애인복지관, 직업재활시설, 장애인단체 등으로 규정
- 장애인 직업재활 전문요원의 양성과 배치
- 중증장애인 고용을 활성화하기 위한 지원고용 실시
- 보호적인 조건하에서 직업훈련 및 고용을 실시하는 보호작업기관의 설치 및 지원
- 특정 장애유형을 위한 유보고용제도 신설
- 자영업 및 SOHO(소규모 창업이나 사회적 기업 형태) 사업 지원을 위한 창업자금 융자 지원
- 장애인은 직업재활과정의 전부 또는 일부를 골라서 신청할 수 있으며, 사업주

에 대한 자료 요청

- 국가 및 지방자치단체, 공공기관 등이 장애인 고용률을 달성하지 못했을 때 고용부담금을 납부하여야 한다.

### 1) 우리나라 발달장애인 등 중증장애인 직업재활시설의 문제 제기

첫째, 모든 사람의 권리이자 의무인 근로를 통한 한 사회의 구성원으로서의 역할을 수행하고자 하는 노력은 장애인에게 지난 90년 「장애인고용촉진 등에 관한 법률」이 제정 · 시행됨으로써 좀 더 넓은 장을 제공하였다. 그동안 장애인 고용제도는 장애인의 고용기회 확대를 위하여 다양한 시도와 미비점 보완 그리고 각종 요구를 반영하여 개선되어 왔다. 그 결과 「장애인고용촉진 및 직업재활법」이 2000년 10월부터 시행되면서 재활 프로그램의 다양화는 물론 지원 폭을 확대, 상향 조정하는 획기적인 전환점을 가져오게 되었다.

이러한 변화의 바람은 직업재활 실시기관의 역할과 기능을 재고함으로써 각 시설 유형 간의 정체성 확립은 물론 활성화 방안을 요구 · 제시하고 있다. 그러나 이러한 법적 지원에도 불구하고 직업재활실시기관의 고용창출효과와 활성화 정책의 성과가 미비한 것은 사회적 지지기반 부족과 현장의 목소리와 원론적 개념 간의 사뭇 다른 견해 차이가 있기 때문일 것이다.

사람들은 아직도 장애인에 대한 인식 중 장애인이 사회적 약자이므로 보호의 대상이라는 막연한 편견과 장애인을 존엄성을 가진 하나의 인격체로 보기보다는 그들을 무능력자로 취급하는 것은 물론 그들이 만든 생산품마저 저급 수준으로 치부하여 시혜적 차원으로 바라보는 왜곡된 편견을 가지고 있다. 이러한 결과의 책임은 주무부처인 보건복지부는 물론 장애인 직업재활시설이라도 예외일 수는 없다.

둘째, 우리나라 직업재활시설의 양적 · 질적 수준은 낙후된 상태여서 많은 장애인은 특수교육기관을 전전하는 방식으로 직업재활을 미루고 있다. 이러한 요인은 현재 장애인 직업재활이 이루어지고 있는 장애인복지관, 장애인 직업재활기관에 실질적으로 필요한 직업교육 인력이 부족하기 때문에 직업교육의 전문화, 다양화가 이루어지지 못하고 있다. 이외 장애인 직업재활시설의 생산품목과 생산규모, 판매력 등의 역량부족으로 인해 장애인의 욕구를 제대로 반영하지 못해 장애인의 고용창출이 원할

하게 일어나지 못하고 있다.

현재 우리나라 장애인 직업재활시설의 경우, 특히 발달장애인이 참여하는 작업장은 단순제조 및 조립직 등의 하청산업 일변도로 지극히 제한되어 다양성이 매우 부족할 뿐만 아니라, 이러한 직종은 부가가치가 매우 낮은 단순 노동력을 요하기 때문에 기본생계를 보장할 수 없을 정도로 수입보장에 있어서 심각한 한계성을 지니고 있으며, 장기근속 시 기술 축적을 통한 임금향상을 기대하기 어려운 직종인 경우가 많다.

이러한 문제의 해결책으로 정부에서는 직업재활 기금활용과 우선구매제도를 통한 직업재활시설 활성화를 모색하고 있으나 기금의 한정성과 우선구매제도의 조달수요만으로는 큰 기대효과를 예상하기는 힘들다. 만약, 장애인 직업재활시설도 장애인생산품 판매촉진이 우선구매제도라는 정부제도에 지나치게 의존한다면 일반기업체와의 경쟁력 상실은 물론 근로장애인의 능력개발훈련을 도외시하는 보호적 차원을 벗어날 수 없을 것이다.

직업재활시설 중 특히 근로작업시설과 (독립)보호작업시설이 일반사업체의 특성을 강하게 보이고 있어서 사회복지 서비스를 제공한다는 개념보다는 사업체의 고용인으로 근로 장애인을 보는 관점이 지배적이라는 우려의 목소리가 일고 있다. 결국, 기업의 경영원리와 상충되는 생산성이 취약한 발달장애인이나 중증장애인의 고용확대와 직업재활과정의 강화는 장애인복지이념의 고취와 지역사회와의 연계와 협력을 기반으로 한 다양한 마케팅 전략을 통해 장애인의 근로기회를 확대하여 경제적 자립을 이끌어 내는 등 중증장애인의 고용의 활성화 방안을 마련해야 할 것이다.

## 6. 장애인 고용제도

인간에게 있어 직업이란 삶을 영위해 나가는 경제적 소득의 원천임과 동시에 자아실현은 물론 적극적으로 사회활동에 참여함으로써 평등한 사회 구성원으로서의 역할을 수행한다는 다원적 의미를 가지고 있다. 이 같은 사회활동 참여와 평등한 사회 구성원으로서의 역할은 발달장애인이라고 해서 예외일 수는 없다. 그러나 일반적으로 직업활동의 기회는 자유경쟁의 장에서 실현되기 때문에 발달장애인이 비장애인에 비해 불리한 입장에 놓여 있는 것은 부인할 수 없는 사실이다. 따라서 발달장애인고용은 경쟁시장의 제도로서는 해결할 수 없는 사안이다. 그래서 발달장애인에게 고용의 기회를 확대해 준다는 것은 그들이 일반인과 정신적 · 물질적으로 대등해지고 그럼으로써 행복을 추구할 수 있기에 소득보장이라는 측면과 함께 발달장애인의 사회적 통합이라는 관점에 있어서도 그 중요성이 대단히 높다.

● 장애인 경제활동 현황

장애인 경제활동참가율은 54.4%로 전체인구 경제활동참가율인 68.2%보다 낮다. 장애인 고용률도 50.6%로 전체인구 고용률이 65.5%에 비해 낮다.

장애인의 임근근로자 현황도 월평균 임금 205.8만 원으로 우리나라 전체 상용근로자 평균임금 329만원의 46.8% 정도에 불과하다.

출처: 장애인고용공단 (2015).

### 1) 장애인과 노동

장애인의 부당노동행위에 대한 노출은 심각한 수준이다. 「근로기준법」 제6조는 "사용자는 근로자에 국적 · 신앙 또는 사회적 신분을 이유로 근로조건에 대한 차별적 처우를 하지 못한다."라고 규정하고 있으며, 「장애인고용촉진 및 직업재활법」 제5조 제2항은 "사업주는 근로자가 장애인이라는 이유로 채용 · 승진 · 전보 및 교육훈련 등 인사관리상의 차별대우를 하여서는 아니 된다."라고 규정하고 있다. 그러나 장애인 노동자는 장애를 이유로 고용과정에서 탈락하는 경우가 빈번히 발생하고 있으며, 설령 고용되었더라도 승진, 임금 등 인사상의 차별을 받고 있다. 좀 더 구체적으로는 고용을 전후하여 모집 및 채용단계, 퇴직 및 해고단계, 직무배치단계, 능력개발단계, 차별에 대한 구제 실태 및 절차단계에서 총체적인 차별에 시달리고 있다.

## 2) 장애인 의무고용 관련 지원제도

### (1) 장애인 취업지원

장애인 고용의무 사업체의 고용을 유도하고 장애유형별 직업적 제 특성을 발굴하여 적합직무를 제시하는 등 장애인에 대한 취업지원을 목적으로 장애인 고용이 설립된 1990년부터 시행하고 있는 장애인공단의 핵심사업이다.

장애인 취업지원 사업은 목적은 다음과 같이 요약할 수 있다.

- 정부 및 지방자치단체, 장애인 고용의무사업체의 고용의무 이행지원을 통한 양질의 일자리 창출
- 직업지도상담을 통해 장애인의 직업적 제 특성과 잠재능력 발굴, 개별 특성과 능력에 맞는 현실적인 취업가능 직무 제시
- 구인 구직상담 중증장애인 지원고용 등 취업전 프로그램, 취업알선 등의 장애인 취업지원

장애인 취업지원 내용은 다음과 같다.

- 취업알선: 의무이행제도, 구직장애인 등에 대한 취업알선관리
- 중증장애인 지원고용: 직무지도원을 활용한 현장훈련
- 시험고용: 고용의무사업체 대상 청년층 장애인에게 고용비용 지원
- 지원고용형 기업연수제: 특수학교(급) 학생대상 실시
- 직업진로지도(워크투게더센터)
- 특수학교(급) 장애학생 진로지도컨설팅 제공
- 직업능력평가 등

### (2) 근로지원인 제도

근로지원인 지원을 통해 중증장애인의 안정적 직업재활 지원을 목적으로 2010년부터 시행되고 있다. 구체적으로 중증장애인이 핵심적인 업무수행능력을 보유하고 있으나 신체적 제약으로 부수적인 업무수행이 어려운 경우 근로지원인을 배치하여 중증장애인이 안정적·지속적으로 직업생활을 하도록 지원하는 제도를 말한다. 매년 재신청 및 평가를 통하여 대상자로 선발되면 계속 지원이 가능하다. 한편, 중앙행정기관의 장애인공무원에 대한 편의제공 관련 업무는 안전행정부가 주관부처이고, 2008년 전 부처에 공통으로 적용되는 규정을 마련하여 장애인 공무원을 위한 각 부처의 조치상황(근로지원인, 보조공학기기, 편의시설 설치)을 규정하였다.

### (3) 장애인 직업생활상담원

장애인 근로자의 효율적인 고용관리와 직업재활상담 및 지도업무 등을 수행하기 위해 1991년부터 장애인 직업생활상담원을 양성 중이며, 대상은 교육을 희망하는 사람이고 교육과정은 온라인교육, 집학교육 등으로 구성되어 있다. 교육내용은 장애의 이해, 직업생활상담원의 이해 등이고 양성과정을 이수한 사람에게 공단 이사장이 자격증을 교부하고 있다. 장애인 직업생활에 관한 상담 및 지도를 통해 장애인근로자의 직업생활 안정과 장기근속 지원을 위해 상시 20인 이상의 장애인 근로자를 고용하는 사업주는 의무적으로 장애인 직업생활상담원을 선임해야 하고 선임의무 미이행 시 과태료가 부과된다.

### (4) 보조공학기기 지원

장애인의 작업을 효율적으로 수행할 수 있도록 보조공학기기를 지원하여 장애인의 안정적·지속적인 직업생활을 지원하기 위해 2004년부터 시행하고 있다. 2014년부터는 출퇴근을 위한 자동차 개조 및 차량용 보조기기도 지원하고 있다. 지원대상은 장애인을 고용하거나 고용하려는 사업주, 장애인 사업주 및 근로자이다. 단, 장애인 근로자는 자동차 개조 및 차량용 보조공학기기지원에 한정한다. 지원범위는 고용유지조건으로 보조공학기기 및 차량보조공학기기 등을 지원한다.

## 우리나라의 「장애인복지법」 상의 장애인 고용

이 법은 장애인의 기본적인 인권을 확보하고 이를 보장하기 위한 것으로 「헌법」의 이념에 따라 장애인의 생명과 전인격의 존중, 정상화, 통합화 그리고 정의와 평등의 이념을 구현하기 위한 장애인복지 시책들을 강구하고 있다.

• 목적

장애인 대책에 대한 국가와 지방자치단체의 책무를 명백히 하고, 장애인복지의 예방대책과 사후대책으로 의료, 훈련, 보호, 교육, 고용의 증진, 수당지급 등의 기본 사업을 추진하며, 장애인의 자립과 생활안정을 위한 장애인복지증진에 기여함에 있다.

• 주요 내용

- 장애인복지대책에 대한 기본 사항

"이 법은 장애인의 인간다운 삶과 권리보장을 위한 국가와 지방자치단체 등의 책임을 명백히 하고, 장애발생 예방과 장애인의 의료 · 교육 · 직업재활 · 생활환경개선 등에 관한 사업을 정하여 장애인복지대책을 종합적으로 추진하며, 장애인의 자립생활 · 보호 및 수당지급 등에 관하여 필요한 사항을 정하여 장애인의 생활안정에 기여하는 등 장애인의 복지와 사회활동 참여증진을 통하여 사회통합에 이바지함을 목적으로 한다."라고 규정하고 있다. (제1조)

- 직업재활

"국가와 지방자치단체는 장애인이 적성과 능력에 맞는 직업에 종사할 수 있도록 직업 지도, 직업능력평가, 직업 적응훈련, 직업훈련, 취업 알선, 고용 및 취업 후 지도 등 필요한 정책을 강구하여야 한다. 또한, 국가와 지방자치단체는 장애인 직업재활훈련이 원활히 이루어질 수 있도록 장애인에게 적합한 직종과 재활사업에 관한 조사 · 연구를 촉진하여야 한다."라고 규정하고 있다. (제21조)

- 고용의 촉진

"국가와 지방자치단체는 직접 경영하는 사업에 능력과 적성이 맞는 장애인을 고용하도록 노력하여야 하며, 장애인에게 적합한 사업을 경영하는 자에게 장애인의 능력과 적성에 따라 장애인을 고용하도록 권유할 수 있다."라고 규정한다. (제46조).

● 「장애인고용촉진 및 직업재활법」

1990년의 「장애인고용촉진 등에 관한 법률」이 시행되어 오다가 2000년 1월 12일에 「장애인고용촉진 및 직업재활법」으로 전문 개정되었으며, 2004년 12월과 2005년도에 걸쳐 법 개정, 2017년 4월 18일 일부 개정이 이루어져 지금의 「장애인고용촉진 및 직업재활법」으로 개정되었다.

• 목적

장애인이 그 능력에 맞는 직업생활을 통하여 인간다운 생활을 할 수 있도록 장애인의 고용촉진 및 직업재활을 도모함을 목적으로 한다.

• 주요 내용

노동부와 보건복지부가 협의하여 장애인 고용촉진 및 직업재활을 위한 기본 계획 수립

• 중증장애인 직업재활의 강조하는 내용

- 국가, 자치단체는 중증장애인에 대한 고용촉진과 직업재활을 중요시해야 함을 명시
- 직업재활실시기관도 중증장애인의 자립능력 제고에 적극 노력하도록 규정
- 지원고용, 보호고용, 자영업 장애인에 대한 지원
- 보건복지부의 직업재활사업의 공단의 직업재활사업에 전년도 장애인고용부담금의 1/3을 사용하도록 하여 매년 일정 규모의 재원을 중증장애인의 직업재활사업에 투자

• 직업재활과정의 중시

장애인에 대한 직업지도, 직업적응훈련, 직업능력개발훈련, 취업알선, 취업 후 적응지도 등 고용촉진 및 직업재활의 과정별 사업내용을 구체적으로 정하고 동 사업을 수행하는 기관 간 연계로 종합적 지원체제 구축

• 국가, 자치단체의 장애인 고용 책임강화

국가, 자치단체의 장애인 고용은 의무사항임

### 3) 장애인 의무고용 제도 및 현황

장애인 의무고용 제도는 장애인의 고용기회를 넓히기 위하여 일정 수 이상의 근로자를 고용하는 사업주(건설업의 경우, 공사 실적액이 노동부장관이 정하는 금액 이상인 사업주)에게 의무적으로 장애인을 고용하도록 하는 제도이다. 현행 의무고용제도(부담금 제도)는 「장애인고용촉진 및 직업재활법」을 개정 상시 근로자 일정 인원 이상 사업주에게 근로자의 일정 비율의 장애인을 고용토록 하기 위함이다. 2010년부

터 중증장애인의 고용은 고용의무인원 및 부담금에 대한 인원 상정에 있어 그 인원의 두 배를 고용한 것으로 산정하고 있다.

(1) 장애인 고용촉진제도로서 신규고용촉진장려금

장애인이 구직을 신청한 날부터 3개월(중증장애인은 1개월)을 초과해 실업 상태에 있는 장애인을 고용보험의 피보험자로 신규 고용해 최저임금을 지급하고 고용 전 3개월, 고용 후 6개월 고용조정으로 근로자를 이직시키지 않는 사업주에 대해 경증·중증장애인에게 일정 급여를 신규고용 후 12개월간 지급하는 제도이다. 단, 신규고용촉진장려금과 장애인 고용촉진금 두 제도 중 하나만 택할 수 있다.

(2) 장애인고용장려금

장애인고용장려금은 장애인 근로자의 직업생활안정을 도모하고 중증 및 여성장애인의 고용촉진을 유도하고자 의무 고용률을 초과하여 장애인을 고용하는 사업주에게 일정액의 지원금을 지급하는 제도이다.

(3) 장애인 고용에 따른 사업주 지원제도 장애인고용시설 자금융자

장애인 고용을 위한 시설, 장비의 구입과 수리, 개조하는 비용이나 운영자금을 융자해 주고 있다.

(4) 운영자금 융자

장애인 고용의무사업주의 장애인고용시설의 운영 및 장애인 고용관리에 직접 자금을 융자해 주는 제도이다.

(5) 장애인고용시설 무상지원

장애인 근로자가 안전하고 편안하게 일할 수 있는 환경과 설비를 조성하는 제도이다.

### (6) 장애인 고용관리 비용 지원

장애인근로자의 적정한 고용관리를 유지하는 데 필요한 수화통역, 작업지도, 직업생활 상담비용을 지원해 주는 제도이다. 근로지원인제도가 도입되면서 수화통역과 직업생활상담원 비용지원은 2013년 전후로 폐지되고, 현재는 작업지도비용만 지원하고 있다. 작업지도비용은 중증장애인 고용사업주의 고용관리비용 부담완화 및 중증장애인근로자의 직장적응 제고를 목적으로 한다.

### (7) 보조공학센터 운영

장애인 직업재활 과정에 반드시 필요한 보조공학(assistive technology) 서비스를 실시하기 위해 보조공학센터를 복권기금으로 설립 및 운영한다.

### (8) 장애인중심기업 지원

권역별로 비영리법인, 지자체, 민간기업 등 3자가 장애인 고용창출과 사회통합을 위한 다양한 형태의 협력모형을 통한 장애인중심기업(표준사업장)이 육성한다.

### (9) 중증장애인 특별 한시지원

고용장려금 인하에 따른 중증장애인 다수고용사업장의 경영충격을 완화하기 위해 중증장애인 특별 한시지원대책을 마련, 의무고용률을 초과해 장애인을 고용한 사업주에게 한시적으로 특별 지원한다.

### (10) 중증장애인 고용사업장 경영컨설팅

장애인 자립작업장과 장애인이 고용된 영세 사업장에 경영전문가의 경영컨설팅을 지원한다.

### (11) 재택근무 지원

출퇴근이 어려워 재택근무를 해야 하는 중증장애인을 신규 고용하는 사업체에 대해 재택근무에 필요한 장비, 작업도구, 재택 근로환경 등의 개선에 소요되는 비용을 지원한다.

### (12) 장애인근로자 융자/창업/지원제도

- 자동차 구입자금 융자
- 직업생활안정자금제도
- 자영업 창업자금 융자
- 영업장소 전세지원
- 취업알선기관 지원제도로서 장애인의 취업알선 업무 등을 수행하는 데 소요되는 비용을 지원

### (13) 통합고용지원 서비스

통합고용지원 서비스는 사업체의 장애인 고용환경을 종합적으로 분석하여 공단의 각종 사업을 연계 · 관리 · 지원하는 프로그램이다.

### (14) 표준사업장 설립과 지원

표준사업장은 장애인 다수고용 사업장 육성을 통한 중증장애인의 안정된 일자리 창출을 목적으로 시행되고 있는 제도이다. 또한, 장애인 편의시설 설치와 최저임금을 지급하는 것도 의무사항이다.

이상 발달장애인 등 중증장애인의 직업재활과 고용제도에 관해 살펴보았다. 장애인의 직업재활은 단순 재활이 아니다. 이들이 취업할 수 있다는 사실은 우리 사회의 일원으로 인정받고, 생산적 시민으로서 활동할 수 있다는 점에서 의의가 더욱 강조된다. 장애인에게 일할 권리를 확보해 줌으로써, 성공적인 사회통합과 자립생활 영위가 가능하게 되는 것이다.

# 참고문헌

고용노동부 · 한국장애인고용공단 · 고용개발원 (2015). 한눈에 보는 2015 장애인 통계.

교육부 (2015). 특수교육연차보고서.

국가인권위원회 (2015). 장애인 차별금지 및 권리구제 등에 관한 법률시행 7주년 기념토론회, 439-444.

보건복지부 (2012). 유엔 장애인권리협약(UN ESCAP), 장애인의 권리실천을 위한 인권전략.

________ (2015). 보건복지 통계연보.

________ (2015). 장애인거주시설 사업안내.

보건사회연구원 (2014). 전국장애인실태조사.

사회복지공동모금회 (2009). 알기 쉽고 바로 활용하는 사회복지 성과 측정 자료집: 표준화 척도.

서울시복지재단 (2011). 서울시 중 · 장년 발달장애인가족 복지욕구조사.

__________ (2011). 장애인가족지원센터 운영방안연구.

__________ (2011). 중증장애인 자립생활지원 마스터 플랜 수립연구.

오혜경 (1999). 장애이론에 관한 연구, 가톨릭대학교, 사회복지리뷰, 제4집.

_____ (2005). 장애인복지론. 서울: 창지사.

한국보건사회연구원 (2015). 2014년도 장애인실태조사 보고서.

한국장애인개발원 (2015). 반갑다, 발달장애인법(발달장애인법 해설집).

한국장애인복지학회 (2015). 발달장애인 권리보장 및 지원에 관한 법률시행과 발달장애인의 삶(한국장애인복지학회 추계 학술대회 자료집).

한국장애인자립생활센터 총연합회 (2014). 장애인자립생활센터 운영기준 마련 연구.

Abberley, P. (1996). Work, Utopia and impairment, in Barton, L (Ed) *Disability and society*, Harlow: Longman.

Barnes, C. & Mercer, G. (2010). *Exploring disability*. Cambridge: Polity Press.

Barnes, C. Oliver, M. & Barton, L. (2002). *Disability Studies Today*. Policy press. Cambridge. UK.

Barnes, C. (2003). "Independent Living, Politics and Implications". Internet Publication URL: www.independentliving.org/docs6/barnes2003.html.

Brown, Hilary & Smith, Helen (1992). *Normalization: A reader for the nineties*. Routledge. New York.

Brown, R. I. (1997). *Quality of life for people with disabilities*. UK: Stanley Thormes.

Campbell, J & Oliver, M. (1996). *Disability politics: Understanding our past, changing our future*. London: Routledge.

Corker, Mairian & Shakespeare, Tom (2002). *Disability/Postmodernity: Embodying disability theory*. Continuum. New York.

Davis & Lennard J. (1995). *Enforcing normalcy: Disability, deafness and the Body*. London: Verso.

_________ (1981). *Environment accessibility and Independent living outcomes*. University Center for International Rehabilitation USA/ Michigan State University.

DeJong, G. (1983). Defining and Implementing the Independent Living Concept. In N. Crew, I. Zola and Associates. *Independent Living for Physically Disabled People*. San Francisco. CA: Jossey-Bass Publishers.

Doyle, Brian(1995). *Disability, discrimination and equal opportunities: A comparative study of the employment rights of disabled persons*. Mansell.

Erikson, E. (1980). *Identity and the life cycle*. New York: W.W. Norton Company, Inc

Evans, J. (2003). *The independent living movement in the UK*. Independent Living Institute.

Finkelstein, V. (1996). *Modeling disability, breaking the moulds, conference*. Dunfermline, Scotland.

Fleischer, D. Z. & Zames, F. (2001). *The disability rights movement: From charity to confrontation*. Temple University Press. Philadelphia.

French, Sally(ed.) (1994). *On equal terms: Working with disabled people*. Butterworth Heinemann.

Goffman, E. (1963). *Stigma: Notes on the management of spoiled identity*. NJ: Prentice-Hall.

Longmore, P. K. & Umansky, L. (2001). *The new disability history: American perspectives*. New York University Press. New York.

Mackelprang, R. & Salsgiver, R. (1999). *Disability: A diversity model approach in human service practice*. CA: Brooks/ Cole Publishing Company.

Malin & Nigel (2001). *Services for people with learning disabilities*. New York: Routledge.

Marks & Deborah (1999). *Disability: Controversial debates and psycho-social perspectives*. New York: Routledge.

Morris, J. (1991). *Pride against prejudice*. London: The Women's Press.

Morris, Jenny(ed.) (1996). *Encounters with strangers: Feminism and disability*. London: The Women's Press.

Oliver, M. (1983). *Social work with disabled people*. London: Macmillan.

________ (1990). *The Politics of disablement*. London: Macmillan press.

________ (1996). *Understanding disability - from theory to practice*. NY: St. Martin's Press.

Parsons, T. (1951). *The social systm*. New York: The Free Press.

Piaget, J. (1952). *The origins of intelligence in children*. New York: Norton.

Priestley, M. (1998). Construction and Creation: idealism, materialis, and disability theory. *Disability and Society*, *13*(1), 75-94.

__________ (1999). *Disability politics and community care*. Londen: Jessica Kingsley.

__________ (2003). *Disability: A life course approach*. Cambridge: Polity.

Russell, Marta (1998). *Beyond ramps: Disability at the end of the social contract*. Common courage press.

Saleebey, D. (1996). *The strength perspective in social work practice*. NY: Longman.

Seed Philip (1996). *Day services for people with learning disabilities*. London: Jessica Kingsley Publishers.

Shakespeare, T. (1999). "Researching Disabled Sexuality" in Colin Barnes and Geof Mecer (Eds.) *Doing disability research*. Leeds: The Disability Press, 177-189.

_____________ (2006). The social model of disability, in Lennard J. Davis, The disability studies reader (2nd ed.). NY: Taylor & Francis Group.

_____________ (1996a) Disability, identity, difference, in C. Barnes and G. Mercer (Eds.) *Exploring the divide: Illness and disability*. Leeds: The Disability Press.

_____________ (1996b) Power and prejudice: issues of gender, sexuality and disability, in Barton, L. (Eds.) *Disability and society: Emerging issues and insights*. Harlow: Longman.

Shapiro, Joseph P. (1993). *No pity: People with disabilities forging a new civil rights movement*. New York: Three Rivers press.

Skelt, Alan (1993). *Caring for people with disabilities*. Pitman publishing.

Stroman, Duane F. (2003). *The disability rights movement: From deinstitutionalization to self-determination*. University press of America.

Swain, J. Finkelstein, V. Frence, S. & Oliver, M. (1993). *Disabling barriers: Enabling environments*. New York: SAGE Publications.

Swain, J. French, S. & Cameron, C. (2003). *Controversial Issues in a Disabling Society*. Philadelphia: Open University Press.

United Nation ESCAP (2012). Incheon Strategy to "Make the Right Real" for Persons with Disabilities in Asia and the Pacific.

WHO (1980). *ICIDH (International classification of impairments, disabilities, and handicaps):Amanual of classification relating to the consequence of disease*. Geneva: World Health Organisation.

____ (1997). ICIDH-2: *International classification of impairments, activities and participation. A manual of dimensions of disablement and functioning*. Beta-1 draft for field trials. Genva: Author.

____ (2001). ICF (International Classification of Functioning, Disability and Health), Geneva: World Health Organization, in http://www3.who.int/icf/icftemplate.cfm, visited on 27 Feb 2003.

Wolfensberger, W. (1972). *The principle of normalization in human services*. National institute of mental retardation. Toronto: Leonard Crainford.

______________ (1983). *PASSING: Normalization criteria and rating maunal* (2nd). NY: Community Newset.

저자소개
오혜경

성심여자대학교(현 가톨릭대학교) 사회복지학과 학사
미국 세인트루이스 대학교 사회복지대학원 사회복지학 석사(MSW)
미국 펜실베니아 대학교 사회복지대학원 사회복지학 박사(DSW)
현재 가톨릭대학교 사회복지학과 교수

[저서]
장애인복지학 입문(아시아미디어리서치, 1987 저)
사회복지조사방법론(아시아 미디어리서치, 1989 저)
여성장애인과 이중차별(학지사, 1998 공저)
장애인과 함께하는 사회복지실천(아시아 미디어리서치, 1999 저)
사회복지자료분석론(학지사, 2000 공저)
생애주기별 장애아동 가족지원(신정, 2003 공저)
장애인복지론(창지사, 2005 저)
사회복지실천의 이해(학지사, 2015 공저)
사회복지윤리와 철학(창지사, 2015 저)
사회복지현장실습(창지사, 2015 저)

발달장애인을 중심으로 한
장애인복지와 실천의 이해

초판 1쇄 인쇄 2018년 2월 8일
초판 1쇄 발행 2018년 2월 12일

지 은 이 | 오혜경
펴 낸 이 | 김기섭
편 집 인 | 이혜란
펴 낸 곳 | 창지사 www.changjisa.com
08589 서울시 금천구 가산디지털 1로 83 파트너스타워 1차 9층
전화 (02)719-2211~3
팩스 (02)701-9386
등　록 | 1977년 4월 28일 · 제1-421호



ISBN 978-89-426-2370-9 (93330)

값 21,000원

「이 도서의 국립중앙도서관 출판예정도서목록(CIP)은 서지정보유통지원시스템 홈페이지(http://seoji.nl.go.kr)와 국가자료공동목록시스템(http://www.nl.go.kr/kolisnet)에서 이용하실 수 있습니다.(CIP 제어번호 : CIP2018004766)」